从块茎到八爪鱼

德勒兹批判视域下的平台资本主义研究

平台资本主义研究

吴静 著

上海三联书店

献给我的母亲周玉兰女士

序言：唯物史观视域下数字资本主义批判需要面对的几个问题

唐正东

    当数字技术及相关应用越来越渗入到日常生活的每一个切面，今天的个体和社会的生存、生产和生活都发生了极大的变化。数字所连接的组织架构和算法监督对于经济新业态的影响无比深远，并使得技术－社会问题以一种前所未有的广度和深度交织在一起。数字平台无疑是这些新形态中最令人瞩目的事物之一。在政治经济学领域，对资本主义新现象进行分析与批判再一次占据了学术的热点与难点。"数字资本主义"及其所延伸出来的新概念不断增多，并经历着动态发展的实践的考验。在这种情形下，如何坚守历史唯物主义的立场把研究推向深入，既面对技术对社会生产的重构和挑战，又不坠入机械的"技术决定论"的窠臼，需要把握以下几个方面的问题。

    首先，西方学界的马克思主义媒体或信息分析理论中的两个维度，文化或意识形态的维度和政治经济学的维度处于割裂的状态，前者只强调信息或数据传播的意识形态统治功能，执著于对这种霸权的反抗或斗争，并构成西方左翼批判理论的主体；后者则强调媒体或数据传播劳动对个体自由劳动成果的剥削，但对剥削的具体机制和逻辑鲜有涉及，因而与马克思主义的剩余价值剥削理论之间无法构成真正的传承。个体在社交平台上的孤立数据是没有使用价值的，因而也不可能有剩余价值剥削的可能性。只有当用户不断地上传自己的活动、照片、关注，结交更多的好友，从而生产出了可列入搜索引擎关键词时，它们才能成为使用价值，从而在你社交活动时弹出广告。因此，数据资本主义其实不是数据传播的资本主义，而是基于传播的信息生产的资本主义。如果没有广告的介入，很难想像会有数据的资本化。广告是产业资本家不变资本的投入，会导致更多的剩余价值实现，因而，可解读为剩余价值的分割形式。所有的社交平台都会把搜索引擎、广告平台等组成一个垂直整体，并把重点放在社交平台的越来越自主的运行上，因为它可以带来更多的广告，真正把社交平台的剩余价值产出功能发挥到极致。所以，传播不只是文化维度，生产也不只是传统的对具体劳动的剥削，而是基于数据传播的信息生产所带来的剩余价值剥削。

其次，数据在何种意义上是一种生产要素？数据资本主义这一概念在何种意义上是可能的？我们知道，劳动者、劳动资料、劳动对象是生产要素。那以前的资本主义为什么不叫劳动者资本主义？劳动资料资本主义？劳动对象资本主义？而叫自由竞争资本主义，或垄断资本主义、国家垄断资本主义？那是因为劳动者如果不纳入资本主义生产过程就不会成为生产要素，机器不被资本家使用来推进资本主义生产过程，就只能是历史的一个短暂注脚而已。计算机曾几何时被认为只是工具，但现在已经被提升到核心产业要素的层面。因此，不能说是数字资本主义，而应当研究数据作为生产要素的运行逻辑，并把这种运行逻辑或机制来定义、命名资本主义的本质内涵。在资本逻辑中，数据的传播产生了信息，信息的生产带来的资本的增殖空间。从数据本身既作为劳动资料又作为劳动对象来说，这应当被划入生产要素的创新性配置的范畴。数据是一种新的劳动资料和劳动对象，这也是我国要不断做强做优做大数字经济的原因。

再次，社交平台之外的其他平台的数字运行问题要正确看待。网约车的乘客约车产生数据，这个数据通过平台传播而成为信息生产的要素。但乘客不会在约车时去看广告，因此，平台通过广告获利的空间较小，所以，平台是剥削司机的剩余价值，打个比方，乘客付的 15 元车费，其中会有3-4元交给平台。如果你在约车的平台上也有看广告的习惯，也许平台也会免费让司机使用，但这是不可能的。同理，网上购物平台，消费者当然不付给平台租金，但小业主必须付给平台租金，这就是剩余价值的来源。什么时候购物平台的广告效应足够大了，那也有可能跟社交平台那样，免费使用。

最后，离开信息生产来谈论数据的理论效应要谨慎。譬如，强调网约车司机与平台的偶然雇佣关系，并认为这是与传统劳动的区别。其实，在马克思时代，雇佣工人与资本家之间也没有固定的雇佣关系，区别只在于：网约车司机可以同时登记多个平台，但雇佣工人一次只能登记被雇佣于一个资本家。但如果从一个过程来看，事实上他通过雇佣-解雇的循环，也登记了多个资本家。因此，这不是关键所在。再有，购物平台通过算法控制向你推荐你喜欢的东西，这似乎让你被控制和奴役了。从西方的文化或意识形态批判理论的角度看，这是被奴役了。但其实，传统的百货商场里优秀营业员也会向你推荐你喜欢的东西，可没人讲他们在奴役统治人哪！所以，关键不在于脱离信息生产及其剩余价值剥削的孤立的文化控制。当哈特、奈格里等人使用非物质劳动概念时，他们显然因为对劳动时间与空闲时间的不加区分，而弱化了资本逻辑内在矛盾的分析思路。

不断深化对数字资本主义的批判性解读，不断深化对数字经济运行逻辑的剖析，是我们在自己的语境中做强做大数字经济的前提和条件。因此，对西方国家的平台资本主义的批判性研究就显得非常重要且必要。必须深刻地意识到，数字平台所发挥的作用从来就不仅仅是中介职能，它利用数据权力和权利上的不对称，通过算法对所有依附网络却分散的用户（包括消费者和劳动者）形成了剥削和辖制。可以说，作为数字经济的新现象的平台资本主义是当代资本主义的最新形式。尤其当某些平台企业大肆宣传自己作为科技公司的特殊角色而规避了传统企业在法律和社会责任上的义务时，如何利用有效的理论资源穿透新现象的迷雾，揭示其本质，就成了数字资本主义研究的一个重要内容和使命。

　　吴静教授的这本专著在这个意义上成为国内中生代学者面对现实问题进行理论研究和思考的一个尝试。作者以其独特的理论支援背景——马克思主义哲学史、法国后结构主义、批判理论和数字技术——由表及里地勾勒出数字平台的表-里二重逻辑之间的张力以及马克思的社会形态理论对平台资本主义批判性研究的适用性。尤其值得称道的是，吴静教授极具原创性地提出了基于"八爪鱼"结构的平台资本主义对社会全维度的"总体吸纳"。这些理论努力有理由被认为是对马克思主义哲学的当代生命力的前瞻性思考，我相信这一著作的出版一定能对我国学界马克思主义哲学的创新性发展起到显著的推动作用。

目 录

导论：从"谈论马克思"到"像马克思一样谈论问题"
——关于中国哲学话语体系建构的思考

　　唯物史观是马克思主义哲学的基本方法论原则。它突出体现为以对真实社会历史现实的批判性分析为首要任务，揭示推动历史发展的内在矛盾和动力，把握社会历史发展的方向和规律。2013 年 12 月 3 日习近平总书记在党的十八届中央政治局第十一次集体学习时强调，"只有坚持历史唯物主义，我们才能不断把对中国特色社会主义规律的认识提高到新的水平，不断开辟当代中国马克思主义发展新境界。"[1] 这一判断精准地刻画出马克思主义哲学的基本方法在当代中国现实条件下仍然具有蓬勃生命力和深远意义的事实。因此，准确而深刻地理解历史唯物主义这一方法论的本质和精髓，把握理论本身与特定社会历史现实的关系，不仅是理论上解读马克思主义思想和精髓的核心要求，同时也是理解中国共产党的奋斗历程以及推进有中国特色的哲学话语体系建设的内在需要。

一、 唯物史观是探索中国革命道路的方法论原则

　　中国近代史是一部各种流派主张探索民族自立自强的试错史，同时

1　习近平：《坚持历史唯物主义不断开辟当代中国马克思主义发展新境界》，《求是》2020 年第 2 期。

也是中国共产党所领导的具有自主性的中国革命道路从各种理论和意识形态的争论中脱颖而出的奋斗史。从鸦片战争之后，无数志在救亡图存、实现民族自立的进步人士不断对富民强国的道路进行了诸多探索，但都没有从根本上改变中国半殖民地半封建的社会性质。直到1917年，俄国十月革命的胜利从根本上为中国提供了全新的思想武器与实践进路。1919年的五四运动促成了马克思主义在中国的广泛传播，不但揭开了中国人民彻底反帝反封建的序幕，更推动了思想解放和新思潮的兴起，为中国共产党的成立做了思想史上的预备。1921年中国共产党的成立，正是中国近代民族解放道路发展的必然结果。它顺应了当时的中国社会革命发展的需要，也找到了将马列主义与中国工人运动相结合的现实路径。马克思主义理论一经同中国的工人运动相结合，立刻爆发出了旺盛的生命力。中国共产党自成立以来，坚持以马克思主义为行动指南，自始至终把为中国人民谋幸福、为中华民族谋复兴作为初心和使命。与其他在近代史的某一阶段曾在中国大行其道的思想理论不同，马克思主义哲学的理论不是某些抽象的原则和结论，它以真实问题为思考的入口，所贯彻的基本方法是坚持社会存在决定社会意识的唯物史观，是从社会历史现实出发来进行思考的问题意识。它的根本立场是对将现实关系归结为某种理念意识的"虚假观念"的批判，也是对将一般原则无条件地应用于一切情形的"外在批判"的批判。而不顾具体问题的特殊性、以理念统领现实的生搬硬套正是近代其他救亡运动都未能取得最终胜利的原因。

与上述所有秉持观念优先、现实从属于理论的思想的支持者们不同，中国的马克思主义者们从持续不断的革命实践和探索中明确认识到，指导原则本身并不具有普遍性的保证、更不提供针对一切情形适用的万应良药，只有将理论的核心精神与基本方法真正代入到对具体特殊情形的分析中，才是对理论本身的真正理解和切实把握。因此，中国共产党的先驱者一直注意将马克思主义的理论与中国具体实践相结合，与中国的工人运动相结合，与对中国社会阶级状况的分析相结合，与革命在不同时期的不同任务相结合，从而真正深入到对中国特殊的社会历史现实的分析中去，真正生发出关于中国革命道路的自主性思考，因此才开辟了一条从民族解放、国家独立到国强民富的伟大复兴之路。中国共产党的百年历史是一部坚持不懈地解决中国现实问题的历史，是一部对马克思主义理论继承和发展的历史，也是一部不断运用历史唯物主义方法进行创造性探索的历史，更是一部让理论的生命力持续地照进社会现实的历史。这个过程并不是一帆风顺的，它从各种错误认识和判断中挣脱出来，充满了与教条及陈识的斗争，但每一次自主性思考无不对中国革命历程有着重大的意义。正因为有了这样一个不断求索的思考与实践的过程，才有了中国革命最后胜利的可靠的保证。

早在第一次国内革命战争时期，毛泽东就在对湖南韶山进行了深入的调查研究之后写出了《中国社会各阶级的分析》一文。在文中他以历史唯物主义方法为指导，运用阶级理论和阶级分析的方法，对当时中国社会不同阶级的经济社会地位及其对于革命的态度进行了详细的分析，指明了在中国革命进程中"谁是我们的敌人，谁是我们的朋友"。这个问题之所以在当时成为"革命的首要问题"，其原因正在于此时的中国共产党正面临着如何确立统一战线构成的阶段性历史任务。党内担任领导职务的陈独秀和张国焘对此持有完全不同的观点。如何最大限度地团结可以团结的力量，却又牢牢坚持自己的立场和把握革命的领导权，是毛泽东写这篇文章试图阐明和解决的问题。但在该文中，毛泽东并没有直接对文章开篇所提出的问题给出答案，而是通过对当时中国社会六个不同的阶级的社会地位、生产资料所有权以及生活状况的分析，对他们各自对于革命的态度和立场进行了判断。这是马克思主义学说对时代问题的一次成功观照。它揭示出，一定历史阶段的物质生产方式决定了该阶段的社会性质及其阶级结构，并构成了整个社会生活的基础。毛泽东在全面深入的调查研究中详细考察了中国社会物质生产方式的多样性及其在经济活动中的不同地位，分析了中国半殖民地半封建社会的经济形态，揭示了中国政治经济发展不平衡的现状及原因，对中国社会性质及其构成的复杂性有了进一步的论述，并以此来确定新民主主义革命时期统一阵线的团结对象和构成的可能。在这样的结论背后，反映出的是以毛泽东为代表的中国共产党人对第一次国内革命战争时期的革命任务和长远目标的准确判断，是对中国共产党自身的性质和所面临的历史契机的明确定位，是对中国社会结构以及革命本身的长期性艰巨性的清醒洞察。这些判断，来自于对中国当时问题的准确认识和思考，它不是任何理论和学说可以现成给予的。这种将社会存在本身作为问题思考的质料的方法，正是马克思所坚持的历史唯物主义方法的精髓所在。《中国社会各阶级的分析》一文，对于澄清当时党内的错误思想、梳理中国革命的基本路线起到了至关重要的作用。

这种唯物史观的方法论也始终贯彻在中国共产党对中国后续革命问题的思考中。在随后的土地革命战争时期，毛泽东继续看到农民群众的力量，并根据对中国特殊革命形势的判断，创建和发展了井冈山革命根据地，提出要把党的工作重心由城市转到农村，形成了农村包围城市、武装夺取政权的思想。他于1930年撰写的文章《反对本本主义》，针对当时红军中的一些领导干部只知道照搬照抄马克思列宁主义的本本、共产国际的指示和苏联的教条主义，从实践的角度强调了调查研究的重要意义，要求在面对中国革命的任何问题时都要实事求是，理论联系实际，同时提出了"没有调查，没有发言权"的方法论准则。《反对本本主义》篇幅不长，却言简意赅、层层递进地讲透了旨在解决问题的调查研究应当注意和践行的方面，强调了一切要以问题的现状和历史为依据。更值得注意的是，在"农村包围城市"的总路线指引下，毛泽东提出调查工作不能忽略城市。这不但是对彼时现实问题的分析，更展现了长远的战略眼光；这既是"纸上得来终觉浅，绝知此事要躬行"的中国传统智慧的体现，也是建立在对中国革命总目标的历史唯物主义分析的基础之上。1938年，当抗日战争进行到全面抗战时期，毛泽东根据战争的形势撰写了《论持久战》，这是中国共产党将唯物史观和辩证方法娴熟应用于问题分析的一个极为成功的典型案例。文章从对抗日战争本质的分析入手，对双方包括优劣势在内的综合国力进行了详尽对比，从战略层面提出了对策，对于"速胜论"和"亡国论"予以否定，并提出抗日战争将是持久战，根据敌强我弱、敌小我大、敌退我进、敌寡助我多助的特征，得出了中国能战胜并消灭日本帝国主义的结论。特别令国人信服的是，文章提出随着战争的进行，中日两国的强弱关系会发生变化，因此必须在不同阶段采用不同战术。这一被历史验证了的伟大判断，正是以毛泽东为代表的中国共产党人运用唯物主义的立场、观点和方法，制订战略战术指导抗日战争的正确路线、方针、政策和人民战争的过程，是马克思主义的唯物论、辩证法和唯物史观的有机结合，更是对中国问题进行独立思考、寻求中国道路的过程。

1949 年新中国成立后，中国共产党在历史唯物主义方法论原则的指导下，将集中力量建设新中国放在了首要位置，先后取得了国民经济恢复、土地改革、社会主义改造、第一个五年计划实施等重大成就。"文化大革命"之后，中央党校内部刊物《理论动态》于 1978 年刊登《实践是检验真理的唯一标准》一文。翌日《光明日报》以特约评论员名义公开发表这篇文章，新华社向全国转发。一场关于真理标准问题的大讨论迅速在全党全社会展开。这场深刻而广泛的思想解放运动，再次将"实践性"这一马克思主义固有的理论品格充分彰显，并成为正本清源、拨乱反正和改革开放的思想先导。1978 年党的十一届三中全会召开，充分肯定必须完整地、准确地掌握毛泽东思想的科学体系，高度评价关于实践是检验真理的唯一标准问题的讨论；作出把党和国家工作中心转移到经济建设上来、实行改革开放的历史性决策。全会标志着中国共产党重新确立了马克思主义的思想路线、政治路线和组织路线，实现了新中国成立以来党的历史上具有深远意义的伟大转折，开启了改革开放和社会主义现代化的伟大征程。新使命的提出意味着中国共产党再一次成功地把马克思主义的普遍真理同我国的具体实际结合了起来。正如邓小平所说："把马克思主义的普遍真理同我国的具体实际结合起来，走自己的道路，建设有中国特色的社会主义，这就是我们总结长期历史经验得出的基本结论。"[1]"建设有中国特色的社会主义"成为这一结合的鲜明宣言和主张。随后推行的改革开放政策则是这一主张在实践层面上的推进，它是在中国共产党的领导下社会主义制度的自我完善，是由社会主义社会基本矛盾的性质和特点所决定的。

党的十八大报告指出，发展中国特色社会主义是一项长期的艰巨的历史任务，必须准备进行具有许多新的历史特点的伟大斗争。自党的十八大以来，全面建成小康社会和全面深化改革开放目标不断推进，中国特色社会主义道路、中国特色社会主义理论体系、中国特色社会主义制度的科学内涵及其相互联系得到进一步阐明。面对更加系统性、多样性、复杂性的社会现实，历史唯物主义方法的重要性更加凸显。习近平总书记指出，中国改革已经进入攻坚期和深水区，要坚持改革开放的正确方向，敢于啃硬骨头，敢于涉险滩，既勇于冲破思想观念的障碍，又勇于突破利益固化的藩篱，做到改革不停顿、开放不止步。针对新时代的新形势，习近平总书记围绕 14 个集中连片特困地区，展开 50 多次调研扶贫工作，坚持在考察调研中研究贫困问题的真实情况，提出"精准扶贫"的理念。他指出全面建成小康社会，最艰巨最繁重的任务在农村，特别是在贫困地区，没有农村的小康，特别是没有贫困地区的小康，就没有全面建成小康社会。针对发展过程中的各项短板问题，不断推进科教兴国和产业升级，推进供给侧结构性改革，是适应和引领经济发展新常态的重大创新。要实行宏观政策要稳、产业政策要准、微观政策要活、改革政策要实、社会政策要托底的总体思路，着力加强结构性改革，在适度扩大总需求的同时，去产能、去库存、去杠杆、降成本、补短板，推动我国社会生产力水平整体改善。

2017 年中国共产党第十九次全国代表大会举行，作出中国特色社会主义进入新时代、我国社会主要矛盾已经转化为人民日益增长的美好生活需要和不平衡不充分的发展之间的矛盾等重大政治论断，确立习近

---

1 《邓小平文选》第 3 卷，北京：人民出版社，1993 年，第 3 页。

平新时代中国特色社会主义思想的历史地位，提出新时代坚持和发展中国特色社会主义的基本方略，确定决胜全面建成小康社会、开启全面建设社会主义现代化国家新征程的目标。2019 年党的十九届四中全会更是在多个维度上制定了一系列具体目标。2021 年 7 月 1 日，习近平总书记《在庆祝中国共产党成立 100 周年大会上的讲话》中宣布，中国实现了第一个百年奋斗目标，在中华大地上全面建成了小康社会，历史性地解决了绝对贫困问题，在新的发展阶段要向着全面建成社会主义现代化强国的第二个百年奋斗目标迈进。这种历史性成就恰恰是以对社会历史现实中真实问题进行思考为前提的。习近平新时代中国特色社会主义思想是在新的历史发展阶段，马克思主义学说与中国具体发展实践相结合的理论产物，是唯物史观在新时代的具体应用，它同时也是马克思主义理论在当代的生命力体现。只有关注中国发展的现实，围绕当前历史阶段中存在的问题，并有针对性地予以解决，同时依靠人民群众的力量，从人民群众的根本利益出发，才能推动中国向下一个阶段的目标迈进。

从革命、建设、改革和进入新时代的过程中，中国共产党始终将马克思主义的历史唯物主义方法与中国社会历史现实紧密相连，并在实践中不断生发出富有创造性的新观点、新判断、新解读。作为马克思主义哲学的基本原理和方法论，历史唯物主义在实践的历史维度中展现出了蓬勃生机和活力。现如今，世界处于百年未有之大变局，面对复杂多变的现实问题，作为科学世界观和方法论的马克思主义同样具有强大的生命力和解释力，并且能够在理论和实践中发挥巨大的作用。

二、 面向社会存在：唯物史观的必然逻辑

吴晓明教授曾提出，一种哲学体系的真正生命力 "在于它同时代的本质关联，在于它从思想上牢牢地把握着这个时代，在于它在深度和广度上将思想一直推进到这个时代之本质的最遥远的边缘"。[1] 这一总结把

1　吴晓明：《马克思哲学与当代世界》，《世界哲学》2018 年第 1 期。

准了马克思的理论学说和特定的社会存在之间的关系。而这种关系不仅是今天推进和发展马克思哲学的原则，同时也是马克思建立自己理论体系时所遵循的原则。

　　在马克思看来，揭开人类历史奥秘的钥匙要到经济领域中去寻找。马克思主义政治经济学本身就是一个兼具历史性和生成性的理论体系，以真实问题为切入口的社会历史现实一直是马克思进行理论思考的出发点。在对社会历史的关注中，他最早发现了产业革命所带来的各种社会经济问题。马克思经历了欧洲大陆从第一次工业革命（18 世纪 60 年代）向第二次工业革命（19 世纪 60 年代后期）过渡的整个过程。他将这个时期概括为"大工业本身刚刚脱离幼年时期"[1]，产业资本逐渐掌握整个社会生产，理论分析也重点关注生产领域。因此，马克思本人在这一时期的政治经济学研究对象正是古典政治经济学理论所分析的社会经济现象，反对封建制度和重商主义是他此时思考问题的基本立场。例如，马克思在 1843 年以后对当时比较受关注的国民经济学论著进行的摘录研究形成了《1844 年经济学哲学手稿》，其中所涉及的让·巴蒂斯特·萨伊、亚当·斯密、大卫·李嘉图等国民经济学家主要关注的领域在于劳动在生产过程中的价值认定及相关问题；1857 年在看到史无前例的经济危机来临的前兆，马克思将其研究成果形成了《1857—1858 年经济学手稿》，旨在从理论上于危机爆发之前梳理清楚资本主义整个经济过程的内在逻辑，揭示推动社会历史的真正力量，从而引导无产阶级在这次由金融投机引发的经济危机中发挥资本主义制度"掘墓人"的力量。然而在接下来的历史发展中，1857 年经济危机并未造成资本主义制度的崩溃，无产阶级革命的推进和开展也并不如预期顺利，马克思意识到有必要对资本的整体运行逻辑进行系统的解析，从结构上刺穿资本主义生产的内在矛盾，才能为无产阶级的自我认知和新的斗争提供理论武器，于是就有了《资本论》的写作和陆续出版。从这一理论研究推进的整个

1　《马克思恩格斯文集》第 5 卷，北京：人民出版社，2009 年，第 16 页。

过程可以看出，恰恰是随着资本主义生产的不断发展，资本主义在不同发展阶段上各个环节的问题和矛盾才能充分暴露出来，马克思的政治经济学研究的理路也随之逐渐深入。可以说，历史的打开方式正是以其问题为表征的，而对问题的关注正是理论研究的入口。马克思从未将自己的思想和理论视作封闭的体系，而是始终对自己之前的结论采取批判性扬弃的态度，真实地直面社会历史的现实展开，不断思考时代所提出的真问题，将所研究的对象不断带到新的高度，充分揭示出历史和社会的真实变化及其原因。

以《资本论》为代表的马克思主义政治经济学批判的意义不仅在于它对19世纪处在古典自由市场时期的资本主义经济社会关系和经济过程的深刻分析，更在于它所建立起的以唯物史观为基础的批判性方法在之后的社会发展中依旧有效。唐正东教授认为，对这一方法的准确把握，是进行经典解读和当代探索两方面所必需的，它"可以让我们深入地解读马克思资本批判理论的深层内涵，从而使我们找准在当代语境中发展马克思主义资本批判理论的学理路径"。[1] 詹姆逊则以另外一种方式强调了《资本论》包括其方法论在内的整个体系的意义："今天对《资本论》的任何创造性解读都是一个翻译过程。这个过程把为维多利亚社会第一个工业时代创造的语言和概念在忠实于原初构建的状况下转换成了另一种代码，还通过对初次再现的抱负维度和精巧结构的坚持，保证了它在当代的可再现性。"[2] 在詹姆逊看来，《资本论》在当代的"可再现性"必须依赖于方法（"抱负维度和精巧结构"）才能实现，而资本在不同阶段的本质和结构只有借助于这种构建才能真正被透视。

由此可见，只有坚持以社会存在为出发点、以真实问题为导向、以历史唯物主义方法为支撑的研究进路，才能在今天不断探索马克思学说的当代生命力的过程中不丧失判断力。纵观中国的马克思主义理论发展

1　唐正东：《政治经济学批判的唯物史观基础》，《哲学研究》2019年第7期。
2　［美］弗雷德里克·詹姆逊：《重读〈资本论〉》，胡志国、陈清贵译，北京：中国人民大学出版社，2013年，第7页。

史，也真实地经历了一个从理论导向向现实导向的发展过程。从打破教科书体系进入自主性思考，进而通过向经典文本的溯源达及当代性的解读，直至开始思考体现时代特色的中国哲学话语体系的建构，从整体上真正体现了以马克思主义方法论推进马克思主义学说研究的正确路径。在这背后，是中国四十多年来发展所建立起来的新的社会历史现实，是对于中国问题、中国道路的真实思考。党的十八大以来，当中国的社会经济发展水平不断达到新的高度，尤其是在数字经济、智慧治理等各方面已经走在世界前列的时候，这种自主性思考显得尤为重要。它是对中国特色的问题意识的凝聚，是从"谈论马克思"到"像马克思一样谈论问题"的历史唯物主义方法的实践。"因为在马克思那里，社会存在是一个独立的并且是第一性的哲学范畴，其存在的合法性并不是由传统哲学那种抽象和超验的存在所决定，而是由人们的'实际生活过程'所决定。社会存在就是物质生活条件的总和、经济基础或广义的市民社会及其社会关系等。"[1] 这种思考应当具有以下特点：

一方面，对新的社会历史现实进行理论研究的立足点需要兼顾文本研究和方法论坚持。毋庸置疑，文本是理论体系的凝聚和梳理，是观点的逻辑化表达，是研究本身必不可少的质料。它不仅是作者概念结构和结论的系统化呈现，同时更体现为一系列内在的逻辑线索和方法论架构。这也就是詹姆逊在对《资本论》进行当代性重读的时候强调必须忠于其"原初构建"的原因。阿尔都塞则借用了医学上的"症候"提出了一个长期被理论研究所忽略的问题：理论体系的全部故事并不完全表现为被言说的文字和语句，相反，可见与不可见的关系、文字语言外的互相渗透以及问题被生成的逻辑，更是文本阅读和研究应当着力的重点。因为其中所反映的正是思考方式与提问方式的变化，它从根本上决定了作者的视域和文本呈现；并且，文本的阅读本身是一个互文的过程。它既是作者与读者的交流，也是文本生成的情境与时代情境之间的碰撞。

1　邹诗鹏：《何以要回到历史唯物主义研究范式》，《哲学研究》2010 年第 1 期。

这也就要求对文本的研究必须在忠实于原著的基础上坚持开放性生成的态度。需要注意的是，在这种互文和碰撞中起连接作用的始终是方法论的坚持。方法论自觉最终表现为研究者进入某一问题域后在"发问"时所遵循的立场、逻辑、判断标准和话语表达方式。无论是面对文本还是现实问题，"方法的自觉，即是建立现成性与生成性的历史建构关系。"[1] 长期从事《资本论》研究的大卫·哈维也一再强调，马克思所开创的"强大的理论工具"是分析当前矛盾、"处理我们这个时代的难题"的迫切需要。[2]

另一方面，对新的社会历史现实的研究需要从"阐述现象"转向"面对问题"。问题意识突出表现为拒绝以外在反思的方式将一般原则当作普遍性的教条，而真正深入到对真实的历史条件的分析中。黑格尔认为，外在反思最终走向的是对教条的彰显和对"形式"的主观主义占有，是对一般原则的非法同质化挪用；而内在反思则将抽象的普遍性提升为具体的普遍性，进入对事物的实体性内容的剖析，从而以批判性的视野切入问题的生成条件。今天，以信息技术和大数据为基础的科技飞跃极大地改变了社会的组织形式、劳动方式和价值创造及实现方式。当生产模式不断地打破福特制所赖以建立的刚性划分而转向后福特制的界限消弭时，不但大工业时代劳动过程本身发生了巨大变化，资本与劳动以及其他诸社会要素的关系也发生了变化。整个社会从生产力到生产方式都在面临着技术所带来的改变。不仅新的经济模式对于原有经济结构产生了截断性的效应：旧的商业模式被挑战至式微（甚至消亡），生产、分配、消费、交付、配送及控制体系在新技术基础上被重塑，许多企业甚至行业的基本面正在发生动摇，而且技术也正在创生着全新的问题。从正在发生的日常经验可以看到，数字化不但全面重构了人类的生存方

1　张一兵：《马克思主义哲学研究的方法论视域方法的前置与自觉：马克思何以呈现》，《学术月刊》2002 年第 6 期。
2　参见：［美］大卫·哈维：《资本的限度》，张寅译，北京：中信出版集团，2017 年，第 11 页。

式和对自身的认同，算法技术也成为对个体进行凝视的另一重中介，改写了生命政治权力的布展方式。从这个意义上来说，"再次占用和赋权这两种过程与剥夺和损失总是交织在一起的。"[1] 要对这些新现象背后的问题作出历史性的分析，必须借助历史唯物主义的方法揭示其本质和内核。从现象到问题，是一种从经验的偶然性到历史必然性的关注视角的转变。只有真实地面对社会存在和社会生产，才能达到哲学批判性反思的目的，也才能够真正建立经得起历史检验的中国哲学话语体系。

马克思本人一直坚持对方法的强调和对真实问题的把握。除了他在自己的研究历程中所展现出来的现实关注外，在 1872 年为《共产党宣言》的德文版所写的序言中，马克思恩格斯还曾针对这个历史文本生成时和出版时的社会条件的差异做出了声明："这些原理的实际运用，正如《宣言》中所说的，随时随地都要以当时的历史条件为转移。"[2] 正因为如此，马克思对自己在第二章末尾的结论也作出了历史性的判断。这种敢于不断超越自己的勇气恰恰是马克思唯物史观方法论的最好体现。

马克思主义的唯物史观是从现实的人的现实实践出发的，它面对的是现实的世界，建构的是现实的理论。任何超现实的不切实际的幻想都是与马克思主义格格不入的。不过，需要注意的是：由于马克思试图揭开的是人类历史的奥秘，所以现实世界始终与人的实践活动密切相关。

在《德意志意识形态》中，马克思恩格斯首先批判了青年黑格尔派"天真的幼稚的空想"，"所有的德国哲学批判家们都断言：观念、想法、概念迄今一直统治和决定着人们的现实世界，现实世界是观念世界的产物。"[3] 所以，他们的任务"在于揭穿同现实的影子所作的哲学斗争，揭穿这种如此投合沉溺于幻想的精神萎靡的德国人民口味的哲学斗争，使这种斗争得不到任何信任。"[4] 在他们看来，"这些哲学家没有一个想到

1　[英]安东尼·吉登斯：《现代性与自我认同：晚期现代中的自我与社会》，夏璐译，北京：中国人民大学出版社，2016 年，第 6 页。

2　《马克思恩格斯全集》第 1 卷，北京：人民出版社，2012 年，第 376 页。

3　《马克思恩格斯全集》第 3 卷，北京：人民出版社，1960 年，第 16 页。

4　《马克思恩格斯全集》第 3 卷，北京：人民出版社，1960 年，第 15—16 页。

要提出关于德国哲学和德国现实之间的联系问题，关于他们所作的批判和他们自身的物质环境之间的联系问题。"[1] "他们只是用词句来反对这些词句……这种哲学批判所能达到的唯一结果，就是从宗教史上对基督教作一些说明，但就连这些说明也是片面的。至于他们的全部其他论断，只不过是进一步来粉饰他们的一种奢望，以为他们用这样一些微不足道的说明作出了仿佛具有世界历史意义的发现。"[2] 马克思恩格斯之所以重视现实，是因为历史的前提是现实的个人，是他们的活动和他们的物质生活条件。在人类历史中，现实不是死的物，而是活生生的人类活动以及它们的结果。要揭示历史的真相，就必须回到现实人的现实活动中来。面对精神只需要想像，面对现实不仅需要勇气，还需要有进行实践和解决问题的智慧和方法。精神立足于现实才能飞得更高。对于马克思主义哲学而言，既要立足于现实又要不局限于现实，既要有面对当下问题的智慧又要有长远的历史眼光，这样才能完成改变世界的新哲学的使命。这也正是中国共产党人在社会主义建设事业中一直在践行的。

马克思主义哲学无论是对人的认知还是对社会（包括未来社会）的认知都离不开现实，回到现实、基于现实是认知历史、把握未来的基本方法。在讲到人的本质时，马克思明确强调要在现实性上理解人、把握人。"人的本质不是单个人所固有的抽象物，在其现实性上，它是一切社会关系的总和。"[3] 在讲到社会时，马克思说："全部社会生活在本质上是实践的。凡是把理论引向神秘主义的神秘东西，都能在人的实践中以及对这种实践的理解中得到合理的解决。"[4] 在《德意志意识形态》中讲到共产主义时说："共产主义对我们说来不是应当确立的状况，不是现实应当与之相适应的理想。我们所称为共产主义的是那种消灭现存状况的现实的运动。"[5] 可见，一方面，现实性始终是唯物史观的根基，一

1 《马克思恩格斯全集》第3卷，北京：人民出版社，1960年，第23页。
2 《马克思恩格斯全集》第3卷，北京：人民出版社，1960年，第22页。
3 《马克思恩格斯全集》第1卷，北京：人民出版社，2012年，第135页。
4 《马克思恩格斯选集》第1卷，北京：人民出版社，2012年，第135—136页。
5 《马克思恩格斯全集》第3卷，北京：人民出版社，1960年，第40页。

旦脱离了现实，就会陷入空洞的词句之争；另一方面，现实始终是与实践联系在一起的，脱离了实践，就无法回到现实、理解现实。马克思创立唯物史观的独特意义和价值恰恰在于开辟了一条通向现实的实践道路，正因为如此，实践的观点是马克思主义首要的、基本的观点。通过对现实的实践解读，既揭开了历史发展的奥秘，又使理论实现了现实化，呼应了时代的要求，解答了时代的课题。因此，从这个意义上来说，中国哲学话语体系的建构，不只是理论上的，更是现实上的。只有达到现实的高度，回到现实中来，即回到中国特色社会主义建设实践上来，中国哲学话语体系的建构才有可能完成。

中国哲学话语体系建构不只是思想趋向现实，同时也是现实趋向思想。"光是思想力求成为现实是不够的，现实本身应当力求趋向思想。"[1] 这里的思想，不是某个具体的结论，而是精神的高度和方法的引领。中国共产党领导下的中国特色社会主义建设的现实发展，正是行进在这样的道路之上。对于哲学而言，它也不应该只是一种对现实的简单直观的理论反映，而是时代精神的凝练，是新的时代精神的集中体现。中国哲学话语体系建构任务的提出表明中国特色社会主义建设已经卓有成效，并且在政治上不断彰显自身发展的规律性，因此需要产生与现实已经取得和正在取得的巨大成就相应的学理表述，从理论水平上来体现实践的水平，这是任何别国的经验和别国的理论所不能代替的。这也正是建立在社会历史现实基础上的"四个自信"的体现。

三、 建构中国哲学话语体系的辩证逻辑

党的十八大以来，中国整体的经济社会发展不断推进。随着以移动网络为基础的科技进步，劳动范式、经济组织形式和资本的运作方式都出现了极大的变化，新的经济现象层出不穷。另外，宏观经济结构也面临调整的压力。这种机遇与挑战并存的局面是中国特色社会主义在新时

1　《马克思恩格斯文集》第 1 卷，北京：人民出版社，2009 年，第 13 页。

代所呈现出来的特点，也一直成为理论建设所关注的热点，各个学科也都努力以不同的视角和维度来透视这些新变化所可能引起的趋势和影响。作为中国共产党理论指导的马克思主义哲学更应当积极主动地承担起这一历史重任。社会历史的不断推进为重新理解马克思学说的概念、方法和意义提供了新的思考路径。马克思主义哲学也必须正面回应经典理论和当代变化之间的张力，适时地对概念和理论本身进行推进。真正推进马克思主义政治经济学对当代中国社会和全球经济现状的解读，既是理论本身发展的需要，也是建构中国哲学话语体系的基础和前提。

马克思主义的真正理论张力，不是源于对一般结论的简单重提，而是直面和正视历史现实，并通过深入思考给出时代的答案。社会经济现实的改变必然会导致新情况、新问题的出现，这就要求经典理论必须接受新的实践检验，并在对新问题的思考和回应中推进和发展理论。

在这些新变化中，最明显的莫过于数字经济不但成为新的经济增长点，而且极大地改变了传统的劳动组织形式、生活方式和社会治理模式。在 2019 年 10 月 31 日党的十九届四中全会通过了《中共中央关于坚持和完善中国特色社会主义制度推进国家治理体系和治理能力现代化若干重大问题的决定》（以下简称《决定》）。在《决定》中，生产要素的类别被拓宽，并确认了它们在分配中的合理地位。这正是当代的理论建设和决策制定对经济现实做出的反馈。当然，在回应数字经济所提出的挑战的过程中，探索和争论在所难免，因为现实的加速发酵会促使现象不断发生变化。这就需要我们真正贯彻马克思主义哲学的实践精神，本着求真务实的态度，保持对现实的关注，不断更新知识结构，推进理论的持续发展。例如，越来越多的无人工厂、无人超市的出现也对马克思主义政治经济学经典理论中的劳动价值理论以及资本有机构成等问题提出了挑战。智能化不断提高的工具也在冲击着传统的活劳动和死劳动的定义：因为人工智能时代的机器已经不再是过去那种和人对立的、作为固定资本而存在的、不实现价值创造和只完成价值转移的生产工具，它们是人的延伸，甚至人的革命，可以在过程中实现价值创造。最新的人工智能算法中的多层人工神经网络意味着机器开始从模仿人类思考方式出发具备了一定的"智性"，它在劳动过程中具有人类劳动所具有的对象性，因而能够自主完成劳动过程。同时，通过软硬件共享（移动通信设备、大数据技术和其他应用软件），以人工智能技术实现的"无人化"劳动不但是人类劳动和机器相结合的产物，同时包含了表现为共享性公共产品和服务在内的社会协作性劳动。人工智能凭借其智能化的技术代替了过去人在劳动过程中物理性在场的方式，人类在这个过程中将自身的劳动以人工智能作为物质载体和实现形式参与到物质生产过程中，履行的仍然是人类的意识和目的。另一方面，在生产范式发生巨大变化的今天，非物质劳动生产在整个社会生产中所占的比重远大于马克思所处的时代，甚至物质劳动生产的很多环节也开始转向以互联网为基础的去工厂化特征。这些劳动由于不再依赖特定的场域所提供的硬件化生产资料，会表现为从业者工作时间与非工作时间之间的界限的模糊化。换言之，当工作时间不断地弥散到全部生活时间之中时，生产劳动也会同样贯穿于其他经济的其他环节甚至非经济化过程中。由泰勒制和福特制共同保证的现代性条件下的"效率优先"和"规模生产"所赖以存在的专业化分工（或分离），在互联网和大数据技术的推动下消弭了边界，重新定义了社会生产的连接逻辑。新的建立在数字技术基础上的劳动已无法像《资本论》所讨论的工业劳动那样在固定区域集中发生，它与所有可能的社会交往及协作完全不能分离，从而形成一种新的非生产化的生产劳动结构。更为重要的是，当这种新的劳动形式和平台经济模式相结合后，该如何定义这种劳动从属关系以及在去组织化的情况下保护劳动者权益，也是新时代经济现实对理论工作者提出的时代任务。因为只有在对这些时代问题进行深入观照和思考的基础上，才能有针对性地为政府政策的制定提供现实启示。毋庸置疑，新时代的中国在经济发展的很多方面，尤其是数字经济的发展已经走在世界的前列，新现象新问题的出现正是社会经济飞跃发展的表现之一。对于这些问题，只有一方面牢牢把握马克思主义哲学所提供的世界观和方法论，另一方面将它们贯彻到对问题鞭辟入里的分析中，才能真正建立起对中国问题进行中国思考的有中国特色的哲学话语体系。这一话语体系的建立，正是文化自信和理论自信的必然结果，也是摆脱理论上的学徒状态、坚持自主性思考所必须完成的任务。

马克思恩格斯曾经指出，对哲学家们来说，从思想世界降到现实世界是最困难的任务之一。“哲学家们只要把自己的语言还原为它从中抽象出来的普通语言，就可以认清他们的语言是被歪曲了的现实世界的语言，就可以懂得，无论思想或语言都不能独自组成特殊的王国，它们只是现实生活的表现。”[1] 中国哲学话语体系的建构同样需要如此。它不应把提出震撼人心和令人激动的词句作为理论追求，而是必须将立足点建于现实世界之上，真实地观照和反映现实生活，在理论上把握现实，这样才能从“实践的中国”走向“理论的中国”，这也是今天的理论界已经达成的普遍共识。然而，要想完成中国哲学话语体系建构的任务仅仅回到现实还远远不够，它不仅需要透过现实的表象抓住事物的本质，把握事物变化发展的规律，而且需要基于现实又回到现实的反复理论探索、创新、检验和完善，才能使理论不断得到丰富和发展。只有在理论与现实的双向互动中，才能逐渐完成中国哲学话语体系的理论建构。

为了适应中国哲学话语体系建构需要，应做好以下几方面工作：

首先，对传统理论的现代反思。任何基于社会现实的理论，都必须考量社会现实自身的发展变化，只有脱离社会现实的理论才会把自己看成是万应良方。对于致力于推动人类社会历史进步的经典马克思主义理论而言，我们不能无视社会现实的变化照搬照抄，更不能把西方马克思主义基于当代资本主义新变化而对经典马克思主义的理论改造当成是普遍法则，进行简单的理论模仿、嫁接和移植，而是需要基于我国的客观实际，运用马克思主义的立场、观点和方法分析问题、解决问题。同时根据中国出现的新情况、新问题，综合分析经典理论的效用限度及其边

1　《马克思恩格斯全集》第 3 卷，北京：人民出版社，1960 年，第 525 页。

界。弄清哪些需要对原有概念进行新思考、新阐释，哪些需要概括新特征，产生新概念。例如随着非物质劳动的出现以及劳动的生活化和生活的劳动化，劳动与生活的界限变得越来越模糊，这直接导致了劳动概念的内涵深化和外延扩展，需要进一步进行反思和确认。而对于数字经济而言，则需要打破原有的理论框架，形成新概念、确立新思维。数字经济不只是一种新的经济形式，它还在不断创造新的历史。在数字经济的基础上，还会产生数字政治、数字文化等等。这些新问题都需要我们进行深入的理论思考和探究，并且形成新的理论。

　　其次，实践基础上的理论总结。对实践的深刻认知始终是理论创新的前提，理论来源于现实又高于现实。"人应该在实践中证明自己思维的真理性，即自己思维的现实性和力量，自己思维的此岸性。"[1] 中国哲学话语体系建构既要对出现的新问题、新情况作出适时的理论反应，保持理论的高度敏锐性，又要对社会生活的本质有深刻的认知，把握社会发展的方向。如果仅仅只是跟随在社会现象背后做机械的解释、注疏工作，这样的理论除了迎合现实、吸引眼球之外，是没有真正生命力的。除了认知理论之外，中国哲学话语体系建构还担负着一项重要使命，那就是价值理论的建构。我们不仅要认识现实、在理论上把握现实，还要在价值上引领现实、在观念上提升现实。中国哲学话语体系是中国特色社会主义伟大实践的理论总结，同时也是社会主义的价值观和人类自由解放理念的集中反映。中国哲学话语体系建构应包括认知理论和价值理论的双重建构，它是理论和实践的统一，也是真理和价值的统一。因此，我们需要对中国哲学话语体系的内涵做进一步分析，不能只是停留在口号式地回到现实，而是要真正成为时代精神的精华，既要对复杂的社会现实进行微观的、多层次的理论剖析，又要进行宏观的、综合的理论把握，从而形成立体式的理论架构。

　　再次，理论创新和应用。马克思曾指出，真理的彼岸世界消逝以

[1]　《马克思恩格斯选集》第1卷，北京：人民出版社，2012年，第134页。

后，历史的任务就是确立此岸世界的真理。中国哲学话语体系建构绝不只是提出几个新概念、新名词娱人耳目，而是要以完整的理论形态概括、总结中国特色社会主义实践。它必须真正具有理论概括力、说服力，既要具有思辨性、逻辑性，又要能够准确反映现实、表现现实，它是对时代提出的迫切问题的理论回应。正因为如此，中国哲学话语体系不仅产生于中国现实，而且能够应用于中国现实。此外，由于社会主义道路具有的普遍特征以及中国哲学话语体系所揭示的带有普遍性的社会主义建设和发展规律，它还可以对别国的社会主义实践具有参考价值和借鉴意义。中国哲学话语体系既是对中国当代社会现实的理论回应，也是对世界文明进程贡献的中国智慧。只有在物质文明和精神文明两方面都有所作为，中国才能真正从站起来到富起来再到强起来，并且在引领世界社会主义运动的发展方向上作出贡献。

最后，社会实践的反馈。理论建构的目的不只是体现理论的严谨、逻辑的严密，更重要的是回到现实，指导实践。创新理论是为了创新实践，在实践创新中才能检验理论的正误，才能体现理论的张力。中国哲学话语体系的力量不应只是停留在理论层面，它还需要回到实践，展现实践智慧和力量；它不仅要能够更好地解释现实，而且要能够更好地改造现实。所以，我们不仅要从现实出发，而且要回到现实。从现实出发、回到现实不是走向表象主义，而是要在实践的推动下，以反思批判的眼光在历史中审视现实、把握现实和超越现实，在实践中丰富理论、发展理论和完善理论，真正实现在现实中升华理论，在理论中把握现实。我们不仅要有现实感，而且要有历史感。现实不是平面的现实，而是历史的现实和现实的历史。只有把现实放到历史中，我们才能认清中国社会现实的独特性，真正弄清中国社会现实的真相，从而创立具有时代性、自主性并兼具民族特色的中国哲学话语体系。

总之，中国哲学话语体系建构是中国特色社会主义独特实践的理论回应，是中国社会发展的客观要求，遵循着辩证发展的逻辑。中国式的马克思主义不是传统马克思主义理论与中国社会现实的简单耦合，而是基于中国特色社会主义实践的自主性理论创新。自主性理论创新的重要方法论基础正是坚持马克思开辟的唯物史观的发展道路，以实事求是的精神和开放的姿态直面中国社会实践中的重大议题，从"谈论马克思"到"像马克思一样谈论问题"，实现方法论自觉和理论自信，我们才能真正跨越历史的鸿沟，重新焕发马克思主义理论的生命力，坚定对社会主义道路的信心，推进社会主义伟大实践。

第一章　数字平台：德勒兹资本批判理论的新场域

很多人认为法国哲学家吉尔·德勒兹的马克思主义情节是在他和法国精神分析学家费利克斯·加塔利开始合作以后才出现，这其实并不准确。德勒兹本人说："我认为费利克斯·加达里和我一直都是马克思主义者，也许方式不同，但是我们俩都是。我们不相信那种不以分析资本主义及其发展为中心的政治哲学。马克思著作中最令我们感兴趣的是将资本主义作为内在的体系加以分析。"[1] 从这里可以看出，和马克思一样，德勒兹也把对资本主义的批判当作其社会理论的核心。他认为，只有在对其发展模式进行分析的基础上，才有可能寻找到突破甚至超越资本主义的社会制度。德勒兹与加塔利合著的《资本主义与精神分裂症》，尤其是该书第一卷的《反俄狄浦斯》在很大程度上受到了马克思主义的范畴、观点、分析方法的影响，其中所体现出的批判精神更是与马克思有异曲同工之妙。

第一节　德勒兹的资本主义批判：一种后马克思视角

德勒兹和马克思一样，一方面肯定了资本主义作为人类历史中的一

1　[法] 吉尔·德勒兹：《哲学与权力的谈判——德勒兹访谈录》，刘汉全译，北京：商务印书馆，2001年，第23页。

个文明阶段，摧毁了之前传统社会所存在的所有等级制度，体现了一种解放的进步力量。另一方面，他也指出，这种解放所实现的平等是在所有价值的市场化过程中体现出来的。而这则是一种更大的同一性。因为在这个过程中，生产关系的诸要素均被符号化，其运作的整个流程也被公理化了。德勒兹认为，这种公理化的同一性抑制了社会的发展和进步。在他看来，资本产生剩余价值的过程代表了一种既定的秩序，这种秩序本身既规定了其中各种流（flows）的运行的方向，同时也杜绝了它们向其他方向发展的可能和欲望，最终在结果上成功地维护了原有的生产关系。在这里，德勒兹离开了马克思生产关系批判的原有语境，引入了弗洛伊德，并成功地创造出"欲望生产"这个弗洛伊德＋马克思式的概念，对不同形态的生产关系逐一进行了解析。他的最终目的是试图在这种分析的基础上，寻找出释放欲望流的方法，从而使社会发展本身创造出更多的新的可能性。

马克思以商品作为自己批判资本主义的入口。他通过对商品中所凝聚的剩余价值的分析揭露了资本主义社会中资本的运作方式。德勒兹没有继续这种政治学经济的思路，他通过和加塔利的合作，在马克思主义与弗洛伊德学说之间进行了某种连接，形成了独有的批判方式。这种批判更是他所谓的"精神分裂分析"（schizoanalyse/schizoanalysis）的方式深入到话语、政治、经济、制度等各方面的表现。德勒兹对《反俄狄浦斯》一书作出了如下描述："这里确实有两个方面，一是对俄狄浦斯和精神分析学的批判，再是对资本主义和它与精神分裂的关系的研究。而第一方面又与第二方面密切相关。我们在以下的观点上反对精神分析学，这些观点与它的实践相关，也同样与它的理论相关：俄狄浦斯崇拜、向利比多和家庭包围的简化。"[1] 从这里可以看出，德勒兹（和加塔利）认为资本主义和精神分析（psychanalyse/psychoanalysis）之间存在

---

1   Gilles Deleuze, Felix Guattari, *Anti-Oedipus*, Minnesota: University of Minnesota Press, 1983, p. 246.

着某种共通性，因此可以从反对精神分析的角度来进行资本主义批判，而这种批判本身也是对精神分析所围绕的中心概念的一种祛魅。作为精神分析的替代物出现的"精神分裂分析"，提倡的正是对中心化的结构的解构。这正是德勒兹（和加塔利）应对精神分析神话的武器。他们认为，俄狄浦斯情结不仅仅是一种精神分析的建构，而且是帝国主义的一种表征。因为精神和社会生活的俄狄浦斯化所表达的正是一种被压迫的生活。这和资本主义制度对人的压迫是一致的。俄狄浦斯情结和资本主义制度的所指并不单纯是一种精神倾向或经济制度，而是一种无所不在的权力结构，是霸权话语，它们渗入社会生活的每个方面而形成了一种巨大的同一性。因此，所谓的反俄狄浦斯就是反对资本主义精神对社会生活的全方位的压迫，这在目的上和马克思主义哲学是一致的。

所以，当德勒兹（和加塔利）用所谓的"精神分裂分析"法来对不同的社会形态进行分析的时候，我们可以很明显地看到马克思的影响。类似于马克思所使用的生产力和生产关系这一对核心概念，德勒兹（和加塔利）也通过一对概念，即欲望和身体之间的不同作用，来展示各个不同的社会形态的差别和运行机制，并指出了资本主义社会是如何在释放了之前社会所压制的欲望的同时又造成了对欲望的更大的禁锢。这种批判模式从根本上和马克思从政治学经济角度所进行的批判是完全一致的。

一、　解码流的再辖域化：资本主义对欲望生产的压制

《反俄狄浦斯》的第三章以《原始人、野蛮人和文明人》为题对三种不同的社会形态进行了分析。很显然，这三种对应的社会形态分别是：原始社会（"原始辖域"）、封建社会（"野蛮的专制国家"）和资本主义社会（"文明社会"）。事实上，在这一部分，德勒兹和加塔利的社会分析并没有超出马克思所提供的政治经济学批判模式。只不过，他们是从欲望生产的角度来解析欲望在这三种社会形态中与身体的互动关系。其根本用意是揭示资本主义对欲望的"公理化"是如何使其自身丧

失动力和生产能力的。严格地说来，在这个分析中，对第三种社会形态，即资本主义的批判从目的到思路都与马克思并无二致；不过，作者对前两种社会形态的解读明显超越了很多马克思主义理论家。对此，詹姆逊评价道："我认为在所谓'后现代主义'的杰出思想家中，德勒兹是在自己的哲学中赋予马克思至关重要的地位的唯一一位，他后期的著述里最激动人心的事件即和马克思思想的碰撞。"[1] 他指出，德勒兹和加塔利比大多数马克思主义论述更重视从前资本主义社会到资本主义社会的过渡问题。他们从生产着眼，不断地将"经济"因素加入到对原始社会和专制社会的结构的分析中，从而更突出了后面的资本主义社会在生产方面的独特性。

在论证中，德勒兹（和加塔利）虽然采用了马克思的社会分期，但在其社会谱系中，并没有社会主义社会一说。这实际上是对马克思的乌托邦式的社会理想的一种反拨。德勒兹并没有在批判的基础上构造出一种系统性的新型社会制度。相反，他所提供的解决途径是微政治的：去辖域化（déterritorialisation/deteritorialization）。这个结论与德勒兹的历史观是一致的。德勒兹认为存在的本质是不断的生成，因此也不存在历史的终结。去辖域化本身并不会建立起一个封闭的体系，而是通过不断地将异质性元素引入原有的系统，从而不断地产生出新的来。从表面上看来，去辖域化是对原有的辖域的消解，但实际上这种消解并非否定性的颠覆，而是积极的建构。去辖域化同时又是一个再辖域化的过程，而这个再辖域化的结果又将成为新的去辖域化的对象。从这一点上来讲，去辖域化和再辖域化在某种程度上类似于总体化概念。但其中的区别在于，去辖域化是不以生成一个同一性的总体为目标的。相反，它运动的轨迹是沿着逃逸路线，试图打破辖域（总体）的统治。它既打破了经典的马克思主义理论对构造封闭的理想国的青睐，也反对了以阿多诺为代

1　Fredric Jameson, "Marxism and Dualism in Deleuze", *The South Atlantic Quarterly*, vol. 96, no. 3, 1997, pp. 72 - 103.

表的法兰克福学派的悲观立场。去辖域化所追求的不是否定的非同一性，而是差异的多样性。逃逸的路线不是唯一的，而是无穷的，因此去辖域化本身是无法被规定的。

德勒兹和加塔利认为，欲望生产的世界历史实际上是社会生产对欲望生产的压制的发展过程。在这个历史过程中，所谓的社会场域就分别体现为原始社会的土地身体、专制社会的君主身体以及资本主义社会的资本身体。这三种不同的社会场域代表了三种不同的编码方式，因为社会场域的功能是对欲望流进行编码，并以符码的方式铭刻、记录它们，从而达到引导、控制和管理的作用。而这三个社会也各自有着不同的关注：利比多，神灵和剩余价值。它们从根本上体现了该社会机制的基础。

在原始社会，是根据血缘亲族关系对货品、特权、人员和威望之流进行符码化。土地身体的最大特征就是固定化。这种固定是意义、信仰、习俗上的固定化，也是关系的固定化。这其中又分为两种情况。第一种是以血缘谱系为主的纵向关系。在这一关系中，体现的是一种固定的资产的积累。由血缘所形成的等级制使每一个个体获得固定的身份和位置。而另外一种关系则是通过姻亲所形成的横向的联盟关系。这种横向的关系更多地是一种政治和经济的关系，它通过交换中所形成的债务关系（不仅仅局限在货品上）来固定彼此的位置。原始社会所使用的表达方式是仪式性的。这种书写方式中的因素并没有获得固定的意义，相反，它所使用的语词和符号都可能具有多重含义。它也是一种只表达愉悦和痛苦的利比多系统。

在专制社会，形成了一个以君主为中心的等级体系。这个等级体系呈金字塔状，它以专制国家的君主为塔尖，根据各个阶层所担负的不同的社会功能（当然，这种功能是视乎君主的需要的）分级，农民阶层是其最底部。社会的债务关系呈一面倒的状态，所有的债务都是面向君主本人的，而且是无限的。这种债务关系是由权力决定的。惩罚不再是仪式性的，而是报复性的。整个社会的记录体系（立法、官僚机构、账目、征税、国家垄断、帝国司法、职员的行为、历史编纂学）也是被君主所控制的，它只服从于君主本人的意志。因此，由于这个社会所具有的单一的指向（君主借由"君权神授论"将自身与神灵连接），意义是固定的，但能指却是任意的。

专制社会对原始社会的冲击在于，它是从外部对后者的灾难性的毁灭。而资本主义社会则不同，它的机制是内生于专制社会的。资本主义机制通过对其之前的社会机器的去辖域化形成各种自由的流，并且又通过"公理化"的过程形成再辖域化。在再辖域化的过程中，各种不同的能量流最终形成两类：以资本形式出现的解码化的货币流和以自由工人形式出现的去解码化的劳动力流。这两类流的相遇使剩余价值的生产和再生产成为可能。在这一社会中，一切的意义在市场化的过程中丧失，它们仅仅成为调节各种能量流的方式和手段。而其运作之所以被称为"公理化"，因为它不提供任何理由或注释，仅仅呈现为确定的规则。

詹姆逊认为，对于德勒兹社会历史分析意义的认定，不是判断它是否仍忠实于马克思主义，或在多大程度上受到了马克思的影响（这一点是毋庸置疑的），而是判断在何种程度上德勒兹的思想在哪一疑难问题中展开并认可马克思；或者，反过来，在何种程度上德勒兹的疑难问题包含着马克思主义的疑难问题，且把马克思主义的难题和疑问当作自身探究领域内的紧迫问题来对待。事实上，当众多的后马克思主义的理论家致力于消解马克思的逻辑在今天的全球化中的意义时，德勒兹的工作却在更大的疆土中拓展了马克思理论的生命力。尤其是在《反俄狄浦斯》一书中，德勒兹和加塔利一起，为我们呈现出了一个由欲望机器编织而成的社会政治之网。正如詹姆逊所说，"瓦解主观——即欲望、里比多、甚至性的狭义概念——与所谓的客观——即社会政治经济要素——之间的屏障，是德勒兹最重要的成就之一"。[1]

---

1 Fredric Jameson, "Marxism and Dualism in Deleuze", *The South Atlantic Quarterly*, vol. 96, no. 3, 1997, pp. 72 – 103.

另一方面，《反俄狄浦斯》所进行的资本主义批判的基础仍然是坚定不移的唯物主义立场。尽管德勒兹的经验主义方法论被冠以了"先验的"定语，但这并不妨碍他的实在论角度。在本体论层面上，他所构造的内在性平面（plan d'immanence/plane of immanence）作为各种力量相互作用的场所，被他定义为一种前哲学性的存在。这体现了一种唯物主义的物质观。德勒兹拒绝一切超验的概念和命题。他认为，作为一个经验主义者，自己的哲学所要做的就是确定产生变化的条件，也就是说，从唯物主义的角度探索创造差异的可能性。具体到资本主义批判上，德勒兹（和加塔利）所使用的"欲望"并非一种精神性的存在，也不是由匮乏所引发的心理渴求，而是一种现实的社会存在。欲望是由具体的社会和历史条件所决定的。它是生产性的，积极的，主动的，创造性的，非中心性的，非整体化的。欲望是和尼采的意志相类似的一种创造性力量，它具有革命性、解放性和颠覆性，应该充分地被施展出来。这与马克思本人的用词是何其地相似！同时，德勒兹的文本中大量出现的"机器"（欲望机器、社会机器等）概念也从唯物主义的角度强调了联系的观点。机器的特点在于它是由不同的零部件通过相互的连接而构成的。而一些零件本身也是更小型的机器。德勒兹希望通过这种形象化的概念来强调联系的无所不在和重要性。菲利普·古德查尔德（Philip Goodchild）很好地理解了这一点。他指出，只有当思维、情绪、身体等层面彼此相互作用的时候，德勒兹哲学中的欲望才能获得其完整性。此外，德勒兹拒绝了先验主体的概念，指出主体性是在特定的历史条件下被建构起来的。这和马克思主义哲学的历史唯物主义观点是一脉相承的。

二、 对当代资本主义新问题的阐释

当我们厘清了德勒兹的资本主义批判在何种程度和方式上对马克思有所继承的问题之后，我们需要来面对另一个与当下关联性更强的问题，即德勒兹所谓的对马克思工作的"继续"是在什么意义上存在的？

他（和加塔利）的理论努力的创新之处又在哪里？

　　显然，以"欲望生产"为基础的社会分析并不只是改换了术语和面貌的马克思理论的重复。马克思＋弗洛伊德的联结所实现的不是一种被利比多所主导的政治经济学。在这里，德勒兹和加塔利最大的理论贡献在于，他们突破了传统马克思主义所描述的生产关系变革原因——生产力的发展与生产关系的落后产生矛盾，从而要求新的生产关系——范式，从资本主义内在极限与外在极限两个方面的不平衡入手，准确地揭示了当代资本主义的现状。并且，该理论还对资本主义的自我调整与更新提供了新的解释，使我们能够从一个更具有当代性的视角来面对今天的全球化问题以及地区发展不平衡的问题。

　　《反俄狄浦斯》指出，资本主义实现了对之前一切社会所编码（coding）或过度编码（over-coding）的东西的解码（decoding）。从这个意义上说，它是所有前资本主义构型的界限（limit）。但是，这种界限本身是相对的，因为在资本的不断增殖（生产）的过程中，它又以一种公理化（axiomatization）的方式对被解码的东西（最终归结为货币和劳动力）进行重新编码（recoding）。这个公理化就是被解码的货币变成资本的逻辑过程。于是，马克思的以生产为基础的剩余价值产生的过程变成了货币—资本—货币'的转化过程。这个过程永远不会完结，并且，"作为无限的抽象的量的货币不可能摆脱向具体的生成，没有这种向具体的生成，它就不会变成资本，不会占有生产"。[1] 在这里，德勒兹和加塔利超越了马克思的时代限制，将当代资本主义社会中所发生的一切资本转化过程纳入了生产的逻辑之中。换言之，生产不再是马克思意义上的传统工业生产，它涵盖社会生活的全部方面。一切都可以商品化，因为在彻底的解码之下，前资本主义时代的一切依附关系被摧毁，所有被消解的符码通过抽象的等价交换的原则被"再辖域化到国家、家庭、法律、商品逻

1　Gilles Deleuze, Felix Guattari, *Anti-Oedipus*, Minnesota: University of Minnesota Press, 1983, p. 249.

辑、银行系统、消费主义、精神分析以及其他规范化的制度当中"。这一点很好地解释了非物质化商品在今天的生产以及消费领域的作用。

资本主义的解辖域化作用同时也构成了它自身的绝对界限，即它的域外（outside），这就是精神分裂。这种倾向产生于资本主义生产关系内部，但同时与资本的公理化逻辑相背离。"因此可以说，精神分裂症是资本主义的外部界限，或其最潜在倾向的终点，但是资本主义只有在抑制这种倾向的条件下才发挥作用，它推进或移动这个界限，用自己内在的相对界限去替代它，并继续扩大这个界限的再生产。"[1] 这也就意味着，资本主义的真正矛盾在于解码所造成的去辖域化所释放出的欲望的潜力与公理化的逻辑之间的矛盾。一方面，资本逻辑要求对界限进行突破，因为没有解码流的自由流动，资本主义生产就不可能发生。但另一方面，如果不能有效地将解码流公理化，那么资本的运作同样不可能。这也就需要以公理化的方式截断被解码的流的自由运动。但当一个新的转化过程开始的时候，解码又在重新不断地进行。也正是在这个意义上，解辖域化和再辖域化是在同一个过程中。因为如此，资本主义的内在界限和外在界限相互对立起来。从表面上看起来，这对矛盾似乎与马克思的生产力与生产关系之间的矛盾有所类似，但实际上它是在借鉴后者的情况下实现了超越。因为这样一种内生于资本主义的解辖域化的要求不但解释了其构型本身发展的原因，更为探索资本主义的可能性空间从而寻找到超越资本主义的生产力发展方式提供了新的视角。

德勒兹指出，由于资本主义国家是建立在解码流和解域流基础上的，它"能够把生成的内在性发展到极致"。而这种生成的极致性同时要求对公理的调节能达到极致的地步："它调节公理，甚至把公理的失败作为其操作的条件而组织起来；它监督或引导公理的逐渐饱和，相应的拓宽界限"。这实际上正是市民社会不断自我整合和更新的能力。而

1　Gilles Deleuze, Felix Guattari, *Anti-Oedipus*, Minnesota: University of Minnesota Press, 1983, p. 253.

这种能力来自于造成了外在界限的精神分裂的巨大压力。同时，精神分裂也为逃离公理化提供了孔隙。而这种多样化的孔隙实际上就是社会中的弱势价值，它为差异的生成提供了渠道。

对于这个问题的思考，更多地与资本逻辑扩张所带来的文化的领土性的消弭有关。因为在新的世界性文化空间中，随着电子媒介的大范围使用和网络的延伸，地理区域的界限对文化的影响逐渐弱化，与此相关的文化的特性更多地变成了多元化的虚拟世界中的一种特例的展示。有学者将其称之为"无地方特性的图像地理和虚拟地理"。在这种情况下，差异虽然仍旧存在，但已经沦为了全球化文化产业所追逐的一个对象。差异的确被合法化了，但是这种合法化同时也削弱甚至扼杀了它本身的革命意义。

> 这时候等距离原则同样占主导地位：资财丰饶的全球性集团利用地方差异和特质。文化产品从世界各地汇聚起来，转化成面向新的"世界性"市场的商品：世界音乐和旅游业；民族传统艺术、时尚、烹饪；第三世界的文学作品和影片。把地方性和"异域的"东西从时空中剥离出来，重新包装，迎合世界集市。所谓的世界文化或许反映了对差异和特质的新股价，但它也的确是要从中获取利润。[1]

这种差异商品的世界化正是真实的历史情境中的总体化现象。所以，无论是米兰时装周的T台上被标注出来的作为时尚导向的中国元素，还是奥斯卡领奖台上的最佳外语片殊荣，都不足以证明真正平等的文化多元性已经到来。相反，这种国际市场的认可恰恰是差异和特性被吸纳入主导文化的体现。它是一种假性的区别。而这是德勒兹没有面对的问题。

1　[美]道格拉斯·凯尔纳、斯蒂文·贝斯特：《后现代理论》，张志斌译，北京：中央编译出版社，2004年，第116页。

所以，德勒兹的差异哲学所带有的理想主义性质可见一斑。尽管也有人认为这种总体化所带来的文化认同也不是没有办法打破。爱德华·赛义德曾令人信服地指出："大迁徙以及流落他乡的经历使得我们能以新方式认识诸文化间的关系。跨越疆界使得人们的视野纷繁多样，并认识到文化具有渗透性和偶然性。跨越疆界使得我们'不把他者视为本体既定的，而是看作历史构成的'，从而能够'慢慢磨去我们常常认为诸文化，尤其是我们自己的文化，所带有的排外主义偏见'。"[1] 这种极端的经历和体验就如同德勒兹的游牧一般，将穿越界限当作了从既定的总体中逃逸的路径。然而，姑且不去谈论这种经历本身的可实践性，它其实还是没有能够真正面对在政治和文化领域内差异逐渐被"去差异化"的事实。

德勒兹从来就不是一个传统意义上的马克思主义者。在他的文本中，充斥着大量的非哲学式的概念：平面、线条、块茎、游牧、精神分裂症、皱褶等等。这些概念来自于各种学科。从这些概念的使用和行文的方式来看，德勒兹可以说是当代哲学家中最难解读的人之一。面对严格的哲学史传统，他善于创新、勇于挑战。这种另类的姿态使他成为 20 世纪哲学家中的一朵奇葩。德勒兹被认为是最难归类的哲学家。然而，就在他的这种特立独行的身姿背后，我们仍然可以发现浓重的马克思的色彩。然而，德勒兹毕竟不是马克思。他借用弗洛伊德的概念，经过尼采的座架解读了马克思。尽管对于这种颇具个人色彩的解读存在着极大的争议，但毋庸置疑，德勒兹所提供的批判方式和路径具有强烈的当代意义。

第二节　从客体优先性到主体性生成：取消主客体对立
——作为经验主义者的阿多诺与德勒兹

坦率地说，写下这样的标题，是冒着理论争论的风险的。因为与洛

1　[英] 戴维·莫利、凯文·罗宾斯：《认同的空间：全球媒介电子世界景观与文化边界》，司艳译，南京：南京大学出版社，2001 年，第 153、166 页。

克和休谟这样经典的经验主义学者不同，德勒兹和阿多诺都不属于传统意义上的经验主义者，尤其是阿多诺。但从另一个方面而言，他们都拒绝以任何超验的形而上学概念来架构知识和理论本身，以生成性分析的方式推进对批判对象的边界和条件的探讨，从而实现内在批判的目的。从这个意义上来说，将他们的知识获得方式归结于经验主义传统并无不妥。这样一种理论立场突出地显示在他们关于传统的主客体二元关系的解构上。从阿多诺的客体优先性到德勒兹的主体性生成，鲜明地反映出两种不同的当代理论倾向。这对于理解当代哲学的众多问题有着极为重要的意义。

一、 经验的社会性基础

"先验的经验主义"来自于德勒兹本人的术语。[1] 它用一对似乎矛盾的概念突出显示了自己哲学的两个理论目的：用经验主义反对传统的本体论和形而上学，用先验的方法反对传统的经验主义。他在《差异与重复》一书中对这个看似有些矛盾的术语的两部分作出了明确的解释：与主张知识独立于感觉的唯理论哲学相反，经验主义理论强调一切知识都来源于感觉经验。德勒兹反对一切形而上学的预设，认为传统本体论哲学中诸多被默认的概念和架构实际上正是值得追问的理论"盈余"，关于它的知识形成过程必须返回到经验的层面予以解读。另一方面，德勒兹又和经典的经验主义者有所区别。他认为，纯粹的经验（empirical）世界表层固然构成了知识，但感性经验（experience）依旧是构成性的。需要对经验的先验条件进行追问，即研究"先验的感觉"究竟从何而来并被感知。"先验的经验主义"并不是经典经验主义的延续或分支，而是从经验概念出发对经验主义的批判和超越。

因此，"先验"并非康德意义上的使思维和理解活动成为可能的先

---

1   德勒兹在不同的文本和场合都曾讨论过自己的方法论。"先验的经验主义"这个术语出现得最多的文本是《差异与重复》和《纯粹的内在性：关于生活的论文集》。

在的思维形式。德勒兹只是保留了这个概念所含有的关于存在的非经验性条件的内涵，它意指在逻辑上先于经验的条件，是"一个非人格化的、前个体的先验场域"[1]。这个场域就是经验生成的场域，使经验世界成为可能。它是社会身体本身。于是，经典经验主义所关注的知识起源的问题在德勒兹的先验经验主义中转化成了经验的社会性构成问题，这一基本方法论直接贯穿到了他的事件（event）哲学。

德勒兹的先验性场域到底是什么？它既不是经验的直接性，也不是抽象的观念，更非神秘主义的超验预设，而是一个万物在其中流变的场域，是具有不同方向、强度和速度的力在其中发生作用并产生相互关系的场所。这些力如同平面中的线条一样，只构型，却并不形成等级。它们的相互截断、连接与重合形成流变的无穷，被这些流变所肯定的多样性正是一种潜存的力量。潜存（the virtual）是未被实现的真实，是对未来真实性的一种储藏和蓄力[2]。然而，这种多样性以自在差异的方式被肯定为单义的存在。而自在差异则以尼采的"永恒回归"的方式展现为纷繁复杂的具体差异，它实际上是创新的无限可能性。这是德勒兹在存在问题上向斯宾诺莎的"实体"的回溯。通过这种方法，德勒兹把存在的单义性原则和多样性的表象整合进了潜存和现实的概念中。

与德勒兹的果断的自述相比，阿多诺与经验主义之间的联系显得更难察觉。他在自己的文本中对于现代认识论（包括经验主义和实证主义哲学）进行了一般性的批判。其认识论最独特的地方就在于他本人所称的"客体的优势"[3]，即客体的先在性。阿多诺对唯心主义哲学的反对基于两个原因：（1）主客体之间的同一性是被预设的；（2）先验主体的先在性是不合法的。阿多诺反对传统经验主义，他认为经验主体的先在性

1　Gilles Deleuze, *The Logic of Sense*, M. Lester, Trans, New York: Columbia University Press. 1990, p. 102.

2　吴静：《先验的经验主义与资本主义批判理论》，《南京大学学报》（哲学社会科学版）2017年第 3 期，第 7 页。

3　Theodor W. Adorno, *Negative Dialectics*, E. B. Ashton, Trans, New York: The Seabury Press, 1973, p. 183.

同样是可疑的。因为主体本身是一个由社会性建构起来的概念，而社会并不是一个恒定不变的现实整体，它在历史过程中不断地发生变化。尽管阿多诺提出了客体的先在性，他却否认存在着独立的自发性客体，因为客体只能在与被建构起来的主体的联系中才能存在。它总是随着历史条件的变化而变化。在写给本雅明的一封信中，阿多诺提出，为了追求理解的可能性，"我们应该搜寻一种可能性的经验，它逐步地兜售自己，却不声称是自明的、普遍的法则"[1]。由此他强调被建构的主体和客体的历史性。不过，对经验主义的基本问题之一——"既定"客体的意义问题的探究必然导致对与之相关联的主体的追问。而这两个问题的答案都可以从历史哲学——更准确地说，从历史唯物主义那里得到。"既定"客体的主体从来就不是一个被非历史地同化的超验主体，它不断地被历史所改变，因此必须也只能被历史地把握。在这个意义上，阿多诺是肯定二元化主客体关系的，但他的方法却是对传统认识论的反思性改写。

根据阿多诺的观点，对于被幻象所控制的"被管理的社会"，必须要用一种经验主义的研究来对此结构证实或者证伪。所以，经验主义所肯定的既不是一个历史性的客体也不是一种真实的现实，而是由启蒙理性所创造出来的幻象。实际上，经验主义的问题在于它所证实的恰恰是现代社会强制特征的合理性，也就是资本主义运作方式和工具理性的正确性和有效性。阿多诺在与波普的论战中强化了这一理论立场。在德国学界从1961年持续到1969年的关于实证主义的争论中，阿多诺指出，由波普和阿尔伯特所提出的"批判的理性主义"其实并不能实现对实证主义的批判。而所谓的"批判的理性主义"的表述本身就是有问题的，因为作为一种科学理论的理性主义本身绝对不可能是批判性的——它不提供任何反思的基础。阿多诺认为，波普错误地忽视了自然科学与社会科学之间的区别，原因在于他轻视了主体的重要功能。而一旦忽略了所

1　Theodor W. Adorno, Walter Benjamin, *The Complete Correspondence*, 1928 - 1940, N. Walker, Trans, H. Lonitz（Ed.）, Cambridge, MA: Harvard University Press, 1999, p. 148.

谓客体其实是经过主体的定义和中介的事实前提，社会生活就必然会被误认为是一种自然的必然。从这个意义上说，波普的理论并不是对社会的批判，只是对事实进行的辩护。在论文《社会学与经验主义》研究的一开始，阿多诺就提出了社会研究必须从社会生活本身开始的新观点。关于社会的真正知识是由社会结构的基本条件所决定的。而现代社会结构的关键性条件就是市场中的交换关系。这也正是阿多诺观察社会的一个基础。

阿多诺在《否定的辩证法》中将哲学肯定为一种异质性的经验。经验这个概念指的是本雅明文本中的 Erfahrung 一词，它是个体在自己的异质性生活中所经历和体验的真实的经验。这是一种经过认知判断中介的经验。与它相对的是 Erlebnis，它意味着不经过认知的直接的经验。从这两个词语的区别中我们可以清楚地辨明阿多诺的经验主义主张。他所青睐的经验 Erfahrung 是反对概念化的起点。这又一次强调了历史的维度。正是站在这个角度上，阿多诺的方法论可以被概括为历史经验主义。

从上面可以清晰地发现德勒兹和阿多诺两者在理论根基上的异同。前者将单义的存在设想为一块先验性的场域，在这个场域中，潜存作为一种蓄势待发的力量，是潜在的差别性因素。而阿多诺则致力于通过从非直接性的经验入手，肯定主客体之间、思维与现实之间存在的真正的非同一性的矛盾。不过，这仅仅是问题的一个方面。从两位哲学家各自的理论目的来看，德勒兹致力于发现通常被认为是一种直接性的既定概念（经验）是如何被建构起来的，即既定构架的条件问题，以此实现对观照对象的批判性解读和重构。这种做法并不旨在为现实加上一个注脚。德勒兹从来没打算把自己的哲学变成对现实世界的解释。相反，他相信创造才是哲学的使命。而这从某种意义上来说正是对马克思在《关于费尔巴哈的提纲》中提出的"而问题在于改变世界"的实现和推进。阿多诺的意图则在于通过展现对人类认知起统治作用的幻象来批判社会现实。他以主客体之间的虚假的同一性为理论之矢的靶子，揭示了甚至为马克思所认可的工具理性的悲剧性后果，力图恢复非同一性的真相，并进而对主导现代性的启蒙理性进行批判，揭露隐蔽的极权主义基础。

二、 被中介的客体优先性

阿多诺显示出了对唯心主义哲学的强烈憎恶。尽管并没有文本证据表明他本人肯定了知识来源于经验的原则，但他却将否定辩证法的理论原点规定为差异性的、发展变化的经验事物。不过，这种经验不是直接显现在生活表面的鲜活的经验（Erlebnis），而是被主体认知中介过的、他称之为哲学经验（Erfahrung）的东西。事实上，阿多诺对实证主义的批判，正在于后者对直接经验（Erlebnis）的过分信赖。因为在阿多诺看来，这种感觉经验不足以体现主客体之间批判性的方面。相反，哲学经验（Erfahrung）的形成建立在对世界起到了中介作用的意识判断之上。同时，Erfahrung 也是关于客体的判断。他认为，黑格尔哲学已经成功地反驳了自休谟以来的经验主义传统中的具有直接性的经验概念，[1] 而强调了其中作为中介的意识的因素。因此，经验对于阿多诺而言，实际上也是一种关于意识的辩证运动，它根据真理的条件不断地修正自己。阿多诺的哲学所寻求的目标是揭示真理的客观性。他的经验主义立场恰恰体现在他自己所宣称的客体优先性上。然而，这个立场与德勒兹是有很大不同的：它承认了主体的存在，但却反对克尔凯郭尔的主体的直接性。阿多诺认为辩证认知的客观性需要更多的主体性。[2] 所以，客体优先性仅仅是对将直接主体作为经验第一原则做法的抗拒。而辩证法本身正是一种"将理性对其本身的批判意识与客体的批判性经验联结在一起"[3] 的努力。另一方面，客体优先性的原则也是对内在于唯心主

---

1 他在《黑格尔：三项研究》的第二篇《黑格尔哲学的经验主义内容》中表达了这个观点，"然而，黑格尔哲学挑战了直接性的概念，以及与它同在的惯常的经验概念"。

2 Theodor W. Adorno, *Negative Dialectics*, E. B. Ashton, Trans, New York: The Seabury Press, 1973, p. 40.

3 Theodor W. Adorno, *Hegel: Three Studies*, S. W. Nicholsen, Trans, Cambridge, MA: MIT Press, 1993, p. 10.

义的主客体同一性的反驳，是通过对差异的唯物主义的肯定来反对精神外化的主体原则。

这也意味着客体优先性同时反对了唯心主义和实证主义。唯心主义把认知行为的基础放在了绝对主体上从而忽视了世界的客观性。正是这种对主体基始性的肯定造成了唯心主义所内含的主客体同一的状况。于是，主体将客体还原为自身，忘记了主体本身首先是客体的事实。与之相对的是，实证主义仅仅关注客观世界的真实性。结果，对现象世界发挥了中介作用的主观性因素被认为是不重要的。这两种理论倾向都是阿多诺想要挑战的，因为它们所提供的线路，不管是纯主观还是纯客观的，都预设了主体与他/她的经验之间存在着同一性。而事实上，只有主体先对客体的意识是如何被决定的这一过程进行反思，才能显示出主体真正的经验。阿多诺强调客体的优先性是希望引起人们对主客体之间相互中介过程的重视。在这个双向的过程中，"主观性在它不能独立地发展自己的情境中改变了自己的性质。因为内在于中介概念的不对等性，主体进入客体的方式与客体进入主体的方式截然不同。客体只能被主体所思考，但它始终是不同于主体的东西"[1]。通过这种方式，主客体之间的真实状态被呈现出来：这就是非同一性。

阿多诺的认识论深受卢卡奇主客体辩证法的影响。[2] 但在他看来，卢卡奇对主客体关系的认定也是有问题的，这问题就在于他忽视了主体本身也是被中介的。在外在于人类本身的物质环境中从来就不存在自觉的主体；每个主体都是以具有社会性的客观条件为条件并被其所中介的。客体同样是这样。因此，客体的概念必然被主体所中介。而主体也

---

1 Theodor W. Adorno, *Hegel: Three Studies*, S. W. Nicholsen, Trans, Cambridge, MA: MIT Press, 1993, p. 183.

2 卢卡奇的"物化"概念在阿多诺对"被管理的世界"的批判中起到了非常重要的作用。在卢卡奇看来，资本主义社会存在着普遍而深入的物化现象。物化不仅仅是商品结构的内在本质，更是很多现代问题的根源。阿多诺同意这个观点，但在如何克服物化的问题上他与卢卡奇发生了分歧。对于卢卡奇而言，异化终将被无产阶级所克服，而阿多诺则认为无产阶级由于自身的局限性无力担负起这样的使命。在后面的论证中作者将进一步解释这一点。

同样首先作为客体被意识到。主体意识不是与生俱来的，而是在真实的历史和社会条件下，在相互中介的过程中形成的。一种主客体的辩证法如果缺失了历史性，就只能沦为粗鄙的唯物主义。这个结果，在阿多诺的眼中，正是传统的经验主义所不能克服的情形。他努力寻找一种对经验进行追问的新的形式。因为，传统理论对纯粹的经验进行概念化的过程是有问题的。这问题就在于"认识论的关键是感觉。而它需要认识论把它重新解释成一种关于意识的事实"[1]。这种意识与感觉作为认知基础的特征是相矛盾的。

　　阿多诺深信，经验不能被直接概念化为意识的事实从另一个方面证明了主客体之间的非同一性。不过，尽管如此，他并没有否认在主体获取知识过程中的同一化作用。对于阿多诺而言，在这个过程中，所发生的真实情形并不是主体掌握了客体的真相，而是主体以自己已存在的概念体系将客体同一化。或者说，主体"发明"了一个概念体系并以此作为对客体进行同化作用的手段。这个概念体系也就是现象学认为应当被悬置的"成见"。而在实际情形中，这种悬置无论从本质层面还是技术层面都是不可能的。因为作为主体思考的基础，它的作用是在潜意识中完成的。在黑格尔那里，情况还要更复杂一点，但在获知过程中起关键性作用的仍然是同一化作用。舍瑞特（Sherratt）将这个过程描述为一个克服异化的过程："在黑格尔（和黑格尔式的马克思主义）看来，在获取知识的过程中，主体面对着主客体之间历史性地存在着的'分离'。这种分离当然就是异化。获取知识的过程是克服异化的整个历史过程的一部分。要克服异化，主体必须'克服'主客体之间的分离，而这种分离就存在于主体与客体之间'同一化'的行为中。"[2] 事实上，这样的同一化行为错误地根据主体所假定的框架来思考客体，所以它将主客体之

1　Theodor W. Adorno, *Negative Dialectics*, E. B. Ashton, Trans, New York: The Seabury Press, 1973, p. 172.

2　Yvonne Sherratt, *Adorno's Positive Dialectic*, Cambridge: Cambridge University Press, 2002, p. 115.

间关系的真相——非同一性——当作它假定要克服的一种分离。通过这种方式，非同一性被同一性所排除，而这正是阿多诺要颠覆的东西。

阿多诺认为哲学应当主要关注"非概念性、个别性和特殊性"[1]。在这里，非概念性指的是具体的、异质性客体，也就是个别的、特殊的在场。这正是对异质因素、对没有被概念化的经验的强调。这一哲学主张通过反对概念的异化从某个方面体现了一种经验主义立场。但是，阿多诺并不打算用感性经验来反对理性经验；相反，他希望重新肯定事物中存在的具体的特别性，这也就是经验的特定的历史条件。而忽略了这一点的概念化则将直接经验和具体事物都变成了概念的游戏，或者，说得更准确一点，是同一性的游戏。这也正是阿多诺对海德格尔进行批判的立场所在：不能揭示非同一性真相的哲学所揭示的只能是同一性的镜像。

客体超出一切的表象，超出主体的把握，也超出主体知识的总和，这正是非同一性的根源。阿多诺认为正是由于非同一性的存在，真正的主客体关系才是人类历史所无法完全把握的。而批判理论则是对社会现实中认知行为进行批判的持续努力。总体来说，批判理论所揭示的除了经验的条件之外，正是这样一个事实：我们只能在我们的经验中进行认识。

作为"否定的辩证法"所追求的理想目标，非同一性所刻画出的正是认知行为的历史局限性。"非"这样一个前缀直接与阿多诺的辩证法的否定特质相关。然而，这种否定特质并不意味着拒绝的否定。与这种否定的辩证法相反，黑格尔—马克思的辩证法因为对思维过程中的同一化作用的青睐而被认为是"肯定的辩证法"。而所谓"肯定辩证法"对主客体关系以及思维与客体之间关系的误读显然承认了对逻辑先在的认知结构的先验假设。然而，主客体之间的同一性是一种真实的身体经

---

1 Theodor W. Adorno, *Negative Dialectics*, E. B. Ashton, Trans, New York: The Seabury Press, 1973, p. 8.

验。它是"不被支配的差别状态"[1]。而阿多诺的"否定"的方法所着重的就是经验的中介性。对于康德而言，经验的观念始终承载着一种与客体之间的直接的联系。他在《纯粹理性批判》中区分了两种类型的经验：内在经验即主体的经验，外在经验即客体的经验。康德希望通过主观性来解释所有的经验，他把外在经验解释为内在经验的条件。但阿多诺却反对这种把客体经验最终归结为主体经验的做法，因为这仍然是同一性作用的形式之一。而造成这一点的原因正是主体的基始性。因此，阿多诺通过标举客体的优先性来彰显和实现非同一性，这也是对主体经验的不确定性的一种认可。

不过，阿多诺提出的主客体关系之间的客体优先性，并不意味着客体比主体更重要，或者说主体从属于客体。相反，客体的优先性所强调的是主体范畴的形成。在阿多诺看来，当我们言说主体的时候，所指涉的实际上是一个非常复杂的过程。因为，当我们意识到自己是主体的时候，我们同时也是处于这个世界中的认知的客体。从语法角度来说，如果一个人说"我看见一棵树"的时候，"我"（I）在这里是主语（主体）。但"我"还有另外一个宾格形式：Me。它所标注的是作为宾语（客体）的我。也就是说，在我们的意识中，在我们把"我"理解成主体的（I）之前，"我"是作为客体（Me）被意识到的。但是，这其中的第一个过程是无意识地发生的。在普通的认知过程中它通常被忽略了。在现实中，主体和客体在这个程度上相互交织在一起。主体性不是一个主体；它既可以是一个客体也可以是主体，是广义的世界的一部分。

欧考诺（O'Connor）认为"中介"这个术语对于阿多诺来说是为了"抓住主客体关系中相互的、非同一性维度上的意义生产的特质"[2]。在这个关系中，主体和客体并不是两个相互独立、只通过"中介"沟通

1　Theodor W. Adorno, *Critical Models: Interventions and Catchwords*, H. W. Pickford. Trans, New York: Columbia University Press, 1998, p. 246.

2　Brian O'Connor, *Adorno's Negative Dialectic: Philosophy and the Possibility of Critical Rationality*, Cambridge, MA; London: MIT Press, 2004, p. 48.

的元素；它们相互渗透。中介是它们彼此相互参与建构成的。阿多诺希望通过客体的优先性表明：首先，在客体的属性独立于个体主体的意义上，客体是独立于主体的，尽管它必须通过被主体中介而形成关于它的意识和知识。这也就是关于客体的经验。这种独立性也就是非同一性，因为客体已经获得了它独立的特质。它不需要再被限制在预先假设的同一性结构中。这个命题颠覆了传统认识论以及主客体关系模式。在第二个层次上，客体的优先性强调了它在经验形成过程中的优先地位。正如欧考诺所表明的那样，阿多诺赞同康德和黑格尔的一个观点，即经验是一种理解的问题。"这意味着经验是对特定的客体进行概念化的行为。"[1]换句话说，特定的客体是先于经验，甚至先于主体的存在。它不是"绝对精神"或其他什么东西的自我反思。经验就是关于客体的经验。

奈斯比特（Nesbitt）在他的一篇文章中将阿多诺称为经验主义者，因为他"在归纳性地以启蒙理性的方式进行概念建构的进程中不断地继续前行"。[2] 事实上，阿多诺对主客体关系中客体地位的强调是对认识论领域中的客观性的强调。这是他为自己论证否定辩证法是客观辩证法的命题所作的理论准备。并且，这种客观性是在历史中实现的，它不是某种固定的事实，而是一个不断变化的主客体相互中介的过程。

三、　朝向唯物论的主体性生成

德勒兹的先验的经验主义和阿多诺的历史经验主义与对主客体关系的传统理解相比，无疑都是革命性的。尽管他们彼此无论是在形式还是内容上都大相径庭，但他们却有着一个共同的理论关注，即主体是如何被建构起来的。他们都反对理性主义哲学传统中以"思"确证存在方式的超验主体，认为主体的形成是条件性的。主体是在他与社会的关系中

1　Brian O'Connor, *Adorno's Negative Dialectic: Philosophy and the Possibility of Critical Rationality*, Cambridge, MA; London: MIT Press, 2004, p. 65.

2　Nick Nesbitt, "The Expulsion of the Negative: Deleuze, Adorno, and the Ethics of Internal Difference", Substance, vol. 34, no. 2, 2005, p. 82.

不断地被建构且一直处在建构当中：主体生成的过程与他获取知识的过程其实是同一个过程。然而，德勒兹和阿多诺的革命立场却不完全相同。德勒兹提出了一个与日常经验不同的先验性平面。在他看来，是主体还是客体并不重要，问题是主体性是如何从先验性平面上生发出来的。换言之，对于德勒兹而言，主体并不始终是主体，它可以既是一个特殊主体的同时也是一个特殊的客体。主体的形成并不是一个纯粹个体性的认知过程，而是被社会条件所制约的事件。条件既是主体的可能，也是它的边界。与注重平面建构的德勒兹相比，阿多诺则始终致力于历史哲学的研究。他继承了马克思对历史和社会的反思，他所提出的被建构的主体是一个不断地被历史所改变的思维意识，这实际上是对存在主义的质疑。

德勒兹和阿多诺的经验主义倾向同时体现了他们的唯物主义哲学立场，并且，这种唯物主义不是简单地对"物"的肯定，它们共同关注的是关系。尽管德勒兹的经验主义方法论被冠以了"先验的"前缀，但这并不妨碍他的实在论角度。在本体论层面上，他所建构的内在性平面作为各种力量相互作用的场所，被定义为一种前哲学性的存在。它是一种对作为"事件"出现的经验的先验还原。这种还原不是向某种更原初的超验存在的回溯，而是被随机性和不确定性充满的、纯粹内在性的场域。"内在性"所标识出的现象学立场从某种意义上而言恰恰反映了一种非自然主义唯物论的取向，是对经验的反思生成，也是对前反思的超验价值的拒斥。内在性平面直面事件的生成，既回避一切主体和客体的超越性，也不向主体和客体回溯。从这里可以看出斯宾诺莎哲学对德勒兹的影响。斯宾诺莎将实体和样式都置于内在性之中。内在性平面不界定存在，不产生意义，只通过关系之间的相互作用展示"非特指的生命"事件，因此它的界定不能归结为意识，也不能由行动者（传统哲学中的主体）或其对象（传统哲学中的客体）来定义。

保罗·利科将晚期胡塞尔的关注转向概括为"发生现象学"，认为它通过向客体原初和客体意识构成之处的还原，揭露了意识作为存在之基始的不可能性，无可置疑地显示出朝向唯物论的经验主义立场，而并非其早期观念论。德勒兹在这一方向上走得更远，他同时证伪了主体基始性的不可能性，揭示出了意识的界外，即在内在性平面上的生成过程。主体性作为一种被不同的力量之流建构起来的事件，其性质和外延都不可能依据任何先在的意识而被确定。它是条件性的，亦是社会性的。

在这个问题上，阿多诺遭受的非议似乎更多一些。在中国学界引介阿多诺思想的初期，曾将他的学说冠以"唯心主义"的罪名加以批判。但从阿多诺把哲学的旨趣定义为特殊的审美经验以及他的客体优先性的立场来看，他无疑是具有深重的唯物主义倾向的。他在自己的文本中不止一次地对唯心主义提出了批判。尽管他并不喜欢像传统的唯物主义者或马克思主义学者那样谈论物质基础。事实上，早在施密特那里就已经为阿多诺的唯物主义立场进行了辩护。针对哈贝马斯关于阿多诺和霍克海默存在分歧乃至对立的批评，施密特着力证明了阿多诺的批判理论与霍克海默设想的连续性。通过对"唯物主义"的思想史探索，他提出：霍克海默和阿多诺都是马克思主义者，他们所创立的批判理论是适用于资本主义当代阶段的"历史唯物主义的变体"。在胡塞尔和海德格尔之后，阿多诺重提唯物主义之最重大的命题在于：在打破同一性的思想专制之后，为重建主客体之间的星丛（Constellation）关系确立一个支点。[1] 还有人从阿多诺反对实践的态度上质疑他的唯物主义立场。在我看来，这是对阿多诺的实践观的一种误解。因为阿多诺从来都不是在唯心论的立场上弃绝实践，而是将传统的理论与实践之间的对立关系进行了改写。

尽管方式不同，对于理性主义哲学传统中的主体中心模式，德勒兹

1　张亮：《"崩溃的逻辑""否定的辩证法"与阿多诺》[EB/OL]. http://www.cul-studies. com/.

和阿多诺的批判并不比结构主义甚至后结构主义者拉康更弱。[1] 然而，他们之间还是有很大的差异：德勒兹从根本上拒绝了理性主体自发的认知模式，他把主体性原则改造成了一个前个体性场域上的生成过程，即内在性平面上的事件。而阿多诺则坚持经验主体的能动性，声称具有欺骗性的主体是由主客体之间虚假的同一性所虚构出来的。但他们都在对传统的主客体模式进行批判的过程中努力寻找通向自由的途径。德勒兹把内在性平面看作蕴含了创新的虚拟势能的机制。在他这里，主体和客体的范畴都从属于这个特定的结构：先验性场域。主客体二元化的关系被一种新的生产系统所取代。阿多诺要实现的目标是通过颠覆错误的认知过程来纠正关于主体的错误的形象。针对这一点，他提出了用客体的优先性来反对主体的基始性。这显示出了一种与马克思方法论的家族相似的关系。在阿多诺眼中，主体首先是一个客体。而传统哲学对主体性的认定的背后是一种无意识的唯心主义，它意味着客体在独立于主体性的维度上具有自己的意义。他以这种相互交织渗透的主客体关系来反对经典的一维式的二元分立。而因为主观性与客观性紧密相连，对于在历史中不断变迁的社会来说，人类主体的"知"和"思"的行为也不可能与社会相分离。

尽管德勒兹以"先验的经验主义"方法论极大地挑战了传统经验主义，他同时也肯定了休谟对外在性关系的研究为经验主义赋予了一种新的创造能力，使其成为一种注重关系和条件的理论与实践。在传统哲学中，主体的思维和意识通常被预设为某种超验性的自在存在，诸如"有意识的主体""意义""本质"。而休谟虽然承认主体对信仰的发明作用，

---

1   拉康的"自我"（moi）是一种分裂的观点而不是一种稳定化的观点，这在他早期广为人知的论文之标题中有迹象显露出来。镜像阶段并不简单是个体历史的一个阶段，而是一个舞台，在这个舞台之上，人类主体的争斗上演不衰，拉康所热衷采用的双关语和隐喻的嘲讽看起来似乎首先是一种散文风格的临时效果，虽然它总是有趣的和自明的。但是这种双关语的背后却有着很大的企图，即在人的生活境遇中寻找那个体人性处于完全危机的早期时刻，并为精神分析的道德戏剧寻找一个新的开端。拉康对这种"特殊"时刻的思考为自我提供了它的创造神话和它颓落的原因。引自《拉康》，Malcolm Bowie 著，牛宏宝、陈喜贵译，昆仑出版社 1991 年版，第 24 页。

但却坚持要在经验的要素中探寻主体的自我构造。这种对经验要素本身进行综合的方式实质上是对意识结构的批判，同时也是在实践层面对要素多样性的一种肯定。但德勒兹认为，休谟的不足之处在于他没有能够揭示对事实的判断是如何由行动者的利益和目的——即前个体的经验——与其他要素共同综合形成。他本人希望能够弥补这个不足。于是，借助于休谟提供的方法，德勒兹将原本关于经验要素的问题进一步推至先验领域：经验要素是如何被构造成型的？经验要素的构造范式提供怎样的主体意识？因此，经验主义作为一种创造的哲学，它通过把关系当作外在性勾勒出作为独异体（singularity）的事件的生成。从这个意义上说，主体性不是恒常不变的存在，而是每一次差异的生成，是生命体验的独异性。并且，在这种主体性的生成中，作为内在性平面上的一个效果，不曾在认知的过程中预设任何先在的意义或结构，而是通过"情动（affect）"效应贯穿整个场域。因此，传统认识论中的主客体对立被克服了：尽管德勒兹并没有取消主体和客体的概念，但它们不再是获知过程中对立的两项，而是众多的建构中的两个事件，它们彼此之间也相互作用。先验的内在性平面，作为一种先验综合判断逻辑的生产领域，变成了诸要素、诸力量、诸关系与诸情境的装配（assemblage）。它是一个并不停顿的生产系统。

德勒兹的先验的经验主义开辟了一条非二元化的道路，而阿多诺的历史经验主义保留了主客体二元论。尽管后者也反对超验主体的存在，但他却保留了有意识的主体对外在于他的客体进行认知的模式。阿多诺从历史角度讨论了主客体关系中存在的虚假的同一性，抨击了同一性对人类思维的强制和禁锢。不过，在批判主体基始性的同时，他却试图保留主体性的原则。正如他所说，"我们必须运用主体的力量去冲破建构性主体性的欺骗"[1]。也就是说，在理解"我是谁"的时候，主体性的力

1　Theodor W. Adorno, *Negative Dialectics*, E. B. Ashton, Trans, New York: The Seabury Press, 1973.

量首先必须将"我"带回经验世界（社会和历史）之中，而这个世界与"我"之间本来就是交织在一起的。因为无论"我"是在多么无意识地将自己当作主体，都存在着一个客体；也就是说，在社会中，"我"首先是被作为一个客体生产出来的，并在社会中不断地变化。按照马克思的观点，社会既是历史的产物也是一个历史过程：在这样的一个程度上，"我是谁"的问题其实从属于"历史经验的意义是什么"这一问题。因此，主观性其实就是一个社会关系的问题。后来，利奥塔在自己对总体化理性及其主体的批判中特别批评了阿多诺对于主体的坚守。在利奥塔看来，主体、表述、含义、符号和真实都是一条锁链上的单个组成部分，而这根作为整体的链条必须被拆散：主体只是由表述机器制造出来的产品，产品连同机器一起正在消失。无论是艺术还是哲学，它们都与"含义"和"真实"无关，它们只与"能量转化"有关，而这种能量的转化不可能再到"记忆、主体、同一性"去寻找源头。[1] 这实际上是对主体的先验性的更深层次的反对，它从根基上质疑了主体概念的自在性。

阿多诺所希望建立的新型关系是人与人之间不存在统治与支配关系的新型关系类型。为此，他提出了一直为人们所忽视的客体的中介作用来证明知识形成过程的客观性。并且，阿多诺直接将他的同一性批判引向了对资本主义社会中最深刻的同一性——商品拜物教的批判。他指出，旧式主客体关系中所发生的主体被颠倒成为客体的现象与马克思的异化理论中人被颠倒成为物的现象其实是一致的。其结果就是，人类主体被剥夺了自发性和主观能动性，被还原为对"被管理的现实"的维护。在这一点上，阿多诺的历史经验主义，尤其是客体优先性的观点是为了恢复人类主体的自由和自发性。非同一性的离心力正是能够抵御同一性的强制同化作用的力量。

1　［德］阿尔布莱希特·维尔默：《论现代和后现代的辩证法》，钦文译，北京：商务印书馆，2003 年，第 31 页。

德勒兹和阿多诺的经验主义立场都表现在对主体的被建构性的强调上，但他们所分析的主体的条件却是不一样的。在德勒兹看来，主体性的先验基础才是发生学上的条件，而阿多诺则认为物质条件和历史语境是更为根本的因素。这两者同样具有深刻的意义。他们对主体中心主义哲学的革新不仅挑战了在经验基础上解释世界的经典的经验主义和实证主义，也分别从不同的维度和方法上继承和发展了马克思历史唯物主义传统对具体社会历史的批判进路。

第三节　共同性到垄断：诸众的另一种可能？

笔者曾在自己的一篇文章中，谈到了诸众的两个特征：独异性和共同性。[1] 独异性，singularity，这是哈特和奈格里的一个新颖的核心概念，是诸众构成的元素。但这种具有独异性的个体存在不是原子式的个别自由主体，而是既内在地保持了差异性又被共同的社会性条件联系成一个共同体的独特存在形式。Singularity，这是从数学和物理学中借来的一个概念（在物理中被译为"奇点"）。在几何中，它无限小且并不实际存在，但却可以从它发展出一维、二维、三维空间。在宇宙学中，它无任何体积，但时空曲率、密度和势能却无限大，被认为是宇宙生成前的状态，是宇宙的起源和出处，并且也是大爆炸的起始点。时空，从此处开始，亦在此处终结。所有已被证明的物理学定律均在奇点无效。大卫·哈维曾经撰文表示不理解为什么哈特和奈格里要使用 singularity 这个概念来界定诸众的特性，并且他认为这个概念所具有的不可表征性会使整个关于诸众的讨论暧昧不清，非常不具有可读性。[2] 但实际上，

1　吴静：《从弱势到诸众——德勒兹对哈特、内格里政治主体理论的影响》，《马克思主义与现实》2016 年第 2 期。
2　见大卫·哈维与哈特、奈格里就《大同世界》一书所作的争论。*Art Forum*，48：3（2009 年 11 月）.

这个概念正是哈特、奈格里从德勒兹的术语中借鉴过来的。它用来指称以自在的差异（difference-in-itself）作为关键性质的单义的存在（the univocal being）的特性。德勒兹在《差异与重复》中使用了独异体这个特殊的语词来界定"单义的存在"，其目的就是让自己所希望表达的具有内在差异性的"单义的存在"，能够与哲学史传统中表现同一性的"一"相互区别。这种独异体的存在具有自在差异的特性，但是它又完全不同于被具体化和现实化的个体，它体现出一种能够进入无限的能力和持续不断的生产性，它是创造本身，是在永恒的重复（回归）和生成中被实存化的差异性的存在。德勒兹和加塔里在概念上采取这种创新和陌生化的根本原因是为了将存在本身从具体和现实化的主体性与客体性中释放出来，变成一种能够随着实现条件而改变其实存的无限潜在能力。独异性是一个纯粹的事件（event），它在每一次被现实化为主体和客体的过程中得到实现。

一、 连接独异体与共同性的互联网

哈特和奈格里从德勒兹对"单义的存在"的界定中准确地领会到了独异体这个语词的核心特质：不可表征的去个体化以及创造无限的可能性空间。他们敏锐地发现，如果要在"诸众"这个去社团化的概念和传统的群体性主体（群众、人民、工人阶级、政党、无产阶级等）之间做出界划，借助独异体实在是再恰当不过了。在奇点处，现有的一切物理学定律都不起作用。同样，在独异体那里，现存已知的任何社会分类分层方法都不足以形容独异体之间的相互连接方式。"诸众"的组成者不能被归结为某种主导性的同一性（阶级、性取向、性别、职业、种族等等），他们内在地具有差异，但却被某种共同的社会条件（德勒兹将之理解为他异性存在的"弱势"）连接在一起，独异体之间的联系是对总体化力量的反对。在诸众中，作为统摄性的总体并不存在。它更不可能决定或支配各个部分和个体。相反，诸众在对自身的特异性和差异的实现过程中获得主体性（当然，这里的"差异"本身并非一种可以归类的种属差别）。并且，这种理论界划实际上表达出了关于"诸众"的理论建构对传统的革命主体理论的一个革新之处：在帝国时代，以互联网联接为基础的生产性组织模式业已改变了整个社会结构。不管在经济领域还是文化领域，都不存在一种能够和资本的力量形成系统性对抗的抵抗性力量。诸众与其说是一个具有强烈自我意识的主体，还不如说是一个"开放的、广阔的网络"，"一个提供相遇方式的网络"，[1] 使得各元素方在平等自由地表达和实现差异的过程中，持续地从资本权力的罅隙中延伸并布展自己的"占有力"，从而渗透进早已被结构化和同一化的社会空间。

在这里，哈特和奈格里显示出了一种未经深思的乐观。他们把互联网超文本的链接所突显出来的异质性和无法统摄性当作了可以对抗资本的统摄性的"一"的力量，并由此布展出诸众抵抗的可能性。从表面上看来，这似乎有一定的合理性。

在帝国时代，当非物质性劳动已经逐渐成为整个后工业社会的主导劳动形式之后，作为一种内化机制的资本，就成为了辖治个人主体和世界的权力性话语。这种权力的真正强大之处倒并不在于外在的强迫性，它实际上裹挟着世界内在的要求，将所有的一切都卷入自己的涌动之中。德勒兹和加塔里将资本主义社会的运作方式称之为公理化，其真正意义在于，资本最大的魔力就在于它通过镜像化的投射将所到之处的一切对象性存在都吸纳为它的同谋。因此，当"诸众"的独异性特质需要被作为一种解放力量在政治形式中被现实化为革命主体的时候，它就必须面对共同性（commonality）生产在现有条件下是否可能的问题。任何世代，共同性的生产本身都是一个客观的范畴，它在很大的程度上决定了政治主体生成的合法性。也正是基于这一点原因，哈特和奈格里会说"只有当我们共享并参与进共同性，诸众的民主才是可以想象并可能实现的"。

1　Michael Hardt and Antonio Negri, *Multitude*, the Penguin Press, 2004, p. xiv.

这种共同性体现在经济领域内即是共同品（the common）的生产。这是因为，如果离开共同品所带来的交叠（德勒兹谓之"皱褶"），具有内在差异的诸众元素之间的相互交往和社会行动将难以想象。这种共同品既包括了历史上全人类财富的总和，即物质世界的全部，也包括了全部社会精神文化性生产（非物质生产）的成果，当然，关系性生产也不例外。多元差异的交互作用，不但必须以共同品为基础，而且反过来也能生产出共同品。当代社会的一个关键正在于，共同品的生产不但成为社会生产形式的主要内容，同时也成为其他支配性劳动形式的首要特征。所以实际上，共同品生产本身并不是对劳动生产的重写，而是作为一种连接性的理论（theory of articulation），它使"诸众"在宏观政治和微观政治的领域内能够布展其反抗性的力量。而在这种新型的生产范式中，"因为劳动力的合作力量（尤其非物质劳动力）赋予劳动维持其自身价值的可能性。大脑与身体仍需要他者生产价值，但它们所需的他者并不必然由资本及其协调生产的能力来提供。如今，生产率、财富和社会剩余价值的创造通过语言的、交际的与情感的网络采取了合作的互动性的方式。"[1] 换言之，对劳动协作的需要，更易使劳动呈现出集约化和社会化的特征。

哈特和奈格里指出，在整个社会过程中，共同性是被不断地生产和创造出来的，它不是某种现成在手的并被逐渐占有的东西。尽管帝国所具有的系统性权力构架使控制比以往任何时候都更加容易实现和强化，但它却日益对共同性的生产失去控制。原因恰恰在于，用以形成和联结非物质劳动的协作网络自身就内含了足以消解资本逻辑的统摄性的反抗力量。互联网是一个绝好的例子。网络通过不断地连接终端发生作用并持续膨胀。在互联网络中，点和点之间的联结完全是平行且同步的，一个点可以与其他任何点相连。理想情况下，不存在任何阻碍沟通的等级

1　[美] 麦克尔·哈特、[意] 安东尼奥·奈格里：《帝国——全球化的政治秩序》，杨建国等译，南京：江苏人民出版社，2003年，第279—280页。

构架。一个点不隶属于其他的点。整个网络因此形成了一个去中心化的架构：网络就是它的平面，无法被归结为一或是多，因此也无法被一种同一性的统摄权力所完全操控。这种去等级化的平面结构如同块茎一般，使异质性的发生成为可能。尽管在帝国时代，互联网仍然不可避免地深陷于整个资本逻辑的席卷中，但哈特和奈格里还是坚信它生产异质性的能力是能够有超越资本掌控的空间的。因为这种异质性本身正"具有潜在的无限性和区域上的不确定性"。因此我们也就可以理解为什么哈特和奈格里会说，"非物质劳动在展现其自身的创造性能量中似乎为一种自发和基本的共产主义提供了潜力"。[1]

诸众始终在与资本权力争夺共同性。资本逻辑发展的路径从根本上而言就是对社会原有的共同性不断地进行私有化和商品化。因此，诸众所反抗的对象既不单纯是某个威权人物，也不单纯是帝国具体的主权或机制，而是促使帝国主权得以形成的资本逻辑。这正是诸众能够被认定为阶级的基础。因为"最基本的方法是把诸众看成是所有处于资本统治之下劳动的人们的总体，因此才能把那些决绝资本统治的人潜在地当作一个阶级"。[2] 新型劳动范式的出现正是使得生命政治成为当下政治领域斗争核心的原因。一方面，市场的匀质化已经毫无悬念，而另一方面，非物质劳动的产品（服务、电影、时尚、信息等等）大多具有一次性消费的属性，它的层级差异化（或曰消费定位）可以在横向和纵向两个维度上无限地被挖掘，是资本流通的理想类型。这使得它不但在获得乃至提高利润方面畅通无阻，甚至能够以全维度渗透日常生活的方式维护并更新着资本主义生产关系。就这一点而言，非物质劳动范式的转换确实为解决传统政治经济学所判断的资本主义危机提供了一线可能。但也仅仅是可能而已。非物质劳动所赖以依存的协作网络本身就包含着两面性：它如同一个不断地辖域化和解辖域化的开放体系，在公理化的同时

1　[美] 麦克尔·哈特、[意] 安东尼奥·奈格里：《帝国——全球化的政治秩序》，杨建国等译，南京：江苏人民出版社，2003 年，第 280 页。
2　Michael Hardt and Antonio Negri, *Multitude*, the Penguin Press, 2004, p. 106.

也为终结资本逻辑提供了可能。今天的一切都可以被商品化，这也就意味着，非物质产品的生产已经影响和涵盖了社会生活的每一个断面。彻底的解码使得前资本主义时代的全部依附关系被摧毁，所有被打碎的符码再通过抽象的等价交换的原则被"再辖域化到国家、家庭、法律、商品逻辑、银行系统、消费主义、精神分析以及其他规范化的制度当中"。但这样的解码和重新编码并不是无限的。资本主义的解辖域化在正向作用的同时也构成了它自身的绝对界限（absolute limit），即它的域外（outside）。这个"域外"就是由合作连接的不确定性所导致的"精神分裂"（德勒兹和加塔利语）的可能性空间。这种可能性产生于资本主义生产关系内部，但却与资本的公理化方向相背离。"因此可以说，精神分裂症是资本主义的外部界限，或其最潜在倾向的终点，但是资本主义只有在抑制这种倾向的条件下才发挥作用，它推进或移动这个界限，用自己内在的相对界限去替代它，并继续扩大这个界限的再生产。"[1] 哈特和奈格里相信，诸众可能正是将资本主义自身具有的精神分裂症倾向实现的唯一解放主体。它不是多元化的文化现象，而是对资本逻辑具有消解性力量的阶级（这一点与德勒兹是不同的）。它的历史作用不在于通过批判而推进体系的总体化过程，而是使得"反抗和颠覆帝国的斗争以及建立一个真正的替代物的斗争，将因此在帝国自身的区域发生"。[2]

二、 作为数字资本空间的互联网

哈特和奈格里这样一种理论上的乐观在现实领域是否会发生？我们可以从这两年在中国大陆喧嚣一时的"共享经济"的发展来解读一下。曾经让哈特和奈格里寄托了殷切希望的互联网在这样的共享当中究竟扮演了什么角色呢？它是否真正以其关系生产的能力实现了异质性呢？

曾几何时，从"共享单车"出发，延伸到"共享篮球""共享充电

1　Gilles Deleuze, Felix Guattari, *Anti-Oedipus*, University of Minnesota Press, 1983, p. 253.
2　[美] 麦克尔·哈特、[意] 安东尼奥·奈格里：《帝国——全球化的政治秩序》，杨建国等译，南京：江苏人民出版社，2003年，第5页。

宝""共享雨伞"，甚至"共享健身房"，轰轰烈烈的"共享"热潮席卷了大江南北。但从布展的领域来看，今天所谓的"共享经济"大多发生在非物质劳动领域，鲜少涉及物质产生领域。这当然与非物质劳动产品所具有的非排他性特征有关。于是，在这种情形之下，非物质劳动所具有的集体性和社会化特征本身不断地将在新的社会条件下用以创造剩余价值的语言的、交往的、情感的因素，甚至将整个社会的各个方面纳入了资本运作和孳生的过程：不仅劳动过程呈现出对资本的实际从属（Real Subsumption）关系，原本应当非中心化的社会关系和社会生活本身也实际从属于资本。资本扩张的深度被极大地加深。因为这种实际从属已经超出了资本增殖的多重循环，向内扩展到原先非资本化的领域。这实际上就是哈特和奈格里所谓的"生产者在生产的同时也会被生产"的过程[1]，它是生命政治构型社会主体的过程。

　　尽管在哈特和奈格里最初的设想里，由于非物质劳动生产的劳动资料和劳动赖以形成的合作关系大多依靠互联网及其所共享的资源来提供，因此不需要资本作为维持再生产的必需供给，从而减少了如物质劳动生产般对资本的依赖，因此有可能成为从资本的"一"的辖制中解放出来的希望。这种论断也成为后来很多研究者对非物质劳动范式充满热情的原因之一。每一个链接点和终端就如同皮质层中的神经细胞的树突。人只要不停止思考或记忆，树突就会不断增加，一直持续发育。网络也是如此，信息和点的连接会随着网络的存在而持续增加。而当信息传导进入皮质层的时候，树突的轴突又与其他细胞建立广泛的联系，从而对传入皮质的各种信息进行分析，作了反应。互联网中的反馈也来自于网络中的每一点，并且通过连接的随机性而呈现出无限的可能。

　　但笔者不得不说，这种理论上的乐观同将"诸众"作为承担历史解放使命主体的行为一样，充满了乌托邦式的热情，而这次被乌托邦化的对象则是互联网。作为 20 世纪以来对人类历史改变最大的发明之一的

1　Michael Hardt and Antonio Negri, *Commonwealth*, the Belknap Press, 2009, p. 136.

互联网，它以其去中心化和非树状等级制的链接方式以及无限的可能性空间让社会研究者为之着迷。从某种程度上而言，它和大脑的运作方式相类似：它使得四散的多样性自由运动并将它们结合在一起。

从理想的层面上来讲，这样的一种存在实际上就是一个德勒兹和加塔利所谓的欲望机器的集合，它是以"和"的连接逻辑为规则的。这种逻辑，追求游牧的和非等级制的状态，对西方传统科学中的本质主义基础形成巨大的挑战。而后者正是试图通过一种确定的形式来肯定某种恒量（德勒兹将资本主义的本质归结为资本的公理化运动，原因也正在这里）。与此相反，游牧科学则旨在借助力和流、强度和速度的概念保留一种流变的状态。从这个角度而言，互联网是一种运动而不是实体，它可以渗透所有的维度，穿越任何的边界。

但是，这样一种从技术层面出发的分析忽略了历史唯物主义最强调的一个方法，即分析对象本身所具有的社会基础。互联网作为一个技术，或者可以是中性的，其运作方式也能够去中心化地凸显异质性。但技术从来不是一个独立于社会之外的存在物，它总是为着特定的目的被特定地使用，甚至这种目的可以脱离它被创造时的初衷。网络也不例外。资本从来不会主动地为解放留出"应许之地"，它的涌动穿透一切边界，逐渐加深对生活以及生命各个方面的捕获。互联网所具有的特性不但不能置身于资本的视野之外，甚至可以作为更便捷的牟利的途径。它在传播速度上的实时化、平滑化和几乎无成本地实现分工协作不正是资本孜孜以求的因素吗？正如唐正东教授指出的，"谈劳动过程的社会形式，不能假设劳动过程只存在单一维度的技术形式，实际上劳动过程的所有形式都是社会形式和技术形式的辩证统一"。[1]因此，只要在资本所到之处，非物质劳动也好，互联网也好，都难免被资本所浸染。

1　王广禄：《当代资本主义的四大变化——访南京大学哲学系唐正东》，《中国社会科学报》2016 年 12 月 13 日。

何况，从一开始，"共享经济"理念的市场化运作就带有强烈的非物质劳动意蕴，这种理念本身直接指向了当代劳动和社会生活的信息化、智能化和情感化趋势。从劳动成果来看，在过去的传统自行车租赁行业中，商家和顾客仅仅通过租金将所有权和使用权进行连接，而在共享单车现身后，这种直白的租赁模式被一种新奇的"共享"概念所包装，绿色、环保、时尚等审美价值取向也穿插其中。在资本的公理化运作模式中，追求剩余价值是最重要的原则，一旦劳动成果进入商品交换关系中，资本的控制就成为可能。当所有这些情感、关系、交往化要素被引进了生产和消费环节时，资本反而捕获了更多的增殖点，且正是因为资本所能捕获的生长点不再仅仅局限于生产、分配、交换和消费的物质层面，所以资本在这种被概念所包装的环节中反而进行了更深程度的实质性剥削。

另一个在非物质劳动条件下劳动的新特征就是劳动者工作时间与非工作时间界限的模糊化，工作时间扩散到了整个生活时间之中。而这意味着资本的又一次盘剥。以滴滴平台为例，在其复杂的运行模式中，有一个十分有趣的现象是：想尽一切办法使兼职司机变成全职司机。为此，滴滴通过复杂的大数据计算，来尽量限制兼职司机的获益，最终达到的效果就是尽可能多的司机成为了滴滴平台的雇佣全职劳动力。由此，资本实现的是对劳动者更多剩余劳动时间以及创造出的剩余价值的占有。综上所述，在"共享"这种理念包装下的资本运行模式中，各种观念、情感、信息等非物质性的要素本身都不再是其本身，而成为了资本的新形式。

与此同时，为加快资本流通的每一个环节，缩短资本在生产和市场中的周转时间，大卫·哈维所概括的"生产昙花一现的奇观"就成为了资本努力的极致方向。这就使得在以共享单车为代表的模式中，真实的生产已经难觅踪迹，概念的炒作取代一切成为了核心，资本在更加快速的状态里完成了从简单积累到剩余价值实质剥削的全过程。

三、 大数据背后的权力之问

我们知道，现行经济条件下的"共享经济"与理想的共享模式之间存在一个极大的不同：后者是在彻底的生产资料公有制的基础上实现的全民共享，而前者则是通过特定的共享平台（一个或多个）实现的供需连接，以期达到对社会闲散资源的优化利用。在这种情况下，所有权和使用权分离，由平台主导和操控的有偿付费机制是其中的关键。这种形式有效地通过互联网中介实现了针对性的供需对接，既满足了市场的多元化需求，又提高了既有资源的使用频率和效率，在一定程度上缓解了社会资源的浪费。但是，从根本上而言，这一经济模式本身并未能够实现生产资料的从"私有"到"共有"的根本性逻辑飞跃。而在所有权和使用权之间的张力需要调节的情况下，原本作为手段的第三方平台的权力开始急剧扩大。这正是当前条件下的"共享经济"本身在现实中所遇到的最本质性的困境。

同时，作为新经济形态出现的共享经济首先建立在以大数据为代表的数字化生存方式的基础之上。这就涉及一个问题，共享经济的背后是海量数据的支撑，然而当零散的数据通过被累积记录而隶属于大数据的时候，对用户信息的选择和占有就成为了某种权力专属的能力。尽管分散的个体或事件显现的数据独立地表现为半结构化或者非结构化，但经过数据的结构化处理以后，看起来毫不关联的数据却可以显现出巨大的价值。作为工具的数据本身依然是中性的，但对工具的使用和其价值的判断却是主体性的。主体性就意味着特定目的的存在。尽管互联网时代的一个根本性特征就在于对数据的使用并不是排他性的，但这种表面上的共享性却未必一定导向积极的结果。主体对数据的选择性越明确使用能力越强，实现特定目的的可能性就越大。并且，基于数据最终所带来的收益也绝不会按贡献分配给数据的提供者，最终，所有的数据都是被"数据时代资本家"所无偿占有。外卖网站了解你的口味偏好，购物网站清楚你的需求和消费习惯，"百度"知道你的问题和最深层的心思，地图导航不但知道你所有走过的路，甚至会根据你的出行历史，预测性地给出特定时段特定路线的交通状况和建议……还有比它们更了解你的吗？并且，更为关键的一个事实在于，你面对的永远不是孤立的具有单一功能的软件和 APP，而是一体化的大数据本身。它甚至比你自己更了解你！

　　当互联网为经济发展插上腾飞的翅膀的时候，数据就是操纵翅膀飞翔的那根神经。数据无处不在，数据的收集与分析也无处不在。只要个体作为一个节点连入互联网，所有的信息都会转化为数据被集中整合。有人用"透明人"这一概念来描绘大数据时代个体的信息未经允许被随意买卖、使用，个体因失去对自我隐私的掌控力而成为透明的人。在这里，个人隐私所幻化成的数据信息成为了一种可以用来逐利的工具，成为了一种数字资本。但是，"比我更了解我"所缺失的那个主语是谁？正是需要被反思的问题。缺失的这个"主语"可以收集"我"的信息、分析"我"的信息、使用"我"的信息，并告诉"我"下一步作出何种选择，在这种不对等的关系中，权力的身影开始显现。在共同性的表面之下，权力从来都没有缺席。甚至借助互联网，权力的布展也更悄无声息。谁在决定（共同性或共同产品的）共享？共享什么样的共同产品？在什么样的范围内共享？这些问题的背后，是权力的凸显。

　　以滴滴出行为例。不但出行平台可以基于大量的数据收集来分析、判断用户的信用状况与常用路径，从而给出推荐。并且，基于拥有社交功能的司机群体的描述，代表乘客的各类个人信息的数据被收集、分析和使用，最终就会像画像一样勾勒出具体的个性特征。而这本身就是一种典型的数据歧视，即将敏感数据纳入了数据自动化决定的范围。[1] 同时，由于平台设计者的某种初衷，这种数据的收集和共享是单面性的，乘客和司机在数据中位于不对等的两边，突破了传统出租车模式的随机

---

[1]　许可：《人工智能的算法黑箱与数据正义》，《社会科学报》2018 年 3 月 29 日，第 6 版。

性，使得目的性选择更加容易实现。而当滴滴遭受审查时，它又停止夜间服务来试图左右舆论。那么，"滴滴出行"的运营方又何以敢放弃短期利益呢？根本原因在于它的垄断性地位。自 2015 年以来，"滴滴出行"在获得大量投资的前提下，通过收购"快的"和"Uber"的中国区业务，完成了自己对网约车市场的绝杀性垄断。在对 2018 年网约车市场占有率的不完全统计中，"滴滴出行"超过了 90％，一骑绝尘。

从"共享"到"垄断"，这是一个看似无比讽刺和吊诡的过程。但恰恰是因为原本担任联结的共享平台的功能性地位不再是中性的，而变成了压倒性的权力话语，从而吸引了资本的进入，完成了以消除竞争为目的的垄断的实现。

历史一再地证明，作为诸众对立面的资本从来就不是因循守旧、画地为牢的。它的触角和魔力达到网络所能延伸到的每一个角落，它的权力使得它比非结构化的个体或群体更能捕获对象的可利用性。那么，诸众又将面临怎样的命运呢？

如果说哈特和奈格里的"诸众"概念从理论上为激进话语提供了令人有所期待的主体，而法国的"黄马甲"们又在现实层面证明了"诸众"的消解性力量，但对它的历史可能性的考量依然要回到马克思的资本批判的根本点上：作为从资本的孔隙空间中挣扎出来的诸众，它是否能够发现并突破资本的界限呢？

第四节　欲望—生产、配置、反俄狄浦斯：打破装置化的可能性

巴迪欧在《小万神殿》一书中将德勒兹描述为难以归类的、与时代格格不入的同时代人，这一表述令人费解，不仅在于德勒兹极具个人风格和独特的理论兴趣史，更在于他试图以一种建构主义的方式挑战所有和同一、稳定、连贯性相关的命题。除去对学院派哲学史的反叛，德勒

兹的"不合时宜"还体现在他超越时代的洞见性上。斯蒂格勒在评价他和加塔利的共同工作时曾说过：尽管他们并没有意识到基于数据和算法的"自动社会"的到来，却早已预言了它的可能性。更为重要的是，在今天，从阿甘本到斯蒂格勒以存在哲学为底色的对于装置座架的恐惧和哀叹中，德勒兹以欲望—生产和配置（非装置，英文为 assemblage）构建起来的双向预设模式打破了单向优先的等级结构，展示了他对于生命能量创造性和能动性的重视和期待。

一、反俄狄浦斯：装置的显形药水

尽管从文本证据看，德勒兹早在《差异与重复》中就开始将马克思哲学作为自己的理论介质之一，但真正开始研究政治经济学仍然要从他和加塔利合作之后算起。其中，两卷本的《资本主义与精神分裂》是德勒兹为数不多的直指资本主义的批判之作（作为政治活动家的加塔利在此之前以一种完全不同的方式谈及马克思）。作为第一卷的《反俄狄浦斯》更是很快成为轰动一时的时尚，因为它差不多提供了时代精神所要求的一切：既具有批判哲学的全新方式，具有颠覆精神、义无反顾、嬉笑怒骂，又与宏观的社会理论和历史理论联系在一起。然而，《反俄狄浦斯》引起的这阵轰动更多是在非学院派的知识分子圈子里而非主流的哲学界。这很大程度上基于这本书的写作方式：德勒兹和加塔利两人以一种平行的方式进行，既有合作，又彼此独立；且该书涉及的讨论横跨了哲学、精神分析学、经济学、政治学、机械论等。这样一种杂糅的方式使得语境的厘清变得极为困难。即使到今天，《反俄狄浦斯》依然被很多人公认为最难读懂的著作之一。

尤金·霍兰德在《德勒兹和加塔利的反俄狄浦斯——精神分裂分析导论》中指出，从某种角度而言，《反俄狄浦斯》一书既受到了法国1968年五月风暴的启发，也是对这场运动的一个反映。书中所体现出的革命热情以及它所提倡的去中心化的、小规模的"微观政治"与"红色五月风暴"运动的精神如出一辙。[1] 如题目所示，该书对提出了"俄狄浦斯情结"的弗洛伊德的精神分析学发动了猛烈的攻击。这种清算主要体现在两方面：首先，德勒兹和加塔利批评了弗洛伊德和拉康传统的精神分析的治疗方法，认为它默认了一种预先被构造起来的、连贯的无意识模型（尽管这一模型的内驱力在弗洛伊德和拉康那里不尽相同），从而完成了对个体的调教和对力比多的压抑。从现实发生而言，个体的偶然性表达形式和体制及其历史性因素复杂地交织在一起，难以分割。而在精神分析过程中，这种不可剥离的内在编织却以虚假的连续性为前提被分层剥离，并被人为解读为连续性的展现。在德勒兹和加塔利看来，与其说被体制座架的是被分析者个体，不如说是精神分析师本人。他们通过精神分析的诊疗过程完成了社会教化的新一重功能。当然，《反俄狄浦斯》一书还对精神分析所赖以立足的根基进行了反驳和嘲弄：弗洛伊德的无意识理论将无意识的起源回溯到个体性的单一经历上，将由析取综合所形成的无意识本身虚构成了一个纯粹因为冲动压抑而形成的俄狄浦斯情结。"而事实上，这个所谓的情结并不是一种自发的东西，它作为一种被非法预设的前提，实际上不过是一个人为的圈套。所谓的俄狄浦斯情结其实是对欲望的一种引导，人类的欲望先被引诱其中，然后又在那里被固定下来。精神分析本身正是对这种引导的强化。"[2] 于是，俄狄浦斯情结的预设既成了形塑并压抑力比多的装置，也成了架构整个精神分析知识体系的装置。个体所隶属的具有历史情境性的社会因素以及特殊个别性因素都被还原为"爸爸—妈妈—我"的闭合三角模型。在这个意义上，该书虽然从书名来看其理论的直接靶子是精神分析，但作为《资本主义与精神分裂》的第一弹，它真正的目的在于将精神分析的纯个体视角带回社会批判的层面。精神分裂分析既要完成对精

1　Eugene W. Holland, *Deleuze and Guatari's Anti-Oedipus-Introduction to Schizo-analysis*, Routledge, 1999, p. ix.

2　参见：吴静：《先验的经验主义与资本主义批判理论》，《南京大学学报》（哲社版）2017年第3期。

神分析的资本主义投射之本质的解析，将欲望从俄狄浦斯情结中释放出来，也要完成对资本圈养禁锢生产的解析，将生产的创造性潜能从资本主义的公理化压制中释放出来。俄狄浦斯只是一个入口，是由管窥豹中所显现出的那一斑，它所映照出的是与之具有同构性的资本主义运作机制对欲望以及生产的全面抑制。米歇尔·福柯于 1977 年在为该书英文版所作的序言中写道，《反俄狄浦斯》一书所反对的"不仅仅是历史上的法西斯主义……而且是存在于我们所有人中的法西斯主义，是存在于我们的头脑和我们的日常行为中的法西斯主义。这种法西斯主义使我们恋慕权力，使我们渴望那能够统治和剥削我们自己的东西。"[1] 这种对现实中法西斯主义特征的警惕重写了"二战"之后欧洲知识分子的集体意识，德勒兹、加塔利是这样，福柯也是这样。

德勒兹和加塔利认为，如果不存在对欲望的压迫，也就不可能形成特定的社会秩序。资本主义也是如此。根据弗洛伊德的理论，当欲望与现实相遭遇就会受到后者的压制，这种压制的模式就是俄狄浦斯情结：男孩想和自己的母亲结合，却由于父亲存在的现实而无法实现。《反俄狄浦斯》则提出，俄狄浦斯情结根本不是人类与生俱来的本能，而是资本主义社会的压抑所造成的结果。因此，不但不应该把它当成不证自明的先验前提，反而应该从社会、政治以及经济的基础对其进行分析。而且，这种资本主义所特有的压抑模式不仅影响了人的性欲望，还影响了整个社会的欲望之流和整个社会的生产。很明显，出于对一切先验概念的反对，德勒兹和他的合作者质疑了俄狄浦斯情结的来源，而马克思则成为他们反对弗洛伊德的武器。

斯蒂格勒对德勒兹和加塔利多有推崇。然而，当他模仿二者的"欲望—生产"概念阐述欲望象征性的贫困导致里比多经济（或欲望经济）破灭的时候，却又想当然地将德勒兹和加塔利的"欲望"概念带回了精

1　Gilles Deleuze, Felix Guattari, *Anti-Oedipus: Capitalism and Schizophrenia*, R. Hurley, M. Seem & H. R. Lane, Trans, Minneapolis, MN: University of Minnesota Press, 1983, p. 2.

神分析传统中，尽管他把欲望的驱力由匮乏改写成了信任。斯蒂格勒说："欲望就是投入对象之中，体验它的一致性，因此消灭欲望就是清除一切依恋和一切忠诚，即一切信任——没有这些，任何经济都是不可能的——从而最终清除一切信任和一切信用。"[1] 在这里，欲望依然被解读为个体对于对象的投射，这显然是德勒兹和加塔利着重反驳的。在欲望-生产和欲望-机器的连接中，欲望不是个体性的，而是社会性的，它与"社会生产"完全是一回事。德勒兹和加塔利指出，在心理医生的眼中，人是一个具有内在连贯性的统一体（精神分裂症患者例外），这种连贯性成为对事物进行编码、从而生成意义的源代码。而欲望既通过编码的过程被捕获，也通过同一过程被压抑。这种连贯性越强大，捕获和压抑的功能就实现得越彻底。精神分裂正是对这种连贯性的解码，它使捕获和压抑同时失效，从而形成了自由流动的能量。而这正是体现为创造性生命形态的根本欲望，即：生产。反俄狄浦斯在根本上是反对个体主体的概念，也从根本上批判了弗洛伊德的"自我"，因为个体主体的概念正是对本质为"分裂"的生命的最大的俄狄浦斯化。

　　前文已经提及，德勒兹和加塔利批判精神分析最终是为了实现他们的社会批判。精神分裂分析最终要实现的是对压抑了生产的资本主义装置的全面解蔽。"偏执狂"和"精神分裂症"在文中并不实指精神疾病，而是以其内在特征的隐喻来寓意资本主义生产关系内部所天然具有的两种基本的组织原则和动力，或言趋势。"偏执狂"的特征是根据某种预设自行建构一个覆盖一切的系统，并依照该系统原则将一切内化，它以编码和"辖域化"的方式推进。而"精神分裂症"则是以不连续性为特征的对前一种系统的颠覆，它以解码和解辖域化移动和释放边界。精神分裂症拒绝了既定，拒绝了俄狄浦斯化，代表了一种激进的开放性质。这两种趋势和原则在资本主义生产关系中同时存在，它们的相互博弈展

1　[法]贝尔纳·斯蒂格勒：《南京课程：在人类纪时代阅读马克思和恩格斯》，张福公译，南京：南京大学出版社，2019年，第31页。

现出一个系统（或装置）对欲望进行编码和规训之中所可能拥有的变化的强度。偏执狂的症状越强，编码越具有统一性，从而对欲望的压抑也越强；相反，越呈现出精神分裂症的倾向，解码进行得越彻底，欲望流的运动越无边界。然而，无边界的不稳定状态最终必然被打破，欲望无法体现为纯粹的形式，它们必然不断地被再度俘获到新的编码系统中，而编码系统的变迁和移动正是通过精神分裂实现的。

　　显而易见，德勒兹和加塔利的核心概念和体系相较于关注类似问题的福柯有了很大的异质性。福柯借助"部署"（dispositif）概念重点展示生命治理术中对主体形塑的物质力量和非物质力量的集合，它是策略性和功能性的。而德勒兹以及加塔利的后结构主义立场所解析的是对非个体性生产（或欲望）的压抑机制。去个体化意味着意向性和目的性的消除。克莱尔·科勒布鲁克在《导读德勒兹》中一再提醒读者对作者所使用的"机器"概念的厘清："德勒兹用机器这个词语来描述一种内在性的生产：不是某人对某物的生产，而是为了生产自身而生产的生产，它是一种没有基础的时间和生产。"[1]

　　凭借尼采＋弗洛伊德＋马克思，《反俄狄浦斯》所建构起来的他们自认的"马克思主义"和阿尔都塞式的"马克思主义"几乎正好相反。同样是依赖于机器的连接而形成的生产方式更多的是结果而非原因，它们是既定结构内在性博弈的表层显现，本身并不一定具有内在同一性。与此相关，所谓国家机器和意识形态国家机器也更多地体现为存在变迁可能的编码原则，它是众多机构和层可以共享共用的抽象机器，本身也是一个开放性的生成。

　　通过上面的论述我们发现，德勒兹和加塔利真正关注的其实是两个同时代思想家们同样关注的问题，一个是同一性与差异，另一个则是一般性的社会生产。《反俄狄浦斯》中的资本主义批判正是围绕这两个核

1　[美]克莱尔·科勒布鲁克：《导读德勒兹》，廖鸿飞译，重庆大学出版社，2014年，第69—70页。

心问题展开，但这种展开方式却剑走偏锋，这可能也是巴迪欧作出如本文开始时那个判断的原因。从德勒兹自己的理论发生学来看，第一个问题延续了他早期在《尼采与哲学》以及《差异与重复》中所建立的差异本体论的基本立场。只是在《反俄狄浦斯》这样一部深受"68 风暴"影响的著作中，他将抽象的同一性和差异的关系放到了具体的社会现实中，使这两个概念获得了现实的批判意义。这很大程度上也受到了加塔利的影响。后一个问题既与德勒兹对哲学的本质界定（创造是哲学的使命，也就意味着生产是哲学的根本任务）有关，也受到了马克思历史唯物主义思想的影响。不过值得一提的是，德勒兹这里的生产概念已经超出了物质主义的限制，不仅包括马克思关注的物质生产层面，也包括其他物质与非物质层面的生产。社会编码和解码可以发生在一切过程中。

二、"欲望—机器"：连接即生产

保罗·帕顿认为，德勒兹和加塔利"精神分裂分析"的实践意义远大于理论意义。因为在《反俄狄浦斯》一书中，对无意识的（社会）欲望的形式以及其政治投资的分析被作者当作解放的途径和创造性的释放，特别是当作在一定社会领域中精神分裂的过程。[1] 在这里，"精神分裂症"被当成对现代生产进行质询的手段，且进行这种质询首先需要理解"欲望机器"（desiring-machine）。因为欲望被生产出来，正是机器的效果。"机器"在两位作者的笔下并不是比喻性的形象，而是真实的运作机制：机器驱动其他机器，机器又被其他机器所驱动，当然这具有必要的连接和牵引。这就是"和"的逻辑或联系的逻辑，即功能的组合关系，且这种逻辑是机器所特有的。因此，欲望作为机器的产物，它本身也是机器：既是"驱动其他机器的机器"，又是"受其他机器驱动的机器"。[2] 也正因此，欲望是生产性的，"欲望机器"是对这一点的描述。

1　Paul Patton, *Deleuze and the Political*, Routledge, 2000, p. 5.

2　Gilles Deleuze, Felix Guattari, *Anti-Oedipus: Capitalism and Schizophrenia*, R. Hurley, M. Seem & H. R. Lane, Trans, Minneapolis, MN: University of Minnesota Press, 1983, p. 5.

它通过寻求与其他机器的连接，不断生成新的社会关系和现实，而现实则是欲望在现实世界中被动综合的结果。欲望生产就是社会生产，它通过欲望机器这一功能装置实现，而欲望机器也是一个欲望的对象。德勒兹和加塔利指出，欲望和欲望客体是一回事。作者在这里没有提到欲望主体的概念。因为欲望在这里不再是传统的弗洛伊德学说中与人格化的个体相连的渴求，而是一种社会条件，是没有任何意义和目的的能量之流。而主体恰恰是欲望受到某种压抑的结果，没有压抑就没有固定的主体。从这里我们可以看到"欲望机器"概念中所透射出的对主体的拒绝，这远比拉康对"伪主体"的批判更为深刻，它拒绝了被整合的一切可能，而仅仅勾勒出功能类似的抽象线条。因为机器，也就是精神分裂症的客体，其本身没有任何本体论地位，而只有把它与产生它的过程、与和它相连运转的机器联系起来，才具有考量的意义。"欲望机器"指向的是生产，而且是一般性的社会生产。这个生产过程要求欲望之流必须作用在"无器官的身体"（body without organs）上，而由于无器官，也就拒绝了被以固定的形式组织化的可能。如果把欲望的主体化和人格化当作某种形式的编码过程，那么无器官身体在本质上是尚未编码的身体，这种未编码的身体可以与任何机器相连。对于精神分裂分析来说，无器官的身体既是压迫发生的场所，又是自由的潜在之地。它作为一种无疆界的领域，使欲望之流在其上被释放出来。而资本主义对其之前专制制度的颠覆正在于它使原本完满的有机体被摧毁，从而使得新的社会生产成为可能。具体说来，资本作为一种无器官的身体，与其他的流（劳动力等）相结合，使原木只担任流通中介角色的货币获得了以钱生钱的能力。在这个过程中，剩余价值被创造出来，而作为资本的剩余价值，又成了新的无器官身体。无器官身体，是一种力场。在这个身体中，各官能并不形成独立的系统，也不承担个别的任务，一切思考的后置作业完全来不及展开，而力量已贯穿全身、激起反应，且这种反应是整体性的。资本主义的解辖域破坏社会场，使之成为无器官的身体，其上有巨大的能量或负荷的积累。在这个过程中，无器官的身体有两方面的作用：一方面，它使得与它相遇的机器出现停顿，为新的作用留出机会；另一方面，它又吸引这些机器记录它，从而发生新的运转，出现新的综合。在这里，德勒兹又一次改写了马克思的生产理论，生产和产品同一，生产成了一切。因为每一台器官机器都根据自己的流动前景，从这台机器流出能源的角度来阐释整个世界。它既是一种产品，也是一种生产。生产总是嫁接在产品上的某事物，所以欲望生产是生产的生产。生产的生产即不断生产产品，把生产嫁接在产品上。他认为，传统马克思主义经济学所提出的生产和消费的区分其实是没有真实意义的，因为真正消费产品的并不是统治阶级，而是生产本身。这样一种生产正是被俄狄浦斯化了的生产，它是资本的公理化运行，这正是资本主义的本质特征。反俄狄浦斯实际上反对的是资本主义的经济生产，是将压迫引入生产的欲望。

　　由此，德勒兹和加塔利所创出来的欲望哲学与弗洛伊德或拉康学说中的"欲望"概念并没有太大关系。作者解除了这个概念的原有语境，不过是借它来形容一种生产性的能量。在这个意义上，它也可以被"意志"或其他的语词代替。德勒兹的欲望哲学最终指向生产，而且这种生产并不局限于物质财富的创造，它更大的功能是形成新的关系。如同福柯的权力概念，德勒兹和加塔利的欲望概念使得我们把事件和关系理解成为生产性的。而它与福柯权力概念的关键区别在于，它指向了生命变成或制造关系的各种不同的方式。[1] 如果说处于 19 世纪的马克思发展出来的生产力与生产关系的学说受制于时代局限性，只关注技术层面的物质生产，那么德勒兹显然已经超越了这个阶段，他的欲望生产理论所暗含的对关系的重视甚至比马克思本人还要彻底。

　　德勒兹用欲望的编码、解码和再编码来解释资本主义对他所谓的欲望之流的作用。在前资本主义社会，欲望被由血缘等所形成的等级制度编码。到了资本主义社会，欲望并不是根据一个特别的社会性客体来被

1　Claire Colebrook, *Understanding Deleuze*, Allen & Unwin, 2002, p. xv.

管理或编码。相反，资本主义对之前等级制度的颠覆使得欲望被解码，也使得原有的社会场域变成一个无器官的身体，欲望被当作一个无法辖域化的领域释放在这个身体上，于是产生了精神分裂症，其中器官的身体之间的作用是通过后者对前者的截断来完成的。不过，资本主义社会仍然建立了自己的编码系统，他们将所有的社会客体看作一种一般性价值——金钱——的代表，而这种一般性价值可以作为任何系统的解释者。于是，欲望降低了自己的强度，变得只对一种东西感兴趣，即作为一般性价值的金钱，它自己也最终变成了这种一般性价值的符号。这正是欲望的再编码过程，其特殊性在于：在资本主义社会中，一切其他的基础被打碎，所有的欲望之流都变成了一种以市场为基础、可以量化和公理化的资本运作。关键在于，只要欲望的存在形式可以被勾勒成一种一般性价值的样式，我们相信什么抑或想要得到什么都无关紧要；我们必须能够将所有欲望中的事物看作某种根本的一般性性质的象征。所有商品都可以简化为资本，所有的性欲望都可以简化为一种常规的人类"生活"，而这正是一种过度编码。

德勒兹早在《尼采与哲学》中就曾说过，真正的欲望其实是对差异的肯定。差异只会在创造或者说生产的活动中显示自己，因为创造或生产的结果正是差异。这也是为什么德勒兹认为被动性的匮乏或需要不可能产生欲望。欲望发生作用（即欲望生产）的方式就是通过对不同种类的疆域进行综合（解辖域化），从而产生出新的疆域（再辖域化）。同时，解辖域化和再辖域化发生在同一个过程中，它们的强度和力度成正比，即解辖域化程度越高，将流动解码并公理化，从中榨取的剩余价值越多，其辅助型机器，像政府官僚机构与法律制度势力将流动重新辖域化的程度就越高，在这个过程中吸纳越来越大份额的剩余价值，这种综合就是一种力通过与其他力之间的相互作用进而改变其他的力，或者说，一种力对其他力进行了解辖域化的作用。而这种作用的必然结果就是差异和多样性。德勒兹的差异本体论正是力图通过各种方式反对同一性的压迫，恢复差异的基始性地位。因此，他的资本主义批判并没有诉诸伦理上的指控（不公正、不平等、压迫、剥削等），而是在更深层次上对同一性的非生产性，更确切地说是对反生产性的批判；他的自由也并非伦理学或法学意义上的自由，而是创造的自由和生产的自由，本质上是差异的自由。

三、 情动穿透配置：相互预设的开放系统

在《资本主义与精神分裂》第二卷《千高原》中，德勒兹在谈及抽象机器与配置时不止一次关联到了福柯。他在一个注释中特别提到了福柯，提醒读者《词与物》这一标题必须被否定地理解。对此，德勒兹阐释说："绝不应该在词与（被视作与词相对应的）物之间或能指和（被视作和能指相一致的）所指之间形成对立，对立应该建立于不同的形式化之间——它们处于不稳定的平衡或互为前提的状态之中。"[1] 如果说对词与物之间这种充满张力的"不稳定的平衡"的充分共识可以象征性地表达福柯与德勒兹前半生的友谊，那么两人在各自理论建构中贯彻这种"互为前提"状态的彻底程度也象征了他们的分歧。德勒兹认为，福柯在 1977 年出版《性史》第一卷《认知的意志》后，陷入了很长一段的著述空白期，其主要原因是他本人面对自己构筑起来的无所不在的权力部署分析，陷入了思想的危机。而这一危机同样是阿尔都塞的意识形态国家机器理论的思想遗产之一。

德勒兹和加塔利很清楚地意识到了这个问题。但在他们看来，任何一种社会结构本身都不是封闭僵死的固定辖域，以"反俄狄浦斯"为生活导论的反法西斯式的解辖域化远不会陷入死局。这一坚定的建构主义理论立场刻画出了德勒兹和加塔利的"配置（assemblage）"概念和今天学界更为热衷讨论的"装置（apparatus）"概念（阿甘本还把此概念同福柯的"部署（dispositif）"概念做了连接）之间的根本性不同。作

1　［法］德勒兹、加塔利：《资本主义与精神分裂：千高原》，姜宇辉译，上海：上海书店出版社，2010 年，第 90—91 页。

为后结构主义的杰出代表，两位作者拒绝接受一种静止不变的结构作为认知的参照，他们致力于将结构本身视为永恒生成和迁移的过程。既然迁移，逃逸线理应存在。

　　表面上看，无论从翻译还是内涵，"配置"和"装置"都不乏相近之处。但根本异质点在于：配置，在德勒兹和加塔利那里，与辖域化和解辖域化的抽象机器一起构成了各种平面生成和变迁的开放系统。它一方面为结构（德勒兹和加塔利表述为"层"）提供内在的连续性（这种连续性本身亦处于变动当中），另一方面也将偶然性和变化纳入其中：于是，和装置基于内在秩序对主体的座架不同，配置以非刚性连接的方式形成过剩、不稳定的系统，多样性和逃逸线因系统内部能量流的强度变化而始终存在。"我们不能满足于层和去层化的容贯平面之间的某种二元论或简单对立。层自身就是为解辖域的相对速度所界定和激发的……抽象机器展开于它所勾勒出的去层化的平面之上，但却同时又被包含于每个（它界定了其构成的统一性的）层之中……因此，那在容贯的平面之上疾驰或起舞之物就卷携着它的层的光晕，一种波动，一种记忆或一种张力。"[1] 这"疾驰或起舞之物"以及由它的投射而形成的波动正是相应组织变化的来源。

　　如果说阿甘本用"装置"概念来表达由"说出的和未说出的东西"所组成的完成同质性的集合或设定，那么德勒兹和加塔利则正好相反。在他们看来，这种同质性本身正如俄狄浦斯情结被预设出来一样，恰恰是可疑的。配置是各种状态、身体[2]以及各种身体状态的大杂烩，是相互异质的元素的结合。它是一个纯粹由连接形成的符号性系统，其中的一致性只体现为诸元素间某种强度的连续性。这种设定是对压抑了欲望—生产的精神分析唯心主义的反击。德勒兹在一次访谈中嘲弄了这种

1　[法] 德勒兹、加塔利：《资本主义与精神分裂：千高原》，姜宇辉译，上海：上海书店出版社，2010年，第94页。

2　德勒兹的"身体"概念绝大多数时候是在去人化、去个体化的层面上被使用，这里也不例外。

唯心主义对于内容和表达之间复杂关系的简化，认为它架构起了一种优先等级的决定作用，这种因果优先性仍是对某种先在之物的预设。与索绪尔语言学的结构主义立场不同，德勒兹和加塔利从叶尔姆斯列夫那里借鉴了内容和表达的相互预设关系，用以维持开放系统的内在一致性和流变性共存。相互预设的意义在于解构了霸权式的层级优先性，使得自主性得以进入组织化的过程。"愈加增强的表达的复杂性所带来的结果是，这些动机与对位最终表达的是辖域与那些冲动和环境的关系，而并非直接表达这些冲动和环境本身——这就再次增强了表达的自主性。"[1]也就是说，配置元素的异质性可以脱离内容的功能性和预设动机的影响，获取相对的自由，这种自由重新界定了域内与域外的边界，从而具有对原辖域内因素的解码功能，它同时也是再辖域化并形成新的配置的开始。

　　正是以此为出发点，与结构主义高度标榜语言的先天座架能力迥异，德勒兹和加塔利反对将标准语言当做语言学的主流（主要）研究对象。在他们看来，所谓标准化或主流语言的形成实际上是权力对自主性的侵蚀，是政治运作的结果。然而，即使在这个标准化的结构层内部，俚语等非主流语言资源依然拥有表达的自主性和颠覆的能力，甚至在特定情形下会冲击或改写标准语言，网络用语的流行正是解辖域化和再辖域化最好的例子。由于互联网的普及和基于智能设备的自媒体的发展，网络的影响日益扩大。网民群体的多样化日益突出，其表达也具有异质性，但这并不妨碍特殊的语言用法成为"网红"。"蓝瘦香菇""内卷""打工人"这样始于网络、进而席卷全民的非标准化语言几乎在极短的时间内就成为标准语言默认甚至收编的部分，且这样的例子并不在少数。标准语言自身的系统也在被不断改写，而这些语言流行的原因几乎各不相同，也难以预测。

1　[美] 尤金·霍兰德：《导读德勒兹与加塔利〈千高原〉》，周兮吟译，重庆：重庆大学出版社，2016年，第75页。

　　配置所获得的表达自主性的另一个原因来源于"情动（affect）"。"情动"与个体或主体无关，而仅仅和身体有关，它是力和强度表达并作用于身体的效果。它独立于话语和表征系统，也拒绝被组织化和规训，这使得配置中不但体现出互动影响，也体现出身体的特异性（singularity），因而具有突变的无限潜能。这种特异性不能为逻辑和理性捕获，其表达形式也无法做任何形式的还原。一直对理性主义传统进行深刻反思的德勒兹，从早期开始就关注哲学史中一个他自己概括出来的脉络传统：斯多葛学派、卢克来修、斯宾诺莎、尼采、伯格森……在他看来，这是一个对生命本身投注了无限热情的传统，他将自己的哲学定位于这个传统，以此挑战正当红的结构主义、精神分析、准结构主义的阿尔都塞甚至是福柯的主体化，他对生命颤动的忠诚体现为与理性主义哲学史的决裂。于是，在这个特殊的谱系中，德勒兹发展出了他的情动理论。然而，需要特别谨慎的是，"情动"（也有翻译成"感受"）这个术语很容易将天真的、不甚了解德勒兹的读者带入一种人本主义的误区，以为他当然且必然地强调主体的维度。事实上，这种立场在解读德勒兹的任何时刻都必须坚决地予以抛弃。德勒兹反对固定的"主体"概念，强调一种流动的主体性和偶然发生的事件。他认为作为一个开放性的生产场域，生活其实是一个非人格化的奇异体，它需要一种更广阔和更原生态的经验主义。而情动，正是生成本身，是身体（非人格化的）所涉及的情状所带动的关系的流变，是配置当中最为生动、鲜活的部分，是对装置的霸权的抵抗。

　　德勒兹的"情动"理论最直接地受益于斯宾诺莎关于身心关系以及实体与属性的表现问题。尽管表现与其展开的话题可以追溯到文艺复兴甚至中世纪，但这时候的主流体系依旧从属于新柏拉图主义。斯宾诺莎的贡献在于他将身体被影响的状态纳入了身体的情状，从这里进入整体存在样态的流变。对此，德勒兹说："除非将广延的部分置于一特定关系中，否则这些部分并不属于一个既予的样态。同样，一个样态按照某种被影响的能力而在自身上表现出诸多的被影响之结果。"[1] 可见，身体真正的结构不仅在于它的生理学组成（这一组成在无器官身体中亦被消解），更在于存在于它之中的所有关系的组合，这其实完全可以连通德勒兹的另一个概念——"潜在"（the virtual）。身体被"情动"的能力是一种"潜在"，它是一种开放性的实存，通过对强度的感受而被现实化为诸影响之结果。

《追忆似水年华》中被人津津乐道的玛德琳蛋糕片段，正是关于"情动"最美妙的文学叙述。那种被"带着点心渣的一勺茶"激起的快感、超脱和随之触发的基于身体体验的叙事机器的独特编织，只属于作者本人。它不是玛德琳蛋糕的必然产物（吃过玛德琳蛋糕的人一定能理解这一点），也不是身体的必然产物（作者不会每次吃蛋糕时都有同样经历），而只是此时此刻的连接所激发的事件：茶水、蛋糕、小勺、年长女性、天气、心情、触感……它突如其来、无法复制，它是对力的捕捉，是强度的震颤，无法还原为任何表征，却是生命在此刻的样态。

《弗兰西斯·培根：感觉的逻辑》中文版封面上援引了这位画家提出的一个问题："一幅画为什么能够直接诉诸神经系统，这是一个非常严密、非常难的问题。"这个问题实际上可以被理解为对装置的命定论的质疑。培根关注的不是视觉系统、更不是大脑的理性思维，而是神经系统这一最直接地以非表现性方式感受力和强度的系统。它的震颤激起了普鲁斯特"荣辱得失都清淡如水"的感悟，是生命的能动性和自治性在这一刻的伦理实现。德勒兹在这本书中非传统性地将塞尚与培根连接在一起，正在于："塞尚超越印象派而留下的教诲是：感觉不存在于光线与色彩的'自由'、无人介入的关系（印象）中，相反，它存在于身体中……在画中被画出的东西，是身体，并非作为客体而被再现的身体，而是作为感受到如此感觉而被体验的身体。"[2] 培根也是在同样的意

1　[法] 德勒兹：《斯宾诺莎与表现问题》，龚重林译，北京：商务印书馆，2013 年，第 215 页。
2　[法] 德勒兹：《弗兰西斯·培根：感觉的逻辑》，董强译，北京：商务印书馆，2013 年，第 215 页。

义上革命性地主张，感觉层面的形象不但不是客体本身，反而应是被再现的客体的形象化的对立物。因为绘画不是再现的艺术，而是对不可见的表达。情动，使得不可见的力量可见化，使得身体在那时那刻遗世独立，这一点在培根的作品中随处可见。

　　数字化时代似乎让我们重新面临一个俄狄浦斯化的问题，斯蒂格勒将之称为"系统性愚蠢"。算法仿佛正在形成一个可以容纳一切、计算一切的装置，人和技术的古老博弈被重新带回到 0 和 1 的层面上。然而，这个时代也提供了机会：它使众多的身体以远程在场的方式与我们形成共同配置。连接在生成，身体在生成，"我们"也在生成，且这种生成并不必然基于一种决定论。

第二章　数字世界与超真实拟像的新表征

影像从来就不是简单的现实（或真实）。它利用不同图像的功能和图像之间的过渡与转接创造性地建立了视觉可见与知觉理解之间的联结，是叙事张力的一种构架，也是社会结构对可见物与可说物之间关系的一种情境性重构。这种重构并不必然地和真实之间产生因果联系，而是作为用可见形式书写出来的新的意义叙事凌驾于现实之上。它甚至可以取代现实。这也正是为什么情境主义国际的代表人物居伊·德波在《景观社会》一书中发出感慨，认为影像/景观对现实的统治已经成为一切统治形式之最。这实际上是对关于影像的直观经验主义判断的一个有力反击：影像未必言说现实，相反它在可见与可想之间建立的固定的关系秩序重构着人们对现实的理解。于是，影像的过度繁荣带来了对影像本身的疑虑：我们如何以及依据什么来判断影像的内在秩序与真实的距离呢？甚至从某种意义上而言，当影像成为我们与世界的中介/媒介的时候，是否也就彻底隔绝了人对于真实现实的达及？正因为如此，自上世纪 60 年代以来的大多数激进理论家都有着对影像统治的忧虑。

第一节　从健康码到数据身体：数字化时代的生命政治

在人类历史上，大范围传染病的出现并不少见。从死亡人数超过

"一战"的西班牙流感到SARS到埃博拉再到COVID-19,人类的文明史就是一部间歇地与各种新旧病毒进行斗争的历史,斗争的目标是人类肌体的健康和社会的可持续发展。因此必然地,每一场胜利背后是从医疗和公共卫生政策到经济文化甚至生活观念的连锁式变化,新冠也不例外。它对于经济全球化趋势的逆转和地缘政治冲突影响的增加日益显现。更为重要的是,鉴于病毒有可能与人类长期共存的事实,很多临时性的紧急措施会成为日常的一部分。可以肯定,新冠之后,我们不必、也无法再回到前疫情时代。《纽约时报》专栏作家托马斯·弗里德曼甚至宣称"新冠肺炎是新的历史分期的起点"。《人类简史》的作者尤瓦尔·赫拉利,也发长文《冠状病毒之后的世界》讨论后疫情时代全球在各个维度所面临的改变和忧患。在这些讨论中,数字化技术的应用和前景成了重中之重。人们既对它们在抗击疫情过程中所发挥的史无前例的作用大加肯定,也对借由疫情而加速的技术乐观主义保持谨慎。健康码正是在这场抗争中站在前列的技术手段,它所引起的争议性探讨并不少于对它的肯定。在日常社会实践中,这个需要被随时展示的符码,成了对身体甚至主体进行判断的标准和依据。于是,一个值得追问的问题由此浮现:健康码,是"我"吗?

一、健康码:被展示的身体

单纯从哲学史而言,"身体"似乎并不是个特别受话语青睐的概念。与"人"或"主体"这样的范畴不同,它受到重视其实是相对比较晚近的事情。从柏拉图将"身""心"分裂为对立的二元以来,在中世纪,"肉身之重"成了妨碍灵性追求、需要被克服的存在。尽管启蒙运动以大写的"人"的超拔终结了对神学的跪拜,却又将人的本质定位在理性的尊崇之上。自笛卡尔"我思故我在"的理性主义传统以降,身体一直作为一种暂时性和偶在性的感性表面,臣服于理性的尊位之下。

真正为身体的第一性正名的是尼采。他蔑视笛卡尔所树立起来的骄傲的主体,以身体为准绳建构起人与世界的关系。在《查拉斯图拉如是说》中，他借醒悟者的口说："我整个地是肉体，而不是其他什么；灵魂是肉体某一部分的名称。……在你的思想与感情之后，立着一个强大的主宰，未被认识的哲人，——那就是'自己'，它住在你的肉体里，它即是你的肉体。"[1] 身体不但是体现为力量和意志的"自己"最忠诚的存在，甚至是产生"脱离（肉体）时的痉挛与奇欢"的源泉，是思想和精神赖以产生和持存的母体，是人有限性的边界。

　　然而，如果说尼采的身体还要借着狄奥尼索斯的狂醉，以充满感官张力的方式来反抗阿波罗所代表理性的话，弗洛伊德则直接将"身体"概念带入了理论史。"自我"的身体属性不仅在物质基础的意义上被肯定，"自我"本身更是被构建为"本我"的力比多投入（身体本能）在现实原则下的社会化形塑。无意识通过身体以本能的方式进行言说，而意识则始终在寻求满足无意识的途径并有选择地压抑无意识冲动。在身体本身（无意识）和对身体的自觉意识（具有统一性的自我认知）之间，弗洛伊德毫不犹豫地将权杖交给了前者。于是，身体第一次在人文科学领域占到了理智的上风，并开启了精神因素转化为身体的生理症状的问题史。之后，拉康以儿童幼年时期的"镜像"建构的方式提出了身体本身和关于身体的连续性想象之间的张力问题，并将镜像阶段作为代表了符号秩序的典型情境诠释为幻想性的秩序，从而完成了对主体绝对性的降维。事实上，这一主张的真正目的在于反对哲学史传统中无视身体的形而上学主体概念。

　　在当代学术领域将"身体"提到理论重心的最重要的哲学家莫过于福柯，他以权力之楔将肉身牢牢嵌入思想史和权力谱系之中。在他广为人知的著作《规训与惩罚》（1975）中，他以身体作为透视权力关系运作的支点，研究惩罚的权力如何通过施加于肉体之上而在社会范围内确立自身的效应和规则。在这本书之前他其实还曾出版了另一本《临床医

1　[德]尼采：《查拉斯图拉如是说》，尹溟译，北京：文化艺术出版社，1987年，第31—32页。

学的诞生》（1963），尽管这一著作并不如前者那般引人注目，但其主旨却是一以贯之的。它聚焦了凝视在身体之上的医学话语如何被建构成一种"科学"权力的过程。"病痛的各种形象并没有被一组中立的知识所驱逐，而是在身体与目光交汇的空间里被重新分布。实际上发生变化的是那个给语言提供后盾的沉默的构型：即在'什么在说话'和'说的是什么'之间的情景和态度关系。"[1]"凝视"（regard）在这里重构了话语体系（词）与对象病症（物）之间的关系，身体既以凝视为中介参与到医学的"科学"符号体系的建构中，同时也成为这一体系的客体。而"凝视"需要的是客体（身体）以客观性为背景的展示，这种展示以其去私人化的方式凸显出话语体系的理性本质。可以说，凝视—展示所体现的恰恰是身体被历史性建构起来的医学符号系统重组的双向过程，健康政治由此而成为事关全民的权力结构。

　　器质性的身体在 20 世纪得以被理论之光凝视和关注，人类也从未如此深入地被医学技术以视觉图景的方式洞察和展示，以至于今天我们即使在跟幼儿进行身体启蒙时也无法使用医学话语以外的词汇。生物医学的语言和观点正在表达、评价和作用于我们自身，也影响了身体的体验。健康成为一种权利和社会性福祉，而医学作为一种全面观照健康的一般性技术，在社会管理系统中所显示的权威性越来越大。这种权力同时塑造了具有健康意识的现代主体。福柯所刻画的自 18 世纪以来生命政治图谱中的一系列关系之间的张力在一个完全医学化的社会中被高度强化：疾病与健康、治疗与预防、症状与诊断、正常身体与非正常身体的区别。一方面，生物技术的推进所带来的新的衡量标准甚至改写了生与死的界定（脑死亡）；另一方面，医学技术在保存纯粹的身体性生命方面日新月异。健康手段作为确保健康权利的工具，成为政府和社会的治理理性。"健康手段不只是医院设施和药物治疗，而是社会在特定时

1　[法] 米歇尔·福柯：《临床医学的诞生》，刘北成译，南京：译林出版社，2011 年，第 3 页。

刻为了实现那些在技术上可能的健康改善和健康调节所能动用的一切事物。这些健康手段定义了一条移动的边界，这个边界来自医疗的技术能力，来自集体的经济能力，来自社会希望将其作为健康资源和健康手段贡献出来的一切。"[1] 因为生命政治的本质正是通过一定的权力治理机制，确保社会安全和个人安全。

新冠疫情下的社会状态无疑是这种医学政治的放大和极致化。新冠肺炎早期患者被发现的两大难点来源于不明晰的症状和极快的感染速度，尤其是后者在传染病学上至关重要。从公共卫生危机的防治角度来看，在密切联系的社群内部，高频感染事件的发生必定会在极短的周期内对全体成员的个人生命质量和全部社会条件产生影响。随着蔓延时间的延长，这种影响愈发会以类似"蝴蝶效应"的弥散状态侵入除医疗系统以外的经济、政治、文化等各个维度，造成社会治理上的巨大危机甚至灾难。在初期的居家隔离措施初步显出成效之后，为了解决人员流动的安全性评估问题，健康码应运而生。它是在非常态情形之下由超级网络平台和各级政府以及电信运营商共同完成的一项以数字技术为基础和路径的社会治理尝试，它将个人自主申报的信息和借助现代化技术手段并通过大数据监控分析的结果整合生成的动态三色二维码作为个体的电子通行凭证。这里作为评判标准的数据分析结果关联了三个维度，它们分别是精确到街道的居住地疫情实时动态的空间维度、出行频次及路径停留长短的时间维度以及密切接触人员的人际关系维度。这三项数据分别根据算法所提供的对照标准进行量化赋分后生成三色码，其动态结果既可能随着个体情况发生改变，也因算法或周边即时环境的原因而不同。它的意义在于：个体的动态存在信息化之后（人变成了健康码）被并入了社会权力机制之中，从而成为社会管理和生命政治治理（从隔离到治疗）的对象。

1　[法] 米歇尔·福柯《自我技术：福柯文选Ⅲ》，汪民安编，北京：北京大学出版社，2016年，第 208 页。

　　健康码的出现在社会普遍性的意义上（然而并非全部）通过数据创造了身体，它是 21 世纪生命政治的新事件。肉体存在成为进行伦理判断和技术应用的重要场所，甚至部分地被判断和应用的结果所表征。当然，健康码所勾勒的身体并非完全的、综合的身体，它的关联维度由经过医学评估的风险机制所决定。这种被符号化和抽象化，甚至扁平化的身体在特殊历史条件下成了社会共同体身份的准入证，它将过去局限在医院之内的医学目光的凝视演变为社会性的凝视，在临床医学的诊疗过程中身体的被迫展示则演变成了数据身体（健康码）在社会进入时的主动展示。和自然身体展示时所产生的不适感不同，数据身体被展示的要求几乎很少遭遇抵抗。即使偶有隐私方面的顾忌，也大都因着防疫需要而被忽略或克服。福柯所言以保障集体性人口安全的生命政治权力通过健康码所建构的数据身体实现了全时、全域、全息覆盖。这是生命政治结构的空前强化，却也实现了由空间隔离向空间连接的过渡。身体不但必须展示在社会目光之下（所有公共场所的排查人员都有权检查健康码），连其日常行为的方式也被纳入了考量和审查的领域。身体对社会身份的实践越来越重要，作为客观性保证的医学科学话语制定赋分标准、审查行为轨迹，把个体的日常生活牢牢附着在风险评估标准之内。在各级政府的背书和要求之下，代表了数据身体的健康码被广泛接受，其治理效果在抗击疫情方面显而易见。然而，身体的数据化存在真的等同于肉身的在场吗？情况恐怕要复杂得多。

二、 身体的数据化建构：对社会化主体的挑战

　　新冠疫情是整个社会数字化推进的一个拐点，如果说前疫情时代的数字技术的日常化更多地是在提高生活便利度的意义上推广的，那么后疫情时代则转变为以身体的数据化建构为手段的人口管理策略。这种数字身份的建构与个人档案的电子化不同，它是以全时监控和大数据分析实现的动态即时更新。以维护个体健康和社会健康的名义，个体存在被以健康码的方式转换为数据身体。它在每一个场合成了对持码主体的身

体合法性的唯一确认，甚至在很多时候这种对数据身体的认可超越了与主体之间的真实联系，健康码成了比现实还"真实"的存在。在鲍德里亚那里由拟像建构起来的"超真实"在这个情境中被数字化生成的图像所代替。鲍德里亚拒绝柏拉图式将拟像当作一种应被"真实"克服的幻象来理解，他认为拟像从某种程度上而言就是今天世界的存在方式，这正是数字化在今天的社会现实，至少是在健康码问题上的情形。然而，这种"超真实"的身体却有以下几个方面的问题值得追问：

首先，数据分析背后的权力话语。前文已经提到，今天健康涉及的问题早已超出单纯的医学范围，广泛涉及整个生物学、环境科学和社会学领域。健康已经不仅仅是生理学家勒里什提出的最低定义，即身体的各种官能的正常运作，健康意识以及健康的概念变成了人类学意义上的综合性范畴。尽管它的内涵因时因地而有变化，却又基于一些基本共识，但毋庸置疑的一点是，健康问题依旧处于福柯所描绘的现代社会治理的核心位置："健康成为真理和身体的乌托邦，成为保障社会秩序以及未来更加平衡、更加公正的国际秩序之关键所在。"[1] 然而，在一个高度医学化的社会中，这样一种已然超出纯粹医学领域的健康内涵和权利的定义权依旧被医学话语所垄断，而医学的目的在于重建自然生命的规范以及身体本身的规范。在这次新冠疫情的抗击过程中，这种权威性突出地体现为医学政治化的管理形态，即各级政府权力通过行政执法部门保证符合抗疫需要的措施得以平滑执行。必须承认，这种医学政治化的方式为有效赢得抗疫胜利和恢复社会运转正常化作出了巨大的贡献。以传染病学的风险概率对身体所涉及的经验维度进行计算的方法自然有其合理性，但一旦将之作为再现身体甚至主体的唯一方式，其间的过渡和转换就并非自然性的了。

因为健康码显然不是被证实已经感染上病毒的真实的身体，而是体

1　[法]让-雅克·库尔第纳：《身体的历史（卷三）》，孙圣英、赵济鸿、吴娟译，上海：华东师范大学出版社，2013年，第5页。

现了各种评价标准和概率统计学的规范：它是数据的身体，一种抽离了现实体验的、抽象甚至简化的身体，是人的客体性的"科学"展示。在健康码中，主体被判断、被评估、被简化为需要被看见的数据结果（颜色），而颜色所表征的这种在视觉中被凝视的需要改变了原有的社会评价关系和实际体验：是的，不管你是谁，不管你身体和个性如何，现在我们只需要你绿！如果再进一步的话，假若渐变色健康码的设想能得到实行，或许评价中还可以再加上一句：如果可以，请再绿一点。

鲍德里亚在描绘拟像发展史时曾指出，拟像真正的意义在于在经验与真实之间展开了多重关系。拟像所意味的不仅仅是原有价值（真实）的衰落和解体，同时还有对视觉图景的重新评价。对数据身体意义的理解可以借鉴这个转变的过程，重新评价就必须刻画出原有价值的来源和消失的原因，这是尼采的方法论传承。数据身体的出现并不意味着真实的身体作为一种现实存在已经不再重要；相反，它指向的是在疫情的特定条件之下认识论层面上对经验的完全不同的认定方式。在鲍德里亚看来，"拟像的时代以其过度繁荣的影像为标志，它们与符号的象征秩序鲜明对立；而在后者那里，真实的理念正是理解经验的坐标系。然而今天，这种坐标系的定位意义已经丧失：经验无需在与真实的比较中获得意义，它无需挣扎于和深层本质之间的联系，它被肯定为其表面"。[1] 与此过程同构，健康码的出现重构了例外状态中身体经验被理解和进行社会定位的坐标体系，它以极具目的性的数据分析为工具同时重塑了身体对世界进行认知的方式。这种认知方式的转变是数据化时代的主题，但也是其巨大的阴影，它直接向人类体验生存的方式提出了质问：在今天，证明"我"存在的唯一方式是数字化吗？

其次，数据身体与主体存在的物质裂隙。由于健康码是在智能手机上生成的动态二维码，并且其中所涉及的空间、时间及人际关系维度实际上是由电信运营商所提供的，那么以健康码作为身体的符号化再现的

1　吴静：《德勒兹与鲍德里亚的拟像观比较》，《江苏社会科学》2016 年第 2 期。

合法性其实来源于一个预设，即身体与其所使用的智能手机是同一的。在这个预设中，智能手机被当作身体器官的延伸，成为身体不可分割的部分。这一方面体现出决策者对现代社会生活方式的理解，另一方面却也暴露出了以身体的数字化建构作为治理途径可能带来的问题。

智能手机作为绝大多数现代人日常工作生活离不开的工具，确实为生活的正常进行发挥了巨大的作用。因此，不但有人将智能手机界定为人类的"新器官"，华为公司更是在 2017 年发布了一张题为"活出你的色彩"的海报，以鲜明对比的方式描绘了智能手机在生活各个环节中的出场和作用。结合"华为相信手机是人身体的延伸，并能够实现与真正自我的沟通和交流"的注释来看，手机与身体的联系不但表现为一种始终在场的陪伴关系，而且展现出了对生活空间拓展的巨大可能。

然而，这种需要和作用并不能始终保证智能手机和身体的绝对同一性，[1] 在现实生活中一个人拥有多个手机的情况并不少见，刻意或非刻意地使用不同手机甚至不使用手机也时有发生，人机的分离完全成为可能。因此过度依赖于手机运营商所提供的数据结果，就可能会造成与主体实际情形不符的状况发生，因为手机的健康码就不能准确反映它所关联的三个维度。由于生活需要的不同，这种人机分离在乡村出现的概率会更大。而当社会准入的标准依旧执着于数字化身体所提供的、被技术保证了的客观性时，却没有办法查证这种技术的数据来源是否已被污染。

在现实中，人机分离的情况并不仅止于此，智能手机的遗忘、丢失、没电甚至网络服务的不通畅也都有可能导致扫码的功能障碍。因为附加在生物学身体之上的物质条件必须有与之相配套的硬件和服务的存在才能充分实现功能的在场，而这种由条件性决定的功能反过来证明主体的在场，这就对社会主体提出了挑战：证明你自己！身体的自在性在

1　多项科技方面的研发在智能可穿戴设备和皮下植入装置上有所投入，这或者会成为身体与智能装备同一性实现的物质可能，但它同时带来各种隐忧和争论。

条件的功能性缺失面前失语，其结果就是：人被遮蔽了。

人机分离不但使得数据本身发生偏差，带来结果的不准确甚至误判，也同时提出了两个身体之间的博弈问题：当数字身体与物理身体发生偏差，谁才是真实性的依据呢？一旦缺少了数字身份，甚至一旦提供数字身份的物理条件不具备，是不是"我"的合法性就已不复存在呢？技术作为工具，是便捷了主体，还是捆绑了主体？

最后，数据身体与社会化主体的分离。如果说在疫情时期查验健康码的情况下，人机的物质性分离所造成的是物理身体对数据身体的屈就（在故意隐瞒的情况下，也可以说是数据身体对物理身体的遮蔽），那么，数据身体的准入门槛涉及的就是社会化主体的权利问题。

疫情期间，一位老人因无健康码而被拒绝乘车的报道曾经引发了网络上关于数据鸿沟的大范围讨论。所谓数据鸿沟指涉的是不同地区、不同年龄、不同社群的人在拥有和获得以信息技术为基础的知识及服务上的差距。在这种差距的背后，是社会主体获得自我发展、自我保护和自我更新的能力上的差距，也是社会共同体对于个体的接纳与排斥的考量。

当现代科技发展以"科技改善生活"为愿景和承诺飞速推进的时候，我们往往很少发问：被改善的是所有人的生活吗？社会主体的身份并不能天然地保证所有人都平等地受惠于哪怕是公共性的科技服务。在这个世界似乎触手可及的智能时代，一些人恰恰被"抛下"了，另一些人则在数据算法中成为例外。对于他们而言，技术不但成为一种门槛和障碍，甚至成为无处申诉的霸权。互联网时代造就了一条数据鸿沟，导致了一种新的社会歧视问题，整个人类被划分为两个阵营：一边是具有现代信息能力的，一边是不具有现代信息能力的。当网络化、信息化、数据化日益加速发展之后，两边阵营的分裂不断加剧，越来越多的过时者被加速抛弃。而这种抛弃甚至以"进步的代价"为名自我正当化。

数据鸿沟的原因多种多样。在新冠疫情期间，被突显出来的是老人在信息鸿沟中的弱势地位。根据第 45 次《中国互联网络发展状况统计报告》的数据，我国 60 岁及以上人口的网民比例为 23.6%，也就是说，在这个年龄段的老人中每四个里就有三个未曾接触过互联网，更不要谈熟练使用智能手机。在常态生活中，这种不足还可以通过其他的渠道来弥补。但由于疫情的特殊性，社会身份以及由此而来的社会服务的获得全都依赖于以健康码为代表的数字身份的呈现，而它的缺失有可能意味着绝大多数社会权利的被剥夺。

以实名制为基础的健康码的实施加重了个体之间的区隔，同时也强化了个体在数字身份凌驾于自然主体身份时的无力感。这一无力感来源于对匿名权力的无法抵抗。由健康码建构起来的免疫共同体单纯依靠数据身份来辨别共同体成员，它将"无码"人员排斥在外，却也并不能就此肯定他们的自然身体就出了问题，反而丧失了在社会维度上对这些人员进行观照的可能。从这个角度来看，新冠疫情在中国绝对是老年群体加速智能化的一个拐点，但是这种加速的压力如果没有适当的外部辅助，从另外一方面来说有可能是使这个群体加速损失社会权利的过程。

福柯指出权力深深内嵌于各种宏观或微观的社会结构之中，在这种社会性建构的关系中，人们遵守着既定的，且被默认为理所应当的社会规则。这是共同体建构的原则和边界。然而，这又以另一种方式重新返回到福柯式的发问上，即这种边界的合理性由谁来确定呢？谁来保证边界之外的人的权利和利益呢？以科技加速的方式不断设定的新边界是否意味着社会权利的准入门槛在不断提高？人类历史长久以来建立的社会系统法则有没有可能遭遇以科技进步为名的社会丛林法则的改写？它可能涉及的对象不仅仅是老年群体和低教育群体，甚至可以是任何条件下的社会分类。这既是伦理学上的问题，也是社会治理必须要面对的现实。

三、 数据—身体：算法的生命政治空间

健康码所展示的医学政治化治理的数据体现，代表了加诸身体之上的两重凝视。第一重生物医学权威体系的话语布展在上面已经详细论

述。身体本身仍然是临床医学的关注焦点，哪怕对于传染性的疾病同时必须从空间和社会联系的全维度进行解决时也不例外。但是与临床医学诊疗方式不同的是，这重凝视不是通过医生（或其他公共卫生机构的成员）与其诊断对象之间面对面的方式施之于具体的身体，而是通过数字技术中介的方式，这就使得中介手段本身变成了另一重凝视的目光，即算法的权力。并且，第二重凝视的作用并非完全以中立的工具化的方式呈现，它甚至改写和威胁到医学的凝视：医生诊断和治疗预测的权威性在多大程度上受到标准化程序的限制和约束。

　　身体的数据化建构所依赖的是身体的可计算性，这一点既体现在身体的各种自然生物性指征的数据采集上，也体现在身体的社会化痕迹之中。然而，这样获取的数据本身并不能直接再现身体，它的再现方式和结果都取决于数据分析的目的，即它的决策结构设计，而这正是算法（Algorithm）的任务。用哲学的语言来说，算法实际上是海量数据被分析的问题式，它决定了数据是否可能成为信息和成为什么样的信息。在大多数不了解数据分析的人看来，仿佛只需要通过一定的专业性方法，就可以使数据的有效性客观地显示出来。但实际上，这种直观经验主义的想法没能抓住数据的符码本质，他们忽略了一个根本的事实，即数据的生成和显现本身都是被抽象化为符码的，它们是某种经验事实表面的再现，和自然语言一样，在根本上是一定社会结构关系构型的投射。但在另外一层维度上，数据和自然语言完全异质。任何一种自然语言体系都是一个由文化和习惯赋予了意义的既定结构，它从概念本身到有意识的表达都是被这个意义体系内在化的。与计算机的识别模式相关，数据的生成和在场都以不连续的、绝对抽象的方式体现出来。不是所有的数据都具有同样的重要性，不是所有的数据之间都具有相关性，甚至在不同的分析方法中，数据之间的相关性也可以发生改变，这种关系的成立与否取决于算法结构对相关因素的赋值。因此，数据作为一种语言构型，它不是如自然语言一般在既定的意义框架内自然自发地显现，它对经验事实的表征形式和意义，只能在人为设计的结构内部被建构性地生成。这就导致了算法的工具性并不如想象的那般中立，自然也影响了结果的呈现。

算法改写了生命政治权力的布展，它使得整个互联网生态系统（算法设计、应用软件开发、平台操控、使用终端）形成了合谋。它不但与其凝视的对象形成不对称的权力分布，甚至可以操控传统"科学"话语的传播形式和内容从而部分地具有对身体的可计算性的解释权，使遮蔽和垄断比过去任何时候都更容易形成。

影响算法的因素很多，算法设计者的设计初衷、认知方式、价值观和伦理判断等都会对算法产生影响。算法实现者的需求和利益更是决定了算法结果的倾向性，它是特定的社会价值和现实鸿沟的数据体现。因此，算法所谓的公正客观性从来都不是一个可以被技术保证的结果，它是现实经验世界的投射。

在生命政治领域，很多发达国家的医学实践和算法设计已经被保险业与商业的标准所捆绑、重塑。因为社会治理所依赖的超级互联网平台和数据分析机构绝大多数都是高度资本化的，分析工具和标准的资本化必然反向影响医学话语（哪怕是非营利性的公共卫生体系），"基础和应用生物研究——不管是在生物技术公司还是在大学进行的——已经和知识资产的生产密切联系在一起了"。[1]

除此之外，算法作为一整套机器识别的运作规则，其认知方式主要对照标准参照数据库来考量被量化属性的权重数值。这种刚性的识别方式很难对复杂的情境进行准确复原，它与身体的可塑性之间往往产生偏差。信息鸿沟不仅体现在前面提到的共同体边界问题上，同时也体现在训练算法的数据来源问题上。以新冠疫情中医护人员所使用的防护服为例，对于总体人数远超男性的女性医护工作者而言，得到适合自己身体尺寸的防护装备并不是一件容易的事情，因为在细化分类能力远不及时

1　［英］尼古拉斯·罗斯：《生命本身的政治：21 世纪的生物医学、权力和主体性》，尹晶译，北京：北京大学出版社，2014 年，第 13 页。

装业的防护设备生产行业中，绝大多数时候默认的标准是男性的数据。女性防护服当然也有，但71％的女性防护服并没有按照女性的身材特质设计，它们只是男性尺寸的缩小而已，似乎女性只被定义为"小号的男性"。身体的差异性在刚性化一的标准前捉襟见肘。

这种数据的性别化特征在人们越来越依赖数据和算法的情况下，使得本应被反思的性别歧视现象趋于自然化。当这些数据领域涉及医疗医药、福利政策时，所造成的影响就不只是生活的不便，而是致命性的，从而造成世界范围内女性在贫困、患病风险以及交通事故发生率等问题上不成比例地高于男性。例如，语音识别软件对于女性和儿童声音的识别度远低于男性声音，这可能会造成汽车的语音指令系统无法理解女司机的语言（尤其是在紧急状态下的发声）从而无法及时有效采取合理措施；或是女性医护人员发给病人的语音说明无法被软件准确识别和记录下来，大概率造成安全隐患。相比男性，女性在车祸中受伤甚至致死的风险更高，因为车的座位（甚至包括安全带和安全气囊）是按男性体格设计的（儿童安全座椅的普及和使用解决了儿童所面临的这个问题，但女性的情形并没有得到重视）。数据的缺省状态使女性在数字世界中经历着"缺席"的状态，从而造成了在现实世界的群体的孤独和失语。如何通过对算法的改进来恢复生物学意义上的身体、社会化的主体和社会之间的联系，是这个时代推进公平化的议题，区隔和保护只有一墙之隔。

健康码所建构起来的数据身体只是数字技术在特定情形下的一个范例和简单的应用。它流通的基础是社会治理的公共性，也是生命政治权力在社会范围内的全覆盖，是利用互联网媒介、物联网媒介和物流媒介将健康-疾病的流动让公众变得可见，从而有效地评估和控制风险。它同时要求复杂的社会劳动分工部门之间的合理配置，最大限度地降低治理成本。

围绕健康码的争夺，将成为一个全新的数据-生命政治的斗争场域，它的背后是"风险管理"的模式，即依托最先进的科技将全方位的监控引入生物学身体的多样性中。而这也正是福柯所勾勒的马基雅维利的治理术的当代版本。从生物体征到社会轨迹，轻易获得的数据可以根据需要在算法中被压缩为有限的变量，人口管理的整体化方法并不对具体的个体的实时危险做出针对性准确判断，而是通过偏差值和非正常性状来计算风险的概率。而概率本身也只是一个偏差值，它可以因着算法和数据库的不同而发生改变。这充分体现在新冠疫情当中，武汉地区整体的健康码可以因为权重因素的更改而整体由红变绿的情形，也揭示了为什么个体足不出户健康码颜色却会发生改变（因为邻近地区的风险程度发生变化）。这种"风险管理"机制一方面因为优生学在欧洲的历史而为人诟病，另一方面却又是现代预防性医学建立的基础。在数字化的今天，大数据和超级平台使得它比过去任何时候都更可以对人类的身体、健康、生存和死亡施加权力，也许，重建个体对身体及其权利的责任与权力对身体的管理之间的平衡张力是一个可以努力的方向。

第二节　第三持存和遗忘的可能：数字时代的莫涅莫绪涅困境

　　记忆是个体经验在经过复杂重组后的身体性盈余。在前数据时代，肉身记忆的持存依赖于人脑的海马体结构和其他的大脑成分。然而，作为记忆对立面的遗忘从来不是一个只需要被克服的缺陷，它是记忆生成的韵律。或者更准确地说，铭记和遗忘的交织构成了记忆本身。莫涅莫绪涅是希腊神话中的记忆女神，是九位缪斯女神的母亲，也是古老的时间女神。这一关系谱系刻画出古希腊文化对于记忆在人类历史发展中的角色担当的理解：它既是文化生成的根源，又是文化的时间维度——它就是历史。然而，尽管历史本身是记忆的书写，但它也始终交织着无意识的遗忘和有选择的遗忘。或者说，历史记忆的书写恰恰是以有选择的遗忘为间奏和条件的：遗忘确定了记忆的边界和外部。可是，这种交织在以数字化为基础的智能时代遭遇了改写。舍恩伯格在《删除：大数据取舍之道》一书中以博尔赫斯笔下丧失了遗忘能力的富内斯[1]为喻，阐释了数据存储对于记忆与遗忘的辩证法的颠倒：相对于模拟时代遗忘的常态化，大数据所带来的是记忆的持有和遗忘的不易。他从数据记忆的便捷性和遗忘（删除）的高（社会）成本入手剖析了这一现象的成因和现状，乐观地倡导通过净化数据生态来恢复遗忘在人类决策中所起到的关键作用：概括和抽象。但事实上，这并不仅仅是遗忘叙事匮乏的全部故事。数字化记忆所能实现的第三持存的永久化正是斯蒂格勒所描绘的人类纪的熵增过程的途径之一，它不但对人本主义的某些根本原则提出了质问，也反映出目前数字算法的基础模型的缺陷。当数字时代赋予莫涅莫绪涅以永生的时候，永存的数据与有死的经验个体/群体、历史时间与不断被重构的情境、过去和未来之间将呈现出怎样的关系呢？抑或，我们应该这样发问：当"后人"/后人类纪的讨论不断伴随着技术的加速成为行话的时候，是否意味着"人"的话语到了被全面消解的时候？在这种不可逆的改写之中，人文对数字还有反思的可能吗？

一、尴尬的延异：数据永存与调用重组

　　英国电视四台制作的系列科幻剧《黑镜》第一季第三单元名为"你的全部历史"，故事延续了一贯的黑科技介入生活世界的叙事情节，讲述了一种可以记录人的全部视觉经历的植入式芯片对个体生活发生的可能影响。借助这种可回溯的记录，人们可以随时随地查看任何时间段的视觉记忆。遗忘不再是令人困扰的问题，永不（能）忘却反而成了高悬在每个个体头上的达摩克利斯之剑。个人固然可以通过这种方式不断重温生活中的美好片段，但同样地，记录本身也被用以作为对个体进行全面审查的依据。不但任何的不良记录会被无限放大以至于在特定的时刻

1　博尔赫斯的《博闻强记的富内斯》中的主人公富内斯丧失了遗忘能力，但与强大的记忆相伴的是他因陷入一切细节的缠绕而无法具备概括和抽象的能力。舍恩伯格以此来形象比喻数据记忆的优势与缺陷。

发生难以想象的决定性负面作用，甚至删除的行为本身就已被视为道德上的瑕疵。个体的一切历史以及隐私被要求置于公众目光的评判之下，而后者不会背负上任何伦理责备。在巨大的社会压力面前，人们甚至没有不选择芯片的自由。唯一的例外者居然是因为芯片被窥私癖者窃取，反而使自己逃离了被自我和大众凝视的命运。这样反讽的情节设计不得不说是剧作者的黑色幽默。

作为一部科幻作品，"你的全部历史"的剧情当然是虚构（一度曾经进入市场的 google 眼镜可以被视作为这种可穿戴式智能设备的早期尝试，尽管它因为很多原因没有得到推广）。但它却提出了一个值得深思的问题：在数字化时代，当物联网将我们的一切以数据的方式记录和存储，并因其强大的存储能力而长久保存下来的时候，我们——个体和社会——是否做好了准备去面对这种永不忘却的外在记忆？更重要的是，作为第三持存存在的、看似客观而中性的数据，是否足以成为检视事实，甚至历史的素材呢？

互联网、大容量存储介质和高速运行的计算机的有力结合形成了大数据时代，甚至也是智能时代的硬件基础。崇拜大数据的人常常会盲目地认为一切事物都可以用数据来表示，数据的范围越全面，决策的正确性越有保证。尤其在今天，通信设备的智能化不但使个体可以以远程在场的方式与世界的每一个角落发生即时联系（当然，要有互联网覆盖），形式各异的智能服务系统——家庭防盗系统、恒温控制、婴儿监护设备、电子锁以及智能家居中控，甚至如 google 眼镜、apple watch 这样的可穿戴设备——更是实现了生活所有维度上的人机连接。数据无时无刻不在产生，生存的痕迹以数字化的方式被捕捉。乐观的人们甚至相信，数字记忆所刻画的正是现实本身，仿佛数字化仅仅只是经验事实的另外一种存在方式。

然而，数据并非单义的事实素材。它只是数字存储设备根据算法设计的节奏和目的所捕捉到的片段。数据并不自然地再现事实本身，数字化记忆是对有限信息进行的重构和组装。作为符号学系统的数据，必须依赖和对象之间的联系以及外在的模型获得意义，它也是书写的一种。如果书写的基本原则如德里达所说是"延异"（différance），数据则是延异的极致化，它不但消解了逻各斯中心主义所假设的固定意义，甚至消解了语言书写和思想之间的动态应和。去结构化的数据只能以冗余的形式存在，它并不像自然语言符号一样有着和语境相关的相对稳定的能指。它以极端的抽象化和彻底的形式化瓦解了所有可以对语言符号的语境和含义进行指认的坐标，包括历史性。数据本身不显示为意义，也不会凭借自身获得意义，它是摒除了时间性的纯粹符号。

然而，数据却会永存，以技术性第三持存的方式成为超越性的时间客体。斯蒂格勒将第三持存的关键性问题指向生产问题："这个生产既是经济的生产，就是我们政治经济学所讨论的经济的生产，同时也是艺术的生产，这是我们在认识论层面讨论的一些东西。其实还涉及人自身的生产。"[1] 因为一般意义上的生产本身正是历史时间展开的方式。然而数据存储在一定的意义上使得历史的生成性被消解。斯蒂格勒在从时间工业化方面入手谈及第三持存的时候并没有意识到这个问题。这很大程度是因为正如他自己所确认的，由于在《技术与时间》三卷本中对第二持存和第三持存的划分不是很明晰，更由于他并没有区分作为技术工具中的记忆和记忆工具中的记忆的差异。前者所反映的是对特定对象性生产劳动的物质性积淀，而后者在技术记忆之外，还关系到数据书写与再现经验事实的可能性问题。这有点类似于德里达在批评福柯的《疯狂史》对笛卡尔的解读时所提出的问题：（1）我们真的从符号自身了解符号吗？（2）符号与它被重构的语境之间真的真实有关吗？对两个问题的回答必须返回到对数据这一特殊持存形式的特点的思考上来。

数据的符号学特征使它对一切先验结构和稳定意义进行了否定。数据的产生是不连续的，表现出随机和孤立的特征。和文字的书写不同，

1　张一兵、斯蒂格勒：《第三持存与非物质劳动》，《江海学刊》2017 年第 6 期。

数据不具有可读性，因而必须借助算法的结构化使之呈现出一定的结果。"当一种算法被制造出来的时候，零散的数据被给予立场并与其他数据之间建立起联系。算法不是数据的内在结构，它是被有目的地制造出来的数据的外在性空间，从而具有生产上的无限可能性。也正因为如此，即使是最日常的数据，也可以被不同的算法多重地质询。不同的目的产生不同的算法。它既取决于经验性的判断，也体现出对未知进行探索的可能。算法的不同目的和结构创造了数据之间的关系，这些关系在算法之外未必成立。"[1] 这就出现了两个问题：第一，传统阅读过程中书写与阅读的互文过程消失。数据解读的权威性因为被算法所中介和决定，呈现出单一性。只有不同的算法才可能解读出不同的意义。读者（使用者）丧失了面对数据的主动性。概念的想象力在数据中毫无用处，思想的自治性不得不首先面对技术的滤镜。第二，语言符号书写的语境性被剥离，数据成了纯形式化的中性素材，它可以被不断重构。数据主义者（dataists）相信数据是经验事实本身的再现，但事实上，数据只是非在场的在场。它使得来源和使用分离，从而造成了持存与再现之间的鸿沟。

德里达将语言书写中存在的这种鸿沟定义为延异，即延缓的踪迹，是语言符号在不具有自明性的情况下，通过相关性概念由差异而使意义延缓呈现的过程。"在最普遍意义上讲的印迹是一种不仅应该寓居于'当下'的纯粹现时性中的可能性，而且是通过它导入的延异运动本身构成'当下'的纯粹现时性的可能性……在场本身形式的理想性实际上意味着它能够无限地自我重复，它的回归作为同一个回归无限必然地标志在原本的在场中，回归应是在持存的有限运动中坚持的在场。"[2] 伊丽莎白·格罗兹认为延异实际上是一种"折叠形态"（很难不让人想到德

1　吴静：《算法为王：大数据时代看不见的手》，《华中科技大学学报》（社会科学版）2020 年第 2 期。
2　［法］雅克·德里达：《声音与现象》，杜小真译，北京：商务印书馆，1999 年，第 66—67 页。

勒兹的皱褶），它以"非确定、非封闭和趋向未来"[1] 的方式显示了时间和生成之可能性。然而，数据的再现却否定了时间的可能性。数字记忆的永久性使得有关私人的大量数字化信息像刺青一般停留在个体的数字身体之上。数据的产生是瞬间的、情境性的，然而算法和互联网本身并不对这种情境性做出判断，而只将其作为普遍性去历史化地保存下来。另一方面，数据的回归又是无限的，因为数据之外的算法是无限的。当不同目的、不同模型和有可能彼此矛盾的算法对静态的数据进行调用的时候，个体可能在无从申辩甚至不知情的情形之下被锁闭在他/她的过去之中。

由于数据这一持存形态在时间上的长久性，数据一旦进入电子储存和互联网，就会被不同的应用软件和算法在数据生产者不知情，甚至和原始数据情境完全不同的情况下调用。数据不再和它所提取的经验表面直接相关，它被不同的算法重新编码而以去历史情境化的概率结果或标准偏差模式呈现在读者面前。这种阐释权威已自然蕴含在其中的结果取决于和它相关的数据库来源和使用的算法模型，不同的调用所产生的结果甚至会彼此矛盾。这种数据的"非法同质性调用"使得延异本身面临悖论：静态甚至过时的数据在面对极端差异的算法时所呈现出来的结果到底具有何种意义上的合法性？算法决定的过程模式使得任何读者无法超越这一技术的控制而直接面对给定的结果。技术不再是纯粹工具性的，它是权力的代理人，而又因着其产生过程的特殊性具有了匿名的性质。匿名权力使存在不再是生成性的，阅读不再是互文性的，数据作为第三持存的永生将曾经发生的"当下"在场以一种冰冻的方式固定下来。数据这种曾经痕迹的幽灵复活式在场使延异伸展向极致，它不再是意义的生成过程，而是对时间的去历史化，"原初的自我在场成为子虚乌有之物，它是在场通过痕迹结构的造物"。[2] 而这种被束缚的事实在场

1　［美］伊丽莎白·格罗兹：《时间的旅行》，胡继华、何磊译，开封：河南大学出版社，2016年，第113页。

2　［美］伊丽莎白·格罗兹：《时间的旅行》，胡继华、何磊译，开封：河南大学出版社，2016年，第116页。

一旦被僵化且不可消除之后，未来会是如何呢？

二、 过去还是未来：机器学习的逻辑隐忧

尽管数据挖掘和分析在今天几乎已经成为所有关于大数据甚至智能化运用最常见的宣传，但数据预测才是大数据方法的核心。有观点认为，大数据预测的优势在于它通过对源数据之间的关系分析，将预测问题转化为以趋势或模型来展现的描述问题。由于大数据的海量数据存储能力，它解决了传统小数据时代数据分析的随机样本的典型性问题。只要数据库的规模在阈值（当然如何确定每个特殊问题的合理阈值是另外一个复杂的问题）以上，理论上就可以通过对数据的挖掘和分析实现对未来走向的预判。在巨大的数据基数之上，系统性偏差呈现为低值。大数据预测的结果通常被描述为"客观、直观"，认为它在商业甚至规划中对引导决策起到了重要作用。

然而，这种几乎被数据主义者当作科学来看待的结果也遭到了一些经济学家和统计学家的质疑。他们认为，相信计算机在处理海量数据时可以获取绝对正确的客观结果实际上是一种武断。计算机擅长的只是获取、储存和检索数据，并不能对数据的含义进行理解，无法就数据内容的有效性和合理性进行评估，因而目前所能实现的人工智能的数据挖掘所产生的问题并不比小数据时代的统计学更少。它在对个体进行预测和对趋势进行判断两个层面都会存在问题，但问题的表现和原因并不一致。

尽管大数据在数据规模和数据分析方面都有无可比拟的优势，但依赖大数据进行个性化决策和预判却并非一件容易的事情。美国在 2002 年上映的由斯皮尔伯格导演、汤姆·克鲁斯主演的影片《少数派报告》（*Minority Report*）就以科幻的方式展现了这种个体预测的系统性偏差。影片讲述了 2054 年的华盛顿特区的预防犯罪小组的成员（"预测人"）如何在对个体所有历史数据的获取和分析的基础上，对特定情境下的突发冲突发展走向进行判断，对于恶性犯罪（比如谋杀）可能性概率超过

一定数值的事件（即被预测人认定为会发生恶性犯罪的事件）进行干预，在真实犯罪行为发生之前逮捕可能的行为实施人并进行审判。在数据的支撑下，该小组的准确性和科学性从未被质疑。然而，主人公由部分案件的关键性影像的丢失逐渐发现了少数派报告的存在：不是因为预测本身精准到毫无瑕疵，而是所有与预测结果不符的案件报告以及预测人所做的预测之间相互矛盾的案件报告都被隐匿和删除了。因为只有这样，才能让预防犯罪中心可靠合理地建立起来。这也就意味着，在过去被逮捕的所谓犯罪者当中存在被冤枉的无辜者。

　　尽管影片的情节设计并非完全在大数据条件下，但这里具有超能力的"预测人"实际上可被视为不同算法的人格具象化。他们在对个体永久性历史记录和即时表现（数据表征）的综合基础上所做的判断并不完全一致，甚至有可能相反。这种矛盾性原本是经验现实多样性的体现。然而，"科学的绝对性"的要求使得事件发展多样化的可能被忽略，个体被自己的经过数字化过滤的过去所绑架，从而直接陷入过去历史的线性逻辑轨迹中。在这里，人性逻辑（情境化判断和自我控制）与算法的线性逻辑的较量促使了少数派报告的产生。但科学神话的要求却推崇后者而将所有对未来的判断朝向过去。过去不再是未来的发展，而成了过去的附属物。然而，这样永存的过去并非真实的过去或经验的过去，也不是主体关于过去的记忆，更不是任何人的历史发展，"它是一种从数字化存储的有限信息中，重构出的人造过去，一种缺乏时间线索、完全扭曲的拼图，而且可能会同时被它所包含和不包含的东西所篡改"。[1] 数字记忆表面上的全面性仿佛是它的可靠性的保证，但实际上它只是由对信息源进行搜索的关键词决定的片段（在剧中表现为和犯罪以及自控能力相关的历史元素）。表面上和此无直接相关性的因素、不能被数字化的因素都会被排除在数字记忆之外，从而形成一种数字记忆的拼贴画

---

[1]　［英］维克托·迈尔-舍恩伯格：《删除：大数据的取舍之道》，袁杰译，杭州：浙江人民出版社，2013年，第184页。

(cliché)。这种数字化拼贴和主体的记忆重构不同，它是去主体性的，甚至是无机性的，是对某些权重因素的过滤。这种永存的过去反而妨碍了对未来的真实判断。而且，在这种判断中，负面性的记录比正面记录受到的选择性关注会更强。"通过永久地'召回'我们的每一次小错和大错，数字化记忆拒绝了我们从中学习、成长和发展的能力。"[1] 从一定的意义上说，这种召回是对生成性的颠覆，也杜绝了教育的可能，甚至挑战了人类社会的价值基础：如果所有的时间都永远是过去，那么所有的时间都不可能得到拯救，没有人会有第二次机会。选择的自由必须降服在完美的电子记忆之下。但事实上，某种形式的遗忘恰恰是个体及社会不断前行的可能。遗忘的间奏构成了主体记忆独有的书写，也是主体对外界进行反馈的能动性所在。这也是为什么在遭受重大创伤或刺激之后，人体会出现选择性失忆的情况。这是有机体的自我保护机制之一。数字记忆的永存让创伤回忆再也没有被逃脱的可能。

如果说个体预测的不准确性在于人性中复杂的、不遵从线性形式逻辑的因素，那么通过数据记录对趋势进行判断的关键问题则在于策略模型的选取。这在一定程度上受限于计算机的识别模式。人工智能的发展条件之一是计算机的高存储量和极快的数据处理速度，但它们更擅长处理条件明确的局限性任务，而不具备处理对陌生情境做出判断，或识别不具体的条件、模糊的规则等能力，这些通常是人类借助抽象的概念和具体的情境进行综合判断来完成的：它们依靠的是经验常识、情感、不同形式的逻辑推理、从特殊到一般的归纳原则以及对这些原则和知识的情境化应用。而算法作为一整套机器识别的运作规则，其认知以及判断方式和人类迥然相异，它主要考量能被数字化的属性的权重数值。这种识别方式很难对复杂的情境进行复原和推导。例如，"单词、图像和声音识别软件受到粒度法（granular approach）的限制——它们试图匹配

1　[英] 维克托·迈尔-舍恩伯格：《删除：大数据的取舍之道》，袁杰译，杭州：浙江人民出版社，2013年，第186页。

单个字母、像素和声波，而不是像人类那样在语境中识别和思考"。[1] 一个很明显的例证就是辨认性的验证码设计（数字或字母颠倒或变体，物体辨认等），它的成立基础正是目前的算法学习根本达不到对整体情境做识别的能力，即计算机根本无法辨认出变体的字母和数字，而即使没有经过教育的低龄儿童也可以做到这一点。人类的识别模式是在相同方面进行归类，并以差异作为区别性特征来进行区分，而计算机只能实现同类匹配，这就使得所谓的机器学习在很大程度上必须依靠大数据的训练，而且结果的可靠性却并不能由数据量来得到保证。

因为大数据研究不同于传统的逻辑学上的推理，它实际上是通过对数量巨大的数据做统计性的检索、类比、归纳、分类等来完成的，因此继承了统计科学的一些特点。它和统计学一样，关注数据的相关性或称关联性，也就是两个或两个以上变量值之间存在的某种联系或规律性。统计与分析主要利用分布式数据库，或者分布式计算集群来对存储于其内的数据进行普通的分析和分类汇总。大数据的趋势预测正是相关性分析的应用，其目的就是挖掘给定数据域里的数据关联度和模型，而这种关系却不是自然性的，它取决于算法的目的和路径。即使是最先进的深度神经网络算法（DNN）[2] 也不例外。这也就意味着传统的统计学中的问题并不会因大数据中数据体量的增大而被避免。和某些统计学方法遭受的批评一样，大数据挖掘也是通过大量的数据关联形成走势和相关关系来发现模型，然后创造理论来解释模型。认为数据比理论更具有对事实的说服力的想法实际上是为数据赋予了本质主义的功能和地位。更为严重的是，计算机无法识别随机数据之间相关系数和因果系数的差异，从而可能得出从常识来看荒谬的结论。

波莫纳学院经济学教授加里·史密斯指出，数据越多，理论上可以

1　［美］加里·史密斯：《错觉：AI 如何通过数据挖掘误导我们》，钟欣奕译，北京：中信出版
　　社，2019 年，第 25 页。
2　人工神经网络是模拟人类大脑处理信息的过程所设计的一种机器学习模型，需要投喂大量
　　的数据进行训练，深度神经网络主要通过逐层训练的方式进行机器的深度学习。

在数据之间寻找出的关联的可能性就越大，哪怕这些数据本身是随机的。以大数据能实现的数据体量而言，出现任何高度规则的模式都不足为奇，但这当中大量的相关系数都是无意义和无作用的。从理论上来说，在任何数据集群中都可以寻找到某种交互关系。因此这些统计学模式对于现实世界的解释不但未必准确，甚至有可能出现错判。"幸存者偏差""德州神枪手谬误""热手谬误"都是常见的概率统计谬误，它们在作为黑匣子存在的算法中依旧并不少见，但由于算法权力的隐匿性，这种谬误很难被查知。并且，因为缺少经验常识和综合判断，计算机并没有能力分辨有用数据和数据冗余，也不能判断算法所得出的模型是真实的关系还是偶然的关系，因为数据挖掘的目的从根本上而言只是寻找数据之间的关系，而非对现实世界负责。在寻找模型的行为中存在着对模型意义的默认预设。因此，建立在机器学习基础上的数据挖掘并非知识获取的可靠途径，更远非无可置疑的科学，数据先于理论的思维将数据和被给定的模型都当成了凌驾于现实之上的自明性的存在，消解了情境思考的能力和历史的真实性。当依赖数据而非理论进行模式认定和预测的时候，所实现的依旧是对过去所进行的相当随意的拼贴。

三、 数字化的外部记忆：共同体的新神话

斯蒂格勒考察了第三持存——外在化的记忆在人类劳动与生产关系发展中起到的作用。的确，技术性的介质在某种程度上构筑起了人类历史集体记忆的可能性。口头叙事文化、文字书写文化、印刷文化、音像文化、电子信息文化，都以独有的联系方式记录和重写着历史。它们在思维方式、时空观念、与历史在场的远近关系上的种种不同，书写着人类集体思维变化发展的历史。那么，这是否意味着，越来越趋向于永久化的数字第三持存可以被理解为一种中性的技术力量呢？它是否只是人类对自己有限性的克服呢？答案显然不能是简单的肯定。

"人类社会的联系机理并非始终如一，而是取决于社会的'异常事件'和'值得记忆事件'是托付给集体记忆、某种罕见或丰富的植物载

体，托付给磁带或电子芯片而有所不同。"[1] 和之前所有的记忆传播介质相比，数字化是反叙事性的。数字记忆在机制上的特殊性造成了它比所有其他的技术形式距离经验现实更遥远、更疏离。它将原有的可见性转变成了不可见性，变得只有机器和部分技术权威可读。而这种不可见性又因着技术的强势话语将人们导向了与长久以来所渴望的不可见的本质的某种默认连接。这是其他传播介质所不具备的权力。那么，这种持存形式，会对集体记忆施加怎样的影响呢？

集体记忆是某种关于共同体的文化认同的基础，它也是个体形成自我的身份认同的前提。持存形式和集体记忆关系的讨论势必影响到建立新的共同体文化认同的可能性条件。不同程度的技术决定论倾向于从媒介技术的物质性对文化认同的冲击力出发来强调技术不可逆的支配性能力，从而达到将技术完全积极化的意图。在这里，文化认同仿佛成了已然成型、固定封闭的现成之物，不得不对新技术的倒逼做出被动的应激反应。其结果必然会导致向某种程度的保守主义的回撤。事实上，集体的文化认同从来不是单一的、固定的，它处在不断的生成当中，新技术的力量也是其中的构成性参数之一。这也就意味着必须从正反相关方面来分析数字化持存在集体记忆，甚至集体文化认同中的影响。

"塑造集体认同是一个微妙的过程，要求不断地投入。当集体认同到达类似于制度化的社会行为的程度时，它会形成组织形式、系列规则和领导模式。"[2] 数字化应用因其高效便捷易控制的特性首先在商业运作方面得到了迅猛的发展，接着商业帝国八爪鱼般的触角使它渗透到现代社会的全部维度以及个人生活的每个微观层面，以一种准"自愿连接和加入"的方式半强制地形成了高度体制化的行为规则（试想一下你看也不看点击"用户授权和同意协议"时的情景）。从这个意义上说，数字

1　[法] 雷吉斯·德布雷：《图像的生与死》，黄迅余、黄建华译，上海：华东师范大学出版社，2014年，第30页。

2　Alberto Melucci, John Keane, Paul Mier, *Nomads of The Present: Social Movements and Individual Needs in Contemporary Society*, London: Hutchinson Radius, 1989, pp. 34 – 35.

化形成了一种新的神话，它没有外部，只有边缘。过去的区域性的集体记忆和文化认同被数字技术改写成了以技术的获得性为条件的认同机制。斯蒂格勒将这种后果形容为"在技术体系自起源以来的历史中构成了一次前所未有的断裂"。一方面它将"技术"等同于"科学"，以中立客观的外观隐匿了其中的权力结构，借助着近代以来自然科学话语的信仰式布展将数字技术推崇到了绝对权威的地步。所有不进入或无法进入数字化的东西被排斥出共同体（信息鸿沟中弱势群体的处境就是一个显著的例子），它们的命运不是主动或被动地融入就是被抛弃。这和资本的全球化推进逻辑并无二致，只是这一次它把本土与全球的对立改写成了先进与落后（过时）的对立。边缘只不过是等级结构中的下风和弱势。数字化技术没有超越性的外部（the outside），因而没有了替代和逃逸的可能。它是一种话语，唯一的话语。另一方面，"对记忆术的分析则表明记忆术总是决定着'调整'，也即'接受'过程的条件……全球的技术体系已经完全变成了第三持存的工业化生产的记忆术体系，也即以工业的方式生产持存遴选的准则，这些准则在'接受'的过程中为意识流所用"。[1] 当工业的准则深刻而全面地深入到数据采集、算法设计和集体思维方式的时候，很难想象文化认同还有可能超出这种非人的逻辑。数字书写于是成为现代性神话的暴力铭刻。当然，这里的暴力是就排他性的意义而言。

　　阿多诺和霍克海默所论证的现代性逻辑从启蒙走向神话的脉络同样适用于数字化。神话不是虚构，而是扭曲和嫁接。它将原本应当被追问形成机制和内在结构的技术移植到了不可辩驳的科学话语上，造就了数字新神话。罗兰·巴特将神话的根本原则定位在对历史的自然化替换中。于是，过程和动机变成不可提问的东西，结果就获得了彻底的正当化。"允许读者无知地消化神话的，是他并不视神话为一种符号学系统，

1　［法］贝尔纳·斯蒂格勒：《技术与时间 3：电影的时间与存在之痛的问题》，方尔平译，南京：译林出版社，2012 年，第 179 页。

而是一种归纳系统。只要有一种等值，他就看见一种因果过程：在他眼里，能指和所指有段自然的关系。"[1] 这正是算法希望达到的目的。数据挖掘一方面隐匿了数据的符号学特征，另一方面通过将输出结果自然化而将权力控制在了自己的手中。只有这样，数字技术才能无往而不利，攫取最大的利益。

没有外部的数字化造就了最无缝的技术垄断。外部意味着界限，是断裂和介入的可能，也是德勒兹所说创新的力量。只有外部对结构的冲击才能不断地激发既定结构自身的变革。没有外部意味着已有结构必定遵循一贯逻辑连续性地向均一状态发展。数据主义的终极目标正是将复杂的人类社会建构成这样单一的数据处理系统。个体不过是深度神经网络中的一个神经元，其作用是产生不同信息流并处理不同层次的信息。人本主义所谈论的隐私、自主性和特殊性的传统话题在数据主义者眼中是妨碍实现数据平滑和自由、从而妨碍效率的过时的东西，意义更加要让位于数据应用的功能。可以想象，这种数据主义的未来必将使整个世界臣服于技术权威，谁掌握数据、谁使用数据，谁就掌握了话语建构的全部权力，谁就决定了集体记忆的输出样式和传播内容。不能进入数字化的肉身记忆被认定为特殊的、不可靠的、不具有普遍性意义的碎片。经验现实的多样性和文化的多元性不再存在，它们被同温层价值滤镜过滤后的网络共享记忆所取代。而当这种经由数据主义和算法逻辑的单一信息来源中介后的记忆成为文化认同的基调时，共同体就成为了一个反乌托邦的隐喻。

而且，从数据的表现特征来说，它是非反思性的存在：它不能表现任何否定性和超越性。因为数据本身既不具有内容，也不具有象征性。作为纯形式化的抽象存在，它被使用的模型决定了它所展现的世界图景。刚性的算法逻辑显然不足以为充满弹性、丰富性和变化的人类社会

1　[法] 罗兰·巴特：《神话——大众文化诠释》，许蔷蔷、许绮玲译，上海：上海人民出版社，1999 年，第 191 页。

制定规则，世界无法被递归还原到简单的可计算性上。在此意义上，斯蒂格勒将这种对单一效率的追求定义为"文化之熵"，认为它是对生活本身的摧毁。因为这种对记忆节奏的控制，正是书写过去与未来关系的质料，它决定了对共同体的想象空间。

遗忘是对过去的远离，却也是对未来的生成；记忆保存着历史，却也在凝视着现实。记忆与遗忘，一对曾经处在动态变化之中、具有生命力的范畴，在数字技术的加持之下，却正在同一化为一种永恒不变的凝固物。数字技术的确形成着一种数字时代独有的记忆方式，但这种记忆却表现为一切现实存在被编码为数据，且经由算法的重构和赋值所实现的一元记忆。强大的数字权力和数字技术逻辑正在凝固着历史记忆并完成对遗忘能力的消弭。以数据为质料、算法为架构的数字化社会将如何实现多元的、发展的前景？一个将数字持存无限化的数据主义的未来显然并不是一个值得期待的结果。因此，当数字技术不断成为形成历史、解释历史、推动历史的重要力量之时，恢复人文批判的反思特性正是对这个时代必不可少的观照。如果说在数字时代遗忘依然应该在人和社会的发展中保留一定的可能，那么如何且以什么样的方式才是更值得思考的问题，因为决定着被遗忘的内容和条件的，也依然是数字技术。借助技术永不忘却和借助技术遗忘之间，是否还有第三种可能，这正在成为新的数字时代之问。

第三节　从影像到数字：社会性别建构的"拟像"之困

2020 年的末尾，一位脱口秀女演员的言论因被投诉涉嫌性别歧视而登上了热搜排行。从某种意义上而言，这对于被影像定义为"她时代"的 2020 年来说，简直是一个没有比之更意味深长的收笔。一方面，对性别政治问题的思考正在不断触及社会的各个微观方面，挑战着习以为常的默认值；另一方面，现实与文化经验中的传统问题在以数字化为中介的技术重构中似乎又有了新的布展。当性别问题以景观的方式被建构时，对问题的观照也不自觉地成为景观的一部分。同谋、反思还是解构？这是时代之问。在数字化标记着人类社会正在进入新纪元之时，数字技术之所以需要被审慎地反思，并非技术本身作恶，而在于当今天的一切都被技术这一单一叙事话语所统摄的时候，技术似乎就成为连接世界、解释世界的唯一方式。当数据、算法等多个要素把人类社会不断拉入技术加速主义的逻辑之中的时候，恰恰就需要人文研究来引导人们对当下的各种"理所应当"进行重新思考：我们正在去往何处？这是对性别问题的重新反思，更是对构建在人文和技术这两座基石之上的人类社会整体发展方向的抉择。

一、 影像的超量溢出：被误读的焦虑

近几年，女性题材屡屡成为银屏爆点，从影视剧到综艺节目，娱乐产业以女性为主要定位（角色、参与者和观众）的作品相比之前呈现出一定的异质性。如果说之前同质化程度极高的家庭伦理剧和强行人设的"塑料女性职场剧"是将女性形象刻板化、单一化为假想的元素，那么，试图挑战这一点的制作者们则尝试以年龄和多元为突破，赋予女性以更丰富、更立体的维度。一时间，女性影像占据了银屏（电影除外）。角色剧情、综艺话题、脱口秀爆点，无不"得女性者得天下"。但在另外一方面，女性的"被看见性"却依旧有无法突破的桎梏。在 2020 年上半年新冠肺炎疫情事态最为紧急时，大批医护人员驰援武汉。据有效统计，不少于三分之二的女性医护工作者奋战在抗疫第一线。然而，在各类媒体的报道中，这些女性专业人士的形象却以一种狭隘的性别化方式被展现出来：惜别—落泪、剪发—落泪、重逢—落泪、思念—落泪……尽管这些刻意展现出来的视觉塑造中也不乏制作者想要表达的"人性光辉"，但是不可否认，在这一特殊的时刻，女性的社会性维度和责任担当依旧被降维为附属在性别角色特征（甚至是刻板的和假想的）之下的次要存在。这样一种影像输出甚至可以符号化和普遍化为对所有女性从

业者的形象塑造，无关专业内容，无关个体特性，它只是扁平的性别符号的溢出。更不要谈在下半年的某部有关抗疫的电视剧中，女性形象被塑造为局限在家庭、个人的格局中，与义无反顾选择社会担当的男性角色形成性别甚至人设的简单化正反对比。如果说前面的新闻选择性视觉呈现还属于媒体囿于传统而对女性进行的特殊解读，那么后者的罔顾事实和常识又是在何种逻辑的支撑下从剧本作者经电视制作人并经过层层审核直至展现在大众面前的呢？这几类表面上极具异质性但内在又具有同谋关系的视觉建构向我们提出了这样一个问题：影像所诉说的可能是单义的现实（或真实）吗？不论答案是肯定还是否定，接下来必然要问的是：谁决定了影像的输出呢？

德里达在讨论文学书写的意谓问题时对言外之意所造成的空场的论断，可以用来观照影像在制造景观时所使用的关键性谋略："这个作为文学处境的空正是批评家应该认识到的其对象之特性，因为他总是绕着这个东西在说话。或者更确切地说，既然'无'不能作为对象，那么不如说批评家的恰当对象乃是'无'本身隐身时所确定的方式。"[1] 毫无疑问，"无"隐身的方式正是景观生成的形式和结构，是它的真正力量所在。它通过将隐藏逻辑以景观的方式建构为常态化思考，从而将批判意识从观众那里剥离。从本质上而言，景观是由影像担任了中介的社会联系，而决定这种社会联系的叙事结构的正是那个欲说还休的空场之无。

《乘风破浪的姐姐》和《三十而已》受到热捧的原因之一，正在于它们在开始阶段都努力要从刻板的性别印象套路中走出，以众生相的方式去讨论和面对那些长久以来被加置在女性身上的禁锢。然而当打破年龄偏见的方式必须是超年龄感，当衡量女性的标准是风华绝代，当编剧为不同经历、不同性格女性所设想的救赎无一例外是男性（不管是原来那一个还是换一个）的时候，故事又以一种极其尴尬的方式回到了老套

---

[1]　［法］雅克·德里达：《书写与差异》，张宁译，北京：生活·读书·新知三联书店，2001年，第11页。

上。从这个意义上讲，它的深刻程度甚至不如亦舒的畅销小说《喜宝》，至少在那里，直接被言说的是欲望，而非似是而非的所谓理想。有评论说，成熟女性叙事的烂尾所反映的正是女性进退维谷的逼仄空间，即她们所面对的社会天花板。也有人说，这是当代社会的女性普遍面临的焦虑感的影像化。于是，超量溢出的影像形成了关于女性的普遍性景观：不分地域、不分年龄的女性共同经历着同样的焦虑：情感、家庭、年龄、容貌、职场危机……从大多数读者和观众的经验层面看，这些焦虑似乎真实可信。那么，女性应该如何摆脱这些焦虑就顺理成章成了接下来的问题。各种心理学的、社会学的、经济学的探讨纷至沓来，各种话语应运而生。然而，真正应该被质疑的问题恰恰在于：这真是女性的普遍焦虑吗？解决这些问题是女性的责任吗？

　　不可否认，性别政治在任何文化语境内都是一个历史性的问题。在全球范围内，女性经历贫困、疾病、歧视的比例高于男性。但这绝不意味着女性的问题是单一而共同的。不同社会情境中的女性面对着不同的问题。越是贫困和不发达地区，女性所遭受的不公平待遇越严重。今天，影像所建构的景观一方面在社会性反思层面稍有突破，另一方面借助拟像造就的"超真实"视域，将女性形象、女性所面临的问题扁平化、狭窄化成单一叙事，使更大范围中女性的遭遇不被看见。同时，也成功地将社会的结构性问题诠释为女性自身的焦虑，并将解决的责任加诸女性身上。

　　这种依据性别特性建构起来的焦虑也同样指向男性。在影像所造就的"超真实"境遇中，男性也面临着被影像逻辑重新拆分、组合和定义的可能性。例如，面对当今社会家庭教育问题时，对良性亲子关系建立的解读遮蔽了一切个体、环境、文化等复杂性因素的构成，其成功与否被简单归结于陪伴的重要性。陪伴焦虑由此而生，无论是女性还是男性，其家庭责任的履行与否最终被化约为是否完成了陪伴职责。陪伴的匮乏则相应地解读为一切家庭问题的原罪。甚至，难以提供亲子陪伴的男性也被冠以"云配偶"的称呼。诚然，良性亲子关系的建立需要以时间的投入和情感的互动为重要支撑，家庭本身作为社会结构的细胞，并非脱胎于复杂社会条件的独立单元。当亲子教育本身作为一个代表性的社会现实问题而成为影视剧、社交媒体等影像手段的表现对象时，其问题的条件性、复杂性、情境性被单一化，仿佛所有的家庭问题都来自亲子陪伴的缺失和父亲形象的缺位（这些影视制作中父亲形象的刻板化是该问题的另一种表现形式），从而使得性别成为看点、叙事本身成为非真实。

　　表面上看，性别的焦虑仿佛来自他们对于现实问题的困扰，事实上这些问题的根源在于公共空间内身份认同的危机感。这种危机感正是身份作为一种社会性建构对性别的凝视。波伏娃所谓的"第二性"所言的正是社会对女性的话语建构之结果。这些焦虑本身不是某一性别所特有的，也不是所有性别群体共有的，但却被符号化为某种单一性别的表征。"符号作用本然地是主体间的、社会的。正是这种公共性，不允许其成员中的任何一个成为他自己，对自己保持自己，或者在他自身的意象中创造那存在于超越他的东西。"[1] 从一方面而言，焦虑叙事反映了文化的镜像和征兆。它以极具现实感和代入感的影像编排将社会秩序的规范、主流意识形态的观照和价值判断进行编码，使得个体在被编码的他者凝视的镜像中辨认和塑造自我，以期完成叙事的经验性维度。"在这种经验中，个体寻求的不是简单地去抚慰大的他者，而是通过使自己成为心目中的他或她而消解自身中的他性。通过想象的途径，那把自我带入存在的原初认同过程被重复，并由个体在其与由众人和事物构成的外部世界的关系中加以强化。想象作用是一种极端的幻想尝试的景观。"[2] 这种景观维护了刻板印象的持续，同时又把社会问题置换为性别自身的问题。而在另外一方面，焦虑叙事的影像输出所强调的"被看见性"也

1　[英]玛尔考姆·波微：《拉康》，牛宏宝、陈喜贵译，北京：昆仑出版社，1999 年，第 140 页。

2　[英]玛尔考姆·波微：《拉康》，牛宏宝、陈喜贵译，北京：昆仑出版社，1999 年，第 103 页。

源于贩卖焦虑所带来的利润的诱惑。例如，当商业口号将女性的主动性定义在持续购买和占有上时，再没有比贩卖焦虑更能激起消费的动机。说到底，这不过是围绕商品所建立起来的影像与文本的光晕，它穿透焦虑直抵欲望。"这也是马克思教会我们在表面上没有商品故事的物体上解读象形文字和深入了解隐藏在经济语句后面的生产地狱的时刻，就像巴尔扎克教会我们在一堵墙或一件服装上解读一则故事或进入掌握着社会表象秘密的地下圈子。"[1] 资本从未放弃任何阵地。它使得性别话语的任何形式成为其同谋。性别的压制与反思、身体的禁锢与解放、焦虑的形成与释然……资本所到之处，它们不过是视觉舞台上穿梭的面具与影像。

也正是在这个意义上，德波所领导的情境主义国际在 20 世纪 50 年代以实验电影的激进方式来反抗影像景观的叙事性所负载的社会编码功能。他们以画面闪烁、声像异轨、逆序、中断和多声道输入等方式打断单一的影像叙事，甚至通过对影像的故意毁损来拒绝景观对世界的虚假还原。尽管这种消极的极端实践形式并未能持续很久，但它和其所效仿的达达主义一起，共同成为 20 世纪的艺术反思事件。

二、 数据化再现：被隐匿的权力

如果说影像的过度繁荣消除了事件的表面在场与其历史情境之间的真实联系，那么数字化带来的就是一个完全的重构世界。因为与影像凭借可见与可说之间的能指连接所构成的"物的秩序"的叙事不同，数字化本身所依赖的数据和算法基础使得数字化建构本身的问题以一个符号学的独立系统被提到台前。和所有的再现与表征一样，数据的再现也是必须经由中介完成的。这一中介以计算机和互联网构成硬件基础，却以大数据和算法形成核心支撑。在传统的直观经验主义的认识中，硬件和

1　[法] 雅克·朗西埃：《图像的命运》，张新木、陆洵译，南京：南京大学出版社，2014 年，第 22 页。

量化的数据成了客观性的保证，它们的共同联结形成了对客观事实（fact）的精准再现。同时，大数据提供的无比强大的数据挖掘能力使得人们乐观地相信，在现代技术的帮助之下，人类比任何时候都接近真相/真实（truth）本身。然而，真的是这样吗？

作为一种符号语言，数据和自然语言都依赖符码能指和所指之间的关联性。[1] 在自然语言中，对这种关联性的追问不仅在语言学研究中存在，而且人类学和文化研究也以不同的方式对能指的霸权进行了质疑。不过，这样一种反思性的态度尚未进入对数据语言的分析中。由于长期形成的技术等同于科学的话语统治，（可能的）技术崇拜主义的倾向在最初的一些时候容易使人文学者在新的技术面前忽视反思性，从而将技术本身自然化并权力化。这种理论态度既反映在今天对大数据和数字化技术的理解中，也反映在对由互联网所表征出来的各种社会事件的态度中。性别问题就是其中之一。于是，借由特定数据库和算法呈现出来的数据表象在很多时候变成了解读性别问题的普遍化甚至标准化。这种权力的隐匿性使得问题的扁平化和单一化被忽略。

瓦尔特·本雅明在《机械复制时代的艺术作品》中谈到了相机的发明使摄影技术以一种数量复制的工具理性摧毁了物品独特性的"灵韵"，"物的普遍的平等感"在形式的复刻中得以实现，艺术作品与其真实情境的联系被破坏殆尽。这一批判性哀叹中所蕴含的古典英雄主义的失落自不待言，但它却预言式地刻画出所谓的远程客观性（在相机时代是被复刻的艺术品，在广告时代是大量印刷的图片海报，而在数字时代则是经由互联网呈现的网络—数据世界）和社会现实之间的距离。被摹写的世界和其原本之间的异同关系在很大程度上取决于这一距离本身。对距离的不察将日复一日驱散我们最后的批判精神。因此，对距离的讨论必须反过来首先回到问题及其中介所置身的历史以及社会实践当中，回到

1　关于数据和算法的关系，参见吴静：《算法为王：大数据时代看不见的手》，《华中科技大学学报》（社会科学版）2020 年第 2 期。

那些将其变成了话语甚至神话的社会装置当中，从而反思社会装置，与更深层的理论问题和思想史脉络恢复联系。

当技术以"科技改善生活"作为口号和愿景不断进入我们的生活，以至于在某些时候从辅助的工具中介变成了生活选择本身的时候，生活面临着被数字化再现的现实。然而，在对这种再现的理解中，存在两种较为普遍的误解。第一，将"大数据"等同于"全数据"。毋庸置疑，建立在互联网和移动通信技术基础上的数据捕捉能力超出了人类之前的一切世代。但是，这并不意味着这个庞大的数据库对真实世界本身具有无缝的覆盖能力。一方面，数据的生成是不间断的，新的数据不断对旧有数据进行替代和补充。旧有的数据并不会消失，它们在各种层面上被征引使用，引导着大众对世界的理解。另一方面，数据的生成又具有不连续性。什么样的数据会被捕捉很大程度上取决于基础设施的普及和算法的设计。经济和技术不发达地区的人们以及幼龄和老龄人群"被看见"的概率要远远小于其他群体。正如德勒兹语带讽刺地批评西方理论界长期以来关于"人"的本质的理解实际上是意识形态化的"成年、白人、男性"一样，今天形成数据的可见性的关键在于"有条件、有能力上网"。这同时也就意味着大量不被大数据覆盖的群体比过去任何时候更容易被忽视。第二，将"数据化"等同于"数字化"。如前所述，数据的生成是一个动态的过程，这就使得数据的再现和表征必然有其时间性和边界性的局限。与之相对，数字化却是一种和内容无关，而只和表现形式相关的等式换算，如同水的固、液、气三态变换一般。然而，当"数字化"的范畴被用来指代数据表征这一具有时空局限性的事件时，有限的数据（data）被替换成了纯形式化的数字（digit），局部性的再现变成了形式上的转变。作为其结果，被调用的数据获得了其存在的全部合法性并获得了普遍的意义（想象一下"健康码"照片被截图使用的违规情形），甚至在很多时候代取真实存在。"数字化"这样的表达和第一种误解一起，共同开启了一种数字时代的"天启论"，愈发将特定时空中的事件定格和凝聚为普遍性本身，把视差理解为全域，条件和情境被抹除，数据赋予人类的是类神的全知能力。不但"数字"校准现实，甚而"数据"校准现实，这不能不说是另外一重意味深长的颠倒。一旦这种校准成为评判标准，则会丧失对真实社会关系的把握。这不啻创造了另一种凌驾于真实的人与社会之上的新架构：数据拜物教。其结果是经验的现实在数据所构筑的所谓"客观真实"面前失语。

数据化所带来的挑战在性别问题上呈现出两极化的趋势。近年来关于女性议题的各种讨论空前激烈。前面提到的女性形象的狭隘影像化再现只是其中极为有限的一部分，尽管它们某种程度上延续了对女性形象的刻板解读，却也不失为在抗争和迎合中的一种艰难挣扎。更重要的是，随着题材范围的不断拓展，很多原本在传统文化语境中不同程度被避讳的话题进入公共领域。互联网和自媒体平台帮助越来越多的女性将原本私人性的自我凝视连接成为具有公共性意味的事件，即女性身份塑造和认同问题。尽管问题本身并不新颖，但它的时代意义在于突破了旧的性别话语桎梏，使女性的困境被放置于社会公共空间的可视（"被看见"）范围之内。但并不乐观的另一方面在于，这样的突破并没有对女性整体的社会处境带来革命性的变革。根据世界经济论坛发布的《2020全球性别差距报告》，在被调研的153个国家和地区中，中国的整体数据由2010年的第61位下降至第106位，就业率、职场晋升机会均有所下降。数据同时反映出，无论地区、种族、行业、阶层，世界范围内女性所获得的平均薪酬仍低于男性，职场天花板严重，重要岗位和高层职位所占比例远低于男性。与此同时，新冠肺炎疫情的持续使得更多女性陷入困境。

与女性的困境相同的是，数据的凝视也为男性的身份塑造构筑了刚性边界。在数字社交平台中，借由标签化的和对阳刚气质的讨论，男性性别特质的多样性被不断消解，男性也不可避免地开始面对公共空间内身份塑造和自我认同的议题。这种对男性性别特质的标签化定义过程在现实世界中最具代表性的便是对程序员群体的群像描摹。"西二旗程序员的生活"这一话题曾在社交平台中引起热议。大数据通过对这一群体的通勤时间、消费习惯等内容的搜集，勾勒出了一群高薪却生活简单、疲惫却充满斗志的劳动者形象。由此，程序员这一职业被赋予了典型的、固定的特质，如格纹衬衫和双肩包成了程序员的形象特征。因此可见，数据化的抽象逻辑之下，个人特质在数码空间中的表现变得似乎不再重要。"理工男""文科男"等越来越多的符号生产借助数据的拟象代替了对现实个体的情境化考察。这不仅是由于数据与算法本身所具有的抽象逻辑，在反复的编码与解码过程中，淘澄掉了对象本身的细节与特质，还由于当算法逻辑占据主导地位时，现实问题的表现与表达就不得不以"同一性"而非"差异性"的形态进入讨论域。这便是数据和算法对现实本身的反向校准。

数据化显然并没有将性别问题的解决带入一个更令人乐观的前景中。相反，它成了加在原有问题之上的另一重建构和凝视。数据再现不但并不必然和真实相关，也远不是反思性的，它是权力形式对性别身份和性别问题的塑造，或者说重构。朱迪斯·巴特勒将性属的社会性构建的基本运作确定为排他性，认为"这些被排除的场域给'人'划了界线，成为其构成性外在，且作为其消解与再表述的持续可能出没于这些边界"。[1] 外在确定了边界，同时也确定了性别话语的活动地带：边界之内。惊人的巧合恰恰在于，数据化以同样的方式制造了另一重边界，这一边界在将性别的社会规范性设置视为既定事实的同时又强化了性别之所以成为可能的社会前提。换言之，数据化在对性别进行建构的同时也确定了被数据化拒绝和排斥的领域，它无疑可以被视为福柯的权力聚敛关系的高光显形。数据再现和重构的可能来源是算法，而算法的构想则不可能脱离对社会问题的理解——更准确地说，想象性的理解。这种想象形态决定了数据和算法的可能视域。这也就意味着，一些身体、一些问题被普遍化，而另外一些则被遮蔽。

1　[美]朱迪斯·巴特勒:《身体之重——论"性别"的话语界限》，李钧鹏译，上海：上海三联书店，2011年，第8页。

数据的这种性别歧视在生活世界越来越智能化的情况下，使得性别问题本身自然化。一方面，习惯于网络生存的人们倾向于将互联网所展现的世界当作全部现实，忽略了边缘群体难以被数据和算法看见的情形，从而导致边缘群体愈加被边缘化，不能获得有效关注；另一方面，当涉及医疗医药、福利政策的设计取决于有缺陷的算法或数据库时，所造成的影响就不仅仅是生活的不便，甚至可能是致命性的。例如，在心脏药物研发过程中对合理药剂量的确定大多来自男性数据，造成了女性药物不良反应的发生率是男性的两倍。音频软件的开发也面临类似的情况。因为绝大多数女性和儿童声音频率的范围天然地高于男性，要达到同样的语音识别精度就必须使用更为庞大的源数据库对识别软件进行训练。但现实往往恰恰相反。作为一种权力构架，数据和算法设计的性别主义决定了女性在数字世界中经历着"缺席"的状态，这一状态固化并强化了她们在现实世界中的困境。客观来说，许多女性所面对的具体的问题并不多发于男性性别视域之内，但是，性别的窄化问题却依然是男性本身在数字世界内无法回避的困境。

凯瑟琳·蒂格娜齐奥和劳伦·克莱恩在她们的新书《数据女性主义》[1] 中一针见血地指出，事实上，摒除技术的外壳和支撑，形成数据世界的规范和现实世界并没有什么不同。围绕大数据和数据科学的叙事结构从根本上而言依然是成年男性的。但性别问题并不等于只有女性问题存在，必须将两种性别所面对的具体问题纳入分析视阈。因此，在批判性面对数据科学时必须追问甚至挑战三个问题：谁来做？为了谁？体现谁的利益？对这三个问题的批判性回答直指数据世界的性别建构。

三、 算法之困：人类纪视域下的性别意识形态话语

贝尔纳·斯蒂格勒在《技术与时间》的开篇从存在论哲学立场出发

---

[1] Catherine D'Ignazio and Lauren F. Klein, *Data Feminism*, Cambridge, MA: The MIT Press, 2020.

对技术化的理性逻辑进行了清算。他指出，把一切归结为可计算性并将其数字（number，而非 digit）化是世界全面技术性的根本。"世界的技术性是使它'首先并最常见地'呈现于它的实际性中。实际性使确定非确定（逃避最终极的可能性）成为可能，它是一切计算的生存性根本。实际性为计算的生存性起源烙下了技术的本质印记，所以计算就是生存的沉落。"[1] 从本质而言，技术性实际上正是世界的确定性维度，作为现代性逻辑后果之一的技术话语的优越地位，使得人本主义传统中的非确定性维度被忽视或简化为非理性。而这种简单替换正是大数据时代的统治逻辑。可计算性不但是技术的基础，同时也是算法实现的基础。全面数字化的选择使得现实本身以统计学的可计算方式被算法衡量和判断，其结果则是技术性的进一步强化甚至固化。斯蒂格勒从这个角度对海德格尔关于技术的思想进行了批判性解读。他认为现代技术最大的问题在于取消了时间的形而上学定义，使得存在和存在者（即此在）分离。正如钟表原本是用以衡量和标识自然时间的技术，但反过来却具有和控制了对时间构成的话语权，它是计算理性对自然的支配和凌驾的表现。这一情形在今天愈发凸显：互联网的远程效应和数字化所改变的是现实世界中的整个时空构架。"实时/即时""同步""现场""回放"这样由数字媒体所控制的效应使得持存和延异改变了存在的方式和历史情境的构成，从而导致对整个事件的意义进行了重构。技术在这里以其自治性的力量完成了对事件的话语霸权。这也就是为什么斯蒂格勒认为技术在展示人类力量的同时，也妨碍了人的决策行为和个体化可能。究其根本原因，在于技术逻辑所依赖的计算理性和人本逻辑中不能被计算化的维度之间的差异，也是算法的刚性边界和关于人的定义的弹性边界之间的不兼容。性别话语并未逃脱这一矛盾。

坦率地说，技术威胁主义的话语不是什么新鲜的论调。人类对技术

1　[法] 贝尔纳·斯蒂格勒：《技术与时间：1. 爱比米修斯的过失》，裴程译，南京：译林出版社，2019 年，第 8 页。

力量的"恐惑"一直是人本主义传统中人与技术二元对立的根源之一。但斯蒂格勒所提出的关于可计算性的问题，却为今天理解大数据基础上的数字化和算法提供了一个入口。霍克海默和阿多诺在《启蒙辩证法》中阐发了启蒙理性自身在其发展过程中由祛魅的力量逐渐演变为神话的逻辑必然性。数字化在今天正经历着同构的历史。当经验现象通过计算机变成可读的数据时，现象和事件的随机性被打破，它们被数据化地置于与其他事件的各种联系当中，以一种数据上的连续性代替了表面的不连续性。数据挖掘和分析呈现给读者和客户一种解蔽式的世界景观。然而，值得注意的是，这种景观所展现的连续性未必具有自然性，它取决于算法设计的初衷。当人们满足于通过这种"解蔽"方式去阅读经验世界所谓的"真相"或"意义"的时候，却恰恰忘记了对"解蔽"过程的解蔽，即对算法的批判性反思。一个略具有反讽意味的事实恰恰在于：担任了"解蔽"核心功能的算法一直处于阅读的盲区，它的生成和控制由专业的技术人员操控，是名副其实的"黑匣子"。但算法并不是中性的工具，它是大数据的决策结构分析，是用表现为一系列可执行的清晰指令的系统方法来描述解决问题的策略机制。用哲学的语言来说，算法实际上是数据使用的问题式，它决定了数据在何种意义上可以成为信息。从这个意义上而言，《数据女性主义》一书所提出的问题就至关重要：如果构建整个数字化世界的意识形态从未改变，又如何能够期待它从自身内部生发出解放的力量呢？更为严重的是，硅谷顶级大型科技公司中女性雇员比例相比其他行业呈现出明显劣势。这使得从算法设计到数据收集的所有环节都可能在性别多样性上呈现出明显的不对称。这种缺陷导致了数字化再现的世界和真实世界之间的巨大鸿沟。

这一困境实际上自阿兰·图灵在第一代计算机问世不久后发表的《计算机与智能》的著名论文开始就已有预示。当人们津津乐道于"图灵测试"对人和计算机的区分时，往往忘记了这个实验在最初的时候是用来区分处在另一个房间中的两个人：男性和女性。这也就意味着，性属区分问题从一开始就已经进入了计算机再现的视野，它甚至是关键性和普遍性的。当具体的性别身体（更准确地说是身份）通过电脑终端转化为对提问者问题的反馈时，性属是否能够被成功地再现？对这一问题的思考显然并没有沿着同一路径进行。图灵的传记作者安德鲁·霍奇斯认为，这是一个失败的实验设计。因为性别从根本上取决于身体事实和能力，而后者不能被符号完全代替。相反，符号具有遮蔽性，它可以模糊主体界线。因此，在这个实验中，性别被误认并不能说明任何问题。但卡内基—梅隆大学移动机器人实验室主任汉斯·莫拉维克却持有不同的观点。他相信身份认同本身并不必然需要真实的身体经验（或规训），它在本质上为信息形式所决定。众多科幻作品中所出现的机器人（智能人）将自己误认为人的桥段说明身体恰恰不是身份的关键。这也就意味着，如果被测试的人是在如实回答问题的前提下而被误认的话，那么，通过计算机语言被再现的身体就展现出了与自然身体不同的性属。后人类学者凯瑟琳·海勒以一种超越性别主义的观点关注了中介性在这一过程中的核心角色。考虑到在测试中可能出现的各种结果，对于被测试的性别供体而言，计算机（技术中介）的介入，使得自然身体和被技术再现的身体之间的同一不再是必然性的事件，而是一个情境性的生成，它不断浸透和重写着对自然主体身份的确定。更关键的问题在于作出判断的被测试者，因为图灵测试并没有规定问题的范围和提问的标准，这也就意味着测试者必须依据自己在经验世界中所形成的关于不同性别的假设进行提问，这些假设决定了他对所看到的回答的解释以及由此作出的判断。"最重要的障碍并不会出现在你尝试决定哪个是男人、哪个是女人，或者哪个是机器的时候。相反，这种困扰会来得更早，一旦进入测试所规定的控制论范围，你就会面临各种干扰。测试将你的意志、愿望和知觉胶结成一个分布式的认知系统。"[1] 这种认识论上的困惑构筑着人类以观察者的身份在数字/智能世界中的彷徨。海勒以著名的科幻小说

1　[美]凯瑟琳·海勒：《我们何以成为后人类》，刘宇清译，北京：北京大学出版社，2017年，第7页。

作家菲利普·K. 迪克的《机器人会梦见电子羊吗？》为例，分析了"机器人"能指在性别话语上所可能引起的身份认同问题。当观察者依据"人"或"女性"的所谓特征对对象个体进行判断的时候，其判断往往和真实无关，而只和他据之作出判断的预设有关。

　　身份认同一直是女性主义运动中的"拟像"之困。女性主义一直致力于寻找新的语言在公共生活领域内定义和表现女性身份和意义，同时试图突破旧性别政治话语的局限性。唐娜·哈拉维把它形容为"为争夺公共知识所展开的竞赛"。[1] 这种知识的建构无法诉诸个体自身的差异，而是经由多样性和关联性的经验。在这个维度上，女性的问题必然是集体主义的，但女性的经历必然是多样性的，并非个体化和特殊化的。围绕着女性身份问题出现的种种不同甚至对立的事件反映出辩证法的特征：身份本就是在自我和他者的边界处不断逡巡参照的结果，具体的边界依具体的历史情境而有所不同。但对于女性而言，这种不同中的共同性依旧有迹可循。女性主义实践的历史不断改写着对"女性经历"的认定。然而，这种多样性是否能被算法确定为参照维度，才是数字化时代真正要追问的问题。

　　性别主义是人类社会正在面对着的诸多困境的一个缩影。数字化时代，当数据反身成为校准现实的标准，算法成为发问与思考的统一逻辑，平台成为实现一切现实连结的场域时，"可计算性"似乎正在完成使历史去历史化，用算法逻辑重构现实和历史。在这样的进程中，许多个体化的、经验化的、柔性的原则被刚性的技术原则所取代，正如当性别主义问题被编码为数据时，鲜活的、丰富的具体形象往往呈现为一幅"剪影"：只具有模糊、相似的轮廓，异质性的神态、表情等面部细节却被一片统一的黑色所覆盖，不具任何可辨性。与此同时，"性别"本身在流量逻辑、资本逻辑的加持下，已然成为一种被构建的景观。传统女

1　[美]唐娜·哈拉维：《类人猿、赛博格和女人》，陈静译，开封：河南大学出版社，2016年，第164页。

性主义将父权制下的男性凝视作为反抗的对象，但在数字时代，男性与女性则共同面对着现实权力结构之上的另一重凝视——算法权力。无论是面对数字鸿沟问题，还是面对数据对现实的反向校准，性别的差异已经无法决定个体能否逃脱数字权力的吸纳。

四、结论

拟像和身份认同之间始终是双向影响的。它的社会历史性差异决定了它必然呈现出复杂性和断裂性。然而，数字时代的拟像再现方式以其客观性的外表俘获了对个体进行言说的话语权力，既影响个体的身份认同，也在更大范围内将非数字化世界中的性别问题置于盲区。从某种意义上而言，自我认知的历史既是一部拟像被以不同方式建构的历史，也是一部不断进入和突破拟像的边界而重构身份认同的历史。从女性主义所面对的困境进一步延伸就会发现，性别问题在数字时代正在演化成为一种反思社会现实结构的可能性视角。算法权力的不断弥散事实上将男性与女性共同拉入了一个全新的数码空间，传统的性别问题也不再单纯地表现为二元对立，而是一种在面对共同的权力结构时，以性别视角的不断转换与逡巡完成对真实生活的理解与反思。因此，一方面要客观审慎地对待数据和算法中暗藏的性别意识形态；另一方面要重视未能进入数字化的性别问题，这不仅是大数据时代性别研究应当秉持的态度，同时也是批判性面对数字化的要求。

第四节　网络直播平台中主体的建构与消解

主体问题一直是哲学关注的核心问题。从西方哲学史来看，关于主体的问题可追溯至古希腊时期。古希腊时期，人是世界万物的尺度和认识自己等观点的提出初步确立了人的主体地位，自此哲学关注的视角由自然变成人。近代哲学时期，笛卡尔提出主体原则为哲学第一原则。德国古典哲学派将主体问题的讨论在新的界定反思中完成。康德提出的"理性为自然立法"试图在讨论主体的认识能力之下调和唯理论和经验论在主体与客体问题上的对立。而黑格尔提出"绝对精神"来解决主体与客体的矛盾，"理智的工作仅仅在于认识世界是如此，反之，意识的努力在于使得这世界应是如此"[1]，但黑格尔的"绝对精神"只在其客观层面凸显了主体性，在"绝对精神"的统治下，人的自我主体性黯然失色。马克思认为认识人的主体，需要从人的实践活动入手，人正是通过不断的实践活动展现自身主体，实现自我价值，完成主体建构。主体不断建构的过程是生产力不断发展的过程，是社会化的过程。从原始社会到现如今的网络信息化社会，主体自我意识的建构得到空前发展与丰富的同时也遭遇了新的挑战。相较于传统社会被覆盖在血缘之下人的主体，在网络世界里，人可以轻易和任何国家任何地区的他者进行实践交流，完成多重主体的建构、个体价值的展现，还可以实现资源的配置、信息的传播等。网络与人类的生活息息相关，人类对网络的依赖越来越强，一旦失去网络就会陷入不安，失去网络的主体是否还是完整的主体？竞相奔走在网络的世界里的主体究竟是不断地被吞噬还是被重新定义和建构？

一、　网络直播中的空间重构

在"空间转向"尚未完成之前，空间理论在哲学语境一直处于失语状态，众多研究学者认为空间只是物质的存在形式，将其视为时间的附属品，空间的存在和价值被时间所淹没，空间的地位被边缘化。20世纪70年代左右，资本和城市化不断发展，法国思想家列斐伏尔发现了空间和生产以及社会的关系，脱离地理学、建筑学框架，在哲学话语里完成了"空间转向"。列斐伏尔认为"空间并非物质世界本身既定存在

1　黑格尔：《小逻辑》，贺麟译，北京：商务印书馆，1980年，第420页。

方式而是社会历史产物",[1] 空间并非只是展现人类生活和实践的平台，其本身就是一种社会实践。换而言之，空间生产社会关系的同时也被其生产。

海德格尔认为技术决定着人与人、人和物、人与自然之间的微妙关系，是人在自然界中展现自我的媒介。从某种程度上可以认为，技术是社会生产方式的具体表现，人们通过技术工具获得丰富信息，更多自由，建构每个人的社会关系和社会空间。在技术工具所创造的交往空间里，每个人用信息来建构自身的主体性，体验自我。交往空间是人类社会实践的产物，群体通过空间表达诉求、展示主体维度与价值。

"一切媒介都要重新塑造它们所触及的一切生活形态。"[2] 纵观人类历史，传播平台媒介的出现需适应当下生产力的状况和社会关系，传播媒介的出现促进了人类的社会实践，建构交往空间。随着技术的进步和媒介的更新，人类交往不断地突破原本相对隔绝的地理空间，促进了个体之间、个体与群体之间交往的随意性和便利性，时间和空间在不断地被延伸和消解。报纸、收音机、电视、电脑的不断更迭，人们获取信息的方式越来越简单化和自由。技术的发展在不断地构造和更新着每个个体的交往空间。传播媒介之所以能获得不断的创新与扩散，其根本在于它能够不断地为人类的社会生活提供实现的场所。人必须与他人交往才具有社会属性，离开人类生存的社会空间，生活将毫无意义。传播媒介的发展促进了人类交往空间的不断建构，是个体存在与价值的体现，也是人类社会化进程的折射。

人类对社会进化进程中所产生的现代性哲学思考，基于工业革命与传播技术共同催生的现代人的生活方式。个体依赖于技术力量不断改变自身的交往方式、价值观念和生存方式，且社会关系形态被人们的交往

1　刘怀玉：《〈空间的生产〉的空间历史唯物主义观》，《武汉大学学报》（人文科学版）2015 年第 1 期。

2　[加] 马歇尔·麦克卢汉：《理解媒介——论人的延伸》，何道宽译，北京：商务印书馆，2000 年，第 86 页。

实践所影响，交往权力的主体被技术力量塑造，主体的交往方式被媒介支配。这正是景观社会的生产机制以及它对人实施影响的路径。作为技术的媒体直接刺穿整个社会——不唯时尚、不唯女人，甚至直指主体的自我认同——最根本的基础。这也是自德波的景观社会理论以降、在鲍德里亚的影响及消费社会批判那里达到巅峰的社会性建构过程。在今天年轻人的成长过程中，其与社会的联系是以复制生产的方式完成的，他们成了连做梦都在模仿他人如何娱乐、如何消费的追随者。

网络将人类不断地融入一个超链接的时代，网络直播平台作为网络空间的具象化存在，是一种实时的交往媒介，是现实中面对面交流的网络化，相较于微信、微博、抖音小视频等，网络直播可以满足单一的文字、图片、语音之外的实时交流。网络直播平台打破了传统社会空间的边界秩序，颠覆了地域和时间概念，主播与用户通过视频直播交流的方式，再现现实生活中的人与人、人与群体的交往与实践。人作为一种交往型动物，在不同空间形态中所采取的交往行为，取决于不同交往空间的认同方式。在网络直播中，主播通过游戏解说、化妆直播、吃播等方式与用户进行实时交流，并加以夸张的表演手法，满足受众需求，致力于得到更多的关注和打赏。此时作为主体的人可以脱去"现实的外衣"，选择"虚拟"的身份在不同的直播中穿梭游走，个体不再局限于特定的地域文化，沉溺大众之中，依托于不同的"剧本"在直播中"表演"，主体与主体、主体与群体之间不断地催生出新的交往实践模式，主体的空间感和存在感得到空前的提升，拥有更多展现或提升自我的可能，重构新的交往空间。网络直播赋予大众主体表达自身需要和希望的声音，但因其过程中主体的夸张式表现手法，网络直播成为表演性平台，是表演性主体的戏剧空间。

二、 网络直播中主体的颠覆与建构

在远古时期，因生产力低下，人们只能关心温饱生存问题并未能关注自我意识的问题；农业时代，人们的主体性多数服从于家族和群体，家族和群体表现出的主体性代表着个体的主体意识；工业时代，人的主体性被不断地物化。在生活、工作、学习不断被网络所影响的今天，主体的建构与发展该何去何从？

马克思认为，个体要在社会中生存和发展，具有社会属性，就"必须和周围的个体来往"[1]，建立社会关系，"人总是生活在社会中的"[2]。换而言之，人的社会关系是在与他人的交往中建立起来的，而在与他人交往中总是要依靠一定的社会环境和情感氛围，因此交往的主体是在一定社会条件下，具有社会属性和实践的人。人的主体建立离不开个体与个体、个体与群体、群体与群体等复杂的交往关系，人的自我主体建构无法脱离他人和社会孤立进行，必须依靠某种媒介在现实的实践交往中建构，即个体与整个过程及与该过程中其他个体的关系是在社会实践中发展起来的。主体的展现是对社会实践的折射，价值的实现成了人的主体尺度。网络直播平台不论是真实还是虚拟的，都是人类生活的一部分，并会随着社会和技术的发展，对人类生活的影响越来越深刻。网络空间在提升了人们交往自由的同时，颠覆了大众传媒时代的交往主体，且塑造了新的主体形态，人们的多重身份合法化，主体实现了自我展现、释放个性。个体在网络空间中重新建立了新的主体与主体、主体与群体的关系，重塑身份，形成新的认同感。但在现实生活与虚拟网络相互重叠的生活环境中，在物质欲望和消费主义盛行的氛围下，主体身份感不断被模糊，不禁落入"我是谁"的追问中。

在网络直播平台中，个体通过摄像头和话筒就可以成为主播，通过游戏解说、唱歌、脱口秀等方式表达自我或才艺展示，与用户互动获取报酬。观众根据自身情况和爱好自主选择何时进入哪一直播房间，选择观看何种内容，是否打赏主播等。在主体性的语境下，不论是主播还是用户的行为，都是一个主体在网络平台中进行新的自我建构。但这种主

1　《马克思恩格斯全集》第 42 卷，北京：人民出版社，1979 年，第 100 页。
2　马克思：《德意志意识形态》，北京：人民出版社，2003 年，第 25 页。

体性的重新建构与现实世界的主体是相关联的还是脱离自我身体控制的？主体既可通过平台将自身原有的话语体系和结构标准表达出来，形成新的场域，亦可在直播中抛弃原有生活印记，"建立"新的角色来适应新的空间。拥有百万粉丝的主播在现实世界中可能是一个不善于交际的人，位列打赏榜前端的人可能是经济还未独立的个体。个体的需要和欲望在直播中被满足，在现实世界中真实确定性的身份被颠覆和消解，网络世界里个体的主体性被重新建构。主播通过直播平台表达自己、实现价值，但被关注的同时也成为了被消费的对象，在不断地被凝视和被消遣的过程中，此时主体的建构是为了展现自我核心意识还是迎合大众的需求？观看直播的用户是平台得以运行和主播得以生存的资本提供者，在直播平台中用户通过打赏等机制改变了以往的接受单一的、被动的受众者形象，冲击了传统的集中性话语体系，受众者掌握了一定的话语权和主导地位。用户在观看直播过程中，所表达的情绪和打赏是被公开的，通过彰显资本，得到其他人的认同，或者是引起主播的注意，满足某种心理需求，重新建构自我。

网络世界中人与人之间的互动方式从单纯的文字到图文，再到语音，现已进入直播平台这种视频互动的时代，因网络直播的内容和结构的特殊性，满足了大众的情感需求，有利于满足个体对于表达、分享的心理诉求，使人类的交往更为快捷和方便，这是一场技术赋权下的大众狂欢。

资本的助力、技术的赋权、媒介的发展使得网络直播平台成为新型的交往平台。相较于现实世界，主体在平台中实现了自身角色的交往价值，使其自身更加充分地与社会生活相融合，凸显其主体性。但主体在直播平台或其他网络媒介平台中的角色扮演、自我形象的展现、个体自我意识的建构，是自我核心意识的建构还是被其他用户、平台或技术所驾驭？

网络直播模糊了人们在现实交往中所要遵循的时间和空间边界，极大地提升了人们交往的自由，且自身所具有碎片化和去中心化的特点分散了主体，使人类交往的时间和空间脱离现实轨道且不断地被边缘化。

人的主体性得到丰富和多元化的呈现方式，在虚拟的网络世界里不断地被颠覆又不断地被重构，新的主体形态被塑造。网络直播颠覆了主体在现实世界中真实确定的身份，使交往主体被符号化。虚拟主体使原本真实的主体性身份失去现实性，成为数字化和符号化主体，重新建立了新的人际关系网。这种符号化主体的诞生加速了现实社会中人际关系的瓦解与冷漠，现如今家人和朋友相聚时，并不是相互交谈和聊天，而是各自拿着手机或电脑，刷刷微博、微信等。这种群体性孤独正是媒介的发展、技术的进步所带来的。越来越多的人难以离开手机，或一旦离开手机就会陷入不安的状态。脱离网络，生活节奏就会被打破，工作会瘫痪，主体失去安全感。已被网络直播占据精神交往空间的主体很难从理性的角度来参与创造、实现主体价值，主体被越来越多的网络因素所驾驭。技术不断扩张，网络空间不断发展，人类通过技术和网络建构的交往空间，强化了主体支配地位的同时，也削弱了主体所应有的独立和个性，主体不断地被多重化、物质化、去语境化、被重新定义，故此时的主体究竟是谁？

在网络直播平台中，主体被虚拟形象和符号所代替，网络直播平台本身也是资本运作下的一种符号化的生产与消费。在资本的运作下，主播们从一开始的表达自我到追求利益最大化，切割资源，竞相模仿，造成平台内容大多雷同、缺乏创新，甚至为了博人眼球不惜触犯道德和法律，让用户为其买单。用户在观赏过程中通过充值虚拟货币给主播送礼物或是打赏，累积到一定程度用户可以直接与主播对话，并可让主播满足其要求。用户通过送礼物和打赏等不具有任何使用价值的虚拟消费满足了自身的心理需求，消费带来的只是内心的满足感和刺激感。此时，物质性消费变成了符号化消费，主体消费方式发生了转变，使用价值的消费变成个性化的消费，因此平台里的主播只要不断地重塑自我，展现新的个体，就能够不断地被消费，这是主体的自我消解和重构的表现。

"别忘了我看不到我自己，我的角色仅限于看向镜子的那人。"其实，即便是镜中人自己，也并不是一个自在的、封闭不变的存在。"当'我'看向镜中的时候，'我'已然负载了一切加诸我身上的内容。他者借我之手施加于镜中人。'我'在不断塑造镜中人的同时，真正的'我'已不知去向"。[1]

三、 新媒体技术下的主体际之思

新媒体技术所造成的社会关系的变革和社会空间的重构，自然会对人提出更高的要求，主体该如何适应技术所建构的社会关系成为当代社会中主体所需要面临的共同问题。

个体在技术时代所要面对和维系的主体，从本质上来说是作为一个具有社会属性的人在现代性问题下如何维系自身的生存与发展的问题。技术改变了主体交往实践所依赖的媒介空间，是主体得以不断地多元化和丰富化的途径。技术的演变促进着主体的发展，但相对于技术的升级与进步，人的思考落后于技术。从某种程度上可以说，新媒体技术之下的人的交往和实践并非主体的能动性所推进的，主体被动地适应技术所带来的社会变革，此时的被动性的伪主体是否还具有主体的价值？

新媒体技术的发展和升级，不断地颠覆旧有的传统社会的交往空间，改变了主体交往中的角色扮演，促生新的社会交往主体和群体的出现。网络时代无数的个体参与社会交往中，并影响着当下社会个体的价值观念和标准，改变了人们认识世界的方式，拓宽了人们的视野，增强了人与人之间的相互影响，从最大程度上消除了传统社会所带来的隔阂，促进了文化的交流和融合。这是技术发展的必然趋势，也使主体越来越过度依赖于技术工具。技术改变了人类社会的交往方式，从某种意义上来说延展了人类的交往空间，但同时人类社会生活和交往受制于技术控制的因素也越来越多。在当下现实生活中"低头族""刷屏族""潜水族"等网络群体的出现成为一种行为现象，当人们不断地紧盯着手机

1　吴静：《资本的魔力》，《社会科学报》2017 年 10 月 12 日，第 8 版。

屏幕之时，必然会忽略身边真实存在的他人。此时的人类不再是技术的主人而是技术的奴隶。

"信息传播中，公众自身的信息需求并非全方位的，公众只注意自己选择的东西和使自己愉悦的通信领域，久而久之，会将自身桎梏于像蚕茧一般的茧房中"。[1] 智能推进系统使个体的生活被同质化，如当用户在抖音、微博或头条点开某一其感兴趣的内容、文字或视频之后，这些社交平台将会依据互联网大数据算法将相似的内容和信息推荐给其他用户。这种推荐算法系统决定了用户将看到什么内容，系统决定了用户的视野，并使主体可以快速地在网络世界里获得存在感和认同感，个体在数据系统所营造的乌托邦中，正在潜在地、无意识地被技术工具所控制和驾驭。在这种超负荷的网络信息时代，快餐式、碎片化的信息获取方式，使得个体都在观看被筛选之后的信息和内容，个体将难以回到自身的合法偏见。主体在不断地被同质化，难以忍受他者的不同，批判性思维在主体的构建中消失殆尽。

网络的出现和技术的发展从本质来说并无好坏之分，但也并非中立，它们的出现都是为了服务于人，问题在于使用其本身的人。当今社会下的主体与主体之间的实践和交往空间都是依赖于技术工具。网络消解主体交往空间地域化的限制，且实现了个体的主体价值，建构了新的主体，但却不断强化了主体在网络和现实生活中对技术工具的依赖性。技术工具依赖的实质是技术对于其使用主体的社会化支配，在其行为的背后则是主体对自身所依赖的技术工具的价值判断。当技术、主体、社会之间所形成关系是良性时，那么我们应当肯定技术的价值，反之亦然。主体通过技术来满足自身的社会实践，通过不断改造自然界来使其适应自身的需要，从而减少对自然界的依赖，同时人类不断地创造和更新技术，使其成为人类建构生存空间、交往空间的工具，加速技术化主

1　[美]凯斯·R. 桑斯坦：《信息乌托邦：众人如何生产知识》，毕竞悦译，北京：法律出版社，2008年，第8页。

体的出现与发展。但网络化时代，技术发展所带来的传播媒介依赖症成为困惑现代社会中人的主体发展的重要问题，这是由信息传播泛滥所引起的主体的解构和主体价值重构的问题。

人们对于网络的迷恋与沉迷，是人们对技术过分依赖的结果，这导致人们在现实社会中的主体性受到极大的冲击，在现实社会中自我和主体将不断地丧失。在网络社会空间里，人与人、人与群体之间的实践发生了巨大的变化，"身体"的出走和"符号"的回归，网络主体的自然身份被不断模糊，符号化的主体交往成为网络社会的交往本质。主体在技术所建构的社会交往和实践的空间中可以有两种选择：一是将原本已具有的话语体系和知识结构带入当下的交往实践中，即坚持现实社会生活中既定的交往方式；二是在技术打破时间和空间的限制之后，主体也颠覆了自身的文化标识，借助媒介表达自我，建构新的主体，形成新的实践空间。一个身体却多重主体，此时主体的真实性何在？身在南半球的你可以通过电话、电脑等媒介与北半球的伙伴达成巨额交易，个体身在家中却可以通过各种电商平台进行购物，足不出户就可通过电脑网络实现资源共享，此时的你究竟在哪里？

四、结语

网络直播的出现是人类不断追求技术发展的结果，为了理想和自由的交往，技术伴随人类的脚步而前进。网络空间是人类社会实践空间的新形式，为人的实践和社会关系提供了新的场域。空间的重构与发展从某些方面实现了人与人之间自由的交往方式，增强和凸显了人的主体，个体通过网络实现跨界交往，以至于人们对技术工具产生了乌托邦式想象和期待，但"信息方式中的主体已不再居于绝对时空的某一点，不再享有物质世界中某个固定的制高点，再也不能从这一制高点对诸多可能选择进行理性的推算。相反，这一主体因数据库而被多重化，被计算机的信息传递及意义协商所消散，被电子广告去语境化，并被重新指定身份，在符号的电子化传输中被重新分解和物质化"。[1]

　　技术强迫人类进入其所营造的仿真空间中，让主体为之实践与生产，并将虚拟、仿真的网络空间深深地植入现实生活中，亦或将其取代。人们不能过于依赖于技术所带来的社会空间和主体价值的建构，需要反思网络直播平台或是技术支配下人们的真实困境，积极建构新的主体性与现实社会关系。理性、多元的主体应及时适应现实社会和网络世界的交往与实践，抵制技术赋权下的网络对人们的驾驭与奴役，通过一定自我调适来建立新的交往模式，不断强化自身的价值理性，以适应时代的发展与交往实践的需要，坚持在技术面前的自主能力，提高自身独立思考的能力、判断能力和创造能力，在现实和虚拟与技术的交互体系中，不断进行自我的调适和对话，颠覆和重构主体。

1　［美］马可·波斯特：《信息方式：后结构主义与社会语境》，范静晔译，北京：商务印书馆，2000年，第25页。

第三章 数字平台时代的算法效应

自 20 世纪后期以降，数字化网络的发展和应用已经不再单纯地作为一种辅助性的工具系统，甚至远远超出了信息产业的单一领域，渗透和嵌入社会经济的几乎各个层面之中，既产生也依赖于各种电子化的数据。于是，当"大数据时代"的称谓越来越取代"信息时代"而成为时下一切问题讨论最鲜亮的背景色的时候，人们常常会有一种直观主义的错觉，认为数据等于信息，或者说数据是信息最先进也最优化的表达形式。数据的提取或捕获直接导向目的性，而大数据本身则意味着超大容量信息（或知识）的自然呈现。也有人将数据视为生产资料或资产，认为它只有实现商业价值才有意义。实际上，数据并不会自然地产生信息价值，也不必然涉及知识或目的。数据的产生由来已久，甚至早在有电子记录之前，只是借助于计算机和互联网技术才使得对海量数据的记录和存储成为可能。

第一节 数字经济是马克思政治经济学的新研究对象

21 世纪的最后十年，伴随着以互联网为基础的科技飞跃和社会发展，生产形式、劳动范式及组织形式和资本的运作方式都出现了极大的变化，消费也从刺激经济过程转变成为经济过程之一。新的经济现象层出不穷。对于这种当代变化的批判性解读，一直是学界关注的热点，不同的学科也都尝试以各自的视角和维度透视现象所带来的新趋势和新影响。但必须正确意识到的是，马克思主义哲学关于劳动的传统解释框架必须正面回应资本主义本质和形式之间的变化张力，适时地对概念和理论本身进行推进。如果一味回避甚至否认这些变化对社会生产以及理论所带来的挑战，就会使得理论本身丧失对现实的话语权，从而不能真正推进马克思主义政治经济学对当代全球经济现状的解读。

在这些新变化中，最明显的莫过于在新硬件技术条件的刺激之下，数字经济不但成为新的经济增长点，更是极大地改变了传统的生产劳动样态和社会生活模式。生产形态和劳动范式开始发生巨变，以物质资料产品为输出形式的大工业生产模式在经济发展中的主导地位正在被改变，生产过程在场所和时间等各个维度也愈加弹性化，以专业化分工为基础的福特制刚性生产模式开始逐渐向以生命政治为特征的后福特社会转变，资本开始全面掌控社会生活的生产及再生产。与此同时，技术进步也以前所未有的态势向前推进，数字化的程度在全方位上日益加深。机器所能承担的越来越多的智识性劳动消解了传统的劳动组织形式，因为新冠疫情而处于停摆状态下的企业所承担的高昂社会经济成本更使得原先只在部分行业率先出现的"无人化"运作加速到来。阿列克斯·威廉姆斯和尼克·斯尔尼塞克在《加速主义宣言》中指出，资本主义的社会体系与加速主义息息相关，资本家为使自身利益最大化就要加速资本周转，因此资本的新陈代谢就要解放创造性的破坏力，使得技术革新和社会革新以不断更新的加速度向前推进。这实际上意味着，在资本积累的一般规律和偶然的社会契机共同作用下，强化和加速了全面的更新频率，使得社会生活生产的所有节点，不论是生产还是消费，不论是个体存在还是合作组织规范，都被裹挟在技术的变化之内发生相应改变。这种改变并非连续性的量变积累，而是颠覆性的本质更迭。因为技术本身不再是一个附着在某一环节之上的工具性存在，而是渗入进了生产生活的所有环节。技术中介了存在本身，因而技术本身的推进必然导致整个所涉及的系统性变化。

　　加速发展的技术正在重塑世界，马克思主义政治经济学所关注的传统概念的内涵和情境在今天已经发生了巨大的变化。要使理论研究真正具有生命力，就必须正视数字经济所提出的各种问题。一方面，生产的边界已经不断被拓宽，生产穿插在生活的全方面，以至于生活本身似乎也具有了生产属性。当人类社会再生产的所有维度被不断纳入生产范畴时，这就意味着资本、劳动、剥削等资本主义的分析术语也具备了重新被理解的现实基础。另一方面，由泰勒制和福特制所共同保证的"效率优先"和"规模生产"赖以存在的专业化分工（分离），在信息技术和互联网技术的推动下重新消弭了刚性区隔，转而体现为以弹性机制为基础的表面上的不连续性。但就剥削关系而言，这实际上意味着资本的超量盘剥。于是，新型生产范式所具有的协作性和社会化特征持续地将在全球化语境下用以创造剩余价值的语言的、情感的、交往的甚至合作的因素，乃至个体生命和社会的所有方面都纳入了资本运作和孳生的过程：不仅劳动过程呈现出对资本的实际从属（Real Subsumption）关系，原本应当非中心化的社会关系和日常生活本身也实际从属于资本。资本扩张的深度被极大地加深，这同时也是生命政治的生产。这种实际从属已经超出了资本增殖的多重循环，向内扩展到原先非资本化的领域。

　　就劳动范式的变化而言，今天的数字劳动（不管是纯粹的数字生产还是以部分数字劳动环节为支撑和连接的其他生产劳动）似乎不必再像传统产业劳动那样将工人凝固在工厂这一固定场所中，劳动本身的作用也不再只是简单地生产物质产品，而是成为了一种弥散到整个社会各个层面的力量。这种劳动有三个方面的特点：第一，基于互联网技术而形成的自由流动的信息在当今的生产过程中起着基础性的作用。在今天，物质性产品的生产往往会与生产服务、知识等非物质商品的劳动相混合，甚至以共享性（或部分）的公共服务平台的形式出现；第二，劳动本身被内在性地嵌入了合作、交流、情感、沟通等非物质性要素。立足于非物质劳动这一全新的劳动形式就可以清晰地意识到，大工业生产时期不断被细化、被分工的劳动形式已经越来越被合作的、交互的新形式的劳动所替代，即使是在第三产业之外的传统农业、制造业，也开始以主动的姿态迎接新的经济模式所带来的发展契机与红利；第三，劳动不仅逐渐从对场所空间的高度依赖中解脱出来，还模糊了工作时间与非工作时间的界限，使得原来的劳动价值理论分析的量化形式难以适用。数字劳动（并不特指 IT 从业人员，包括了使用智能设备所发生的一切数据生产）的出现更是因为将劳动时间和形式融入并整合进日常生活的细节之中，而无法与所有可能的社会交往及协作分离，从而将剥削性的社会关系隐藏在日常生活的表层之下。

这一系列形式上的变化很明显地体现出当代数字经济对劳动形式的重组。事实上，这样一种本质层面的变革趋势已经为中国政府所关注。在 2019 年 11 月政府发布了《中共中央关于坚持和完善中国特色社会主义制度　推进国家治理体系和治理能力现代化若干重大问题的决定》（以下简称《决定》），在该《决定》中，"数据"被第一次纳入到生产要素，并参与分配。这正是当代的经济现实对理论建设提出的新的要求，也是我们这一代理论工作者必须要正视的问题意识。当然，在对数字经济所提出的挑战的正面回应中，探索和争论的过程在所难免。因为现实本身正在加速发酵，新的现象的影响只能进行阶段性判断。这就需要我们真正贯彻马克思主义哲学的实践精神，保持对现实的关注，不断更新知识结构，推进理论的持续发展。

第二节　算法为王：大数据时代"看不见的手"

当历史跨入互联网时代，"数据"作为一种极为重要的资源横空出世。数据传递的速度与效率决定着经济体是否能在竞争中占据有利的地位。随着互联网的普及，其低价、高效、无边界的特性更以非同一般的加速度将整个世界纵深一体地卷入其中。"数字化生存"无论在个体还是社会经济层面都从预言走向现实。云计算、物联网、5G 技术以及人工智能纷纷从研究前沿转向近距离生活。"大数据时代"的来临使线上与线下的界限变得模糊起来，每一点私人或社会性痕迹都以数据的形式被捕捉和记录。一种乐观性的看法倾向于将这种覆盖全球的数字化网络所负载的信息看作共享性的"一般数据"而加以赞扬，并将其与作为基础的、"去中心化"的互联网系统一起视之为新的自由的可能性。事实真的如此吗？对数据的这种过高期待是否有可能回落到更具有批判性的分析上来呢？

一、 从"数据挖掘"到"事实（意义）挖掘"

物联网（The Internet of Things）的出现更使得数据的产生超越出传统的范畴，记录下个体生活的每一个可能的侧面和细节，从而产生了大量的数据冗余。但数据的收集和分析并不是一个自然而然的无阻力过程，它必须经过被提取、精炼以及再组织，才能有效地呈现出信息。并非所有的数据都有意义，大多数数据需要被清理。即使是有留存必要的数据，也必须经过标准化再组织过程并尽可能减少冗余。

孤立的、零散的、杂乱无章的数据意义有限。数据量越大，其间的联系越多维，能够产生的用途也就越大。这也就意味着，所谓的"大数据时代"的形成需要两个必要的条件。首先，是数字化技术在社会生产生活等多方面的普及，各种商用民用软件系统及平台对日常数据的捕捉可以以高效低成本的方式进行；其次，高能介质的出现使海量数据的存储成为可能。在这样的前提之下，数据作为一种新的资源，其重要性和影响日益凸显出来。但即便如此，这样被存储下来的数据如果不经过提炼、分析和优化，仍然是不具有可读性的。它们就如同一堆胡乱摆放的音符，并不会自然组成或优美或震撼人心的乐章。于是，读取数据的能力就成为企业（数据价值的被发掘最早在商业上）提高竞争力的核心能力。并且，随着这种重要性的进一步彰显，也催生出专业从事数据提取和分析的行业。

　　然而，数据的提取和分析首先要解决的是目的问题，即大数据的决策结构设计，而这正是算法（Algorithm）的任务。在计算机研究领域，算法指的是用表现为一系列可执行的清晰指令的系统方法来描述解决问题的策略机制。用哲学的语言来说，算法实际上是数据使用的问题式，它决定了数据在何种意义上可以成为信息。在直观主义地将数据等同于信息的理解模式中，人们通常以为只需要借助于一定的专业性方法，就可以使数据的有效性体现出来。但实际上，这样做的问题在于对于分析方法的确定和数据之间关联的判断常常过于依赖经验主义。一个显而易见的事实被忽略了，即数据的生成和显现本身都是符码性的，它们是某种事实（fact）的表征，它和自然语言一样，同样是社会关系的构型。然而，在另外一方面，它和自然语言不一样的地方在于，任何一种自然语言体系都是一个由文化和习惯赋予了意义的既定结构，它从概念本身到有意识的表达都是被这个意义体系内在化的。而数据则完全不同，它的生成和在场都以不连续性的方式体现出来。不是所有的数据都具有同样的重要性，不是所有的数据之间都具有相关性，甚至在不同的分析方法中，数据之间的相关性也可以发生改变。这也就意味着，数据作为一种语言构型，它不是如自然语言一般在既定的意义框架内显现，它对事实的表征，它所表征的事实具有的意义，都需要被建构性地生成，甚而是动态性地生成。

　　阿尔都塞在著名的《意识形态和意识形态国家机器》中曾用"质询"（interpellation，也译作"唤问"）来描述语言和主体的建构性在场的关系。"通过我们称之为质询的那种非常明确的活动，在个人中间招募主体（它招募所有的个人）或把个人'改造'成主体（它改造所有的个人）。"[1] 然而，在这一被强烈构架起来的质询场景中，被质询的个人（阿尔都塞戏谑地将其称为"演员"）的立场却并非封闭和固定的，而

1　[法]路易·阿尔都塞：《论再生产》，吴子枫译，西安：西北大学出版社，2019年，第488页。

是在不同的情境（在阿尔都塞那里是意识形态）中条件性地被建构的。语言质询的实施通过各种在语言结构内部早已被结构化的概念或范畴对被质询的个体进行选择或排除的作用，以确定个体的社会性定位（角色），并要求他（们）/她（们）按照被质询的身份行动或应对。这些结构化的概念或范畴包括但不仅限于性别、职业、年龄、族群、阶级，等等。这些因素并非外在化的质询本身加诸被质询者，质询的过程只是使得在被质询个体身上以"潜存（the virtual）"形式存在的构型定位在质询所制造的情境中变为"实存（the real）"。数据的被调用过程正是一个与此相类似的运作。然而，略微有所不同的地方在于，与质询对主体的建构过程相逆，数据的意义给予并不是预先被设定好的。也就是说，阿尔都塞的质询过程所使用的区分性因素（性别、职业、年龄、族群、阶级，等等）不但早已在语言或文化的语境中被高度结构化，同时也是被质询个体自身身份的某个维度。而数据则不同，数据的获得是随机或零散的，并非来源于它后来所构建起来的意义（或真相）。数据真正的意义不取决于它的来源方式或本身，而取决于将它与其他数据联系起来的意义承载模型。

这一视角提供了理解算法的路径入口，因为构建起数据的意义模型的正是算法。当一种算法被制造出来的时候，零散的数据被给予立场并与其他数据之间建立起联系。算法不是数据的内在结构，它是被有目的性地制造出来的数据的外在性空间，从而具有生产上的无限可能性。也正因为如此，即使是最日常的数据，也可以被不同的算法多重地质询。不同的目的产生不同的算法。它既取决于经验性的判断，也体现出对未知进行探索的可能。算法的不同目的和结构创造了数据之间的关系，这些关系在算法之外未必成立。大数据真正的力量不在于挖掘数据，更不是对被已经电子化的数据的事实来源进行复原，而在于寻找数据之间已知或未知的关联性，即对数据所表征的真相或意义的挖掘。数字经济所依赖的恰恰是对数据背后的真相和意义所进行的判断。

算法对数据的质询与其说勾勒出数据的边界，倒不如说是建构起了数据的综合总体性表面。数据本身对算法并不具有附着性，但却依赖于算法呈现出的表征。同时又由于算法制造的不可穷尽性，数据的多重功能性则体现为消散的不连续性。简单地说，算法不是数据的形成规则，只是数据的使用规则，它在数据的不连续性之上构筑起有条件的总体的同一性。福柯在《知识考古学》中对陈述的条件性变迁的论证在这里可以借用来理解数据和算法的关系：（对于一个具体的陈述而言）这些条件和界限是这总体（由该陈述和其他相关陈述共同构成）在其中出现的其他陈述总体强加于它的，是使用和应用它的范围，它应该发挥的作用或功能强加给它的。像"地球是圆的"或物种进化这样的断言在哥白尼前后，在达尔文前后，都不构成相同的陈述。对这些如此简单的表述来说，并不是意义改变了，被改变的是这些断言与其他命题之间的关系，是它们的使用和重新投入的条件，是经验的可能证明的以及我们能够参照的要解决的问题的范围[1]。也就是说，具体陈述所建构的意义并不完全来源于它自身的语言，而在于它所处的情境赋予它的条件和功能，因而陈述本身不是一个变动不居的完成体，而是处在不断地生成建构之中，随着外在性而变化。

由此可以看出，外在化的算法的建设本身是战略性的，任何一种算法都不是理解数据的唯一模式或途径，而只是提供了一种可能性塑型。也正因为如此，每一种算法所挖掘出的"真相"或"意义"并不比其他的模型更具有绝对的优越性（当然，在同一模型下，数据所涵盖的范围不同也会导致不同的结果）。从本质上而言，算法是一种关系性生产系统，连接导致生产，连接的频率、维度和方式的不同形成结果的多样性和差异性。正如算法不是唯一的一样，连接也不是唯一的，甚至是可以被取消和否定的。算法不是万能的，它的合法性也不能被默认。作为一种被构筑的话语，算法的正确性（更准确地说，是合理性）决定了数据

1　［法］米歇尔·福柯：《知识考古学》，谢强、马月译，北京：生活·读书·新知三联书店，1998 年，第 113 页。

之间的连接合理性是否为真。在不合理的算法之下，数据之间也可能建立起伪联系，这就需要花费更多的时间从经验或其他算法中去验证。因此，对大数据的理解或谈论必须从对数据和算法的本质开始，一个值得也必须被追问的问题产生了：它们的客观存在与事实（或意义）之间存在必然的联系吗？

二、 模糊的边界：数据校准现实

热衷于言及大数据时代的人常常认为海量数据足以刻画出"所有时代所有地方的所有信息"。电脑、手机和平板与现代通信线路的无障碍对接不但使我们以远程在场的方式与全球发生联系，而且越来越多的智能装备（家庭恒温系统、警报系统、监控系统、智能家居中控、无人驾驶汽车、聊天机器人甚至可穿戴设备）实现了机器与机器、人与机器的对接。"一般来说，人们知道如果上网的话，信息可能会被收集走，但是他们不知道，当自己启动洗衣机、打开冰箱，冲澡或上床休息，都会留下信息。"[1] 于是一方面，人比过去任何时代都更接近于世界和其他人，另一方面，传统的直接在场与联系的方式被数字化生存改写。线上与线下、实体与数字的边界日益模糊，甚至相互渗透。"美团"和"饿了么"了解你的口味偏好和订餐历史，"淘宝"和"京东"清楚你的需求类型和消费习惯，移动和电信可以根据你在特定时间内的漫游记录给出你的足迹，搜索引擎知道你的好奇心和最深层的疑问，电子导航系统不但清楚掌握你走过的所有路线和出行方式，并且会根据你的日常记录，指导性地给出特定时间段内特定交通路线的通行状态和建议……更有甚者，你一旦离开所在城市踏足外地，会立刻收到应用软件根据你过去的订房情况给出的酒店参考以及根据你的订餐记录给出的周边餐厅选择！

1　[美] 丹·席勒：《信息资本主义的兴起与扩张》，翟秀凤译，北京：北京大学出版社，2018年，第262页。

前面谈到，数据和自然语言一样，是以符号或符码显示的社会关系。但和语言不同的是，数据是一种纯书写。德里达将书写的本质性特征定义为间隔，"即间隙和时间的那种空间生成、意义在某一新场所的展开。……在意义的……非纯语音的间隔中，不再服从逻辑时间、意识或前意识时间，'语词再现时间'的那种线性的互联关系是可能的"。[1]这实际上是对数据的非情境性特质的确认。吉登斯更是以阐释学的立场对"书写"和"言谈"进行了区分："言谈暗示着社会活动……言谈植根于人类交往的实实在在的语境中。因此，语言才牢固地停泊于社会现实，与语言复杂性相联系的不是语言的内部结构，而是语境相互作用的复杂排列……书写缺乏具体情境下的言谈所具有的复杂性"。[2]这种去情境化的纯书写特质在数据身上体现得更为突出。它以极端的形式化瓦解了一直以来对语言的语境进行辨认的各种社会坐标。数据被高度地抽象化，这使得它的传输和存储更加便捷，但同时也使得德里达所说的传输者与接受者之间的间隔被无限扩大。如果书写的基本原则是延异（différance），数据则是趋向于绝对的延异，它在时空存续和纯形式化两方面做到了极致。

然而，绝大多数迷恋于大数据的使用者并不会意识到数据的这种后结构主义特征。在他们眼中，数据既然来源于日常现实，自然也可以逆向地被还原为现实（或事实）。但事实上，数据的现实源头从来不是它承载的意义，它的意义取决于它的被使用。从这个意义上而言，数据又是一个非表征性的系统，其目的从来都不是对所被记录和提取的现实表面进行还原。算法之所以成为数据的问题式，正在于它作为一种纯粹的外在性对数据进行了统摄，它是数据的使用规则，而非生成规则。与此相对应，数据和算法的真正力量在于它的使用者，而非产生者。这一点

---

1 ［法］雅克·德里达：《书写与差异》，张宁译，北京：生活·读书·新知三联书店，1998年，第391页。
2 ［美］马克·波斯特：《信息方式》，范静晔译，北京：商务印书馆出版社，2000年，第107页。

从美国 1974 年通过的《隐私法案》以及《信息自由法案》的管制重点都在联邦政府对所拥有的数据库的规范性使用中可以看出。

算法使得数据和它的来源产生了距离，使用者依照其目的借助算法对数据进行重新编码和提炼。而这产生出另外一种风险，与将数据等同于现实的经验主义做法不同，这种风险来自于使用数据对现实进行校准。这一趋势所产生的后果是数字化存在对实体存在的全面渗透，线上线下的界限日益模糊，个体性在不同的方面同时面临被漠视和被增强的双重命运。

全面数据化是一个全新的挑战。人的一切被还原为数据，零散的数据则通过被记录而归于大数据。虽然孤立的事件或个体所展现的数据表现为非结构化或半结构化特征，但经过算法的调用和高度组织化处理以后，原先毫不相关的数据之间却建立起相关性，从而显现出巨大的价值。在这个过程中，作为对象的数据本身和作为中介的算法依然是中性的，但算法的设计却蕴含着特定目的的存在。可能有人会争论说，互联网时代的一个根本性特征就在于数据甚至算法的使用权可以作为公共资源，而并非排他性独有，但这种表面上的共享性却依然被不平衡的权力所决定。于是，围绕着数据的占有和使用上的不对称，一方面，一部分人依靠对数据和算法的垄断获得更大的权力，而另一方面，分散的用户却在毫不知情的情况下被剥夺了部分权利。这种落差甚至会愈演愈烈。

从纯粹技术性的层面理解数据和算法忽略了历史唯物主义最强调的一个方法，即分析对象本身所具有的社会基础。作为工具的技术从来不是一个独立于社会之外的存在物，它总是为着特定的目的而服务，网络不例外，算法也不例外。资本的涌动可以穿透一切边界，达及所有领域，逐渐加深对个体日常生活以及生命各个维度的捕获。数据理所当然地会成为商品，对数据的分析更加如此，它是以对数据的评估和反馈为核心形成的专业化产品和服务。它们不但不会置身于资本的视域之外，还可以作为更不易令人察知的牟利的途径。

有人用"透明人"的概念来描述大数据时代人的生存境况。无线网络的全面覆盖、智能手机和其他设备的普及使得每个个体成为一个数据发送的基站。只要一进入连接，所有的数据都会源源不断地被发送出去，形成电子符码化的表征。在不同的算法模型中，数据被无条件地调用，而个体存在本身却一无所知地缺席着，出现的只有数据。启蒙理性所倚重的中心化的主体以离奇的方式在场，却不断地在缺席状态下被去中心化和重构。双重的匿名性在这里产生了：数据的产生者是匿名的，它只具有统计学上的意义；算法的调用是匿名的，不出场的，自动的，甚至是随机的，只服务于纯粹的功能性。这种功能性以简笔画的方式确定了主体在数据中的存在形式，并根据这种存在形式为其量身定做所需要的服务。

一个有趣的悖论产生了：在以统计学意义上的子集进入到数据中的个体在商业经营策略中被以一种极度个人化的方式对待。这正是以大数据作为支撑的后信息时代的商业的标志化特征：精准营销。由于数据的无微不至，针对个体的商业定位就可以变得极为精准。这也是众多互联网平台共同的盈利模式。在这一方面，走在前列的是谷歌和脸书，而后来者的百度也毫不落后。它们无一例外是通过占有大量的用户资料和数据（这些信息最初并不是用来贩卖，而主要是致力于完善用户服务），从而吸引广告商参与竞拍。无论这三家公司建立的初衷和最初兜售的服务是什么，它们都早已完成了从依赖服务提供向依赖广告收入的转变。2016 年第一季度，广告收入分别占到了谷歌和脸书收入的 89％ 和 96.6％，而百度则占到了 91％。

"用户的注意力在哪里，广告主的钱就投向哪里"这条原则在大数据时代得到空前的运用。广告商对互联网平台的青睐正在于它们对数据提取和分析的有效性使得越来越多样化的顾客需求可以被追踪和满足。在算法经济中，娴熟的玩家通过各种途径提升自己对于客户群数据的获得，以强化自身在充满变数的市场竞争中的反应能力。这是一个极度个体化的时代，然而这种个体的建构本身依旧是充满悖论的。表面上看，精准营销似乎以其关怀备至的体贴迎合着主体的每一点哪怕最细微和独特的需要，线上的环境日益变得个性化。但在算法与技术的合谋之下，极度个性化的所谓"精准营销"不仅提供了精准的产品和服务，也提供了精准的价格：名为"定价优化"的价格歧视政策，诱使有特殊偏好的、易于冲动的消费者以更高的价格为自己埋单。因此，在丹·席勒看来，大数据时代不但不是传统的马克思主义政治经济学问题得到解决的时代，反而促使资本主义的矛盾完成了现代化。而这中间，最新、也最关键性的问题在于算法。它到底扮演了什么样的角色呢？

三、 算法歧视：客观公正下的暗藏玄机

在现今社会，商家越来越多地使用算法来为客户提供服务，政府、学校等机构也会利用算法来帮助其日常工作，比如制定政策、调整课程和教学方式等。诚然，互联网技术的普及和大数据技术的运用所带来的商业的繁荣和生活的便利似乎都在为社会发展的愿景规划出了一个极具建设性的承诺：科技改善生活。然而，在这一迅猛发展的进步背后，整个互联网生态系统（算法设计、应用软件开发、平台操控、不同的商家）形成了合谋。它不仅对传统市场进行了结构性的重构，使得生产和消费的行为模式完全发生改变，甚至使整个市场体系所倚重的自由竞争法则受到了挑战，改写了当下经济的胜者法则，使遮蔽和垄断比过去任何时候都更容易形成。由于大数据对于使用者的天然倾向性，"信息鸿沟"必然在商家和用户之间产生，这实际上是社会权力不对称的一种布展。商家很容易借助海量的数据和精妙的算法搭建起类似"上帝视角"的全视能力，零散的用户则在手机或电脑的面前，满足于互联网网站或平台提供的无所不及的搜寻能力作出决定和选择。然而，后者常常忽略了一个问题：技术所提供的信息的透明性是否以及如何得到保证呢？

从表面上看，算法是通过运行计算机程序来运作的，无感情的计算机程序输出的结果要比有感情的人更加客观理性，更加独立公正。可是，算法真的能做到中立和公正吗？事实可能并非如此。与信息表面上的透明性相反，算法一直隐匿在后台，以不可见的"黑箱"状态运行。

甚至至今为止，很多人也并不清楚它的存在和作用。各种应用软件和智能设备负责记录和收集数据，算法则作为数据的管家，按照特定的意图对数据进行筛选和分析。如果说前一过程在今天已经为越来越多的用户察知并警惕的话，后一过程则是远离人们视野在暗中悄悄进行。算法是名副其实的"看不见的手"。它和用户唯一的对接方式是结果的输出。而这则被当作了由数据和机器共同保证了的客观正确性。

然而，算法不是机器自生产出来的。算法的背后是人，算法本身是人创作出来的。没有任何一个写算法的人能保证自己完全做到客观公正，那么算法的结果又怎能保证客观？很多机构（最显而易见的是商业机构）使用算法的目的之一正是通过算法结果来引导算法用户。算法是人类智慧的产品，算法设计者和实现者的设计意图、认知水平、价值观、精神状态等都会对算法产生影响，人类或者说算法制作者的需求和利益更是决定了算法结果的倾向性。因而，揭开算法的神秘外衣，它和其他所有产品一样，是对某种社会性需求的迎合。不过，与其他消耗性终端产品不一样，在今天的经济结构中，网络与现实界限的相互嵌入使得人们的日常行为不但潜在或显在地受到算法的左右，更日益形成对算法的依赖。于是，算法被设计时的初衷毫无疑问地体现了特定的社会利益结构。

以前面谈到过的线上广告行业为例。互联网时代的广告趋势之一是精准广告投放，精准投放的意思是针对不同群体所需要的商品和服务投放特定的广告，甚至是针对单个个体的个性化广告。这和从 20 世纪上半叶开始的平面媒体广告和电视广告的大众性不同，互联网媒体的广告投放将受众不断窄化，甚至做到因人而异。不同在线购物网站会根据使用者的购买记录和浏览记录来展示相应的主页显示和商品推荐，这已经人尽皆知。这就好比，不同的人去看同一个杯子，每个人看到的都不是杯子本来的样子，而是场景设计者想要她/他看到的样子，或者说是杯子的特定元素的不同展现（例如，用户喜欢的风格、颜色、设计师、使用情境，等等）。当然算法的这种预设是它从所占有的用户数据中推测出来的。由此可以看出，算法背后的那只手以提供精准服务的名义，对用户的喜好进行了评估和预测，却因此对用户获得完整客观的事物面貌的权利形成了侵害。

另一个更容易引发关注的是算法带来的歧视问题。亚马逊公司开发的"简历筛选系统"的筛选结果显示，该系统对男性的简历存在明显的偏好，当系统识别出女性相关信息时，会给出较低的评分。另一些研究者发现，在搜索引擎中，搜索有色人种名字时比搜索白人名字会更倾向于出现提示存在犯罪记录的广告。原因在于，一是用来训练这些算法的简历或搜索数据集，本身就带着强烈的倾向性，二是算法谱写者自身的偏见可能会体现在他们所构建的数据分析的模型或框架中，从而影响算法的结果。因此，算法所给出的答案实际上不过是将反映在互联网产业中的倾向性展现了出来。这种歧视倾向既不是互联网技术所产生的，也不是新近出现的现象，它是人类社会内部所包含的偏见或冲突的现代化公开，不是技术问题，而是社会问题。归根结底，算法是人类思维的产物，只要人类的偏见和歧视依然存在，算法歧视问题就不会消失。

就这个意义而言，作为人工智能技术核心支撑的算法依然是带有伦理性的，它在提供技术服务的同时也布展了价值观。并且由于它所扮演的角色，它可以将隶属于特殊群体的偏见或价值取向扩大化，以貌似公正的方式形成社会共识。算法实际上像一面镜子，它将社会中业已存在的不平等现象悉数反映出来。并且，与现实中的歧视相比，算法歧视还带有明显的技术性特征，即精准性、多元性和隐蔽性。算法对数据分类和筛选的标准更加量化和细微，可能涉及和涵盖个体的一切方面，甚至是偶然性行为。个体被客体化为刻板的数据，其动态和综合的可能性被漠视，并依据某种倾向被暗中评估或引导，甚至毫无申诉的可能。

其次，算法使用的数据是决定算法结果的基本要素之一，如果系统使用的原始数据是不中立、带有偏向性的，甚至是被污染的，那么系统的结果自然也不能保证中立。如果说在上面所举"简历筛选系统"和搜索引擎的例子中，训练数据的偏向性尚是算法开发者有意为之的话，那么 2016 年微软公司的 AI 聊天机器人 Tay 上线仅一天就被网民"教坏"，频频爆出粗口，甚至变成了种族歧视主义者，则反映了貌似开放公正地利用网民聊天信息来训练的 AI 算法，最终走向了一个严重偏离中立的结果。

客观地说，算法的原始数据从根本上而言不可能是完美的。追求客观数据是一种理想和目标，在获得数据的过程中总是存在这样或那样的因素和障碍，以至于影响了数据的客观中立。我们现在号称进入了"大数据"时代，大数据的本意是"海量数据"，而并非"全数据"。要获得"全数据"，是一件极其困难的事情。首先，想要获得完整的数据收集，需要有相当完备的保证，包括雄厚的资金、可靠且全面的信息源、合适的采集方式等等。其次，在很多领域中，本身也缺少系统完整的数据积累。此外，由于机构壁垒、信息安全等因素，只有一部分数据能公开或通过一些途径去获得。数据样本的不完整，必然会使算法结果出现以偏概全的问题。

除了数据的不完整性，数据的采集质量也不可能是完美的。受限于采集工作者的技术水平、采集设备的可靠稳定性等因素，采集到的数据质量可能跟设计者在制作算法时所设想的大相径庭。更不要说数据造假对数据造成的污染了。很多网民都有所了解，在网上看到的对一个餐厅或酒店的评价，不一定是消费者的真实反馈，而很可能是商户自己刷好评刷出来的。尽管可以针对数据中可能的不良状况进行数据清洗，但是这不能完全清除数据中的污染。由于人类本身存在的局限和偏见，数据和算法程序都是不完美的，那么算法的推论自然也很难做到完全的客观公正。

最后一点，算法作为一整套机器识别的运作规则，其认知方式和人类完全不同。后者可以依据抽象的概念和具体的情境进行思考和作出判断，而算法则主要考量被量化的属性的权重数值。这种识别方式很难对复杂的人类情境进行复原，因此两者之间的偏差就不可避免地会出现。

以大数据作为基础和支撑的数字经济和智能化趋势无疑是这个时代

最鲜明、最具有活力的方面之一。而当人类的生活越来越多地依赖于互联网和智能技术的时候，算法这只"看不见的手"所发挥的作用也日益加重。一种健康的发展趋势要求市场和算法都必须面对透明性的挑战。对此，从技术层面到制度层面，我们是否都准备好了呢？

第三节　数字时代外卖平台的算法之手——网约平台算法技术背后的资本逻辑

　　在当今经济体系中，数字经济正在以创新商业模式的趋势占据越来越大的比重，它所依托的虚拟技术以及物质载体正在提高其在经济中的地位。以数据为依托，以算法技术为支撑的网约平台经济的发展，无论是对企业家还是对劳动者和消费者都带来了超越传统经济模式的影响。依托于应用程序所建构的平台经济实质是算法这只"看不见的手"在对数据信息进行提取、筛选、加工和组织，"算法实际上是数据使用的问题式，它决定了数据在何种意义上可以成为信息"[1]。以外卖行业为例，它以网约平台即应用程序的算法技术为中介所建构起来的数字劳动正颠覆着传统的劳动模式，似乎是一种新型的自由而非剥削的劳动方式吸引着众多的劳动者加入骑手大军中，但从机器大工业时代到数字时代，资本的剥削以及对劳动者带来的异化从未停止，只是随着技术的进步，剥削和异化逐渐被遮蔽，并由机器时代中单纯对劳动者本身带来的风险性转变为数字时代网约劳动在公共空间对社会带来的风险。当平台本身带来的风险性逐渐提高，社会大众过于关注由虚拟技术建构起来的平台却忽视了技术、平台背后的社会关系景观。以外卖员为代表的网约劳动者所遭遇的社会风险，是由"算法"所建构的有悖于劳动者本身的劳动能

---

[1]　吴静：《算法为王：大数据时代"看不见的手"》，《华中科技大学学报》（社会科学版）2020年第2期。

力所导致的，而在算法背后实际是由追求资本增殖的资本逻辑本身所决定的。但深挖网约平台中劳动者在网约劳动中的行为会发现，劳动者的劳动行为并非完全受到平台算法本身的制约，"逆算法"的行为是网约劳动者主体性的彰显，更是人类面对技术永远作为主体的主体性的彰显。但劳动者"逆算法"的主体性行为在资本逻辑之下是无法从根本上改变劳资关系的，面对网约平台所存在的社会风险、不稳定性和无保障性等问题，仍然需要国家在制度、法律法规层面规范网约平台经济，构建和谐的劳资关系。

一、 数据时代网约平台经济对劳动模式的重构

"一切媒介都要重新塑造它们所触及的一切生活形态。"[1] 以算法为中介的网约平台在变革着传统的经济模式，重构传统的劳动模式，数字时代新兴的劳动模式逐渐吸引着众多的劳动者。以外卖平台经济为例，通过对外卖平台运行逻辑的研究，揭示了网约平台的算法技术对劳动关系、劳动管理以及劳动剥削的传统劳动模式的消解以及对数字经济劳动模式的建构。

劳动过程中传统的直接雇佣关系受到挑战。"雇佣劳动是设定资本及生产资本的劳动，也就是说，是这样的活劳动，他不但把它作为活动实现时所需要的那些对象条件，而且还把它作为劳动能力存在时所需要的那些客观要素，都作为同他自己相对立的异己的权力生产出来，作为自为存在的、不以它为转移的价值生产出来。"[2] 雇佣劳动是一个历史性的概念，是资本主义私有制下劳动者和劳动资料相分离的产物，在雇佣劳动下催生出资本家和工人之间的雇佣关系，传统的直接的雇佣关系由此生成，这种雇佣关系表现为生产过程中资本家对工人的剥削关系。雇佣关系的直接性体现在空间或阶级地位的在场性，在直接性的雇佣关系

1　[加] 马歇尔·麦克卢汉：《理解媒介——论人的延伸》，何道宽译，北京：商务印书馆，2019 年，第 86 页。

2　《马克思恩格斯全集》第 30 卷，北京：人民出版社，1995 年，第 455—456 页。

下工人能够感受到资本家对工人的奴役、剥削和压迫。在数字时代的网约平台经济中，以算法为中介的应用程序在劳动过程中起到了至关重要的作用。外卖平台经济中劳动者即骑手依托于点单应用程序进行收单、取单、配送，以应用程序为载体的劳动使得平台、算法成为劳动者的雇主。算法技术利用数据收集、整合和重新组织的能力为外卖员分配订单，考核业绩并进行等级评价。"算法式管理"和平台对资本家的遮蔽使传统的直接雇佣关系受到挑战，"算法"的在场代替了资本家的缺场，使得劳动者活在自由、不被剥削的"泡沫"下的劳动场所中，传统的劳动模式中的直接在场以及资本家和劳动者之间直接性的关系正在被算法重构。

算法技术逐渐取代了传统劳动模式中的人力监管手段。"一切规模较大的直接社会劳动或共同劳动，都或多或少地需要指挥，以协调个人的活动，并执行生产总体的运动……一旦从属于资本的劳动成为协作劳动，这种管理、监督和调节的职能就成为资本的职能。"[1] 资本主义大工业社会机器的应用变革了资本主义生产方式：由以人为主转变为以机器为主，生产方式变革的直接结果是机器对以体力劳动为主的劳动者的排挤，但机器大工业催生了对工厂中从事管理、监督和调节的劳动者的需要。自现代工厂出现以来，存在于劳动过程中代表资本行使管理和监督职能的劳动者便成为社会劳动和共同劳动中管理劳动者的群体。在网约平台经济中，这一群体消失了，评价和管理劳动者的群体转变为处在劳资关系之外的另一群体——消费者，"算法"隐身于平台背后统计着消费者的评价、骑手的工作量和工作质量等数据，并对骑手划分等级，计算骑手的工资。管理者和监督者作为资本家"化身"被消费者所代替，这一社会关系的变革使得"资本家—劳动者"之间的关系被转变为"消费者—劳动者"的关系。当揭露出骑手因配送时间限制出现一系列的交通事故问题时，某外卖平台巧妙地将平台本身和劳动者的问题转嫁到消费者和劳动者的关系上，将平台本身因算法而导致的时间困境问题转移

1　《马克思恩格斯全集》第44卷，北京：人民出版社，2001年，第384页。

到是否愿意多等外卖员几分钟的消费者。

数字化网约平台经济模糊了劳动的时间界限，扩展了劳动的空间范围。在数字化算法技术无孔不入的数据时代，在网约平台蓬勃发展的数据景观背后，是对传统的劳动模式中劳动时间和劳动空间的消解与重构。机器大工业时代，工人为拥有"正常工作日"不断与资本家进行斗争，最终"正常工作日"以法律制度的形式得到规定，尽管贪婪的资本家总是通过各种办法来钻法律的空子压榨劳动者，但总归是将劳动时间和生活时间区别开来。而随着技术的不断发展，尤其是数字时代，劳动时间的界限被逐渐模糊，工业经济时代劳动资料和工人的分离使得生产过程必须依赖于工人在工厂中的在场，而数字经济时代对实体性工厂的依赖性逐渐减弱，网约平台经济仅仅依赖手机或电脑就可以随时进行劳动，生产过程对劳动场所和劳动资料的依赖性的降低导致工作与闲暇时间之间的"三八线"被抹除。以外卖骑手为代表的网约劳动者，他们无法定义自己的工作时间和闲暇时间，这种时间的模糊性带来的是工作的不稳定性。现代资本主义的发展依赖空间的扩张来不断维持自身的生产力和生产关系的平衡。在数字时代，当网约平台经济打破了劳动时间和休闲时间的时间界限，这也就意味着生产空间跳脱出了传统工厂的限制，从固定的生产工厂进入到家庭生活甚至是社会公共空间。

二、　数字时代网约平台算法技术背后的"资本逻辑"

网约平台经济作为一种新兴业态的经济模式依托于互联网、大数据和算法等智能化的模式逐渐发展壮大，从事网约平台经济的劳动者的数量不断上升。据某平台研究院在 2020 年发布的《2019 年及 2020 年中国外卖产业发展报告》数据显示，截至 2019 年在该平台获得收入的骑手已经达到 398.7 万余人，[1] 外卖行业已经成为就业的"蓄水池"。网约平

---

[1]　本数据来自于美团研究院：《2019 年及 2020 年中国外卖产业发展报告》https://mp. weixin. qq. com/s/gonesGA2nW-cqQ1NGI0AIEQ，2020-6-28.

台经济以"时间和空间的自由"为特征吸引了大批的劳动者，然而一篇题为《外卖骑手，困在系统里》的文章却揭示了这种行业被自由景观所遮蔽的"不自由"的真相。在这种"不自由"被揭露后，"算法"被推到大众视野之内成为了"罪魁祸首"，但"算法"作为一种技术从来都处于中立的立场，而真正的"罪魁祸首"是资本逻辑下的算法的应用。

1. 网约经济自由景观遮蔽下的"不自由"

从工业经济时代到数字经济时代，经济发展的模式不断朝着共享数字经济的方向发展，依托于网约平台所兴起的互联网平台经济正在吸引着大量的劳动者。而在这些外卖骑手中，大多数认为工作时间的自由性是其最看重的原因。但对于外卖骑手而言，实际的劳动过程是否如此这般的美好？2021 年《外卖骑手，困在系统里》的文章的发表，将外卖骑手推向了大众视野，让我们重新反思从事看似自由、高薪酬职业的劳动者是否已脱离了雇佣关系的异化。事实是，网约平台经济营造的劳动过程中劳动者的自主性和自由性，实质是以一种温和和隐蔽的方式设立让劳动者欣然接受剥削的条件，外卖骑手仍然被雇佣关系异化，这种异化或数字化正朝着全面性和隐蔽性的方向发展。

被弱化自主性的劳动者。回顾外卖平台的派单调度系统的演变过程：从 1.0 版到 4.0 版，系统的派单方式从人工派单发展到智能算法派单，在智能派单调度系统演变中最终呈现的是"算法为主，人工为辅"的派单规则。骑手本身所拥有的具有自主选择权的劳动者身份逐渐被平台剥夺，当劳动者拒绝派单或不按照流程派送，其结果是降低工资或被淘汰。马克思所揭示的工业经济时代资本家对工人的剥削和压迫在于劳动者必须要接受资本家的统治，否则他将被驱逐出劳动过程，而工人的反抗带来的是更加残酷的剥削和压迫。数字时代资本家以算法为媒介制造了被迫的"同意"，劳动者本身仍然处在资本家的监督和管理之下，依托于智能化的算法技术，资本家的管理和监督达到了极限，从而弱化了劳动者在劳动过程中的自主性。

被剥夺生命权的劳动者。阿甘本指出，"'生命'不再是一个医学和科学的观念，而是一个哲学的、政治的和神学的概念，我们必须对我们哲学传统的许多范畴进行相应的重新思考。"[1] 福柯所提倡的社会对生命权力的关照，随着现代社会的发展，已经成为资本逻辑重点关注的对象。在当下社会中，资本逻辑将生命作为投资对象开启了生命政治的治理模式，其目的在于挖掘生命本身的潜在的劳动力，但还有一部分人被排除在生命政治所关照的范围之外。人是目的还是工具？外卖骑手在平台系统中被算法一次次压缩的时间和对送餐路线的直线规定是对骑手本身生命安全的忽视。"算法"所规定的时间和路线的背后实质是企业本身的人文关怀的缺失，资本家将劳动者看作是机器而非人，从而仅仅将外卖骑手作为利润产出、资本增殖的工具，而非将其看作是平等权利的主体。

2. 算法背后的"看不见的手"：资本逻辑

当我们身处一个技术发达的社会，周围所有的一切让我们惊叹这个时代的智能与先进，但现实的情况却不禁让我们反思技术到底是服务于解放人类还是剥削人类，它的发展和应用剥削了谁，而又服务了谁？当外卖行业存在的问题被暴露在大众面前，其问题的最终源头是消费者的"不善良"，还是外卖平台技术问题？当某平台将解决措施展露在大众面前，外卖行业的困境最终交由消费者来承担，"系统是死的，人是活的"成功将自身的责任推脱开，进而将平台和劳动者的矛盾转嫁为消费者和劳动者的矛盾，而事实是外卖平台所谓的"将心比心"的按钮并没有解决最根本的问题，"多给骑手 5 分钟"的从来不应该是消费者。系统不是"死"的，也不可能是死的，在算法技术的背后，是资本家追求资本增殖的原则，是资本对劳动的控制，是一群人利用算法技术对另一群人的剥削和压迫。

算法技术本身具有个人主观性。"已经得到满足的第一个需要本身、

1　[意] 吉奥乔·阿甘本：《潜能》，王立秋等译，桂林：漓江出版社，2014 年，第 434 页。

满足需要的活动和已经获得的为满足需要用的工具又引起新的需要。"[1]
劳动工具本身的发明和制造是为满足人本身的要求，蕴含着意识形态的
特性。人们通过利用技术改造外部的环境，实现自身对外部环境的掌
控，因而技术蕴含着人与自然、人与人之间的控制与被控制之间的关
系。随着算法不仅仅是应用于数据的筛选与整合，而且是进入到社会治
理、商业模式中参与决策时，算法本身具有的主观偏差逐渐凸显。在网
约平台的经济发展模式中，应用程序背后的算法技术对数据的筛选、规
则的制定和使用者的监控具有最终的决策作用，但行使决策作用的算法
是由算法设计者创建的，当算法设计者是为满足某种需要进行算法设
计，个人主观性便植入到算法的运行过程中满足主体的需要。在外卖行
业中，算法技术作为中介被纳入到资本的行列中，以资本家的资本增殖
作为其运行的原则，追求利益最大化的"算法"不断压缩外卖骑手的时
间，一方面凭借"快速和高效"占领资本市场，另一方面增加劳动者的
劳动强度，进而剥削劳动者的剩余劳动价值；另外算法技术以工具理性
作为标准，外卖骑手仅仅是作为资本家谋利的工具而存在，因此以资本
增殖为原则的资本逻辑其特征在于工具理性和价值理性的背离，追求利
润的最大化与视劳动者作为主体权力的个人的背离。

　　资本逻辑下算法技术的应用混淆了责任的主体。在资本主义条件
下，似乎机器的出现导致工人阶级处境的恶化：对生产过程丧失了控制
权、不断延长的劳动时间以及不断增强的劳动强度等，在这种生产条件
下，卢德运动从工人阶级中爆发，工人通过摧毁机器、罢工等挽回劳动
者在生产过程中的主导地位，机器自降落在资本主义的生产过程中，便
不仅仅是作为机器技术本身而存在，在资本主义制度下，机器被纳入资
本行列成为资本家剥削、统治、镇压工人的武器，当技术逻辑服从资本
逻辑时，技术便成为资本家实现统治的工具。马克思指出，工人应该将
批判的矛头指向资本家，指向资本主义制度，而非机器本身。随着技术

1　《马克思恩格斯选集》第 1 卷，北京：人民出版社，2012 年，第 159 页。

的进一步发展，当机器的存在由人工体能发展为人工智能，当技术的实体性运转由有形的机械型的齿轮发展为无形的算法技术，资本与算法技术的合谋昭示着智能时代劳资关系的隐蔽性，颠覆传统的劳动模式的网约平台经济凭借其 APP、算法技术模糊了资本家、劳动者和消费者的劳动关系。因此，当网约外卖平台中骑手所遭遇的困境被暴露在大众面前，责任的主体究竟是谁？解决问题的根源究竟来自哪里？最终由消费者按下"等待 5 分钟"的按钮，还是下架 APP 应用程序，或是重新设计"为人"的算法技术？回归到马克思思想的视域中，被算法困住的外卖骑手的问题在于算法的设计即资本逻辑至上的问题。在数字化经济时代，网约平台系统以可视化的操作性的应用程序处在社会舆论的风口浪尖，算法作为技术性的虚拟的存在重新被大众认为是剥削工人的源头，消费者被一封声明拉入到劳资关系中被道德"绑架"成为社会问题的承担者，唯有真正的"幕后黑手"——作为资本的人格化的资本家被技术、平台、消费者等遮蔽了其作为责任主体的角色。

"工人要学会把机器和机器的资本主义应用区别开来，从而学会把自己的攻击从物质生产资料本身转向物质生产资料的社会使用形式。"[1]工业经济时代机器在大工业生产中的应用使得资本家将资本的剥削掩盖在了机器之下，将工人的斗争矛头转嫁给机器，数字经济时代资本家处于数据或算法的背后将资本的剥削掩盖在智能化技术之下，将劳资矛盾转嫁为劳动者和消费者的矛盾，同时将社会后果归因于技术本身。

三、　数字时代算法中介的网约平台经济的治理进路

在数字技术无孔不入的智能化时代，我们已经被各种智能化的设备、技术所控制，在强大的技术面前，我们是否处于一种无力反驳的失语状态？数字时代网约平台经济中被算法困住的外卖骑手是否彻底地丧失主体性和自我意识的人？孙萍的田野调查显示，外卖骑手并非完全服

---

[1] 《马克思恩格斯全集》第 44 卷，北京：人民出版社，2001 年，第 493 页。

从于算法的规训，而是会在熟悉算法的运行规则后利用算法的漏洞，采取各种方法，例如外卖员之间的转单、信息沟通等实现自我劳动权益的最大化，从而提高配送效率和工作量[1]。这种"逆算法"的劳动实践本身是对劳动者的主体性的彰显。但在网约平台经济中出现的问题及其带来的劳资关系的恶化，仍然需要国家从行业规范、政策以及规章制度等层面解决。

我们应正确认识利用资本发展经济的必要性。马克思分析了机器的资本主义应用带来的资本奴役和剥削问题，提出问题解决的根本途径在于建构机器的共产主义应用。但共产主义的实现毕竟是一个漫长的过程，在当代我国社会主义社会阶段，一方面资本主义社会的主导性逻辑——资本逻辑在社会主义社会中并不占据主导地位，这为发展和应用算法技术提供了一定的制度保障；另一方面在我国的社会主义市场经济下利用资本发展和应用算法技术，并寻求新型经济形态的建立是我国发展生产力的必要条件。

目前劳动仍然是主要的生存手段、雇佣劳动制度仍然具有着现实合理性和必然性的社会主义初级阶段，国家对在资本驱动下发展的网约平台经济应做到鼓励和规制并举，规避网约平台经济成为资本家谋取利益的私人手段，防止网约平台经济中劳资关系的恶化。国家大力发展人工智能和实体经济的融合兴起了一批以外卖平台经济为代表的新兴业态经济，网约平台经济作为新兴业态经济缓解了就业的压力，同时促进了经济的发展，但由于缺乏监管，它带来的劳动者和社会的双重风险也逐渐凸显。国家应建立负责网约平台经济的监管部门，目前网约平台经济问题的出现在于监管主体的缺失，资本家将国家对待外卖平台经济包容审慎的态度转变为逐利的开放环境，因此国家应明确外卖平台经济的监管部门；要趋利避害地完善算法技术在网约平台经济中的应用，在可实施

---

1 孙萍：《"算法逻辑"下的数字劳动：一项对平台经济下外卖送餐员的研究》，《思想战线》2019年第6期。

的范围内推进算法技术的开放共享，健全算法治理，规制算法垄断、算法谋利等行为；着眼于资本驱动下的网约平台经济带来的劳动奴役、劳动者的无保障性、网约劳动者劳动保障制度和法律法规的滞后性等问题，优化劳动法，保障劳动者的合法权益。

目前我国的网约平台经济，应立足于实际，充分发挥价值理性的引导作用。当外卖行业逐渐发展并在经济发展中占据重要地位时，一个行业所存在的问题需要整个社会关注并承担自身的责任，规范整个行业的发展应充分发挥社会主义核心价值观的精神力量，引导参与的各个主体树立正确的价值观。例如资本家应该在逐利的同时，在算法的设计中融入人文关怀；消费者统筹各方面的因素应给予外卖骑手一些宽容。

面对数字时代的到来，我们享受着被智能技术服务的同时，受资本逻辑统摄的技术依然是被纳入到资本的行列之中，行使着资本的权力，成为资本家统治、剥削劳动者的代言人。当数字化技术逐渐进入到生产领域中，并将生产空间由工厂扩展到家庭进而侵入社会公共空间时，我们应该重视并加以反思。在数字化时代到来之际，技术所扮演的重要角色已经在社会上逐渐凸显，我们不应该拒绝技术，而应看到技术本身在促进社会发展中的重要作用，更关键的是，我们应该发挥的是"科技向善"而非"科技向利"的功能。

第四节　对算法边界的哲学反思

2021 年 6 月，多家媒体同时曝光了这样一个事件：Amazon Flex 的一名代理司机在 2020 年 10 月被电子邮件告知已被亚马逊开除，原因是"跟踪算法发现他没有正确地完成 Amazon 的快递送达工作"，导致个人积分低于规定积分。而这个工作误差发生的原因，是因为算法忽略了快递目的地大楼的晨间开启时间，并且寄存柜又出现了难以即时处理的障碍。尽管当事者本人一再申诉，但除了收到疑似系统自动回复的邮件外，别无结果。据彭博社的跟进采访，遭遇同类情形的司机远不止一名。事实上，这并不是亚马逊第一次出现类似事件。2019 年，媒体就已经曝出：亚马逊的"机器人经理"在一年内解雇了 900 多名未达到生产率指标的仓库物流中心员工。这个由算法控制的自动系统，对每一个员工的生产效率进行监测，一旦发现有人过于频繁地休息或未完成生产目标，则会自动生成指令发出警告或解聘信息。

作为最早使用价格算法的亚马逊，借助不断迭代的算法系统完美实现了从选择性溢价到优化效率、降低管理成本的一系列操作。它似乎构成了一种对事物进行评判的新的凝视目光：算法之眼。如果说福柯在《临床医学的诞生》中刻画出了凝视在肉身之上的医学话语被建构成一种"科学"权力并在社会范围内建立起生命政治管理体系的过程，那么，这种新的凝视又会将社会带向何种方向？理解它的逻辑，厘清它的边界，是首要的任务。

一、 算法：经验世界的"兔子洞"

"爱丽丝的兔子洞"常常被不同的读者解读成经验世界的各种投射：成长、焦虑、身体好奇……不一而足。各式各样的切入点都在奇幻之境中找到特殊的构成方式。兔子洞的素材和人物早已给定，然而解读这些角色和联系的架构却五花八门，甚至匪夷所思。算法正是这种不同主题类型的"兔子洞"，每一个算法都有它的特定主题，或者更准确地说，就是它所要完成的任务。算法跟人们日常对事情的处理方式的最大不同在于，它把所有的问题切割成一个个项目，每个算法只处理特定的问题，让所有事情都变得环节化。在这种环节化当中，人类习惯的概念认知和理论认知完全不起作用，算法只使用可计算性的原则来对每一个变量因素精准量化，这也就是斯蒂格勒（B. Stiegler）在他的《技术与时间：爱比米修斯的过失》一书中提到的确定性原则。这种原则实际上使得算法以数据模型的方式来建立零散数据之间的表面连续性。"当一种算法被制造出来的时候，零散的数据被给予立场并与其他数据之间建立起联系。算法不是数据的内在结构，它是被有目的性地制造出来的数据的外在性空间，从而具有生产上的无限可能性。也正因为如此，即使是最日常的数据，也可以被不同的算法多重地质询。不同的目的产生不同的算法，它既取决于经验性的判断，也体现出对未知进行探索的可能。算法的不同目的和结构创造了数据之间的关系，这些关系在算法之外未必成立。"[1] 既然算法本身是被预设了目的制作出来的，那么要求设计算法的甲方的利益和需要自然决定了算法结果的倾向性，同时，算法设计者的意图、价值观、认知逻辑甚至精神状态等也会对算法的功能实现产生影响。这些影响潜在却决定性地铸就了算法系统，决定了数据被捕获和被表征的方式。算法本身只以结果输出的界面与使用者相遇，其整个运行过程皆保留为黑箱状态。尽管这一点由技术的本质所决定，但却同时提出了对算法进行解读的挑战：如何考察形成算法设计的思想意识和价值理念及其实现途径。要做到这一点实际上正是在技术中合理贯彻伦理与人文的维度。事实上与其他所有产品一样，算法本身不过是对某种特定需求的满足和迎合。但是，算法和社会的相关性却远高于其他消耗性终端产品。在数字化的今天，线上和线下早已相互嵌入，人们几乎在日常生活的每一个维度都与算法相遇，甚至日益形成对算法的依赖。然而，值得注意的是，从本质上而言，算法的技术性实现所依赖的正是事物的确定性维度。当它通过将所有问题简化成可计算性变量进入我们生活的时候，实际上强调了线性逻辑和量化标准对世界的架构。技术话语的优越地位使得人本主义传统中的非确定性维度被忽视或简化为非理性。而这种简单替换正是大数据时代的统治逻辑。

这种替换进行得越普遍，线性逻辑思维就越深入人心，相应地，对于非线性变化的敏感度就随之被削弱。正如对定量分析的过度倚重会侵蚀人的思维方式和习惯，使我们逐渐失去通过对事物进行定性分析而获

---

[1]　吴静：《算法为王：大数据时代看不见的手》，《华中科技大学学报》（社会科学版）2020 年第 2 期，第 8 页。

取信息的能力。这后一种能力，正是人类思维不可或缺的一个重要部分。它作为一种探索性研究，更注重通过抽象和概括等能力对事物的本质、原因和价值进行追问。越来越多的学者开始关注到必须借助非线性逻辑越过数据铸就的表面，进入（如果从人类理解史来说也许应该是返回到）概念和意义的领域，那是理解力、判断力和创造力的栖居之所，也是人类文化得以生成和积淀的场域。"当我们只关注硬数据和自然科学，企图把人类行为量化成最细小的单位（夸克）或部分，我们其实是在削弱自身对所有无法如此分割、简化的知识的敏感度；我们就会失去书籍、音乐、艺术，这些可以让我们从复杂的社会背景中认识自我的渠道。"[1]

当然，对算法所赖以成立的线性逻辑的批评并非要否定算法的力量或大数据科学的合理性。相反，对算法理解得越清楚，就越明白算法的功能性和局限性，也更有利于合理地使用算法，而不是任其留在不为人知的暗域中，哂笑技术与人文的日渐对立。对算法的优化与迭代不仅仅是简单地重置目的，而是以正确理解世界以及问题本身作为基本前提。对算法的批判性理解，应当从以下三个"不能"的方面入手。

第一，算法不能为问题负责。和所有的工具一样，算法本身是一种功能性的存在，被预先提出的问题所决定，更被对问题的理解方式所决定。不同类型的问题必然要求有相应的算法设计。因此，从本质上而言，算法是一种纯粹的目的实现，而目的本身却并不内在于算法。一个问题合理与否、一种目的正当与否，和它们的实现之间没有联系。也就是说，算法所承担的使命是设计者的全部意图，它的功能性无权、也不需要对这种意图进行审查（当然，各级技术组织中伦理审查委员会的成立体现出对这个问题的自省和反思）。很多人不断重申，算法像一面镜子，将社会中业已存在的不平等现象悉数反映出来。但事实上，这些不

1　[丹]克里斯蒂安·马兹比尔格：《意会：算法时代的人文力量》，谢名一、姚述译，北京：中信出版社，2020年，第Ⅻ页。

平等之所以存在，是因为它们早已暗含在所提出的问题的结构当中了。作为一种结构性的功能模块，算法不但不对问题的提出负责，也不必从整体方案上去考虑问题的解决。算法所实现的仅仅是每个环节上的目的实现。例如，自动驾驶系统并不会理解"安全驾驶"的具体含义，它所做的只是根据输入的指令在对周边环境（道路、标识、信号灯、物体等）进行识别后采取相应措施。衡量一种算法是否有缺陷，关键在于它是否能够成功地解决所对应的问题，其优劣程度可以通过时间复杂度和空间复杂度的比较来获得。

　　第二，算法不能为数据负责。算法的实现路径决定了其所需要的数据类型。但数据的产生却并不由算法决定，被投喂给算法系统的数据也并不能由算法自主选择。从本质上而言，算法本身并不去理解所处理的内容的实质是什么，只负责收集分类、关键词搜索、关键词对比识别，建立相关度反馈等，但对输入和输出的内容都不负责。这也就意味着，算法系统所使用的数据库的数量、阈值和性质决定了其结果的不同。如果原始数据本身带有瑕疵，那么在结果上必然有不同程度的反应。大家所熟知的亚马逊公司开发的"建立筛选系统"的性别歧视现象和微软公司开发的聊天机器人 Tay 被网友"教坏"出现粗口以及种族歧视的事件，都是因为用来训练算法系统进行机器学习的数据样本本身有问题，才导致了和设计者初衷大相径庭的结果。甚至，数据的数量也会产生决定性的影响。以音频软件的开发为例，由于绝大多数女性和儿童的声音频率（音域）范围天然地高于男性，要想达到同样的语音识别精度，就不得不使用更为庞大的源数据库对识别算法进行训练。如果意识不到这个差别，投喂同样数量的训练样本，女性和儿童的声音识别精度就会降低。一旦这一语音识别系统应用于自动驾驶，就可能会造成汽车的语音指令系统无法理解女司机的语言（尤其是在紧急状态或强烈情绪下的发声）从而无法及时有效地采取合理措施。这种可能的后果显然不能看作是算法设计的缺陷，而是更多地取决于设计者对不同年龄性别的声频差异问题的觉知。只有当这种差异进入设计者思考视域时，其才有可能调整数据训练的量值。这虽然不属于算法本身的问题，但却会影响算法的结果。

第三，算法不能为意义的解释负责。一个成立的算法包括五个要素：步骤的有穷性、每一步条件执行的确切性、输入的有限性、输出的明确性以及步骤在有限时间内的可完成性。从这里可以看出，算法的输出内容仅属于可执行性的自然结果，其所蕴含的社会意义本身无法借助算法提供，因为决定结果和所映射的现实之间关系的恰恰是该算法所赖以建立的数学模型，它是现实与计算机之间的桥梁，本质上是用计算机可以识别的数学语言来对现实问题进行描述。这个过程首先需要通过建立假设而确定条件描述（描述的精度至关重要），其次根据这种描述建立变量和各变量之间的核心关系。然而，无论怎样复杂的模型，都只能是对现实问题的抽象和近似，很难将复杂的社会情境完全简化成数学模型。这也就决定了算法的结果本质上是所运用的假设模型的结果，而非事实本身。风靡一时的"明星脸比对"软件曾经将非人类面孔误认为某个明星，就是图像识别算法中的区块模型所导致的。当数据化技术将世界处理成事实集合的广度经验平面时，由历史和文化积淀而成的深度却被忽略了。这是算法向度的局限性所在。

二、规范重塑：从行为预测到行为改变

尽管在关于大数据技术的宣传中，数据挖掘和分析一直是强调的重点，但数据预测才是大数据技术的真正核心，因为几乎所有数据分析的指向都是对行为进行有效预测甚至干预。通过高速处理信息的软硬件，该技术可以在有限的时间内对大量数据进行筛选和分类，并使用算法来寻找海量数据中存在的模式和相关性。一种乐观的观点相信，大数据预测的优势在于通过对源数据之间的关系分析，将预测问题转化为以趋势或模型来展现的描述性问题，从而将模型提炼为预测分析，进而直接应用于新数据。这一流程的商业运用已几近成熟且创造了巨大利益。大数据空前的数据存储能力和低成本介质的普及，解决了传统统计学小数据

时代对数据进行分析时可能会遭遇的随机样本的典型性问题。大数据的推广者坚称，只要原始数据库的规模在阈值（即数据分析的有效性所必需数据规模的最低临界值）以上，从理论上来讲，数据挖掘和分析的结果就可以准确实现对未来趋势的预判。今天，无所不在的移动通信设备和智能设备源源不断地提供了巨大的数据基数，使得大部分数据分析的日常商业运用中的系统性偏差呈现为低值。也因此，大数据预测的结果常常被赞成者们描述为"客观、直观"，以数据呈现的事实判断代替了过去依靠决策者个人洞见的管理方式，在商业决策中起到了极其重要的作用。

毫不令人意外的是，这种被数据主义者当作事实和科学来看待的结果遭到了很多数学家和统计学家的质疑。事实上，一旦解释变量超过9个，就会存在不止一种模型可以获得匹配的拟合状态。这也就意味着，目前模型依赖的算法系统所能实现的数据分析所产生的问题并不会比小数据时代的统计学更少。更为极端的看法甚至认为，所有的模型都有问题，但只需要找出可以用的那一个。"以大数据能实现的数据体量而言，出现任何高度规则的模式都不足为奇，但这当中大量的相关系数都是无意义和无作用的。从理论上来说，在任何数据集群中都可以寻找到某种交互关系。因此这些统计学模式对于现实世界的解释不但未必准确，甚至有可能出现错判。"[1]

然而算法预测所具有的危机并不完全在于精准度，更在于可能带来的巨大社会重塑。智能手机用户对下面的场景并不会陌生：下载一个APP或选用某款小程序，用户注册后必定进入一个用户条款的告知页面，这时候唯一的选择是勾选同意选项，否则就没有办法进入下一步。因此，尽管也许用户对于条款中的部分权利让渡或免责条例并不赞同，但仍然没有第二种可能的选择。这就导致绝大多数时候，用户在面对这

1　吴静：《第三持存和遗忘的可能：数字时代的莫涅莫绪涅困境》，《江海学刊》2021年第5期，第125—126页。

种告知的时候基本不会细看而直接勾选同意，用权利的让渡换取使用权。因为这里的同意与否只是形式上的选择自由，不选择的后果实际上是被拒之门外。这种近乎准强制的方式迫使用户以自愿的方式把自己主动地交给算法，既让渡出属于自己的部分权利，也让渡出对规则的话语权，从而从属于算法所建立的象征符号秩序。算法语言所拥有的"排除"或"拣选"的权力，正在于对秩序的塑造或重构。朱迪斯·巴特勒（J. Butler）将性属的社会性构建的基本运作确定为排他性，数字化同样遵循了这一原则。"这些被排除的场域给'人'划了界线，成为其构成性外在，且作为其消解与再表述的持续可能出没于这些边界。"[1] 算法所制造的边界不断地将新的社会规范性设置视为既定事实，并在接下去的使用过程中使这些规范成为其他活动的可能的社会前提。换言之，算法不仅仅是一种象征符号秩序，而且是可以被视为福柯的权力聚敛关系的高光显形。通过对规则的改写，算法直接架构了人的行为及其社会关系再生产的脉络，构成了新的行动准则。

随着算法在商业运用中越来越广泛，资本对其的使用趋向于极致化。用户因为利益或便捷对平台产生的依赖（所谓用户忠诚度）只不过是平台操控者实现的第一个目标（这也就解释了为什么久不光顾某 APP 的用户反而会收到大额折扣券，它和熟客优惠一样，不过是用户锚定这枚硬币的两面），接下来他们更希望达到的目标是让目标客户群顺应算法产生惯性自动化，成为"机器控制主义"（instrumentarianism）的合格产物：AI 在通过数据痕迹记录对用户的行为模式熟悉之后，可以采取针对性的诱导策略或惩罚措施引导其作出算法希望的行为，并对其行为加以修正，使其符合平台所希望达到的利益目标。这种通过掌握规则话语权以可计算性的原则对本来形态各异的劳动和需求进行规约甚至规训的机器控制主义已经突破了传统的"投其所好"的客户战略，转而实

---

1   [美] 朱迪斯·巴特勒：《身体之重：论"性别"的话语界限》，李钧鹏译，上海：上海三联书店，2011年，第8页。

现对用户行为的控制和塑造，它所形成的新行为方式改变了社会关系的构成和规则。现代性所信奉的"工具主义"被资本控制下的算法极化并逆规训成为"机器控制主义"。这种趋势一旦开始，就会重塑规则并使之惯性地运转，从而导向资本利益的最大化。更令人担忧的是，这种新的象征秩序不仅仅是技术的更新和提升，而且挑战了人类长久以来的很多基本原则。以外卖骑手为例，算法不仅可以做到估算骑手从接单到取货到送货的一系列时间，还可以根据骑手的年龄和身高，测算出骑手相应的步长和速度，以尽量缩减其中步行部分所花费的时间。平台竞争之下不断缩短的预定送达时间背后是对劳动的总体吸纳的完成。"在马克思的旧有想象中，资本主义就像一只以劳动者为食的吸血鬼。监控资本主义不仅展现了这种想象，还出现令人意想不到的转折。监控资本主义吞噬的并非工人，而是各式各样的人类经验。"[1]

　　乐观的数据主义者将这种变化归结为整体认知范式的改变。例如，罗伯·基钦（R. Kitchin）在他的研究中列举了大量与此相关的言论。尽管他对其中认为数据优于理论、可以直接表达现实的观点进行了批评，但也赞成一种根本上不同的认识论正在形成。这种新的数据密集型的科学范式，挑战着既定的科学演绎方法。因为数据驱动的科学将会重建与经验的关系，从而改变原来由知识驱动的科学方法。他甚至提出，"为了配合这种转变，数据驱动的科学哲学基础（认识论的信条、原则和方法），需要通过努力和辩论为新范式提供一个强大的理论框架"[2]。凯伦·杨（K. Yeung）也对这种算法带来的行为改变进行了批判性的分析。他认为，对算法所可能带来的忧患的考虑并非是一种对数据化技术本身施加的道德要求，而是基于技术—社会的连续性影响，对数据权力的不对称所可能导致的社会改变进行反思，并力求对其进行规范。在

1　［美］肖珊娜·祖博夫：《监控资本主义时代（上卷）：基础与演进》，温泽元等译，台北：台湾时报文化出版企业有限公司，2020年，第40页。
2　Rob Kitchin, "Big Data, New Epistemologies and Paradigm Shifts", in *Big Data & Society 1 (1)*, 2014, p.10.

他看来，"算法已经开始且无疑会继续以前所未有的方式彻底改变社会的组织形式，包括公共管理的组织形式"[1]。这也就意味着，基于算法设计的机器控制主义的未来必将使整个社会的公共性联结从属于技术权威，谁掌握数据、谁使用数据、谁决定算法，谁就掌握了创立社会规范的全部权力。但事实上，就算法本身而言，它的优化和迭代并不必然指向最危险的方向。如何将算法规制引向健康有序的方向，很大程度上既取决于对数字和人文之间关系的理解，也取决于对算法的社会性后果的理解。

三、 开源与湿件：破除算法刚性

对算法的批判性解读很容易招致一种简单武断的攻击，以为批评者是要对大数据技术及其可能导向的人工智能科技进行单纯的否定。这种粗暴的非此即彼的二元对立式思维除了显示出辩护者对批评所指向的危机毫无洞察之外，也暴露了他们对算法建立的基础以及人类社会结构的有限认知。假如将算法当成对世界进行理解的唯一方式而不是方式之一，将数字化甚或数据化当成全部事实，数据技术必将走向启蒙理性"祛魅"的反面：神话。神话不是幻想或虚构，而是扭曲和嫁接。数字化神话使得原本受制于思维方式、形成机制和内在结构的技术被套上了不可辩驳的纯科学外衣。罗兰·巴特（R. Barthes）将神话的根本原则定位为对历史的自然化替换，即将原本依赖于情境和条件的历史建构当成抽象的、具有普遍性的自然过程。于是，过程和动机变得不可也不必追问，结果成为自然普遍性而获得了彻底的正当化。"允许读者无知地消化神话的，是他并不视神话为一种符号学系统，而是一种归纳系统。只要有一种等值，他就看见一种因果过程：在他眼里，能指和所指有段

1　Karen Yeung, Martin Lodge, *Algorithmic Regulation*, New York: Oxford University Press, 2019, p. 1.

自然的关系。"[1] 数字化神话通过将"技术"等同于"科学",以貌似自然性的外观隐匿了其中的方法局限和权力结构,借助近代以来对硬科学话语的信仰式布展将数字技术推崇到了绝对权威的地步。这类似拉康所说的象征界的符号组织体系的功能,用来实现对实在界不可认知之物的缝合。算法在本质上作为象征界的一套符号系统,也对实在界中孤立的数据进行了缝合,从而建构出意义。实在界是一个绝对不可到达之境和绝对的裂缝,所以必须要经由象征符号体系的缝合和描述,才得以作为客体对象的一部分被经验所把握。"这些象征符号是从能指与所指的分节连接——即语言结构本身的对等者——出发来起作用的。"[2] 算法语言中的所指是基于能指筛选的有效数据,并且由于算法预设了能指所表达的方向,有效数据与数据冗余之间的对立就由预设目的而决定,数据之间的关联性也由预设目的而决定。但是算法这一特殊的语言符号却颠倒了能指与所指的关系。因为算法语言缝合的目的并不来自所指,而来自人为预设。这种数据能指的表达不会存在一个像拉康所描述的向实在界回归、以期进行下一次象征化的剩余过程,因为是否再次象征化、如何进行象征化都取决于算法的最初预设。这种向实在界返回的断裂,决定了算法不再有绝对的大外部——实在界不再构成它绝对的、无法描述的大外部,因为被算法排除在外的是数据冗余和无效关联。

换言之,算法所建构的这道边界构筑起了可解释性得以成立的界线。在数字技术以及人工智能技术的发展中,可解释性是连通数据与经验的桥梁。它一度被认为是技术本身的可信度的正面展现。但佐治亚理工学院最近的一项实验提出了"可解释性陷阱"(EPs,即 Explanability Pitfalls)的概念,旨在挖掘数字技术可解释性的负面影响。[3] 在这项实

1 [法]罗兰·巴特:《神话——大众文化诠释》,许蔷蔷、许绮玲译,上海:上海人民出版社,1999年,第191页。
2 [法]雅克·拉康:《父亲的姓名》,黄作译,北京:商务印书馆,2018年,第20页。
3 See Karen Yeung, Martin Lodge, *Algorithmic Regulation*, New York: Oxford University Press, 2019.

验中，不同认知背景（主要取决于对 AI 技术的了解程度不同）的参与者都对算法给予的数字化结果表现出了盲目信任的态度，并进而产生出依赖性。这种过度的信任延展所导致的对于数字技术的不正确认知使得算法无论初衷如何，都有可能陷入"可解释性陷阱"，但不同的算法对下游的影响程度并不一样。EPs 的这种易感性为解读算法神话提供了一个极佳的入口。破除算法神话的关键步骤是对建立在大数据技术基础上的算法本身进行"祛魅"。当经验现象通过数据化变成计算机可读语言（即数据）时，现象和事件本身的自然随机性便被打破。一种数据上的连续性代替了表面的不连续性。数据挖掘和分析呈现给读者和客户一种解蔽式的世界景观。这种"解蔽"满足了人们对可解释性的要求。但值得注意的是，这种景观所展现的连续性未必是自然性的，当人们满足于通过这种"解蔽"方式去阅读经验世界所谓的"真相"或"意义"的时候，却恰恰忘记了对"解蔽"过程的解蔽，即对算法的批判性反思。生活世界本身的构成并不仅仅是一堆经验事实本身的平面聚合。它既体现为现象的表面，也在更深层的维度上呈现为"为什么如此"。只注重相关关系的数据挖掘不能对非线性的因果关系进行解读，而且距离所宣称的"理解世界"越来越远。在对数据和算法的过度信赖之下，一种极致的经验主义倾向被史无前例地提高到认识论层面上。"除经验外，知识别无来源"的信条被改写为"除数据外，知识别无来源"。这在德勒兹提出以"先验经验主义"方法去探索经验形成的条件从而解决传统经验主义的问题之后，简直是一种理论上的倒退。传统人文社会科学对经验背后的关系与本质的探索努力被认为和"事实（本质上是数据）"无关。海量数据所形成的广度已经毋庸置疑，但如何恢复它的深度，不仅是技术的问题，也是人文的问题。对此，需要从社会属性、数据类型以及实现方法三个方面进行思考。

第一，湿件构筑未来。克莱·舍基（C. Shirky）在《人人时代：无组织的组织力量》一书中提出了一个甚有趣味的主张：未来是湿的。他别出心裁地使用"湿件（wet ware）"这个术语来形容人类社会应当具有的特质。"湿件"这个概念广为人知是因为鲁迪·卢克（R. Rucker）在1988年出版的科幻小说三部曲《软件》《湿件》和《自由件》。其中，与计算机显性设备（硬件）和编码化知识（软件）形成鲜明对照的是"湿件"。它不单单指以抽象概念思维为基础的人类大脑所具有的能力，更意指一切生物系统所具有的有机特征。后来新经济增长理论用"湿件"来形容无法与其主体相分离的知识和质素。由此可见，湿件之"湿"在于它的生命性和联系性，是社会有机体得以有效聚合和实现再生产的前提。《人人时代：无组织的组织力量》一书的译者之一胡泳在译者序中这样解释："硬件与软件的混合互动通过连续不断的生理联系显现出来，化学的和电的反应在假定互不相关的区域间广泛扩散，这时，需要一个词来概括单靠硬件和软件都无法描述的互动。这就导致了'湿件'一词的产生，它对于解释生理和心理微妙互动的现象非常重要。"[1] 然而，湿件的意义并不仅止于此。如果说连关系性互动都不足以被软硬件知识所穷尽，那么更为复杂的社会构成呢？这里所描述的社会结构的复杂性，不仅表现为其构成要素和生成条件的众多，还表现为各种要素参与下的事件结果的情境化特征和文化历史内涵。换言之，单一的、线性的逻辑并不能以普遍性的方式反映出问题的特定意味，也就不可能完成对所有事件的统摄和预测。托马斯·斯特里特（T. Strecter）在梳理互联网的发展历程时，就曾明确指出人们在面对所有关于技术的故事时，"为了一个目的开始，又结束于另一个目的"[2]。这种线性的目的论使得社会语境中的复杂互动总是被无意识遮蔽，复杂状况被化约为单一要素，并使得所有事件的发生具有了必然性结局。然而这种绝对的必然性，无论在大数据时代还是小数据时代都不能得到保证。非线性的批判性分析和整合的布展、创造性洞见的生成离不开历史

1　[美]克莱·舍基：《人人时代：无组织的组织力量》，胡泳、沈满琳译，杭州：浙江人民出版社，2015年，第XVII页。
2　[美]托马斯·斯特里特：《网络效应：浪漫主义、资本主义与互联网》，王星等译，上海：华东师范大学出版社，2019年，第40页。

知识的积淀和文化实践的参与。人类越向前发展，越需要了解当下与历史之间的连接，越需要在普遍性之上去理解独特性。数字技术为今天的人们提供了认识更大范围世界的可能性和手段，但人类经验的丰富性远在有限的数学模型和认知理论之外。更多的数据并不必然带来事实的细致和真理的切近，也有可能是数据的冗余和理所当然，却有悖于常识的结果（比如，"幸存者偏差""德克萨斯州神枪手谬误"）。

随着 AI 技术的迅疾发展，另一个被称为"人为因素研究"的新兴领域也随之发展起来。它和已有的数据挖掘和分析模型不同，主要关注人机交互过程中人类行为的随机性。这不能不算作一个令人振奋的、朝向"湿件"建设的努力。它穿透了线性逻辑对人类行为的连缀方式，开始关注自然经验的随机性和无组织性。后者不但是刚性逻辑之间起作用的软附着，更是构成个体行为独特性的重要因素。尽管这项研究还处于起步阶段，但谷歌已经尝试在自动驾驶汽车上使用"人为因素研究"的成果，以达到对人类驾驶员的随机无序行为的更好理解。这项研究或许能成为一个值得期许的开始，将来源于对人类经验的非线性理解和"湿化"处理带入人机互动当中，是以人为本的情境和经验性研究的展开。"未来是湿的"，是对"事件"的生成性过程的关注。这或许可以帮助研究者和使用者穿越有限的数据模型的谬误和线性逻辑的樊笼，既不舍弃大数据，也不排除非数据化方法，而是通过大数据和传统研究方法的结合，拓展对人类社会及个体的深（情）境理解，滤除"技术障目镜"的遮蔽，达及那个熟悉却仍然未知的世界，使数字化技术能够更多为人文所捕获和使用。

第二，厚数据，大连接。空前规模数据库的创建不但为诸多自然科学研究提供了更便捷的数据收集和分析途径，也使得之前极其依赖文献资料的人文研究获得了更加全面丰富的资料基础和数据样本，高效率的识别软件和分析工具使得词频、图表等传统人文研究中并不经常出现的方法得以被激活。在技术对人文的不断渗入中，新的视域、方法、观点和角度都有了生长的空间。然而，从存在论意义上而言，数据是拉康所说的"真实之物"（das Ding），存在于实在界之中，却又不是实在界本身："真实之物"是意识和语言无法达及的存在，既不可被想象，也不可被象征，但却是想象界和象征界的动力之源。它构成一种悖论：一个存在的非存在和不可能的可能，以反叙事性的方式形成必须被中介合法化的叙事。当主体经验到它的时候，它仅以被表征的方式出场却不在场；当它在场的时候，却脱离了任何表征形式，使得主体无法认识它，只能以从结果回溯的方式来把握它。这也就造成了有批评者指责数字化消解了纯粹经验与其形成情境之间的内在关联。针对这一显而易见的弊病，克里斯蒂安·马兹比尔格（C. Madsbjerg）在大数据基础上提出了"厚数据"（thick data）概念。"厚数据不仅可以捕捉事实，还可以捕捉这些事实的背景。……如果薄数据旨在根据我们的行为来理解我们，那么厚数据就是根据我们与所生活的世界的联系来理解我们。"[1] 显然，这种数据抓取上的要求诉诸一种更整体、更有深度的世界观。厚数据的提出意在完善数据自身的深度，进一步细化对数据的诠释，以及反向加强数据的阐释力。这是一种更为情境化的数据提取和优化机制，试图将"事实—数据"抽象化过程中所丢失掉的丰富内容重新找回，并将"过程性"纳入数据所能展示的图景中。

　　厚数据将不可被数字捕获的经验性内容（相当一部分表现为随机的）包含在内，这原本在算法的刚性边界中被排除为数据冗余和无效联系，但在现实的经验世界中却呈现为主体建构的特殊性（主体不可预知的创造性、偶然性、意外性）和文化的复杂性（单个现象与其他现象及历史的依存关系、边缘价值与其他价值的互动关系、行为的频率与其背后的文化关联等）。从这个意义上说，厚数据所要求的是形成观察人类行为的整体性视角。这正是人文社会科学所致力于获得的东西，因为

1　［丹］克里斯蒂安·马兹比尔格：《意会：算法时代的人文力量》，谢名一、姚述译，北京：中信出版社，2020年，第13—15页。

"文化为事物提供了其在社会世界中呈现的意义"[1]。提出"厚数据"概念的马兹比尔格认为建立在"意会"（sense making）基础上的深度理解是一个必须被添加进来的维度。在他看来，这种基于传统人文学科的实践方法着意于在现实的文化结构中考察具体的存在，所观察的对象不是数据呈现出的独白，而是此在与其基础和条件的对话，是布尔迪厄所言的"惯习"，是生成之场域。需要特别指出的是，厚数据对情境的指认，并非一种简单的直接性还原，而是反思的批判性认知，不但致力于追寻事实背后的价值，而且通过展示科学形式化（在这里是数据化）形成的条件消解通过排除和遮蔽其他认知方式获得的普遍性。

厚数据的实现对于目标问题的提出和算法设计者都提出了更高要求，打破了技术与人文之间某种程度上的对立，将人文的张力嵌入技术的构思和执行过程。算法设计者自身具有的人文素养越丰厚，对世界的理解越立体，体现在算法设计中的数据维度自然会更加优化。从本质上说，厚数据改变和优化的不是技术的软硬件基础和条件，而是理解世界、穿透问题的方式，是世界观和价值观在技术问题上的正面体现。佐治亚理工学院的研究团队甚至提出了 AI 系统的"有缝设计"（seamful design），战略性地敞开了不同部分之间的复杂性和连接机制，揭示了算法本身的缺陷和承受能力，以厚数据和反思性思维来促进形式和功能的连接。透过厚数据建立起来的大连接将社会关系生产和再生产的维度蕴含到数字化之内，将是未来技术和人文同步发展的可能方向之一。

第三，开源生态的开放未来。开源即开放源代码的简称，是指程序员在发行软件时同时发行编写软件的计算机指令组，即源代码。软件源代码的开放使得软件可以被二次开发利用。任何人在签署了一定版权协议和承诺的前提下，都可以得到软件的源代码，进行学习和修改，甚至重新发行。但是，用户在使用开源产品时，不但需注明产品来自开源软

1　[加]安德鲁·芬伯格：《在理性与经验之间：论技术与现代性》，高海清译，北京：金城出版社，2015 年，第 199 页。

件和源代码编写者姓名，而且还应把所修改产品返回给开源软件，并公布自己的源代码。所有对开源软件进行迭代和派生的产品都必须遵从开源协议，否则会被视为侵权。开源运动被公认为互联网发明以来最伟大的创举。Linux 是国际开源操作系统中的佼佼者。三十年的源代码开放，使该操作系统成为互联网开放中最重要、规模最大的共享技术基础，为世界上绝大多数计算机系统提供技术支撑。最新的开源共享倡议，除了继续原有的源代码开放外，还加入了数据共享和开放实践。现有开源工具不但可以实现知识产权追踪和自动化代码贡献过程，还提供了一个完整的安全框架用来扫描开源项目，以便开发者注意到漏洞。该工具甚至提供修复错误的建议，改进项目的安全性。不同的用户甚至可以在此基础上根据自己的特殊需要、特殊文化背景定制和研发软件的不同运行方式。开源运动打破了对专利和版权的极致封闭管理，以一种基于信任和安全的方式，同时实现了有限知识产权保护和代码所有权共享。世界的连续性和非连续性被以开放的方式整合成了一个完整的生态系统，其所延展出来的社会开放性前所未有。

目前的开源主要实现的是用户模式的迭代，以推进更符合需求的设计开发为主要目的，并将已有的"问题"带入数字技术的发展过程中，是建立面向未来的技术逻辑的重要方式。面对"技术黑箱"所引起的数字世界内的权力倾斜，以及数字权力的作用方式从显性向隐性的逐步深入，开源生态的构建使得算法霸权的闭环逻辑在人人可以追踪代码、可以修改和再开发的社区内部必然难以容身。通过开源社区志愿者的技术普及和优化，普通用户也可以了解技术之内究竟在发生什么。世界本身的丰富性也有望在其中得以不断充盈。并且，这种协同努力可以使开发和失败的社会成本显著降低，并惠及每一个使用者。当然，开源本身也有其边界。在目前的开源运动中，不允许涉及加密项目、军事项目或核相关软件项目的参与，因为以上项目通常涉及商业机密或国家安全。此外，国家之间的竞争也会影响开源的进行，已经有不止一个国家建立法规对开源项目进行审查。我国也正在致力于制定数据跨境流动规则。尽管开源运动本身需要不断优化，但它仍是目前情形下值得关注的力量。

其实，更为重要的是，开源在这里所意味的并不仅仅是一种运动，它更是一种朝向算法透明性与开放性的伦理政治要求。无论是佐治亚理工学院研究团队正在尝试的基于"有缝设计"的人机缝合，还是更多声音要求参与改变的"订单分配"规则透明化，从根本上而言所体现的都是技术内部民主化的趋势诉求。它要求打破技术精英们的封闭话语体系，把技术相关问题放置在公共领域中进行探讨，从而实现利益相关群体与技术专家之间的合作。事实上，这种整体生态系统搭建的重要性越来越为 AI 技术的研究者所认识。或许，面对技术发展本身所带来的问题，从超越技术层面出发的透明化策略更有益于促进对技术内嵌的反思和对新规范的思考。

不得不承认，数字技术将世界置于一个从未被想象过的情境当中，带来的挑战和提供的契机并存。直面问题，批判性地面对时代之问，是每一个当代研究者的使命。技术问题越"内嵌于"整个社会，"优化"的无穷逻辑越致力于将事物置于标准化的现代工具理性之下，技术与人文的关系就越不在技术之外。只有透视算法神话的边界，将技术发展及其提供的问题解决方式和人类文明长久以来的积淀内在地联系在一起，将数据资源同其他各种人类学资源整合在一起，人类才可能以整体且可持续的视角实现效率与公平的结合。哲学的思考，在这一变革之际，不应缺席。

第四章　平台架构下被占有的公共性

当代资本主义新变化已经成为一个极具理论和现实意义的议题。对这一问题的分析和解读有不同的切入点和视角。但无论如何，技术（数字化及其基底）因素都是一个难以被绕开的内容。从实际发生来看，"数字化已经成为分析当代资本主义的一种元趋势"[1]，主要原因在于它使资本主义的发展脱离了人们所熟悉的区分经济部门或分支的边界，数字化开始影响到生产的所有领域和劳动力市场的所有部门，并正在以多种不同的方式改变工作，改变商业战略、工作概况、组织政策、生产链、就业形式以及劳动关系等。因此，数字化正在成为合理分析当代资本主义变革的新基础。然而，最早提出"数字资本主义"概念的丹·希勒（Dan Schiller）并没有明确界定这一术语的内涵，在他看来，"数字资本主义"其实更多是一种状态性的描述，即"信息网络以一种前所未有的方式与规模渗透到资本主义经济文化的方方面面，成为资本主义发展不可缺少的工具与动力"[2]。这也就意味着，希勒并未就数字化技术发生影响的方式、范围和程度作出界定。从某种意义上而言，这种描述上的暧昧本身成就了一种能指的准确性，因为与数字技术日新月异的狂飙相比，任何断言都有可能遭遇边界被突破的情形。尤其是近年来数字资

1　［德］菲利普·斯塔布、［德］奥利弗·纳赫特韦：《数字资本主义对市场和劳动的控制》，《国外理论动态》2019 年第 3 期。

2　［美］丹·希勒：《数字资本主义》，杨立平译，南昌：江西人民出版社，2001 年，第 5 页。

本主义的发展，不但给商业本身带来了深远影响，还引发了涉及劳动形式、资本形态、剥削方式、分配方式甚或权力话语等多维度的讨论。这种改变，不但体现为一种新的关系被强加到公共性与私人之间、个人与特定社群之间、科学与权力之间、超级节点与散在终端之间，更突出地展现出了这种全新的社会生产方式与工业社会模式之间的根本差异。

第一节　数字资本主义解构：幽灵劳动、　叙事困境与系统不稳定性

"数字资本主义"这样的宏观概念构筑了一种不甚清晰的理论边界，它使得由数字化（主要是互联网化和智能化）而引发的一般现象的讨论、数字技术所制造出来的话语（科技的、商业的等等）以及政治经济学的批判交织在一起。这一方面是由于数字技术在今天个体和社会关系中的无处不在，另外一方面也是因为理论界对于"数字资本主义"的本质特性也始终处于探讨和争论当中。事实上，由于不同地区数字化水平的差别，很难以统一的标准构筑对所谓"数字资本主义"的衡量。这也就意味着，标准化、平均化和普遍化的"数字资本主义"并不存在。对于数字资本主义问题的研究必须进入到对新问题所引起的危机的思考中。否则，用伪普遍性来封闭能指的做法不但可能会将这一概念变成一个僵化、空洞的想象，更可能会掩盖了其自身的不断发展变化及在社会所有维度上造成的不同影响。因此，使用这一概念的前提是把握数字社会与前数字社会两种社会模式之间的根本差异和结构性变迁。工业资本主义长期建立起来的稳定雇员制度、规模发展"神话"和总体化调整能力都受到了很大冲击。从这个意义上而言，对作为新现象、新变化出现的"数字资本主义"相关问题的探讨，是有重要的理论意义的。它不但刻画出作为解读生产关系发展的重要理论入口之一的技术的社会化应用所带来分工、协作方式的变化以及它们之间结合形式的更迭，同时也提

供了从哲学高度对当代社会复杂性问题进行分析和判断的前提。以此作为出发点，才能真正批判性地接近数字资本主义的本质内核以及其可能带来的危机。

一、 拓扑学的空间：超连接的幽灵劳动

陀思妥耶夫斯基在他的小说《地下室手记》中描绘了一个表面上看起来充满浪漫气息的水晶宫。这其实是对车尔尼雪夫斯基的《怎么办》当中单纯依靠理性规划出来、依靠理性的强权来进行管理的空想乌托邦的嘲讽，当然同时也是对唯科学论的批判。在陀思妥耶夫斯基看来，如果人们通过遵循不可能被否定的自然法则而变得善良、满足和幸福，那么事实上就等于没有选择。因为整个社会都会被这种危险的、进步的、无限统一的价值所裹挟，它甚至统御和宰制了我们的生活和判断。这种作为理性的绝对权威之具象化的水晶宫，成为和乘法定律本质上一样的公理，也成为小说中整个人类社会运转的原则。事实上，水晶宫这个形象的隐喻来源于1851年伦敦万国工业博览会的展馆建筑，它同时也是这次博览会最令人瞩目的展品之一。今天看来，这个由钢铁和玻璃通过精巧的设计和工艺结构起来的巨大温室最意味深长的地方在于，旨在展现工业革命成果的该建筑不但成功地影射了资本主义社会中的某些特质："货币的权力（指资本和生产要素——引者注）、单纯的运动和醉心的享乐"[1]，甚至和陀氏的小说一起，体现出了当下的数字资本主义的核心要素：技术公理化地运转使得一切的外部被总体吸纳为内部且处在不断加速和发酵中，这是一个去（几何）空间化的世界。

如果说前数字资本主义时代的价值链的生产和资本在全球的扩张都主要依赖空间扩展和地理的不平衡发展的话，那么当下借助数字平台所实现的劳动过程的社会化外溢，所造成的剩余价值形成过程的延长，实

---

1 ［德］彼德·斯洛特戴克：《资本的内部》，常旭译，北京：社会科学文献出版社，2014年，第17页。

际上是通过虚拟空间维度上的扩张形成的。覆盖全球的互联网设施和数字平台所搭建起来的全球劳务"外包"体系，不仅使空间转移克服了地理和政治上的一切障碍，降低了扩张和流动的成本，更使得资本可以充分利用人力资源价格和税收制度等一切方面的地区性差异以提高利润率。这种扩张模式打破了工业资本主义一般利润率下降的魔咒，成为数字经济的突出表现之一。更多的国家和地区被纳入全球产业链的生产过程中，使得新自由主义经济政策能够获得更为大量的廉价劳动力作为产业后备军。剩余价值的形成伴随着资本主义生产发生在"不依赖地理"的情形之中，它不仅体现为在通过数字技术连接的不同劳动范式中的实际吸纳，更体现为由技术理性和规则所实现的对劳动者的生命权利的吸纳：去个人化。和近代自然科学以及地理大发现所获得的空间上的广袤感不同，这种通过节点和连接所实现的网络是一种去空间化的世界体系。其扁平化的结构无须诉诸泰勒制传统的层级结构，在完成全方位扩张的同时，实现对群体活动的直接管理并降低信息强度损耗，最终使得"劳动过程，从而劳动和工人本身，在所有这些方面都受到资本的监督和支配"[1]，并演变出资本主义更加集约化的垄断形式。

　　这种依赖数字化虚拟维度上的扩张和物理空间的扩张模式之间存在极大的差异，其中之一就是稳定性的消除。当由属地依赖和固定职员制建立起来的统一工业社会体系被数字连接打破和取代后，原本基于组织认同和地点固着的劳动者联合也不复存在。它同时具有两方面的趋势：一方面，在已然建立的劳资关系中，资本愈加强势，劳动者的不稳定性增强，"要接受新的约束和物质上的不安感"[2]。另一方面，个体得以受益于劳动的低门槛而进入到全球体系之中，使个人生存境遇的改变得以实现。改善和剥削以互相渗透的方式交织在一起，不仅成为数字资本主义时代的复杂现实，更预示了新的经济形态和劳动方式的变化可能。

1　《马克思恩格斯全集》第 32 卷，北京：人民出版社，1998 年，第 104 页。
2　［德］乌尔里希·贝克：《风险社会：新的现代性之路》，南京：译林出版社，2018 年，第 177 页。

　　在对通过互联网实现的"弹性用工"现象的考察中，服务行业因为其显性特征受到了较多关注。但事实上，这只是冰山的一角。更多、更为基础的网络维护、数据采集与分析等工作实际上都是由全球范围内的零工劳动者完成的。他们的工作维护了作为技术基底的数字化设施的正常运行。很多人认为驱动人工智能（AI）系统及应用程序（APP）和网站运行的是各种智能终端和互联网的软硬件连接。但事实上，这只不过是技术外壳的假象。在今天，所谓的数字自动化服务的实现仍然是人机互连互渗、协同工作的结果。也就是说，缺少了人类劳动的参与，即使是人工智能也不可能正常运行。因为云计算和人工智能所驱动的算法程序系统仍然具有一定的局限性，它无法精确地解决和判断必须依赖人类的认知、感知和文化背景的任务。当然，这里必需的人类劳动所指向的并不是设备和软件的开发以及作为用户的数据生产者，而是更多、更隐形的用以维护网站日常运转的数据标注和纠偏，[1] 以及其他的分散工作。这些工作需求量极大但相对简单，涉及众多的专业领域和经济部门，但其专业要求并不高，因此相应地，它们的劳动报酬也不高。用固定雇员来承担这项工作对于互联网企业而言，无论从效率还是成本上，可能都不是明智的选择。这也就决定了，在今天以互联网实现的就业结构重组中，这一类劳动通常是以"众包（crowdsourcing）"的形式实现。

　　基于成本原因的考虑，这种海量的工作大多也由按需用工平台来发布，以匿名性甚至去人化的方式完成。作为连接任务与劳动力的数字化众包平台，将大量的、分布在全球各个角落的活劳动嵌入到计算应用程序系统中，从事人工智能无法完成的微小、重复性的且低技能的但却需要人类的充足经验和感觉、知觉能力的"微任务"。与稳定的雇佣劳动

1　目前的数据标注属于人工智能行业中的基础性工作，需要大量数据标注专员从事相关部分的工作以满足人工智能训练数据的需求。标注员就是使用自动化的工具从互联网上抓取、收集数据包括文本、图片、语音等，然后对抓取的数据进行整理、标注与分类。比如，当在搜索引擎中以"春天"为关键词搜索图片，其实现的基础是标注员用数字工具抓取大量图片，再对图片进行分类，并根据其理解将其中符合的图片标注为"春天"。只有在这个基础上，搜索引擎才可能发挥作用。标注工作是人类的智识劳动。

制度不同，众包劳动并非通过把活劳动吸纳到部门内部，使其作为公司成员的一部分，相反是凭借数字化技术、互联网和移动终端，将部门任务外化和社会化。这是大卫·哈维（David Harvey，也译作戴维·哈维）所提到的资本主义"灵活积累"（flexible accumulation）在数字时代的极致发展[1]。这些劳动并不直接可见，而是隐藏在数字系统的背后，成为看似自动化服务的隐匿部分，成为"幽灵工作（ghost work）"，但事实上这些不可见、也难以被察知的劳动却是数字设备和智能系统能够平滑运行的基础和关键。这种不透明的雇佣劳动不但是零工劳动的一个组成部分，同时也维护着使整个数字化搭建起来的零工劳动体系得以成为可能的技术基底，它们是不可见的公共性连接的一部分。这些被隐匿的劳动恰恰是人类智识和创造性的真正体现，因为他们以人类特有的抽象思维和识别能力弥补了由机器学习和人工智能系统驱动的软件的不足。这种超连接的协作不但实现了数字系统内部的连接，甚至有可能为这种连接赋予人类学影响，从而改变社会关系的构成。

幽灵劳动的连接范式只是数字化条件下生产关系和社会关系转型的一个局部和缩影。生产突破了福特制的工厂结构、形成社会化外溢的事实，使得规模化劳动以绝对平面上的分散点之间的超连接来实现。这容易让人想起比尔·盖茨对互联网的描述：不是传统意义上的信息高速公路，而是无数条乡间小路，是一个多对多的系统。这样的"网络"概念其实是一种另类的拓扑学系统，其强调的是各组成部分由于各自在一系列联结或关联中的位置而保持着它们的空间完整性。这里的"空间完整性"当然不是指闭合的物理空间体系，也不是固定的元素配置，而是指位于"网络"中的各元素之间的相互参与和协调的不可分割性，这是一种基于关系而非几何结构的拓扑学认定，是新的技术条件下资本增殖关系的系统性重组。它借助于网络的正外部性效应，超越了软硬件限制和

1　[美]戴维·哈维：《后现代的状况：对文化变迁之缘起的探究》，阎嘉译，北京：商务印书馆，2013年，第238页。

边际效应递减的桎梏，实现了更为深刻意义上的生产社会化和全球化。

这种意义上的全球化是排除了发展差异的共时性全球化，其同一性是由数字化连接所保证的实时性和同步性，是资本关系所实现的具象的强制化。它并不意味着地区发展差异本身被消弭，而是所有被数字连接所达及的劳动被纳入了更为统一的标准之中。劳动的去人化和原子化趋向于极致。这个具有八爪鱼般触及能力的互联网络，同时也构成了具有超强排他性的系统。它使得前数字资本主义时代的属地结构被瓦解，"单位"和"邻近"的概念对于原子化的幽灵劳动没有任何意义。每个分散的用户（需求提供者和劳动提供者）都向自己的外部敞开，等待与其他节点的普遍的、均一的相遇。社会生产及再生产的方式在这种相遇即连接中实现。从这个维度上说，数字资本主义是更为彻底的吉尔·德勒兹（Gilles Deleuze）意义上的"公理化"的社会，它通过在所有维度上的技术叙事的传播和渗透重新制定了法则。在谈到资本的公理化运作的超编码功能时，德勒兹指出："节段自身因而依赖于一部抽象机器。然而，依赖于权力中心的，正是实现着这部抽象机器的配置，换言之，这些配置不断地按照支配性的节段和被支配的节段的关系使群体和流的变化与僵化线的节段相适应。"[1] 数字化网络正是将抽象机器现实化的配置。它所提供的拓扑学空间与去时间化的同步性共同构成了数字时空中的劳动构型。

二、 自反性现代化的叙事困境

从本质上而言，以"幽灵劳动"为代表的拓扑学众包网络并不是个别的企业和资本所有者出于自身意愿主动构建起来的体系，它是原有的工业资本主义模式被突破的客观结果，也是资本借助于数字技术对社会关系进行的新一轮吸纳。然而，这并不意味着所谓的"数字资本"形成

1　[法] 吉尔·德勒兹、费利克斯·加塔利：《资本主义与精神分裂（卷2）：千高原》，姜宇辉译，上海：上海书店出版社，2010年，第317页。

了自己独特的运行逻辑和价值生成方式。事实上，就今天的现实而言，投资在数字和互联网相关行业的资本所遵循的更多的是和金融资本相类似的逻辑。或者也可以说，今天大行其道的电商、数字相关产业本身就是风险投资的新宠儿，它对于快速回报的兴趣可能超过了真实生产。这也就意味着强中心化收缩和去中心化扩张成为降低边际成本的必然要求。因此，有的企业倾向于通过裁员和重组来逐步减少全职岗位，甚至将整体性工作分解成阶段性碎片，然后交付给众包，进入到全球性劳动力市场的连接中。平台所有者则不再需要关注和维持劳动力的再生产及其条件，同时实现的是劳动者的普遍化和去人化。因为当劳动本身被抽象化、碎片化和普遍化之后，劳动力从原有生产单元的拆卸实际上是劳动者稳定社会关系也即福利的丧失。它是以传统企业组织者所承担的责任从现行法律制度中"脱嵌"来实现的。这种改变使传统高度组织化的劳动变为"B2B"（business to business）的分散劳动。一边是零散劳动者，另一边是分散的用户，他们的边缘化都在加剧，难以与数字资本形成抗衡。尽管劳动形式上出现了重大的颠覆，但这种特定技术条件下的重组并没有违背现代技术理性的基本原则，相反，它恰恰是自反性现代性的一种体现。

乌尔里希·贝克（Ulrich Beck）、安东尼·吉登斯（Anthony Giddens）和斯科特·拉什（Scott Lash）在1997年共同撰写的《自反性现代化》一书提出了现代化与现代性的自反性问题。他们的核心观点之一是：现代化的运行逻辑在以"祛魅"的方式对其对立面进行消解之后，会与以其为基础所形成的工业社会的前提和原则形成对抗，从而形成与传统理解中的（现代）工业社会完全不同的社会构型方式。这同时也意味着，以往用来解决经典工业社会问题的治理方法和模式不再适用，反而加剧了危机和冲突。这种批判理路在很大程度上延续了霍克海默（Max Horkheimer）和阿多诺（The-odor Wiesengrund Adorno）在《启蒙辩证法》中对启蒙理性的反思性批判方法，不过和法兰克福学派从文化工业入手的异化批判不同，"自反性现代化"的提出者们更着力于审视现代性内部的连续性与断裂性之间的张力的变化，来思考新的全球化时代的危机的生成逻辑。

现代性本身正是现代化持续不断地运行的过程，其总体性体现在它本身的生成过程中。现代化一旦停止，现代性也必荡然无存。这也就决定了现代化总是会借助各种方式重塑个体、世界及两者之间的关系。因此，自反性现代性实际上是现代化自我推动趋势的必然结果。齐格蒙特·鲍曼（Zygmunt Bauman）用"令人上瘾"这样的字眼来形容现代化"重塑"作用的不可抑制。他同样认为这种"重塑"是以一种与传统断裂的方式来进行的："这个重要转变让人们留意到一直存在却又一直被疏忽的现代创造力的特点：它的破坏性。"[1] 其实，大卫·哈维在《巴黎城记》中就曾生造出"创造性毁灭"（creative deconstruction）一词来形容现代性的创世手法[2]。不过这一次，当迅疾发展起来的数字产业在旦夕间就成为资本的应许之地时，这种破坏性并不再像 19 世纪面对传统时那般摧枯拉朽，它更加以一种"润物细无声"的方式持续进行着间歇性体系重塑。这种重塑从商业，尤其流通领域开始，转向生产领域，进而改变整个社会生活和制度建设。理查德·森尼特（Richard Sennett）没有如其他学者一般在遣词造句上力求惊世骇俗，他使用了"再造（reengineering）"这样一个颇为中性的词语来描述当下正在发生的事实。而在这种"再造"中，最为显著的就是工作机会的缩减和改变。

尽管丹·希勒并不把"数字资本主义"当作一种精确的社会形态定义方式，但它所带来的劳动组织方式、社会关系生产和再生产以及相应的制度结构都和之前的旧有系统形成了鲜明对比。以数字平台为例。和传统的工厂模式不同，按需平台的劳动组织过程是一个典型的社会化外溢现象。伴随它的还有劳动产品所有权的转移。这种劳动外溢既是生产

1　[英] 齐格蒙特·鲍曼：《工作、消费主义和新穷人》，郭楠译，上海：上海社会科学院出版社，2021 年，第 121 页。

2　[美] 大卫·哈维：《巴黎城记现代性之都的诞生》，黄煜文译，桂林：广西师范大学出版社，2010 年，第 126 页。

社会化程度进一步提高的表现，也是作为"总机构的联系"的规则在数字时代发生变化的结果。作为劳动环节核心的劳动过程，其组织方式和实现方式决定了劳动的性质，甚至也决定了以劳动为中轴的整个社会关系构架。大卫·哈维也在《资本的限度》一书中指出，现代化工业生产依赖于对协作和分工的控制，但这种集中性控制会有一个不可超越的峰值，即"直到规模经济完全走到尽头为止"[1]。这恰恰是马克思所强调的生产关系内在矛盾的表现，也是现代化逻辑的自反性消耗。换言之，当作为经典的工业扩张模式的规模经济再也难以通过对分工与协作的有效管理来提高相对剩余价值的时候，劳动的组织化（分工、协作及连接的工具性中介）就必然发生变化。也就是说，为了应对自反性现代化发展的困境，必须以超越经典工业的规模经济的方式来完成新的劳动重组。它不是集体规模的进一步扩大，而是在更大的全球市场范围内通过平滑的数字连接保证的高效低价的劳动社会化。这也符合马克思在"第 V 笔记本"中得出的结论："机器的使用扩大了社会内部的分工，增加了特殊生产部门和独立生产领域的数量"[2]。相反，如果仍然执着于原有的增长模式而不加改变，就会危及生产最根本的可能性。从这个意义上而言，数字资本主义是自反性现代化一个显著的阶段性显现，它既体现了现代性内在一贯性的延伸和发展，又狂飙突进地超出了工业现代性的原始蓝图，成了吉尔·德勒兹意义上的另一重"高原"。这也就解释了为什么现代技术理性的原则越被应用到极致，社会关系及其表现形式越和前数字时代大相径庭。无论是对科技—社会关系的理解，还是以劳动为中轴的生产形态和范式，甚至是伦理生活形态，都早已超出了原有的坐标。

乌尔里希·贝克对否认这种断裂和颠覆性变革的研究者进行了批评，认为他们在虚假的连续性中扭头不看现实："工业资本主义的理论

1　[英] 大卫·哈维：《资本的限度》，张寅译，北京：中信出版社，2017 年，第 85 页。
2　《马克思恩格斯全集》第 32 卷，北京：人民出版社，1998 年，第 366 页。

家已经把现代性的这种历史形态转化成先验范畴。……工业资本主义的那些取决于历史的轮廓、冲突路线和运行原理，竟然也都被夸大成现代性的必然。社会科学研究领域时至今日还有人宣称，工业社会里的一切要素（家庭、职业、工厂、阶级、雇佣劳动、科学、技术）都在变化，但与此同时，所有这些要素又基本上都没变。这种宣称是如此怪异……"[1] 不过，以颠覆来否认连续性的做法同样并不可取，它们本身就是一枚硬币的正反面。自反性现代化的真正意义不在于强调现象层面的对立和冲突，而是提出问题：导致启蒙理性又一次建构起莫比乌斯环的究竟是什么？

当以雇佣劳动为根基的工业社会构想在深度和广度上遭遇了数字化的超连接网络，意味着信息与数字媒介不再仅仅是搭建生产过程的中立的技术体系，而是建构社会生活的基底。随着这种技术的渗透性，数字资本主义以前所未有的势头开启了对一切既定边界的突破。以物质资料生产为输出形式的大工业生产模式在经济发展中的主导地位正在被改变，工作场所和工作时间的刚性划分被消弭，以专业化分工和科层制管理为基础的福特制科学生产管理模式开始向以生命治理为特征的后福特社会转变，机器和应用程序所能承担的越来越多的智识性劳动消解了传统的劳动组织形式，资本全面掌控社会生活的生产及再生产。

在这种语境下，数字网络的连接将群体重整为拓扑学上的密集。稳定雇员制度愈加被"弹性"的"灵活就业"所取代；商业运营个性化保险和养老基金计划也越来越受青睐。以个体选择、个体负责、个体幸福为导向的离心作用重构了生活世界中个体的经验认知和主体性。这种改造是现代资本运动产生和青睐的社会性影响。

在这种情形下，劳动力再生产的条件和机会成本也转而由劳动提供者本人自行负责，风险程度进一步加大。但从另一个方面来看，劳动者

1　[德] 乌尔里希·贝克：《风险社会：新的现代性之路》，张文杰、何博闻译，南京：译林出版社，2018年，第5页。

必须在社会范围内寻找到其他资源以平衡风险。而这种资源，则是依靠全面的商品化来实现的：它们不仅包括现代工业社会的一切范畴，还拓展到就业培训与深造、医疗、公共管理和危机防范等原先被组织化担负的赋能和扶持责任上。这种新的社会化模式不但加重了劳动者对资本的依附，改变了劳动个体的工作伦理，同时也引发了整个社会的制度转变。这也是数字资本主义有别于其之前社会形态的一个关键问题。但必须承认的是，"烟消云散"的只是事物的具体的历史形态，其背后更为"凝固"的现代性逻辑依旧未被撼动。这也表明，即使在数字资本主义情境下，马克思的批判性方法依然有其深远的意义。

三、 薄墙社会的系统不稳定性

以劳动组织形式重组为基础的社会关系新构型，也极大地改变了公共的社会生活秩序。马克斯·韦伯将高度工具理性化的社会描述为"理性的铁笼"，认为它是一个高度丧失弹性的社会。数字技术的宰制也在这一点上更加日新月异。但这只是公共秩序僵化的一面，它所对应的另一面恰恰是个人生活层面的巨大风险和结构性的不稳定，这正是个体生命权利被全面侵入的结果，它必将导致个体与社会之间的张力发生改变。

Netflix公司出品的《黑镜》第三季延续了第一季的黑科技科幻讽喻风格。其中的单元剧《急转直下》讲述了一个由社交软件的互动评分机制建立的等级社会：在这个表面上充满了友好和谐的社会中，任何人都可以通过社交媒体对其他人作出评分，人们的社会地位和资源的获取都取决于别人给出的星级的综合评定。女主人公为了获得心仪公寓的租赁权，就需要获得更高的星级评分。她费尽心思在每一个行为和交往互动中讨好他人，甚至咨询了"提分专家"以获得具体的行动建议。但一次偶然的意外，她脾气失控，接着引发了一连串连锁效应，"收获"了多个一星差评。在最后的爆发中，女主人公怒斥了整个评分体系，嘲讽了包括她自己在内的每个人为了维护评分虚假地通过社会性表演，小心翼翼地进行自我形象的建构、展示，以获得他人的认同感，并借这种反馈机制，来体现所谓自我价值的做法。最后，当女主人公评分为零时，她被送进了监狱，被驱逐出了这个建构起来的社会共同体，从而也逃脱了评分体系的钳制和凝视。

　　这个以个人评分为基础进行经济运转的世界令人似曾相识，却又令人脊背发凉。它既让读者回忆起自己在每一次消费前后查看各种评分等级，甚至对其进行质疑的情形，又增加了读者"幸好还不至于此"的庆幸。究其原因，这个虚构出来的社会消解了从马克思到韦伯所论述的工业社会的财富分配方式，制造了一种新的风险社会范式，表面上看起来具有正当性（这一点在剧中以高光打光和典型的海报式中产阶级场景设置来表现），但却制造了新的财富不平等（剧中呈现为对比性效果的黑夜、公路旅行直至最后的监狱），并将这种不平等的产生机制与个体行为紧密相连。"急转直下"正是这种系统不稳定性的具象写照。它将新自由主义所鼓吹的个体主义理论放大到极致，以极端的偶然性（偶然的相遇、偶然的碰撞、脱口而出的语词）制造了戏剧冲突。表面上，故事的不稳定性来源于个体，但其根本却在于这个数字化评分的体系本身。剧中最具有讽喻意味的地方在于，咨询专家给出的经过精确计算的提分妙招，恰恰无法抵御偶然性的事件，甚至成为招致情形急转直下的根源。

　　尽管《黑镜》一贯的传统是科幻加科技反思的路线，但剧中的精准互动评分体系及其运行的规则仍然刻画出了数字资本主义的社会控制得以成为可能的两个基本准则：一个是行为个体负责的心理学形式，它是形塑新自由主义主体的指导原则；另一个则是在前者的基础上通过数字技术对生命个体进行心理治理和行为管理的外层技术形式。他们共同构成了以数字智能设备为中介的生命政治治理术的当代途径，同时也是福柯所论证的生命治理术在数字技术形式下的新赋形。"取而代之的是一种权力直接作用于人的生物性身体的政治：生命政治（biopolitics）"[1]。

---

[1] 蓝江：《作为肯定性生命政治的免疫共同体范式——罗伯托·埃斯波西托与生命政治的未来》，《国外理论动态》2022 年第 4 期。

而在数字时代的今天，福柯的个体规训的治理机制得到了充分发展，全景敞式主义发挥到了极致。在福特制时代，生命政治表现为资本主义雇佣劳动下，技术由简单工具转变为机器体系，工人或劳动者由对资本的形式从属转变为实际从属，雇佣劳动者的劳动过程作为资本主义总生产过程的一部分，它必须服从整个资本主义体系的运作。这样一种在机器技术的中介下的资本对劳动的规训和治理充满着对抗性并渗透到劳动过程中。而在后福特制时代，资本的治理技术趋向微观化，制造同意和全面渗透是数字时代治理技术在资本和技术合谋之下的主要特征。资本所展现出的生命权力以隐匿无缝的方式渗透到人们的日常生活中，达到对个体的全场域、全时段的掌控。在"资本—技术"框架下，数字时代的生命政治表现为，人从作为医学上被凝视的身体，转变为被施诸算法的权力凝视的数据身体。数字时代个体的治理术表现为对个体行为数据的支配，这为资本的全面支配提供了可能性路径。从福柯时代到数字时代，社会治理术也从一种生命政治发展为数字生命政治。

　　然而，通过数字治理实现的生命政治和福柯意义上的生命治理术有一个显著的不同。后者治理的目标是人口，而不是单个的人类个体。其治理手段和途径着眼于在人口的类层次上所显现出来且可以被测量的生物学特征。这种情形下的数据所具有的是统计学和概率意义上的现实性。但是，当互联网基础设施、智能终端、大数据和云计算技术共同构成了当下生存的底层技术时，生命治理的对象在原有的基础上得到了拓宽：它不但在原有的位置上可以做到更精细、更随心所欲的分类和整理，而且可以实现对个体的精准形塑和监控。与此同时，在全球劳动力市场内的"弹性用工机制"更为这种"自由个体"提供了政治经济学基础，使他们在从个体健康福祉到消费、劳动的每一个细节，都服从于愈加趋向于去组织化的理性行为控制。但这种对"自由选择""自负其责"的高度强调刻意忽略了一个重要的事实基础：权力或信息的不对称必然干扰个体从自身利益出发作出理性决定的能力。而共享的应用软件及数据虽然构成了公共性甚至共同性的一部分，但它在根本上依旧是亲资本的。因为数据，和其他商品一样，其所有权和使用权从来都属于资本，而非数据生产者。这背后的动力机制并没有超出现代理性的范围，依旧是市场支配下的分工和竞争的存在。在由资本主导的数字世界中，数据资产的意义对于不同使用主体而言，也是完全不同的。它必然导致社会风险向弱势群体集中：就今天而言，也就是在使用数字化技术获取信息方面能力较弱的群体，即"数字鸿沟"所建构起来的排他性的结构。

通过数字所连接起来的个体的拓扑学网络在一定意义上消解了经典工业社会中辖域的内在结构化，一切的个体性和特殊性都被简化为统一的度量——数据（或信息）和资本。这在很大程度上改变了现代（工业）社会以来的认同方式。韦伯曾经论述了高度发展的专业职业技能及其市场回报机会的增长，改变了传统工业社会中的群体感，使其从社会阶级认同转向社会处境认同。而在数字资本主义所搭建的新型劳动组织形态中，同样是这两个因素在进一步发挥作用，只不过这一次是劳动的碎片化和去技能化及其均一的低市场回报率。在这种趋势下，个体的表达过剩愈加强烈，但认同的方式却日益多元化，突破了传统工业社会单一的生产资料所有状况，引发了社会亚文化圈的形成。

此外，高度碎片化的劳动要求更为细致的社会分工和人—机更多样化的协作耦合。这同时意味着，劳动的总体性被削弱，行动者的条件、作用和结果并不能得到有效保证，伦理和责任的要求也随之减弱。这可能在普遍性上造就了新的去责任化的后果：每个人只需要为特定的行为片段负责，而不必为整体的目的和效果负责。这种系统形式上的合法性和系统效果的不确定性之间的背离正是数字资本主义条件下风险生产的一个重要原因。

罗伯托·埃斯波西托（Roberto Esposito）将前数字的现代工业社会共同体描述为以肯定性方式建立起来的生命政治的免疫共同体，其核心原则之一就是个体的权利预先被整合进整体的义务之中。但问题在于，数字资本主义条件下线上生活逐渐融入线下世界，传统的企业、工厂等以地点和行业、政治为基础的组织已经不再具有其作为认同形成的场所的重要意义，社会关系和冲突的生成条件和原因日益多样化：个体在新自由主义心理学和智能媒介的共同塑造下，其私人生活的方方面面都发生分化并可以相对容易地形成线上的松散圈层。这种松散的多样化圈层和埃斯波西托意义上的共同体是有着本质区别的：成员身份与权责界定的脱嵌及自由的出入制度。因此，这种个体的连接更像是被如细胞膜质地的通透墙体维系和区隔的生命集合——他们各自为政，连接触手可及却难以跨越。

这种现代社会内部的结构变迁反映了围绕着新的技术—社会关系发生的挑战。以经典工业社会为蓝图的制度建构，在很多方面不再能有效应对数字资本主义时代的新现象和新问题。这突出地反映在它不但对新的不稳定性左支右绌，又因为"修复不足"而造成新的不稳定性。

四、结语

马克思主义的资本批判逻辑从来不是对资本主义社会表象的人本主义批判，而是穿透社会表象对资本主义本质的历史性批判。唯有运用马克思主义唯物史观的方法论，才能准确定位数字技术发展带来的社会复杂性问题，才能准确把握数字时代资本主义的本质。从而在纷繁复杂的社会变迁的表象下找寻到资本逻辑的历史性和局限性，实现对资本主义深层逻辑批判的理论目的。数字技术带来社会新变化、新现象，只是资本逻辑在数字时代出现的新形式，其背后仍是资本对劳动的剥削以及对劳动者的强权凌驾，而这也正是马克思主义时代性发展的新场域。

随着数字技术越来越渗透到人类社会生活的方方面面，社会在不同领域和不同层次上都发生了重大变化，由此带来一系列复杂社会问题，对于数字时代社会复杂性问题的研究成为一项重要的时代议题。数字资本主义是社会历史发展过程中出现的新阶段。对它的相关问题的关注需要以唯物史观的方法论为前提，批判性地解读历史的连续性和当下的断裂性之间的张力，动态地从技术与社会、技术与人的内在关联入手，厘清其深层逻辑及其成因，从而形成面向问题的真实思考，真正凸显马克思主义哲学对当代现实的穿透力。

第二节　平台资本主义下众包劳动的政治经济学分析

20世纪60年代，制造业和实体经济利润率的下降趋势迫使资本不得不发展新的空间以维持资本积累。20世纪80年代前期，资本开始将投资转向电信网络行业，这促进了互联网行业的发展。随着数字化技术的不断发展，数字平台在资本主义经济中崭露头角，数字平台和资本的合谋促成了平台资本主义的出场，开创了一种基于数字平台建构的新型生态系统。数字平台作为一个虚拟互联的场所将多个实体组合在一个单一空间，即将客户、供应商和合作伙伴聚集在一个平台上，服务所有利益相关者。平台经济成为资本家赚取利润，实现资本积累的主要经济形态。从数字平台的运行逻辑而言，它并非仅仅是一个连结中介，实则还在互联网、算法以及大数据的架构下具有强大的网络效应。在网络效应加持下，数字平台呈现出强中心化和离散化的特征。一方面，数字平台将众多用户结合在一个虚拟空间，呈现出强中心化的聚合效应；另一方面，数字平台建构的虚拟空间让生产本身摆脱物理空间的约束，导致平台用户同时呈现出离散化的分布趋势。资本积累和扩张的需求在平台的强中心化聚合效应与离散化分布趋势下助推生产单元外移，降低了资本生产所必需的有形资产。众包劳动是数字平台条件下由于生产单元外移而形成的典型劳动形式。

"众包"（crowdsourcing）是一个广泛的总称，指由组织或个人在数字化众包平台上公开呼吁公众参与，并从公众的集体智慧中获益，以寻求解决问题的新想法[1]。众包劳动是零工经济劳动形式的一部分，它是

1　AyomikunIdowu, Amany Elbanna, "Crowdworkers, Social Affirmation and Work Identity: Rethinking Dominant Assumptions of Crowdwork", *Information and Organization*, no. 4, 2021, pp. 1-17.

指众包工人所从事的由请求者在数字化众包平台发布，由在线平台管理、分配并由平台劳动者完成的各种形式的工作。随着数字平台的发展，众包劳动成为一种新型的且发展态势良好的劳动方式，在缓和当前就业难题、丰富就业形式等方面越来越重要，也得到越来越多的关注。学者们从不同的学科角度对其进行研究，这些研究仍处于探索阶段。

国外学界主要从社会学、法学等学科视角对众包劳动进行研究，集中探讨发达国家和发展中国家的工人在众包劳动形式中的不同待遇[1]，对劳动者个人的影响[2]以及劳动法的完善[3]。国内学界主要从算法管理、零工经济的视角对众包劳动进行研究，分析众包平台的运作以及算法管理对工人劳动过程的控制[4]，将众包工作视为零工经济的一个方面分析零工经济建构的新型劳动关系[5]。综合目前的研究成果，学科方法主要集中在社会学，从马克思主义政治经济学的角度展开的研究相对较少；研究对象主要是众包劳动中的劳动主体，而对劳动过程、劳动关系的研究较少；研究内容主要集中在将众包劳动中的雇佣关系简化为司法关系，将众包劳动作为一个原子化的劳动进行孤立分析，缺乏社会化、总体性的视角。由此产生的后果是，这些对众包劳动的研究并没有深入理解其产生的背景，也没有突出其建构的新型劳动关系与雇佣劳动关系的区别与关联，仅有横向分析而忽略了它的历史性与动态过程，即众包劳动并非一种自然的劳动方式，它是生产关系不断变革的产物。

1　Uma Rani, Marianne Furrer, "Digital Labour Platforms and New Forms of Flexible Work in Developing Countries: Algorithmic Management of Work and Workers", *Competition & Change*, no. 2, 2021, pp. 212–236.

2　Uma Rani, Marianne Furrer, "On-demand Digital Economy: Can Experience Ensure Work and Income Security for Microtask Workers?" *Jahrbücher für Nationalökonomie und Statistik*, no. 3, 2019, pp. 565–597.

3　Aitor Jiménez González, "Law, Code and Exploi-tation: How Corporations Regulate the Working Conditions of the Digital Proletariat", *Critical Sociology*, no. 2, 2022, pp. 361–373.

4　姚建华：《在线众包平台的运作机制和劳动控制研究——以亚马逊土耳其机器人为例》，《新闻大学》2020年第7期；刘善仕、裴嘉良等：《在线劳动平台算法管理：理论探索与研究展望》，《管理世界》2022年第2期。

5　谢富胜、吴越：《零工经济是一种劳资双赢的新型用工关系吗》，《经济学家》2019年第6期。

　　导致马克思政治经济学批判在众包劳动研究中缺失的原因在于，数字平台条件下众包劳动建构的劳资关系看似与马克思揭示的雇佣劳动关系之间存在一定的矛盾：众包形式的劳动宣扬劳动者的自主性和灵活性，众包工人脱离了传统物理形式的工厂，摆脱了资本家—工人的雇佣关系束缚，这就导致在研究众包劳动的过程中，用以分析劳动过程和劳动关系的马克思主义理论有所缺失。表面上看，众包劳动似乎凸显了数字时代资本主义劳动范式的转型：从雇佣劳动到自由劳动、灵活劳动，并带来了解放的潜能。然而，事实并非如此。对于众包工人面临的困境、平台对劳动者的监管以及平台建构的劳动关系，马克思的理论依然能够作出解释，特别是众包劳动中的剥削依然是推动平台经济发展的关键，马克思主义政治经济学致力于解释资本主义的"剥削"如何在自主灵活的众包劳动中生发出来，也能够揭示众包劳动者面临困境的原因。马克思主义政治经济学的解释力体现在：第一，就平台资本主义下众包劳动本身而言，脱离雇佣劳动关系不代表摆脱"剥削"；第二，马克思对资本主义劳动过程特殊性的动态考察是分析平台资本主义下众包劳动形式中劳动过程和生产关系的关键。

一、　生产的离散与聚合：数字平台基础上的新型劳动形式

　　众包模式并不是一种全新的生产模式，它的前身是外包模式，二者存在一定的关联，又具有本质的区别。"外包"（outsourcing）最早由普拉哈拉德与哈默在阐释企业的核心竞争力时提出，是指企业将内部非核心竞争力的业务交给专门的组织来完成，以降低企业成本、提高生产效率，利用企业内资源充分发挥核心竞争力的商业模式。"众包"则是外包在互联网时代尤其是数字时代的发展和延伸。"众包"一词最早由杰夫·豪提出[1]，用以概括面向人群和大众的外包，是指"一个企业或

---

[1]　杰夫·豪（Jeff Howe）是美国《连线》杂志的记者，他在 2006 年的一篇文章中首次提出了"众包"一词，旨在说明颠覆传统企业的商业模式和管理模式的一种互联网时代的新型模式。参见：Jeff Howe, "The Rise of Crowdsourcing", *Wired*, no. 6, 2006, pp. 176 - 183.

组织将过去由员工执行的任务以公开征集的形式外包给大众网络，任务通常是由个人完成"[1]。杰夫·豪指出，众包中最关键的是两个方面，一是采用公开征集的形式；二是面向潜在的广泛的劳动力网络。

　　亚马逊土耳其机器人（Amazon Mechanical Turk）是目前典型的众包平台。亚马逊平台的一项重要服务是提供大量在线的亚马逊网络服务（AWS），这项服务的一个重要分支就是亚马逊土耳其机器人。亚马逊土耳其机器人主要用于解决亚马逊平台在提供网络服务过程中遭遇的"人工智能难题"：亚马逊试图建立一种算法程序，该程序可以不出差错地识别出网站中存在的重复和不适当的产品，但人工智能却没有能力完成这项看似简单的任务。在遭遇"人工智能难题"后，亚马逊并没有选择优化算法程序，也没有雇佣大量工人从事这项筛选任务，转而开发了"土耳其机器人"平台，将该任务通过平台外包给互联网用户。亚马逊之所以将该平台命名为"土耳其机器人"，恰恰在于"土耳其机器人"所指称的"人工的人工智能"（Artificial Artificial Intelligence），而这也正是该平台的副标题。"土耳其机器人"原是一个巨大的人工智能谎言：18世纪一台国际象棋机器的出现引发了广泛关注，这台机器有着木偶般的外表，凭借复杂的装置战胜了众多国际象棋大师。但事实上，木偶的背后并非自动化的智能程序，而是熟练的人工控制。亚马逊以"土耳其机器人"命名其众包平台旨在形象地阐释平台原则：将众多活劳动作为一种服务隐藏在互联网应用程序背后，以向请求者按需提供外包的、灵活的劳动力。

　　在数字化时代的今天，随着人工智能、云计算和智能终端的发展与普及，数字化的科学技术及其应用正在重构这个时代的劳动过程、生产方式、商业模式和消费模式。19世纪，生产的机器化实现了体力劳动从以人为主体向以机器为主体的转移；21世纪，生产的数字化和智能化旨在实现脑力劳动从以人为主体向以人工智能为主体的转移。一方

1　Jeff Howe, "The Rise of Crowd sourcing", *Wired*, no. 6, 2006, pp. 176-183.

面，以云计算、大数据和物联网为支撑的人工智能体系代替人类完成了大量复杂的脑力劳动；但另一方面，它却无法解决对人类而言非常简单的任务，这其中就包含数据输入、图像识别、信息标记和内容审核等。尽管数字化生产正朝向依赖人工智能的方向发展，但由云计算和人工智能所驱动的算法程序系统仍然具有一定的局限性，它无法精确判断和解决依赖人类的认知、感知和文化背景的任务，这也恰好证明了人工智能背后"人"的重要性。而连接任务与劳动力的数字化众包平台可以为人工智能提供充足且灵活的劳动力来弥补它的缺陷，将分布在全球各个角落的大量活劳动嵌入计算应用程序系统，从事人工智能无法完成的微小、重复且低技能，但却需要人类的充足经验和感觉、知觉能力的"微任务"。与传统的雇佣劳动不同，众包劳动中这一目标的实现并非把活劳动吸纳到部门内部使其作为公司成员的一部分，相反，是凭借数字技术、互联网和移动终端将部门任务外化和社会化。这是大卫·哈维所提到的资本主义"灵活积累"（flexible accumulation）在数字时代的极致发展。将大量工人集聚在同一生产空间，受资本家或资本家代理人监督和管理，以实现社会化大生产，这是资本主义生产的典型特征。哈维指出，在后福特主义中，这种僵化的资本积累模式由于监管弱化以及灵活劳动力市场的出现转向了灵活积累。受制于时代发展，哈维所描述的灵活积累依然是围绕生产资料而开展的大规模生产。这种由福特主义到后福特主义的延续性在以数字平台为中心建构起的新型劳动形式——众包中得到彻底变革。依赖于企业内部的、规范的和标准化的劳动力市场、用工模式和组织方式转向至社会化的、非标准化的、依附于个人资产提供专业化按需服务的组织方式。全球基础之上的分工和资本积累方式的变革促进了这一转变，数字技术、移动通信网络和数字终端的发展更是加剧了生产离散化的进程。物理空间上的集聚不再是社会化大生产的标志，生产的离散化成为众包劳动的典型特征。

"众包，即任务发起者（requesters，包括个人或者组织）将任务通过互联网以自由、自愿的方式外包给非特定的大众网络社区的生产组织过程。"[1] 它包含任务发起者、数字平台、工人（网络大众）。任务发起者借助数字平台发布任务并由数字平台分配任务给工人，工人执行并提交任务，任务发起者审查后批准或拒绝劳动者的任务。工作由工人在数字平台上进行，数字平台为他们完成的任务直接支付工资。数字平台为任务发起者（个人或组织）提供了一个巨大的劳动力池，使任务发起者能够及时匹配到工人并高效完成任务。平台相当于任务发起者和工人之间一个可供彼此完成匹配和交易的基础设施，并最终根据工人任务的价值收取一定比例的中介费用。数字平台声称其为个体劳动者提供了一个可以自主选择任务的平台，使其能够充分利用个人技能从事劳动。正如土耳其机器人所宣称的："你可以在家工作，自己选择工作的时间，只要完成任务就可以获得酬金。"这样的描述突出了众包平台作为"供需"匹配中介工具的特性——促使任务发起者与工人快速实现一对一、一对多甚至多对多的匹配，因此平台往往被定位为持有中立立场的中介机构。然而，"中介性"的描述削弱甚至掩盖了数字平台在众包劳动建构中作为权力中心的地位。数字平台去中心化的网络效应驱使生产逐渐趋向离散化，这里需要进一步追问，趋向于外部的社会化生产是否摆脱了资本的监督、控制和支配？实际上，具备"市场中介"和"影子雇主"双重身份的数字平台不仅仅是匹配供需的机构，更是去中心化的平台生态系统中超强的中枢节点。数字平台建构起的是以平台本身为中心的辐射式场景，它通过强大的信息聚合能力将任务发起者和工人吸纳到平台的运行序列中，依赖算法监控实现对工人及其劳动过程的监督和控制，形成一种以平台为超强中枢节点不断向社会外化的"八爪鱼"式的[2]生产组织结构。

　　基于以上分析，"众包"劳动形式可以被归因于"零工经济"在资本主义数字平台中的扩张和兴起。零工经济是指为了完成一项微任务或

1　姚建华：《在线众包平台的运作机制和劳动控制研究——以亚马逊土耳其机器人为例》，《新闻大学》2020 年第 7 期，第 19 页。

2　吴静：《平台资本主义的劳动协作与剩余价值形成的政治经济学解读》，《马克思主义与现实》2022 年第 5 期，第 169 页。

零工工作，数字平台以"市场中介"的身份调节任务发起者与工人之间的匹配关系，并作为"影子雇主"与工人建立起资本—劳动关系。因此，本书一方面将数字平台理解为众包劳动中的数字化劳动场所，它旨在成为工人展开劳动过程的"生产点"；另一方面将数字平台视为劳动过程中的数字化组织形式，它旨在加强对劳动者劳动过程的控制。在此基础上，需要探讨众包劳动中劳动过程的组织形式与典型资本主义下的工业劳动相比具有哪些新的特点。

二、　数字平台：作为众包劳动的劳动场所和劳动组织系统

资本主义生产的起点是同一资本家在同一时间将较多的工人聚集在同一劳动场所中。劳动场所代表了由资本家起主导作用并明确相关规章制度的环境，最典型的是马克思谈到的机器大工业中劳动过程的组织场所——工厂。工厂作为单一固定的物理环境，不仅是劳动过程的组织空间，更是资本对劳动的控制形式，所有的雇佣关系体现在工厂的制度、等级森严的监督体系和无所不在的等级关系中。而现实平台资本主义的发展使研究本身不得不承认当下资本主义生产过程中劳动场所的独特性，即劳动场所如何从一个单一固定的物理空间延伸和扩展至网络化、分散化的数字平台，并基于此思考这种转变带来的劳动控制究竟有所缓和还是有所加深。

资本主义生产过程中，作为劳动场所的厂房构成了劳动过程必需的劳动资料。"它们不直接加入劳动过程，但是没有它们，劳动过程就不能进行，或者只能不完全地进行。"[1] 这一类别的劳动资料构成了资本主义的生产空间。马克思《资本论》的历史语境是工业资本主义，工业资本主义生产是资本扩大再生产的过程，也伴随着资本主义生产空间的扩张，即资本主义要生存或发展必须不断延伸和扩展"资本"本身所占有的空间范围，对空间进行重组，使之符合资本生产的逻辑，满足资本增

1　《马克思恩格斯全集》第 44 卷，北京：人民出版社，2001 年，第 211 页。

殖的本质。在剥夺式占有土地空间的运动中，资本的原始积累得以完成，为资本主义生产提供了前提和必不可少的"资本"。随着资本侵袭生产领域，从简单协作到分工再到以分工为基础的协作生产的机器大工业，资本主义生产空间从"工场"扩展至"工厂"。马克思语境下工业资本主义生产空间的扩张仍然局限于物质空间，依赖物质性的劳动场域不断创造出"工业空间"。由于资本主义经济危机频发以及互联网泡沫现象的出现，制造业的生产能力和盈利能力逐渐下降，此时资本主义开始寻求资本增殖的新方式，转向发展数字技术和物联网平台。由此，数字技术出场并与资本合谋，正如马克思所言，这一合谋"对资本来说并不是偶然的，而是使传统的继承下来的劳动资料适合于资本要求的历史性变革"[1]。资本对数字技术和物联网的侵袭促使资本主义生产空间建构于虚拟化的网络平台，"平台"正是为解决当代资本主义生产关系中的矛盾，化解资本主义危机应运而生的资本主义生产中的"新工业空间"。基于此，资本主义迈向了平台资本主义的生产模式，数字平台成为资本增殖的"生长点"。"我们将这种可以收集、处理并传输生产、分配、交换与消费等经济活动信息的一般性数字化基础设施，称为数字平台，它为数字化的人类生产与再生产活动提供基础性的算力、数据存储、工具和规则。"[2] 与传统的物理化工厂不同，作为劳动者从事众包劳动过程的"工厂"，众包平台并非传统意义上的生产空间，实则为在线任务匹配市场和劳动力市场。"平台最大的功能是在产品或服务提供者与消费者之间提供达成双边关系的条件"[3]，它作为一个虚拟空间和一个劳动力"蓄水池"，实际上是为雇主（众包劳动中称之为"请求者"）提供可以完成任务的劳动者，实现劳动者和请求者双方的匹配，并催生出一种强大的劳动组织形式：众包劳动。

1　《马克思恩格斯全集》第31卷，北京：人民出版社，1998年，第92页。

2　谢富胜、吴越等：《平台经济全球化的政治经济学分析》，《中国社会科学》2019年第12期，第66页。

3　吴静：《总体吸纳：平台资本主义剥削的新特征》，《国外理论动态》2022年第1期，第120页。

马克思不仅称工厂是单纯的劳动场所，更是借助尤尔的描述将工厂定位为一个自动化的机器体系系统。该系统的特征在于，处在机器体系中的生产是以机器为主体的，工人需要"适应自动机的划一的连续的运动"。为了最大程度追逐剩余价值，资本对劳动过程的组织从对劳动者的控制转变为对劳动过程的控制。技术手段对劳动过程的控制具有决定性的意义，它将原本掌握在劳动者手中的劳动生产率的不确定性转变为由机器控制带来的劳动生产率的确定性，通过对劳动过程中技术形式的介入达到对劳动过程合理化的组织形式建构。在平台资本主义中，数字平台同样不仅仅是劳动过程的劳动场所，更是劳动过程的组织系统，对劳动过程和劳动者的控制仍然是当前获取剩余价值、增强劳动者对资本依附性的关键。众包劳动中劳动过程的技术形式首先体现在劳动者依附于互联网、平台和智能终端完成其劳动过程。第一，与传统的工厂劳动不同，劳动场所的虚拟化使众包劳动呈现为灵活性、自主性的劳动形式，劳动过程超越了原有的固定时空限制。当技术形式助力劳动过程呈现出更加自由、自主的表象，实际正展现了资本由生产领域向生活领域的扩张，从生产的私人领域向社会公共性的扩张。第二，数字平台的出现使劳动控制由"人工监督"转变为"技术凝视"。以亚马逊土耳其机器人平台上的众包劳动为例，劳动者接收平台发放的内容审核任务后，网页右上角的计时器就开始不断催促他加快速度，他必须在倒计时内完成任务并提交，否则该项任务就会移交给其他劳动者。可见，众包劳动中劳动者的劳动过程受到众包平台的监督，通过数字运算、算法调度的"算法最优劳动时间"[1] 提高劳动效率，第三，正如工人进入工厂就时刻受到资本家或资本家代理人的监督一样，工人只要进入任务网站或应用程序，从任务分配到任务考核都受到数字平台的"监视"。这个过程包

1　该词源于吴静教授的文章，这个概念是马克思抽象的"社会必要劳动时间"概念在数字时代的量化，意指通过大数据采集和数据挖掘技术对涉及劳动过程各方面的因素进行数字化分析，从而设计出劳动者应该达到的效率要求，而这实际上是对劳动者劳动过程和劳动效率的量化控制。参见：吴静：《平台模式下零工劳动的政治经济学解读》，《苏州大学学报》(哲学社会科学版) 2022 年第 3 期。

含：将请求者的任务以数字化的形式分配给劳动者；规定劳动者需要在哪个时间范围内完成哪些任务；直接或间接控制劳动者的劳动过程；依据反馈、评分和排名系统考察数字平台中众包工人的劳动质量，并以此为劳动者接收任务的依据和工作绩效的考核标准。

对资本主义劳动过程的关注是分析资本主义生产过程的重要环节。马克思通过考察以机器系统为主导的工厂中的具体现实实践，解蔽了被资本主义物质生产过程所遮蔽的资本对劳动者剩余价值的剥削和无偿占有。这是隐藏在资本主义社会等价交换关系背后不平等的剥削关系。因此，对劳动过程包括劳动场所和劳动组织形式的考察是进入具体社会生产关系的关键。从表面上看，众包劳动的劳动者似乎处于自由自主的劳动场所和劳动关系中，但这既不意味着这种"自由自主"的表象是合理的，也不意味着劳动者已经摆脱了存在于劳动表象之下的资本逻辑的制约。显然，在厘清了数字平台仍然是资本主导下劳动过程的劳动场所和劳动组织形式后，就会发现，资本在生产逐渐外化和社会化的趋势下，建构了一个更为强大的权力中心和一种更为强大的资本积累方式。只不过资本的这一真实目的被掩盖在数字平台背后，接下来本书将要揭示在众包劳动中被遮蔽的雇佣关系。

三、 虚假的"自我剥削"和"原子式协作"：众包劳动中被遮蔽的雇佣关系

从表面上看，平台资本主义下众包劳动中的劳动者与资本主义雇佣关系是无关的。众包工人在法律上被定义为"独立承包商"或"个体经营者"，在数字平台上为不同的任务请求者完成任务。作为一种非标准化的就业方式，众包工人似乎并没有进入雇佣关系中，他们没有固定的工资且无法享有劳动者的权利，只是根据完成任务的数量获得相应的报酬。马克思认为，"计件工资是最适合资本主义生产方式的工资形式"，[1]

1　《马克思恩格斯全集》第 44 卷，北京：人民出版社，2001 年，第 640 页。

计件工资形式并不会改变工资的本质，相反，在众包劳动这一新型劳动形式下的计件工资"更有利于资本主义生产的发展"[1]。众包劳动中数字平台的中介逻辑挑战了传统的雇佣关系，数字技术的深度参与造成了分工的细化和建立在分工基础上原子式的社会协作，社会工人的结合以及由这种结合所产生的生产力成为满足资本增殖需求的数字化手段。从"外包"到"众包"，表现出平台资本主义下资本对社会的吸纳效应，这种吸纳不仅针对公众群体，同时还针对社会关系。

　　众包劳动将工人塑造为"自我剥削"的群体，一方面掩盖了"资本—工人"的雇佣关系并将其表现为"平台—工人"的社会关系，另一方面使资本摆脱"资本—劳动"的责任关系。西尔弗在考察劳工力量时指出，资本主义在"利润的危机"和"合法性危机"之间反复交替，一方面，资本主义追逐利润的趋势使其劳工的反抗力量不断加强，而资本和国家为了应对劳工的力量不得不妥协让步，设立对劳工的福利制度，但这种措施也导致利润率下降；另一方面，资本又要不断破坏与劳工的契约关系并加深劳动力商品化程度来提升利润率。"在以对劳工去商品化和建立新的社会契约为特征的历史阶段和以对劳工再商品化和打破旧社会契约为特征的历史阶段之间作周期性的来回振荡。"[2] 这是后福特主义中雇佣关系变革的一个重要趋势。当资本主义中资本积累、劳动力的商品化扩张和原有雇佣关系的社会契约不断被打破的趋势与数字平台相结合时，众包劳动通过数字平台隐藏了雇主身份，导致工人表现为"独立合同工"或"个体经营者"身份。传统雇佣关系不断被颠覆的趋势就更加凸显，并取得了"合法化"的存在样态。

　　马克思这样定义了工业资本主义下的雇佣关系，劳动力的买者和卖者，"他们是作为自由的、在法律上平等的人缔结契约的。契约是他们的意志借以得到共同的法律表现的最后结果……正因为人人只顾自己，

1　《马克思恩格斯全集》第44卷，北京：人民出版社，2001年，第634页。

2　［美］贝弗里·J. 西尔弗：《劳工的力量：1870年以来的工人运动与全球化》，张璐译，北京：社会科学文献出版社，2016年，第11页。

谁也不管别人，所以大家都是在事物的前定和谐下，或者说，在全能的神的保佑下，完成着互惠互利、共同有益、全体有利的事业"[1]。资本和劳动之间雇佣关系的确立以双方缔结的契约为前提。在契约下，资本家按照劳动力价值支付劳动者工资，尽管在实际生产过程中，劳动力的价值与劳动的价值并非一个相同的量。契约的设定确保了劳动者在雇佣关系下工作的稳定性并争取到劳动者应享有的权利。如上述西尔弗所言，当处于契约关系内的劳动者逐渐增加且劳动力成本不断上升，将劳动者转移到契约关系之外，将劳动关系转移到劳动法律法规范围之外，以此实现利润最大化是资本的目的。因此，"资本要尽量减少自己所雇佣的工人人数"与"资本要生产尽可能多的剩余价值量"之间的矛盾，是资本主义将生产空间不断转移并寻求新的资本立足点的前提。资本主义试图在平台资本主义中缓解这一矛盾。

21世纪以来，全球经济挑战的加剧增强了企业风险性，资本不断转移生产空间以寻求新的增殖点，这迫使许多企业不断通过提供灵活用工的就业方式来吸引对非标准化就业感兴趣的劳动者。非标准化就业的特征在于"临时的"或"有限的"，就劳动时间而言，工人从事的是临时工或非全时工的任务；就劳动空间而言，表现为工人物理身体的不在场；就劳动关系而言，表现为工人对雇主有限的依附关系。数字平台的发展加快了从事平台工作的非标准化劳动力的扩张。这些非标准化的劳动者与传统雇佣关系中的劳动者不同，在众包劳动形式中，众包工人被排除出雇佣关系的范围，劳动者和资本之间的契约关系被打破，以"独立合同工"和"个体经营者"的身份与数字平台建立起合作化的社会关系，这实质上是数字平台隐藏了真正的雇主，即以"平台—用户"的社会关系遮蔽"雇主—工人"的劳资雇佣关系。更进一步说，是将劳动关系转移到许多为保障标准化劳动而设定的相关法律法规的范围之外。此外，众包工人为了提升自身的技能和声誉以获得更多的计件工资，往往

1　《马克思恩格斯全集》第44卷，北京：人民出版社，2001年，第204—205页。

表现出更大的"自觉"：主动提升自身技能且承担技能培训成本，完善个人的工作条件（网络、设备等），不断延长在线工作时长，接受更低的工资，承担任务发布者拒绝支付报酬的风险。当资本与众包工人之间的雇佣关系被数字平台遮蔽，众包劳动过程中表现出的剥削自然而然被工人的"自我剥削"掩盖，而揭露众包工人的"自我剥削"是分析平台资本主义下众包劳动雇佣关系建构的关键。

依托于网络强中心化的聚合效应和离散化趋势，数字平台一方面扩大了社会化协作的程度，另一方面将这种协作发展为"原子式协作"。"现代工业通过机器、化学过程和其他方法，使工人的职能和劳动过程的社会结合不断地随着生产的技术基础发生变革。"[1] 机器尤其是机器体系的应用，构成了资本主义社会化大生产的起点。马克思从两方面分析了机器技术的发展对劳动过程组织形式变革的意义。其一是劳动过程中活劳动和死劳动的结合。"在工场手工业和手工业中，是工人利用工具，在工厂中，是工人服侍机器。在前一种场合，劳动资料的运动从工人出发，在后一种场合，则是工人跟随劳动资料的运动。在工场手工业中，工人是一个活机构的肢体。在工厂中，死机构独立于工人而存在，工人被当作活的附属物并入死机构。"[2] 资本主义劳动过程中活劳动和死劳动的结合是资本主义社会化大生产中劳动协作的重要特征，通过机器，资本实现了对劳动者劳动过程的实质吸纳，从而将基于活劳动的劳动效率提升的"不确定性"转移到活劳动和死劳动相结合带来的劳动效率的"确定性"之上。其二是基于工厂内部社会分工基础之上的协作。建立在工厂内部社会分工基础之上的社会协作已不同于简单协作，后者仅仅是"人力的总和"，是劳动者数量的增加和空间的集中，而前者的社会协作表现为，"分工和结合在这里互为条件。一个商品的总生产过程现在表现为某种结合的操作，许多操作的混合，这些操作互不依赖，但又

1　《马克思恩格斯全集》第 44 卷，北京：人民出版社，2001 年，第 560 页。
2　《马克思恩格斯全集》第 44 卷，北京：人民出版社，2001 年，第 486 页。

能够互相补充，能够同时并存地进行。在这里，各种不同过程的相互补充不是在将来而是在现在进行了，结果是商品在一端开始生产时在另一端就会获得完成形态"[1]。单个商品的生产过程被拆分为不同的环节，工人作为总生产过程中局部的生产工人而存在，这些局部生产过程的结合构成了某种商品的总的生产过程。因此，工人不再是商品的生产者，而是片面操作的生产者，这种由片面操作的工人结合而成的"结合劳动"所创造的"集体力"成为社会生产力的关键。"结合劳动的效果要么是单个人劳动根本不可能达到的，要么只能在长得多的时间内，或者只能在很小的规模上达到。这里的问题不仅是通过协作提高了个人生产力，而且是创造了一种生产力，这种生产力本身必然是集体力。"[2]

　　机器大工业中社会大生产的协作已经突破了传统的人数累积和集中的简单协作，转而控制劳动者实际的劳动过程，并改变劳动过程的组织和控制方式。这种社会化大生产下的劳动协作具有双重建构的趋势：一方面，资本呈现出集中化的趋势，通过将更多的工人集中在同一生产空间中，扩大资本的剥削范围；另一方面，劳动协作使劳动过程呈现碎片化和分散化的趋势，分工不再仅仅局限于社会化的大分工，而是深入工厂内部，总的单个产品的劳动过程被分解为部分操作的结合。这样一来，不仅仅是工人，而且工人的劳动过程同样受到资本控制，工人的结合本身成为与工人相对立的力量。由此，资本不仅实现了对工人和劳动过程的控制，更重塑和控制了工人与工人间的社会关系。进入数字化的互联网时代，现代信息技术及数字终端的发展使得劳动过程的社会化协作日益显现出全方位、纵深化的发展趋势。依托人机互联和人人互联，平台资本主义中的远程协作也正在改变工业资本主义中的社会化大生产方式。

　　平台资本主义中的众包劳动依托数字平台不断对劳动协作过程进行

1　《马克思恩格斯全集》第32卷，北京：人民出版社，1998年，第317页。
2　《马克思恩格斯全集》第44卷，北京：人民出版社，2001年，第378页。

社会化延伸。众包生产中资本的生产空间突破了传统工厂物理空间的限制，扩展为数字化的平台空间，并建构起众包平台的劳动协作关系。众包劳动中的社会化协作正是数字化生产一个极为重要的方面，一个关键点就在于基于数字算法带来的"人机结合"。尽管与工业资本主义中的劳动不同，从事众包劳动的生产资料是劳动者的个人资产，但其劳动过程仍然全面依赖于算法（死劳动）与工人（活劳动）的结合：从任务分配到任务反馈依赖算法的调度，从劳动过程的具体执行到劳动过程的监控受算法的支配。在劳动过程中，传统工人和人格化的资本隐匿在平台背后，物理意义上的人机结合关系看似逐渐式微，但实际上它已经不再受制于传统物理工厂式的空间，而是通过数字化、网络化的众包平台实现高度协作，并且进一步扩大了"结合劳动"的范围。如前所述，众包劳动中传统的标准化雇佣关系正在转向非标准化的劳动关系，这意味着劳动关系的建立标准逐渐降低，边界逐渐模糊，趋于开放化和自由化。实际上，这是资本降低了劳动者的准入门槛，允许任何符合众包平台要求的个人或组织进入众包劳动关系。由此一来，劳动协作便不再仅仅依赖于工厂内部的分工，而是扩展至社会化协作。例如企业将部分业务如数据收集整理、发票录入等通过众包平台转交给众包工人，从而获得低成本优势。

　　然而在众包劳动中，资本把数字平台建构起的社会化协作发展为"原子式协作"。马克思在《共产党宣言》中指出无产阶级是伴随着资本主义中资本的发展而逐渐壮大的，"最初是单个的工人，然后是某一工厂的工人，然后是某一地方的某一劳动部门的工人，同直接剥削他们的单个资产者作斗争"[1]。但在众包劳动中，这种工人集结和发展的可能性被消解。一方面，真正的雇主"隐藏"在数字设备和屏幕背后，这对工人来说是一切可能的反抗和斗争中的"客体的消失"。另一方面，平台

---

[1]　马克思、恩格斯：《共产党宣言》，中共中央编译局编译，北京：人民出版社，2018 年，第 35 页。

中的工作仅仅是建构起了"劳动者—平台—请求者"之间的三角关系，而缺乏横向关系即劳动者和劳动者之间的关系。平台通过建构纵向关系切断了横向关系的结合，因此阻断了工人反抗和斗争的可能性。尽管在很多社交媒体平台上，劳动者通过社群建立起了网络联系，但这种联系本身并非反抗的革命性的群体力量。相反，大多数社群是关于任务本身，例如如何在任务池中快速"抢"到任务、某些任务的具体执行等。仔细分析就会发现，这些劳动技能原本应由平台提供培训，现在却转移成为劳动者的自我培训成本。由此可以清楚看到，众包劳动中数字平台建构的协作关系是基于资本而言的更广范围的社会化协作，但劳动者并没有因社会化协作的发展而建立起劳动者的主体力量。相反，在雇主眼里，劳动者仅仅是一种"原子式工人"，这种"原子式工人"既是孤立的，也是可替代的。当基于这一视角重新审视众包劳动中的劳动关系时，可以发现，众包劳动实际上通过数字平台建立起了更深的、从属性更强的雇佣关系和剥削关系。

四、　众包劳动的"自主性悖论"与发展前景

"各种经济时代的区别，不在于生产什么，而在于怎样生产，用什么劳动资料生产。"[1] 平台资本主义下技术进步带来的劳动资料的发展变革了劳动过程的技术形式。众包劳动的突出特点在于劳动资料的数字化和平台化促进了生产力的发展和生产空间的扩张。众包组织形式下建构起的"请求者—数字平台—劳动者"的劳动关系模式是对传统雇佣关系的变革，使劳动者摆脱了雇佣关系的束缚。劳动资料的数字化和平台化通过改变人机结合和人人互联的分工协作方式建构了平台资本主义中特有的社会化协作。

平台资本主义中智能技术代替了部分职能劳动，同时也造就了大量的社会劳动。通过上述分析，众包劳动的典型特点是让众包工人拥有了

1　《马克思恩格斯文集》第5卷，北京：人民出版社，2009年，第210页。

更多的自主性，工人可以按照自己的自主时间，在个人场所用电脑或手机从事工作。劳动者看似拥有选择权和自主权，但实际上，平台资本重构了一种新型的劳动过程控制秩序，从而将更多的众包工人吸纳到资本的运行序列中来。众包劳动打造出"弱雇佣化"与"强控制化"相结合的劳动组织形式，为保证劳动者的自主性，创造了一种虚假的"自我雇佣"，同时又根据劳动者的平台数据利用强大的算法在去中心化和空间分散化的情况下实现对众包工人的协调与控制。此外，众包劳动中存在"权利不对称"的问题。如数字平台为请求者提供挑选工人的权限，但工人若拒绝将会影响其评分；如果工人完成的任务无法令请求者满意，数字平台为请求者提供拒绝接受提交即拒绝为工人付款的选择，但却没有为工人提供申诉渠道。因此在众包劳动中，任务分配、过程监督、评价系统等透明度的缺乏均来自于平台或请求者对众包工人的单向命令。数字平台凭借"弱雇佣、强控制"和权利的不对称加速平台扩张、平台垄断和平台霸权，同时也成为劳资关系建构的不确定性因素。

　　毫无疑问，众包劳动尤其是其中的微任务为之前无法进入就业市场的人群提供了机会和条件。但目前存在的收入保障、社会权利保障等问题仍然是众包劳动中关乎劳动者甚至未来发展前景的问题。从一些学者的研究来看，以"受众劳动"理论为核心的传播政治经济学路径主导了对平台资本主义中基于数字平台的劳动形式分析，因此引发了一系列对社交媒体中"用户劳动""产消者劳动"等免费劳动被剥削的批判性研究，而忽略了对劳动关系中有薪工人的关注，后者不仅仅是数字平台中的"用户""个体经营者"，还是有薪且遭受剥削的劳动者。在这个意义上，当代研究有必要关注"不断变化的数字技术、就业模式和劳动方式如何影响或改变劳动过程、生产关系和劳动者境遇"的问题。由于马克思理论尤其是政治经济学批判在研究资本、劳动等问题中的核心地位，需要在平台资本主义的劳动问题研究中建立起批判性的马克思主义路径。一旦研究本身脱离了马克思政治经济学批判的立场，片面鼓吹众包劳动的自主性和灵活性，就会陷于新自由主义的话语体系，仅看到"众包劳动"带来的相对于雇佣劳动的劳动转型及潜能释放。只有运用马克思政治经济学批判理论展开研究分析，才能揭示众包劳动带来的劳动不稳定性以及资本是如何在数字化变革中建构出更为全景式的剥削和占有关系。当劳动本身逐渐被外化和社会化，对劳动者也应从社会层面加以观照。面对劳动者在劳动关系中的困境，劳动者社会保障工作的核心关注点在于如何回应工人的合理诉求，如何在工人的劳动场所之外建立劳动保障组织。劳动者社会保障的未来路径并非将非标准化就业退回至标准化就业的雇佣关系中，相反，它应该在对平台资本主义的扬弃中走向平台社会主义，在充分保障劳动者自由、自主和权利的基础上发展为一种潜在的可扩展的数字时代的劳动形式。

第三节　总体吸纳：平台资本主义剥削的新特征

为了阐释大工业生产中资本对劳动的占有从绝对剩余价值向相对剩余价值变迁的历史过程，马克思在《1861—1863 年经济学手稿》中创造性地提出了"形式吸纳"（formal subsumption）和"实质吸纳"（real subsumption）的概念，其主要目的是为了刻画资本对劳动过程的改变，并运用这一对概念阐明资本对劳动的不同剥削方式。在 21 世纪的今天，随着互联网和廉价高容量存储的普及，以信息技术和大数据为基础的技术飞跃极大地改变了社会的组织形式、劳动方式和价值创造及实现方式。当生产模式不断地打破福特制所赖以建立的刚性划分而转向后福特制的界限消弭时，不但大工业时代的劳动过程本身发生了巨大变化，资本与劳动以及其他诸社会要素的关系也发生了变化。因此，如何以马克思主义政治经济学的方法论来分析这种几乎席卷了整个社会的技术飞跃在劳动及生产方面带来的新问题，是当代马克思主义哲学研究者的理论使命。

近年来，数字平台经济的发展引发了涉及劳动形式、资本形态、剥

削方式、分配方式甚或权力话语等方面的多维度讨论。大卫·哈维
(David Harvey)、迈克尔·哈特（Michael Hardt）和安东尼奥·奈格里
(Antonio Negri) 围绕此问题的争论在一定意义上展示出该问题所获得
的关注度及其复杂性。哈维倾向于在《1844 年经济学哲学手稿》中的
"异化"概念的基础上提出"普遍异化"概念来展开批判，而哈特和奈
格里更愿意使用马克思在政治经济学研究手稿中提出的"形式吸纳"和
"实质吸纳"这一对概念。这一方面展示出两者不同的理论进路和立场，
另一方面却显示了对马克思理论的理解和发展与现实问题之间的关联
性。事实上，数字化方式不仅重塑了个体生存的几乎所有方面，也重构
了资本与劳动的关系，这种重构在某些维度上甚至是颠覆性的。除持续
吸纳生产领域的劳动外，资本甚至实现了对公共性的吸纳。这使得资本
在当代经济发展中达到了一个前所未有的高度：总体吸纳（total
subsumption）。

一、 平台连接：去中心化与强中心化并存

与之前所有的技术革新相比，数字化对人类社会的影响，无论从广
度、深度还是复杂程度上来说，都是以往不可企及的。它不仅极大地改
变了我们面对世界的方式，同时也重构了世界甚或人类自身以及与之相
关的认知途径。在数字化时代，人的一切被还原为数据。移动设备接入
互联网不但使得"万物皆可连"正在成为现实，同时也使得所有的数据
痕迹都可被记录。零散的数据通过被记录而汇集为大数据，对数据的选
择和占有则成为专有的权力。记录和分析数据的权力的集中必须依赖于
数字化的基础，这催生出了平台。当今的互联网经济是极为典型的平台
模式。平台首先是一个中介，它是借助数字硬件作为基础设施，依赖数
据和算法对市场和生产劳动进行引领和控制的运作方式。它以在不同的
经济单元之间提供交易的可能性来促使交易实现，并大幅度地降低了交
易成本。然而，因同时占有交易双方的大量信息，平台又不完全是一个
中介，它可以利用数据上的不对称，借用算法暗中剥夺依附于网络却分

散的用户的权利。它是当代新的经济现象，更因高度互联的数字化途径实现了体系的重塑。

经济学家约瑟夫·熊彼特（Joseph Alois Schumpeter）在描述资本主义制度对原有的经济结构所形成的冲击时曾使用"创造性的毁灭"一词，用以强调整体的结构性颠覆与重构。他写道："产业突变的过程……不断地从内部革着经济结构的命，不断地破坏着旧的经济结构，不断地创造着新的经济结构……必须看到创造性毁灭这个永久风暴（在这个过程中）发挥的作用。"[1] 哈维后来把这个术语定义为现代性的本质特征。在《巴黎城记：现代性之都的诞生》一书中，他将 19 世纪中后叶奥斯曼男爵所推行的巴黎旧城改造的庞大工程当作这种"创造性毁灭"的现实具象。作为现代性之都的巴黎不仅是一个作品，更是一个事件，它以横空出世的现代性愿景决绝地、非线性地覆盖了过去的平滑演进。"它将世界视为白板，并且在完全不指涉过去的状况下，将新事物铭刻在上面——如果在铭刻的过程中，发现有过去横阻其间，便将过去的一切予以抹灭。"[2]

用这样一种革命性转变来形容平台经济所带来的连锁效应再恰当不过。它对原有经济结构产生了截断性效应：旧的商业模式受到挑战而式微（甚至消亡），生产、分配、消费、交付、配送及控制体系在新技术的基础上被重塑。许多企业甚至行业的基本面发生了动摇。

在吉尔·德勒兹（Gilles Louis Réné Deleuze）的"块茎"理论和奈格里的"诸众"理论中，互联网以其"去中心化"的特征而成为解放性的理想建构：它可以渗透至所有维度，穿越一切边界。他们把互联网超文本的链接所凸显出来的异质性和无法统摄性当作了可以对抗资本的统摄性的"一"的力量，并由此布展出诸众抵抗的可能性。网络互联所形

1　［美］戴维·S. 埃文斯、理查德·施马兰奇：《连接：多边平台经济学》，张昕译，北京：中信出版集团，2018 年，第 51 页。

2　［美］大卫·哈维：《巴黎城记：现代性之都的诞生》，黄煜文译，桂林：广西师范大学出版社，2010 年，第 11 页。

成的"无组织的组织力量"使得机构和组织成本趋零，共享和协同在最大的广度上成为可能。从表面上看来，这种主张似乎有一定的合理性。但事实上，它仍然显示出了一种前平台时代的未经深思的乐观。

如果说德勒兹和奈格里对互联网持有的乐观态度是基于它突破层级化的高度互联这一特点，那么他们显然并没有预见到这种连接在规模和深度上的推进所带来的前景。在大工业以降的现代行业结构中，价值创造过程呈线性分布，生产是最主要的核心环节。这种自上而下的层级结构在同样呈线性的供应链的帮助下实现了高效运转，既体现在生产劳动的组织和完成上，也体现在将最终的产品或服务向消费者转移的过程中。这是传统的政治经济学的研究对象。然而，当互联网所实现的纵深连通打破了阶段执行的功能组织边界后，这种以生产为轴心、以产品为目的的线性价值创造过程自然也不得不被置于整个去中心化的网络中。然而，这种去中心化所带来的效率问题却再一次提出了网络时代的"科斯地板"（Coasean floor）问题。[1] 当然，这一次"新的工具为我们提供了组织群体行动的方法，而无需诉诸层级结构"[2]。于是，平台应运而生。

平台模式将两个或多个相互独立的经济单元连接起来，以实现它们之间的互动和共赢。在物联网（Internet of Things）时代，这种模式使得"商业战略的聚合器不再是公司内部的供应链或价值链，而是整个网络的生态系统"[3]。价值创造的核心从产品生产转向实现零散的生产者与零散的用户之间的连接，构建出以平台为交易核心的生态系统。这种生态系统战略改变了价值创造中的权力半衡。诺基亚之所以在与 iPhone 和谷歌的竞争中落败，很重要的一个原因是诺基亚所执着的塞班系统在

1　"科斯地板"回答了在自由市场环境中企业及经济机构存在的理由。在某些情况下，它们的中心化运作方式能有效地降低交易成本（不仅是经济上的）。

2　[美]克莱·舍基：《人人时代：无组织的组织力量》，胡泳、沈满琳译，北京：中国人民大学出版社，2012 年，第 18 页。

3　[美]亚历克斯·莫塞德、尼古拉斯·L. 约翰逊：《平台垄断：主导 21 世纪经济的力量》，杨菲译，北京：机械工业出版社，2017 年，第 63 页。

平台搭建功能方面不敌 iPhone 的 iOS 系统以及谷歌开发的安卓系统。对此，诺基亚的前首席执行官史蒂芬·埃洛普（Stephen Elop）痛心疾首地回忆道："我们甚至没有选对反击的武器，我们仍在试图以一种'设备对设备'的方式，在各级市场上展开竞争。设备产品的竞争现在已经演变成生态系统的战争。"[1] 而平台正是其所建构的生态系统的绝对中心。并且，由于网络的分布式扁平化结构中的每个节点或单元都具有不受制于层级结构的高度自治性，这种去中心化之上的中心就具有了更强的控制权力，它的效率在很大程度上取决于其权力的辐射范围。要么平台，要么消亡。

与传统的经济结构不同，平台并不会在其内部创造自己的经济单元，也不会制造自己的产品，它做的唯一的事情就是不断地扩展外部资源，并致力于使每个连接步骤更加平滑，使核心交易的效率最大化（当然，这种效率本身也包括了不同用户端的体验感）。这种责任的赋予就意味着用户端将权力和隐私让渡给平台。平台所承担的责任越大，它索取的权力和隐私也就越多。无论是爱彼迎（Airbnb）还是优步（Uber），它们都轻而易举地实现了一面不断收缩运营核心、一面飞速扩张的八爪鱼式发展。以谷歌、优步、脸书为例，它们无不是在极短的时间里完成了传统企业不敢企及的规模扩张。即使是亚马逊这样靠电商起家的企业，其平台化后的发展速度也远超之前。平台模式的一个最显著的特征是"既大又小"：一方面，庞大的用户群是其赖以生存的核心，也是其价值和市场竞争力的最直观表现（在融资过程中对于用户数量的强调一直是新兴平台的重中之重）；另一方面，由于平台之间的核心竞争不再是比拼自身所具有的资产规模，因此平台企业运营中枢的规模不断缩小。"资本热爱垄断，喜欢垄断型工作和生活方式带来的确定性。"[2] 中

1　[美] 亚历克斯·莫塞德、尼古拉斯·L. 约翰逊：《平台垄断：主导 21 世纪经济的力量》，杨菲译，北京：机械工业出版社，2017 年，第Ⅷ页。

2　[美] 大卫·哈维：《资本主义社会的十七个矛盾》，许瑞宋译，北京：中信出版集团，2016年，第 150 页。

心不断凝聚的"独角兽"式的平台企业牢牢地把握住了市场的话语权。

　　数据是平台最重要的资产，所有的用户端在接入平台的一切终端时所留下的痕迹都源源不断地充实了这一资产。平台按照交易需要和利益原则，通过算法对数据原材料进行提取、分析并以匿名的方式不断调用。而用户作为原始数据的生产者，既不对数据拥有知情权，也不具有所有权，更不了解平台所使用的各种算法。无论是原材料（数据）抑或是生产技术（算法），它们都为平台所独占、垄断。这是一种单面玻璃式的不对称：一面是无限权力，另一面是无限让渡。因此，尽管平台在表面上具有去中心化和开放性的特点，但实际上其作为社会资源整合的超级节点已成为资本不断吸纳的新型数字化技术手段。在数字化的进程中，平台资本主义的生产逻辑成为新的价值增殖模式。平台使得全面控制成为现实，甚至成为资本主义更加集约化的垄断形式，它通过权力布展建立起无所不包的中心化生态体系，使得"劳动过程，从而劳动和工人本身，在所有这些方面都受到资本的监督和支配"[1]。德勒兹的欲望机器以去主体化的连接形成社会生产的关系性结构，这正是平台生态系统的核心。算法控制成为平台操控的结构性核心，是新的"看不见的手"。当数字系统和服务被嵌入政治经济的所有组成部分中，平台化是这个时代经济控制和制胜的关键原则，它的连接能够形成权力的无缝空间。平台模式打破了传统的价值链垄断，建立了以核心交易为基础的新垄断方式。从社交媒体语境中资本权力与技术的合谋来看，隐私保护的弱化与个体表达的稀释也是不可避免的。平台具有的从线上到线下（Online to Offline，O2O）的衍生法则将线上线下联结在一起，成为一个世界。虚拟（the virtual）穿透了实存（the real）。从这个意义上说，平台资本主义的迅猛发展必然深刻影响着数字化时代的劳动组织形式和社会结构。平台所扮演的不再仅仅是笑脸迎人的多边中介角色，而是市场中具有决定性的生态系统的搭建者，是去中心化的匀质节点上的枢纽中控。平台

1　《马克思恩格斯全集》第 32 卷，北京：人民出版社，1998 年，第 105 页。

不仅通过软硬件设施实现对数据的垄断，而且借助算法和寡头地位控制着生产以及市场的游戏规则。

在较早的一本以平台为批判性研究对象的著作《平台资本主义》中，尼克·斯尔尼塞克（Nick Srnicek）敏锐地指出，作为新商业生产模式的平台成为 21 世纪的宠儿，资本主义发展的重点也因此转移到能够获得和操控海量数据的平台上。强中心化使新的平台垄断比过去任何时候都更便捷，也更彻底。"平台通常由处理数据的内部需求而产生，并成为一种有效的途径，能独占、提取、分析和使用记录下来的日益增加的数据量。"[1] 而这在很大程度上取决于加入平台的用户端的数量。平台具有的特性是共享性：使用平台的用户越多，平台具有的价值也就越大；平台能够提取的数据越大，其能够产生的使用途径就越多。今天，大多数的互联网使用者已经很难绕过平台进行活动。这也就意味着，平台谋求将越来越多的用户捆绑进其生态系统，以便攫取更多的数据。同时，平台生态系统的丰富性越高，对用户的维持力也就越强大，对用户的生活经验世界的占有度也就越高。通过"赢家通吃"的逻辑，资本主义经济体系完成了结构性的数字化转变。面对这样一个由中心控制的巨无霸式的商业模式，我们必须要追问：它对传统的劳动生产领域到底产生了怎样的影响？

二、零工经济：逐层加深的实质吸纳

从历史的角度来看，零工经济（gige conomy）并非数字时代或平台模式下特有的新鲜事物，它是自由劳动力市场不断发展的产物。但在平台经济时代，这种特殊的用工形式从局部的、补偿性的劳动方式一跃成为重要的社会劳动组织形式。数字时代的零工经济是指由可以提供空余时间和相应技能的自由职业者利用互联网平台和移动通信技术快速匹配

1　[加] 尼克·斯尔尼塞克：《平台资本主义》，程水英译，广州：广东人民出版社，2018 年，第 49 页。

供需方，主要包括通过中间方"众包"和个体经应用程序接单的按需工作两种形式，是现代经济结构中不可小觑的一个组成部分。这一点已经得到了经济数据上的确证。哈佛大学和普林斯顿大学的一项联合研究表明，在 2005 年到 2015 年的 10 年中，美国灵活就业的从业人员比例由 10％上升到 15.8％，增幅达到了 50％以上。这一数字在新冠肺炎疫情发生后持续上升。《零工经济》一书的作者甚至预言："全职工作正在消失；许多公司不到万不得已，不会选择雇用全职员工。"[1]

平台最大的功能是在产品或服务提供者与消费者之间提供达成双边关系的条件。这也就意味着，平台所面对的始终是多边的需求，它不再如传统企业那样扮演生产组织者的角色，而是通过搭建实体或虚拟空间来为不同类型的客户进行配对。也就是说，作为一个强势的中间人，平台所面对的始终是分散的用户群——分散的生产者和分散的消费者，但由于平台竞争力的一个重要方面在于消费者的数量和体验感，因此平台对交易的评价机制也就不可避免地带有了消费端倾向。在这种制约下，平台企业所使用的零工劳动者很难不面对愈演愈烈的剥削迭代。齐泽克将之称为"用户无产者"："在新出现的'因特网政治'中，权力和社会地位的衡量是获得关键信息的能力。金钱和物质占有都被降低到次要作用。被统治阶级不再是工人阶级，而是用户主义阶级（"用户无产者"）……这种权力的转变产生了一种全新的社会逻辑和意识形态。因为信息一直在循环和改变，不再有稳定的、长期的等级，而是一种持续变化的权力关系网络。"[2]

平台所搭建的零工劳动模式使得传统的劳动价值生成方式和劳动者的组织方式都遭到了挑战，因为它是以"拆卸"传统企业组织者所承担的责任来实现的。当劳动者转变为用户时，不但劳动范式发生了转换，

1　［美］戴安娜·马尔卡希：《零工经济》，陈桂芳译，北京：中信出版集团，2017 年，第Ⅶ页。
2　［斯洛文尼亚］斯拉沃热·齐泽克：《无身体的器官》，吴静译，南京：南京大学出版社，2019 年，第 351 页。

劳动组织形式也被改变了。面向特定客户的分散劳动将劳动提供者置于去组织化的境地，导致其边缘化加剧，成为孤岛。无所不在的算法陷阱和信息不对称更是进一步加深了用户的选择困境："要么算法，要么乌有。"所谓的选择自由只能是否定和拒绝意义上的悲壮之举。同时，通过公开或隐匿的智能监控设备，平台实现了对劳动者的更严密的监控。通过应用程序的定位系统和消费者反馈机制，平台方能够实时监控劳动者的劳动轨迹和劳动时间。随着平台资本对零工劳动者逐层加深的实质吸纳，"在生产方式本身中，在劳动生产率中，在资本家与工人的关系中，都发生了完全的（不断继续和重复的）革命。"[1] 一旦零工劳动者试图脱嵌于算法和技术，其风险和代价将远远高于他在算法中的获益。"科学成为与劳动对立的、服务于资本的独立力量，一般说来属于生产条件成为与劳动相对立的独立力量这一范畴。"[2] 在这个过程中，传统工厂生产中劳动的一切界限被消弭。由于零工劳动本身所特有的空间流动性和时间弥散性，不但劳动时间与休闲时间的边界被打破，劳动转移过程也被算法严格限定在效率最优化的途径中。甚至，算法每"优化"一次，对零工劳动者的围剿就紧迫一分。平台资本的剥夺式积累使得相对剩余价值和绝对剩余价值的剥削同时完成，形式吸纳和实质吸纳竞争上游。

除此之外，零工经济对效率的追求还不断挤压劳工权益。2020年7月，英国最高法院的合议庭做出了一个"能改变零工经济的判决"。他们裁定：通过应用程序"优步"（Uber）提供网约车服务的司机属于优步的雇员，享有英国法律为雇员提供的诸如最低工资、带薪假期等在内的一切保障。而此前，优步方面则主张：司机不是雇员，只是独立承揽人，他的法律地位是基于与乘客订立的合同为乘客提供服务的独立承担人或自雇人，公司无需为其提供雇员待遇。尽管这份裁决会使英国数以

1　《马克思恩格斯全集》第38卷，北京：人民出版社，2019年，第120页。
2　《马克思恩格斯全集》第37卷，北京：人民出版社，2019年，第231页。

万计的"优步"司机获得司法保障，但却并未终结平台企业与零工劳动者之间的争论。"零工经济"的最大问题是劳动合同的缺失。平台经济的零工外包方式模糊了劳动关系：工人与平台仅是签约关系，与外包公司是雇佣关系，甚至很多众包工人都没有同众包方签订雇佣关系合同，以换取离职自由。因此，一旦发生事故，平台不但可以推卸其对受害者的责任，也可以推卸其对零工劳动者的责任，这使得劳动者的维权极为困难。并且，由于缺乏传统企业中的工会组织，劳动者不仅很难获得内部组织力量的帮助和应有的工伤待遇，还要独立承担一切风险，付出与获得不成正比。一种特殊的生产方式，"一种在劳动过程的现实性质和现实条件上都发生了变化的生产方式"[1]——平台资本主义生产方式建立了起来。资本，就这样实现了对社会风险的实质吸纳。

平台企业对零边际成本的着迷使得它们致力于资产轻量化（包括有形资产和员工），在不断扩大用户群的同时却尽量减少员工的数量。这在一定意义上印证了德勒兹和菲利克斯·加塔利（Félix Guattari）所主张的"工具预设了劳动"[2]的观点。零工经济的去组织化形式使得平台企业与劳动者的从属性呈现出诡异的矛盾，而从属性正是判定劳动关系的核心要素。一方面，在传统的线性企业的劳动法理论假设中，企业对生产资料享有绝对的所有权，且大多数生产资料均为实体，劳动者使用属于企业所有的生产资料，遵从企业的劳动规范。现行劳动法在裁定劳动关系是否存在时，往往需要考察生产资料由谁提供这一要素。但是，平台企业主要以非实体化的数据为生产要素，数据与平台的所有权关系难以完全认定。同时，由于零工劳动者的管理也是通过数字控制的模式，而后者在现阶段还难以被视为管理规范，这就导致零工劳动者对平台企业的从属关系难以在现有的法律规范中被确定。

另外一方面，又一种牢固的从属关系却建立起来：这就是零工劳动

1　《马克思恩格斯全集》第 49 卷，北京：人民出版社，1982 年，第 95 页。
2　[法] 吉尔·德勒兹、费利克斯·加塔利：《资本主义与精神分裂（卷二）：千高原》，姜宇辉译，上海：上海书店出版社，2010 年，第 574 页。

者对算法的从属。这种从属关系没有完全变现为算法对劳动提供者的监控，更多表现为以一种社会性征服取代了前算法时代的机器役使。德勒兹和加塔利认为，这是资本有机构成发生变化的必然结果。"全自动控制机和信息处理机……重建了一种普遍化的役使机制：可逆的和循环性的'人—机'系统取代了二者之间的不可逆和非循环的古老的征服关系；任何机器之间的关联是通过内在的互通（而不再是使用或效用）而实现的。在资本的有机构成之中，可变资本规定了一种对于劳动者进行征服的体制（人的剩余价值），其主要范围则是企业或工厂；然而，当不变资本的比例随着自动化的过程而不断增长之时，我们发现了一种新的役使，与此同时，劳动制度也发生了变化，剩余价值变为机器性的，而范围则扩张到整个社会。"[1] 尽管德勒兹和加塔利并没有看到算法时代的来临，但他们已经极具洞见性地预言了智能时代人—机互渗对劳动构成及其属性的革命性影响。需要重点指出的是，当他们说"剩余价值变为机器性的"的时候，德勒兹和加塔利所指向的是他们对机器的独特界定：一种关系性的连接和生产。在这里，劳动不再是以独立产品生产的完成而区隔开的单一过程，持续劳动所产生的数据信息不断地被算法捕捉而实现算法的优化（效率最大化只是算法优化的方向之一，它完全可以实现更广泛意义上的优化）。劳动过程和算法都在不断的迭代中。根据马克思对实质吸纳的核心特征的判断，"特殊资本主义生产方式发展起来以及劳动对资本的实际上的从属随着这种生产方式也发展起来"[2]，算法劳动及其社会性的后果无疑属于实质吸纳，它既是资本对劳动的吸纳，也是资本对社会的吸纳的一个侧面。这种互相渗透的从属关系与平台—劳动者之间暧昧的从属形成了强烈的对比，它们共同构成了平台资本对劳动更深、更广的吸纳。

1　[法] 吉尔·德勒兹、费利克斯·加塔利：《资本主义与精神分裂（卷二）：千高原》，姜宇辉译，上海：上海书店出版社，2010 年，第 661 页。
2　《马克思恩格斯全集》第 38 卷，北京：人民出版社，2020 年，第 122 页。

三、 平台效应阶梯: 总体吸纳

在平台模式中,产业资本、金融资本与数字资本相互纠缠合谋,对从生产到消费(消费和生产的界限也日益消弭)的全过程进行捕捉。同时,算法通过数据挖掘与分析而对人类的行为作出预测和引导,从而对所有原本非生产性的经验片段进行估值和利用,将其转变为数据生产不可小觑的来源,并最终成为数字平台商业化发展的一部分。算法迭代为社会再生产提供了周期更短的路径。平台成为沟通资本市场与社会个体以及社会生活之间的重要桥梁,作为资本流通中不可分割的一部分置于"总体资本主义经济"(total capitalist economy)之中。由于资本扩大再生产的内在性需求,算法控制的闭源化、效率优先、无缝监测,以及社交媒体中信息数据、社交关系的私有化与商品化,都将把以信息交互为特征的互联网媒介社会推向具有垄断性质的平台资本主义。于是,平台时代下的一切社会经验从本质上而言都属于政治经济学范畴。

马克思指出,对于劳动过程,资本"最初只是在形式上使它从属于自己,丝毫也不改变它在工艺上的规定性",但是随着资本主义的发展,资本"不仅在形式上使劳动过程从属于自己,而且改变了这个过程,赋予生产方式本身以新的形式,从而第一次创造出它所特有的生产方式"。[1] 哈特和奈格里肯定了马克思的"形式吸纳"和"实质吸纳"这对概念在展现资本主义统治的多样性方面的作用。但他们也提出,在当代政治经济学研究中,"首先需要做的是从马克思所分析的资本统治下的劳动的实质吸纳扩展到对资本统治下的社会的实质吸纳"[2],因为这种实质吸纳已经超出了资本增殖的多重循环,不断向内扩展,蚕食了原先非资本化的领域。具体的做法是:"我们必须设想资本在社会层面的职能,在这个层面,我们必须确认价值生产、剥削和榨取剩余价值的形式;在

---

1 《马克思恩格斯全集》第 32 卷,北京:人民出版社,1998 年,第 103 页。
2 [美]迈克尔·哈特、[意]安东尼奥·奈格里:《资本主义统治的多样性与斗争的联合》,张永红译,《国外理论动态》2018 年第 4 期。

这个层面以及这个领域，我们必须理解劳动力与资本进行斗争的模式"[1]。

这种提法当然没错。从广义上讲，它们当然属于对社会的实质吸纳，但一方面，目前算法的迭代和优化在很多时候导致了技术脱嵌社会的消极后果；另一方面，如果社会吸纳的指代过于宽泛，那么它既不足以准确描述平台经济所带来的结构性重构和嵌入的总体化趋势，也不能体现不同的资本形态内部形成的等级链收割关系。因此，总体吸纳是一个更具有表述力的概念，它与"总体资本主义经济"形成对应关系。

总体吸纳的第一个突出表现是金融资本对产业资本利润的控制与分割。与产业资本直接吸纳劳动的方式不同，金融资本通过对实物资产的索取权获得对劳动间接的，但却决定性的控制。这样一种资本积累形态也并非平台经济的新产物。约翰·贝拉米·福斯特（John Bellamy Foster）就曾在其《垄断金融资本》一文中指出，金融市场的过度发展使金融资本掌握了对经济的主导权，从而颠覆了此前由垄断企业主导的实体经济的结构和功能，制造货币逐渐代替制造产品。这是垄断资本主义的一个特征。但是，当这一特点与依靠零边际成本理论上可以实现无限扩张的平台模式相结合的时候，它对社会总生产的危害性就凸显出来了。一个无比吊诡的事实在于，与互联网平台企业蓬勃发展、总收入不断创新高的喜人景象相反，几乎绝大多数平台都处于巨额亏损的状态之中。如果说资本的本性在于追逐利润，平台企业何以会选择继续下去呢？它们又凭借什么继续下去呢？

大多数互联网平台经济项目都经历了这样一个高度相似的成长史：一开始，项目凭借敏锐的市场嗅觉精准捕捉到潜在的市场需求热点，金融资本（风险投资）也以其敏锐的嗅觉捕捉各类项目。当风投迅速锚定了投资对象并完成融资后，项目会在短时间内高调投入市场，并采用价

1　[意]安东尼奥·奈格里：《再次从马克思出发》，盛国荣译，《国外理论动态》2019年第4期。

格战、高额补贴等逆盈利方式急速扩大市场占有率并锁定大量用户群体。而庞大的用户群正是平台的核心竞争力，这些用户群及其带来的不断上涨的总营业收入也是平台赖以依恃进而在金融投资市场继续获得风投，甚至在证券市场上市的关键。在这个过程中，平台的主要目的并非从真实的交易中盈利，而是以之为手段在金融市场获利。这在本质上同马克思所批判的资本家为了盈利不在乎生产何种使用价值的现象如出一辙。只不过在这里，绝对的决定权在金融资本的手中。金融资本虽不生产剩余价值，但却通过代际市场的运作收割了产业资本所创造的价值。并且，由于金融资本在一定程度上的投机性，它更倾向于周期短、边际成本低、利润率高的行业，这也是近些年风险投资的主要目标集中在服务性电商平台上的原因。相比之下，传统的实体行业，尤其是制造业则由于边际成本高、投资回报周期长，而不受风投的青睐。这种投资方式对真正提高社会总价值的作用显然有限。通过增加金融资产来实现资本增殖的资本积累方式导致了"高交易、零生产"现象的出现，哈维将之概括为"生产昙花一现的奇观"。伴随着生产的这种假性繁荣，金融资本更加快速地完成了从简单积累到对各行业剩余价值进行超量剥削的全过程。

　　总体吸纳的另一个表现是资本借助平台对公共性进行吸纳。平台经济的发展对社会关系的重塑不仅体现在政治经济学领域的诸多现象，同时也体现在人类自身的存在方式及其与世界的关系的重塑上。除之前谈到的逐渐优化的算法不断加深了对零工劳动者的控制外，随着市场竞争的白热化，利用所掌握的数据来分析与预测用户行为几乎是互联网平台企业必备的手段，其中，数据预测是大数据方法的核心，也是平台展开精准营销的关键。

　　哈佛大学商学院网络心理学教授肖莎娜·祖博夫（Shoshana Zuboff）在《监控资本主义时代》一书中提出了一个更为激进的观点。她认为，大数据时代所特有的全方位数据痕迹的记录让人类进入了"监控资本主义时代"，而让用户对平台产生依赖心理仅仅是平台操控者

（她称之为监控资本家）希望做到的第一步，他们更进一步的目标是让目标人群顺应算法产生惯性自动化，成为"机器控制主义"（instrumentarianism）的合格制品：平台通过海量数据对用户的行为模式熟悉之后，可以采取针对性的诱导策略（时间、环境、内容、方式）引导用户做出算法希望的行为，并对其行为加以修正，使其改变自己惯常的行为方式以做出满足他者需求的行为。平台可以做到"利用脸书（Facebook）上过剩的个人资讯形塑你的行为模式，例如诱使你在周五下午 5 点 45 分购买痘痘药膏；在你周日晨跑结束，脑内啡在脑中极速流窜时，诱使你点下'同意下单'的按键，购入一双新的慢跑鞋；甚至，他们还能影响你下周投票时的选择"[1]。

这种机器控制主义已经突破了传统的"投其所好"的客户战略，转而控制用户的行为，并改变社会关系的构成和规则。屡屡被观察者批评的"信息茧房"和"数据主权"问题是最早浮上水面的冰山一角，在不远的将来，这种机器控制主义可能全面改写社会规则（例如，对于咖啡爱好者，可以通过限时使用的优惠券调整咖啡店的阶段性客流），重塑社会关系的再生产。而关系性生产正是公共性的一个极为重要的方面。当代社会的一个关键在于，公共性的生产不但成为社会生产和再生产的主要内容，同时也是政治主体得以形塑的物质基础。所以实际上，公共性作为一种连接理论（theory of articulation），它是个体存在与世界之间的相对关系。

平台资本利用利润和便捷性诱惑用户，从其手中获得对规则的话语权，以可计算性的原则不断规训本来形态各异的需求。现代性所信奉的工具主义（instrumentalism）被算法极化并逆规训成为"机器控制主义"。这些机制一旦被实施，就会进入惯性的运转，从而导向资本利益的最大化。人本主义所谈论的个体性、特殊性乃至隐私这样的个性化话题

1　Shoshana Zuboff, *The Age of Surveillance Capitalism*, New York: Public Affairs, 2019, p. 7.

成了妨碍实现数据平滑和自由、进而妨碍效率的古着。可以想像，这种机器控制主义的未来必将使整个世界臣服于技术权威，谁掌握数据、谁使用数据、谁决定算法，谁就掌握了话语建构的全部权力。也正是从这个角度而言，贝尔纳·斯蒂格勒（Bernard Stiegler）指斥数字资本主义对人类思考能力的摧毁，认为其将使人类进入"系统性愚昧"。但事实上，愚昧的不是人类，而是将算法唯一化为面对世界的全部途径的行为模式。

不可否认，平台经济模式是当代数字经济中最具有活力和发展前景的一部分。尽管平台本身的技术特征和政治经济学属性使它不可避免地带有一些至今还未全部展开的问题，但当数字系统和服务被嵌入政治经济的所有组成部分时，平台化就成了这个时代经济控制的关键原则，它的连接能够形成权力的无缝空间，从而形成中心化的生态系统。平台以核心交易为基础的新的垄断方式，不仅使得全面控制成为现实，甚至可以成为资本运行更加集约化的垄断形式。此外，从社交媒体语境中资本权力与技术合谋的结果来看，隐私保护的弱化与个体表达的稀释也是不可避免的，算法的不断迭代进一步剥夺了劳动者的选择自由。这些方面在不断加速平台扩张的同时，也成为平台经济发展中的不确定因素。

第四节　智能化生产条件下对"活劳动"范畴之反思

进入 21 世纪以来，伴随着以互联网为基础的科技飞跃和社会发展，生产形式、劳动范式和资本的运作方式都出现了极大的变化，消费也从刺激经济过程转变成为经济过程之一。对于这种当代变化的批判性解读，一直是学界关注的热点，各自的视角和维度也有所不同。但一个不能回避的问题在于，马克思主义哲学关于劳动的传统解释框架必须正面回应资本主义本质和形式之间的变化张力，适时地对概念和理论本身进行推进。特别是从 2008 年金融危机之后，马克思主义哲学的批判方法再一次被推到了台前，对于马克思主义的现实解释力和当代价值的挖掘成为重要的理论归旨。因此，一方面，以马克思主义政治经济学为理论工具，对当前资本主义形态的新变化进行研究，将有助于进一步挖掘和深化马克思主义哲学的当代价值；另一方面，也需要对理论所涉及的概念自身的时代局限性进行反思和拓展，赋予它们与当代问题相应的时代内涵，这样才能在纷繁复杂的现象世界中更准确地把握住资本主义的发展趋势。

《资本论》作为构建马克思主义政治经济学的关键著作，在今天的资本批判的场域中依然发挥着强大的理论影响。然而，随着资本的权力由生产领域蔓延到包括生活世界在内的整个社会再生产领域和生命政治领域，传统资本主义所建立的工业和雇佣劳动管理的核心模式正在发生改变。这使得以早期工业生产为分析对象而形成的马克思劳动价值理论在基础概念层面面临挑战。"活劳动"这一范畴的原有内涵在劳动的智能化，甚至无人化的冲击之下显示出特定的时代局限性。

随着现代社会的发展，人们对生产要素的理解也在发生变化。从传统的土地、劳动力和资本，到土地、劳动力、资本和技术，再到当今的土地、劳动力、资本、技术、数据，这既反映了当代社会生产实践领域的变化，又对理论提出了新的挑战和要求。早在 2019 年 11 月我国就发布了《中共中央关于坚持和完善中国特色社会主义制度推进国家治理体系和治理能力现代化若干重大问题的决定》（以下简称《决定》），在该《决定》中，"数据"被第一次纳入生产要素中并参与分配。2020 年 4 月 9 日，新华社正式刊发了中共中央、国务院《关于构建更加完善的要素市场化配置体制机制的意见》（以下简称《意见》），该《意见》形成于 2020 年 3 月 30 日。这是中央发布的第一份关于要素市场化配置的文件。其中明确提出，要进行市场化配置的要素主要有五种：土地、劳动力、资本、技术、数据。这就使得传统的劳动与资本之间的关系变得更为复杂，同时也意味着我们更需要通过对"活劳动"的重新认知和解读，使劳动与资本之间的关系更加明晰，在新的时代背景下，更好地理解马克思的劳动价值理论。如何理性地看待经典理论和当代性变化之间的张力，直面并重证马克思主义政治经济学的生命力，是当代理论工作者的历史义务。

一、 后福特制时代马克思主义政治经济学面临的挑战

自 20 世纪的最后十年以降，随着信息技术的飞速发展和互联网的深度普及，生产形态和劳动范式开始发生巨变，以物质资料产品为输出形式的大工业生产模式在经济发展中的主导地位正在被改变，生产过程在场所和时间等各个维度也愈加弹性化，以专业化分工为基础的福特制刚性生产模式开始逐渐向以生命政治为特征的后福特制社会转变，资本开始全面掌控社会生活的生产及再生产。与此同时，技术进步也以前所未有的态势向前推进。机器所能承担的越来越多的智识性劳动消解了传统的劳动组织形式，因为新冠疫情而处于停摆状态下的企业所承担的高昂社会经济成本，更使得原先只在部分行业率先出现的"无人化"运作加速到来。阿列克斯·威廉姆斯和尼克·斯尔尼塞克在《加速主义宣言》中指出，资本主义的社会体系与加速主义息息相关，资本家为使自身利益最大化就要加速资本周转，因此资本的新陈代谢就要解放创造性的破坏力，放任不断加速的技术革新和社会革新。尽管这并不是什么新鲜的命题，马克思在《资本论》第一卷第十三章"机器和大工业"中早已有过详尽论证。但问题在于，资本积累的一般规律和偶然的社会契机共同强化和加速了本已存在的趋势和情形，使得社会生活生产的所有节点，不论是生产还是消费，不论是个体存在还是合作组织规范，都被裹挟在技术的变化之内发生相应改变。这种改变并非连续性的量变积累，而是颠覆性的本质更迭。

正如马克思敏锐地察觉到商品流通（W—G—W）和资本流通（G—W—G′）有着根本不同，"隐藏在这种形式上的区别后面的内容上的区别"[1] 才是更为本质的区别，因此，我们同样需要去揭露出资本主

---

[1] 《马克思恩格斯全集》第 44 卷，北京：人民出版社，2001 年，第 173 页。

义发展历史上"形式上的区别"背后所隐藏的"内容上的区别"。面对处于快速流变中的社会，《资本论》以及马克思主义政治经济学该如何在坚持马克思主义哲学本质的前提下迎向当下的时代性呢？对于那些有着明确时代内涵的概念，是继续维护不变，还是在理论本身框架允许的范围内进行拓展，这是马克思主义政治经济学研究无法逃避的问题。整个马克思主义理论的构建正是以政治经济学分析下的历史性的、现实性的生产关系领域为基点，因此，赋予政治经济学时代性内涵，正是赋予了马克思主义时代性内涵。

马克思主义政治经济学是一个兼具历史性和开放性的理论体系。《资本论》的意义不仅在于它对 19 世纪仍处于古典自由主义时期的资本主义社会关系的深刻分析，更在于它的理论架构和方法在之后的社会发展中依旧有效。詹姆逊对于重新解读《资本论》所提出的要求同时兼顾了这两个方面："今天对《资本论》的任何创造性解读都是一个翻译过程。这个过程把为维多利亚社会第一个工业时代创造的语言和概念在忠实于原初构建的状况下转换成了另一种代码，还通过对初次再现的抱负维度和精巧结构的坚持，保证了它在当代的可再现性。"[1] 这一点具体体现在两个方面：

第一，理论概念本身的内涵要体现与时代性相称的内容。资本主义发展的不同阶段之间既有基本规律层面的同一性，又有具体的时代性差异。每个阶段在共性地展示资本主义社会关系的本质结构和规律（资本逻辑）的同时，也必然反射出相应的社会文化变迁和主体组织形式的更迭。马克思最早发现产业革命时期的各种问题。他所处的时代是第一次工业革命（18 世纪 60 年代）和第二次工业革命（19 世纪 60 年代后期）交叉的时代，用马克思自己的话说："大工业刚刚脱离幼年时期"[2]，因而他的政治经济学的研究对象正是当时这个被古典政治经济学话语所统

---

1 ［美］弗雷德里克·詹姆逊《重读〈资本论〉》，胡志国、陈清贵译，北京：中国人民大学出版社，2013 年，第 7 页。

2 《马克思恩格斯全集》第 44 卷，北京：人民出版社，2001 年，第 163 页。

摄的社会经济关系。例如,《1844 年经济学哲学手稿》是马克思 1843 年以后对当时流行的国民经济学著作进行的摘录研究,主要涉及了让·巴蒂斯特·萨伊、亚当·斯密、大卫·李嘉图等国民经济学家;《1857—1858 年经济学手稿》是马克思研究 1857 年经济危机前兆的成果,目的是为了在危机爆发之前厘清资本主义经济过程的内在逻辑,在这场由金融投机引起的经济危机中发挥无产阶级"掘墓人"的力量;而到了《资本论》的写作,1857 年经济危机中无产阶级革命的进展并不如预期,马克思意识到必须要对资本的运行逻辑进行系统的剖析,才能为无产阶级提供理论武器,这才有了《资本论》的陆续出版。由此可见,随着资本主义的发展,资本主义各个环节的问题和矛盾充分暴露出来,马克思的政治经济学研究也随之逐渐深入。马克思并未将自己的思想和理论视作封闭的体系,而是积极地联系社会历史的发展,不断直面时代的真问题,给研究本身注入新鲜的内涵,充分体现出历史和社会的真实变化。当历史从 19 世纪推进到 21 世纪,这期间资本主义经历过两次世界大战和 1929 年大萧条、2008 年次贷危机的低谷,也经历过凯恩斯主义的改造,更重要的是经历了第三次工业革命——信息技术、生物技术等诸多领域发生重大飞跃,以及正在进行的第四次工业革命——人工智能、虚拟技术、量子通信更是彻底改写了人类社会的传统联结方式。这就意味着对《资本论》进行当代阐释必须在遵循马克思主义历史唯物主义原则和基本方法论的基础上,首先拓展原有概念的内涵,以体现最新的社会和经济发展的现实。以马克思本人对最基本的劳动概念的界定为例,在《〈政治经济学批判〉导言》中他就明确指出,这个最抽象的劳动范畴具有历史性,"只有对于这些条件并在这些条件之内才具有充分的适用性。"[1] 这一历史条件在当时体现为机器取代了手工劳动,工厂取代了手工作坊。而 21 世纪人工智能和虚拟技术的发展,不仅出现了劳动及其产品的非物质化,劳动方式也发生了极大变化,甚至出现了无人工厂这

---

1 《马克思恩格斯全集》第 30 卷,北京:人民出版社,1995 年,第 46 页。

样前所未有的新现象。马克思主义政治经济学研究必须将这些在历史条件下诞生的新事物纳入自己的理论视域，尤其是作为其核心的劳动价值理论更是如此。

第二，生产范式的转变给劳动价值论带来了新的挑战。在资本的发展过程中，它对于劳动关系的控制始终是首要的。哈特和奈格里用"非物质劳动"这一术语来描述这种范式的转换。但是，这一术语在主体政治功能方面的侧重和对互联网异质性的过于乐观使得他们在其与资本之间的联系上做出了直观主义的误判。而当生产从福特制的工厂生产向后福特主义的社会生产转变时，劳动在全球化奠定的资本主义连续性中既发生了时空上的双重扩展，也改变了社会再生产的所有方面。在《资本论》所描述的时代，生产和消费是两个绝然分离的领域，生产劳动是独立于日常生活之外的。马克思在《工作日》这一章中，将围绕工作时间进行的斗争上溯到了 14 世纪。而非物质劳动条件下劳动的新特征就是劳动者工作时间与非工作时间界限的模糊化，工作时间扩散到了整个生活时间之中，生产劳动同样贯穿其他经济过程。由泰勒制和福特制所共同保证的"效率优先"和"规模生产"赖以存在的专业化分工（分离），在信息技术和互联网技术的推动下重新消弭了边界，转而体现为表面上的不连续性。但就剥削关系而言，这实际上意味着资本的超量盘剥。于是，新型生产范式所具有的协作性和社会化特征持续地将在全球化语境下用以创造剩余价值的语言的、情感的、交往的甚至合作的因素，乃至个体生命和社会的所有方面都被纳入了资本运作和孳生的过程：不仅劳动过程呈现出对资本的实际从属（Real Subsumption）关系，原本应当非中心化的社会关系和日常生活本身也实际从属于资本。资本扩张的深度被极大地加深，这同时也是生命政治的生产。这种实际从属已经超出了资本增殖的多重循环，向内扩展到原先非资本化的领域。这其实就是哈特和奈格里所谓的"生产者在生产的同时也会被生产"的过程。从表面上而言，这是生命政治塑型社会个体的过程，但本质上，它却是表现为非生产化的生产劳动结构。这里最典型的例子就是当下的流量经济，当人们把注意力投入其中时，看似是休闲的娱乐消遣行为，无形中却在为资本做着增殖的工作。在这种非工作领域的劳动中，在劳动者自身娱乐的活动中，资本完成了它的孳生。也是在这个意义上，"谈劳动过程的社会形式，不能假设劳动过程只存在单一维度的技术形式，实际上劳动过程的所有形式都是社会形式和技术形式的辩证统一"。[1] 对于这种新的劳动和生产范式，以工厂模式为对象的劳动价值论是否还行之有效，必须深入到问题内部去看。

　　资本主义不断总体化的现实为重新理解马克思政治经济学批判的概念、方法和意义提供了新的思考路径。在《资本论》中，马克思用 19 世纪大工业时代的背景构建了当时的资本主义理解体系，但在 21 世纪，当人们整体所面对的现实材料已经完全不同时，同一性和具体性是需要把握的基本分析原则。一方面，资本主义总体性体系的生成过程贯穿着资本主义一直以来的同一问题；另一方面，现实也需要能够从这种同一的问题中认识到阶段的差异，用基本的方法分析当代具体的资本主义问题。

　　就方法论而言，重新恢复《资本论》的生命力是符合马克思政治经济学批判的初衷的。因为在马克思看来，政治经济学真正的意义不在于提供商品学指南，而是要揭示物与物关系背后的人与人的关系。赋予政治经济学、劳动价值论时代性的内容，正是揭示随着生产力的大幅进步，资本与劳动背后生产关系的改变以及生产关系中的内在矛盾性。西方马克思主义曾经试图致力于寻找所谓的"中间环节"，但由于在理论方面的偏差，他们没能完成这一理论初衷。因此，在对《资本论》进行当代解读时，我们不能忽视对当代社会的政治经济学分析，只有重新审视资本与劳动之间的关系，尤其是对活劳动重新解读，才能为《资本论》的当代阐释赋予生命力。

---

[1]　王广禄：《当代资本主义的四大变化——访南京大学哲学系唐正东》，《中国社会科学报》2016 年 12 月 13 日。

二、 智能化生产之下劳动价值论的挑战

显而易见，今天人们所面对的资本主义现实已经与马克思所处的时代具有了根本性不同。加速发展的技术正在重塑世界，生产的边界已经不断被拓宽，生产穿插在生活的全方面，以至于生活本身似乎也具有了生产属性。当人类社会再生产的所有维度被不断纳入生产范畴时，这就意味着资本、劳动、剥削等资本主义的分析术语也具备了重新被理解的现实基础。

劳动范式的变化使得劳动不再像传统产业劳动那样将工人凝固在工厂这一固定场所中，劳动本身的作用也不再只是简单地生产物质产品，而是成为了一种弥散到整个社会各个层面的力量。这种劳动有三个方面的特点：第一，基于互联网技术而形成的自由流动的信息在当今的生产过程中起着基础性的作用。在今天，物质性产品的生产往往会与生产服务、知识等非物质商品的劳动相混合，甚至以共享性（或部分）的公共服务平台的形式出现；第二，劳动本身被内在性地嵌入了合作、交流、情感、沟通等非物质性要素。立足于非物质劳动这一全新的劳动形式就可以清晰地意识到，大工业生产时期不断被细化、被分工的劳动形式已经越来越被合作的、交互的新形式的劳动所替代，即使是在第三产业之外的传统农业、制造业，也开始以主动的姿态迎接新的经济模式所带来的发展风口与红利；第三，劳动不仅逐渐从对场所空间的高度依赖中解脱出来，还模糊了工作时间与非工作时间的界限，使得原来的劳动价值理论分析的量化形式难以适用。数字劳动（并不特指 IT 从业人员，包括了使用智能设备所发生的一切数据生产）的出现更是因为将劳动时间和形式融入并整合进日常生活的细节之中，而无法与所有可能的社会交往及协作分离，从而将剥削性的社会关系隐藏在日常生活的表层之下。

这样的特点使得后福特制的社会生产劳动从总体上呈现出非生产化的倾向。如果说"雇佣劳动的出现以强行把大批直接的生产者与对于生

产手段的控制相分离"[1]，那么以数字劳动为代表的新劳动形式则体现了相反的趋势。在这种巨大的差异性之下，传统的马克思主义政治经济学的原有概念体系在面对部分现实问题时不得不采取"失语"的回避状态。反观现实，个别行业已经率先出现"无人工厂"和"无人超市"，原先由工人承担的工作改由智能化的机器或应用程序来承担。在新冠疫情之前，这种现象还仅仅是极具个别性的，但疫情控制所必需的隔离制度使得"无人化"可以有效地降低和抵御这一由公共卫生危机所带来的社会经济风险。疫情得到控制之后，部分行业的无人化程度明显增加，甚至越来越多的行业主动加入了无人化这一趋势之中。对于这一现象的阐释，至少要回应三个观念上的挑战。

第一，"无人工厂"中的价值来源。活劳动是价值的源泉，这是马克思价值学说的重要基础。而劳动者则是活劳动的唯一提供者，也是剩余价值的唯一来源。马克思指出，活劳动的本质意义在于在过程中创造价值，成为价值的活的源泉。这种过程性体现在活劳动（"劳动的火焰"）通过唤醒凝结在产品中的过去劳动的价值，完成新价值的生产。"与活劳动相接触，则是使这些过去劳动的产品当作使用价值来保存和实现的唯一手段。"[2] 机器，正是这样一种过去价值的凝结和保存。脱离了和活劳动结合的过程，机器不创造任何价值。但是，在今天，无人工厂、无人超市等没有工人存在的劳动场所，该如何完成剩余价值的生产？有两个现实问题的出现对传统的活劳动和死劳动的定义提出了挑战：第一，人工智能时代的机器还仅仅是外在于劳动者的工具性存在吗？在机器大工厂时代，劳动者更多的作用在于操纵机器以完成生产，机器是作为固定资本而存在的、不实现价值创造、只完成价值转移的生产工具。但是人工智能时代，机器是人的延伸，甚至是人的革命，深度学习意味着机器开始从模仿人类思考方式出发具备了"智性"。那么，

1　[美] 大卫·哈维：《后现代的状况》，阎嘉译，北京：商务印书馆，2013 年，第 139 页。

2　《马克思恩格斯全集》第 44 卷，北京：人民出版社，2001 年，第 214 页。

机器就不再是凝固的、静止的、被动的，在这样的现实中，机器与劳动者的关系不再是绝对二元对立的，而是走向了统一，即人机结合。也就是说，无人工厂从根本上说并非真正的无人化，在人工智能时代，人与机器实现了深度渗透和融合，从表面上看是智能机器生产，但实际上劳动者以隐性形式参与其中，借助智能机器以合作劳动方式完成着价值创造和增值。它使价值生产更具复杂性，同时也更具迷惑性，但在本质上并没有实现对劳动价值论的颠覆；第二，活劳动是价值的活的源泉，高度自动化、智能化生产正在导致直接生产过程的活劳动不断减少，那么，这是否意味着从根本的意义上否认了"无人化"工厂的价值生产呢？哈维曾经指出，马克思对于活劳动意义的确认和强调有其政治意义。"劳动者可以简单地通过拒绝和不变资本一起工作，就能拥有摧毁不变资本（例如，机器）的力量。"[1] 在他看来，这是对劳动者主体能动力量的彰显。然而，如果说这样的论断在"捣毁机器"的时代背景下还有几分适用性的话，那么在当下越来越多的行业倾向于以智能技术和软件来代替劳动者的情况下，恐怕就不那么乐观了。这种过于乐观的论调其实不过是重申了卢德分子的期许，认为工人"砸碎"了机器、"逃离"了工厂，就真的挣脱了资本的辖制。事实上，当机器作为固定资本投入生产后，利润率不断提高，以至于没有劳动者的加入，也可以获得高额利润，这一现象所造成的错觉是仿佛资本家放弃了对劳动者剩余价值的剥削，而走向了资本与劳动对立关系的和解。但是，这种伦理视角的解读并不能真正回答所问。这个问题的真正意义在于：按照马克思的分析，剩余价值由劳动者创造，但现实是，当直接生产过程中的劳动者不存在的时候，剩余价值依然存在，那么，是否有别的力量在这里承担着可变资本的角色？

　　第二，"无人工厂"中的利润率之谜。在马克思经典理论的论述中，

1　[美] 大卫·哈维：《跟大卫·哈维读〈资本论〉》第 1 卷，刘英译，上海：上海译文出版社，2013 年，第 143 页。

"剩余价值率"是衡量劳动者被剥削的程度，在量上表示为剩余价值与可变资本的比率；"利润率"是在资本家视角下的资本增殖即资本家自身赢利的程度，在量上表示为剩余价值与全部预付资本的比率。马克思强调剩余价值率和利润率都是反映同一剩余的价值量，二者只是不同的计算方式，利润率是剩余价值率的转化形式，而非相反。剩余价值和剩余价值率作为一种本质上的看不见的东西是需要去研究和揭示的，而利润作为资本家展现出来的剩余价值是现象的、表面的，资本家关心的是"产品的价值超过在产品上消费的资本的价值的余额"，至于这个"余额"是来自于哪里，它和资本家的总资本的各个组成部分之间是什么关系，资本家是不关心的，而且是他所极力掩盖的。当用利润来表示剩余价值时，资本对劳动的关系被掩盖，资本家所关心的"余额"似乎是来源于流通过程中；同时，总资本对剩余价值的比率导致资本家对劳动者的剥削等同于可变资本的节约，如同资本家购买的便宜的原料和机器的节约一样，因此资本的剥削再一次被掩盖。虽然剩余价值率和利润率是对同一价值量的反映，但由于二者的计算标准不同，所以二者在量上是不同的。马克思在《资本论》第三卷中考察了在社会平均条件下，剩余价值率和利润率二者的关系，当剩余价值率上升、不变或下降的情况下，利润率都有可能上升、不变或下降，但总的规律是利润率总是小于剩余价值率的。

当资本主义的生产方式从传统的大工业机器的生产发展到当代人工智能化的机器生产，处在市场竞争环境下的资本家，为了提高自身的生产力并获得超额剩余价值，将不断使用智能化的机器生产，因此在资本家所能支付的总资本中不变资本所占比例不断增多，而可变资本份额则不断减少，资本的有机构成（C/V）不断提高。在这一背景下，按照马克思对资本主义大工业社会的考察，当体现活劳动的可变资本不断减少时，创造出来的剩余价值处于下降的趋势，与此相应的工厂或企业的利润也将不断降低，但现实的情况则相反。甚至于在当代所出现的"无人工厂""无人超市"等生产过程中，在活劳动趋近于零的情况下，企业的利润仍然是不断上升的。

这样的结论是资本家喜闻乐见的：一方面他通过增加生产的智能化程度提高利润，另一方面又因降低了剩余价值率而摆脱了自身的伦理困境即作为剥削者的角色。与此同时，人工智能化的机器实现了对人类体力劳动和智力劳动的双重替代，不断将劳动者驱逐出直接劳动过程，工人失业增加，社会不稳定加剧。人的因素在效率和伦理双重维度上陷入尴尬。这样的理论困境显然必须得到重新解读。

第三，"无人工厂"中资本构成的重组。和机器大工业时代的"机器替代人"的覆盖情况有所不同的是，智能化的无人工厂中取代人的不仅仅是机器，还有数字系统和应用软件。这使得在可变资本减少（极限是零）的同时，不变资本的构成也在发生变化。在大工业生产时代，资本家总是期待以更少的不变资本投入来提高生产获利（因为以机器、厂房等为代表的不变资本在实际生产过程中是不断被消耗、被折损的，并不承担产生价值的功能）。而在今天的生产过程中，不断被强化的数字化和智能化标准要求资本所有者在投入较少劳动者数量的同时，要投入大量的科研精力来保障智能化机器、数字操控系统等的研发和投产。那么，这就存在着一个令人不解的"倒退"：智能化时代，为什么反而要求资本所有者投入更多的不变资本来确保生产呢？为什么对不变资本的高要求并没有使生产者利润减少呢？要解答这样的疑问，或许"共享"提供了一条有效思路。在数字化普及的今天，作为不变资本而现身的数字系统和应用软件大部分并不需要资本所有者自己承担其开发、维护工作，它往往是作为共享性产品或服务被提供给公众的（有些也收取少量的费用，但这种费用与传统不变资本支出相比微不足道）。这种共享性服务的获取加重了社会或平台因素对企业的参与，同时也意味着资本的有机构成和生产资料的私人占有被重写。如果单纯把"无人工厂"中所发生的事情理解为活劳动和死劳动之间的对抗显然有失公允，它必须被放置到涵盖整个社会范围内的合作性劳动的意义上予以考量。

上述三个问题是传统马克思主义政治经济学的概念在新的经济现象

前解释力不足的体现。而如何在符合马克思理论逻辑的前提下恢复政治经济学对现实的生命力，就必须从对基础概念的拓展入手。

三、"活劳动"概念拓展的合理性

理解劳动发生了何种变化，首先需要认识生产工具的革命性变革。在《资本论》所诞生的时代语境中，机器之于劳动者的意义在于是一种工具性的、外在的存在，而劳动者之于机器，则作为生产链条中的"局部工人"而存在。但是，当技术从机械时代进化到智能时代的时候，工具不再仅仅停留在被劳动者使用的层面，而是迈向了以人工智能为代表的主动学习和深度学习阶段。人工智能层面的劳动直接瞄准的不是身体性的劳动，而是智性劳动。

大工业社会中的机器是机械化的机器，与大工业社会之前的简单的工具相比，其自身的协作能力和科学性更强，它在一定程度上超越了人类劳动的体力限制、身体器官的数量限制以及操作的技术性的限制，而人在生产过程中担任看管机器和纠正机器运行错误的角色，但它仍然是一种无意识的生产工具，它按照自身的零部件和操作流程按部就班地从事生产，至于生产的对象和生产的目的是机器本身所不了解的。因此，在马克思的政治经济学的考察中，机器作为劳动资料是与人类劳动本身相对立的，机器劳动不具有人类劳动所具有的对象性和目的性，因此，在马克思对机器本身的划分以及对它在价值创造过程中的作用的考察中指出机器是作为不变资本而存在，它只是在生产过程中转移生产资料的价值而不创造价值，资本逻辑下机器的应用使得人沦为机器的工具。作为劳动主体的人和机器仍然是处于非此即彼的一种对立状态的，这是由机器的发展程度所决定的。

德国恩格斯故居前负责人埃伯哈德·伊尔纳博士通过详实的历史文献考证指出，由于马克思在 1845 年之后所阅读和参考的尤尔的《工厂哲学》和拜比吉的《论机器和工厂的节约》都是出版于 19 世纪 30 年代的法文版，已经无法反映当时日新月异的技术发展水平，导致马克思在

"机器"概念的理解上仍然是不精确的。尽管马克思在 1863 年曾经通过学习为工人开设的实习课程来补充对机器的认识，但在《资本论》第十三章《机器和大工业》的论述中，他更多时候是在隐喻的意义上论述机器的力量，而非对现实生产过程的描述。因此伊尔纳博士得出结论："马克思虽然在经济与技术之间建立起联系，却是以得出抽象的、隐喻式机器概念为代价的，而这一概念很难同高度发展的工业阶段的现实相吻合。"[1] 因此，对机器以及真实的人机关系的思考不能仅仅停留在这一隐喻的层面，必须进入到具体的生产要素的参与过程。

何况，作为信息时代的产物，人工智能的生产模式已经不再是机械性的劳动即根据机械性的操作流程完成对原料的组合、加工和生产，而是根据已有的程序和命令，依托于互联网、大数据平台和云计算等技术进行信息的收集、判断和传递等任务。人工智能劳动是以自身已有的计算程序作为劳动主体，以作为物质存在的机器设备作为劳动资料，来改造劳动目标，完成劳动任务。人工智能劳动绝不是动物式的机械本能劳动，它在劳动过程中具有人类劳动所具有的对象性，因而能够自主完成劳动过程。那是否意味着人工智能作为劳动资料可以自身创造价值呢？虽然人工智能的智能化水平得到提高，但人工智能毕竟不是人类智能，与人类劳动相比，人工智能劳动仍然无法脱离人类，无法思考自身的目的和意义并对周围的环境和世界进行考察，以此来确定自己的劳动过程，即人工智能虽然在劳动过程中具有人类劳动的对象性，但并不具备人类劳动的目的性。一方面，我们需要明确人工智能化的机器本身仍然是人类劳动的产物，它作为劳动资料转移由人类劳动创造的自身的价值，当代商品的价值仍然是 $W = c + v + m$，而非 $W = c$，因此尽管无人工厂中看似是由人工智能化的机器所组成的一个完整的独立的生产系统，但剩余价值仍然是由人类劳动创造的；另一方面，与资本主义大工

---

1 ［德］埃伯哈德·伊尔纳、鲁路：《技术问题：从斯密到马克思》，《现代哲学》2019 年第 1 期。

业社会中的机器相比,人工智能作为劳动资料已经不再是与人类相对立的,它不但是人类劳动和机器相结合的产物,更是包含了共享性公共产品和服务在内的合作性劳动。人类将自身的劳动以人工智能作为物质载体参与到物质生产过程中,人工智能凭借其智能化的生产特点代替了人在劳动过程中在场的存在方式,履行人类的意识和目的。因此,在"无人工厂"的生产过程中,虽然人类作为劳动主体进行价值创造的那种在场形式消失了,但人类将劳动目的、意识以及劳动过程的操作以程序的形式置入到人工智能化的机器这一物质载体上,以智能载体的在场取代了人类自身的在场。因此在"无人工厂"中剩余价值仍然是来自于人类劳动,劳动者作为劳动主体在生产过程中的缺失并不意味着人类劳动本身的消失,"资本通过使用机器而产生的剩余价值,即剩余劳动——无论是绝对剩余劳动,还是相对剩余劳动,并非来源于机器所代替的劳动能力,而是机器所使用的劳动能力。"[1]

换而言之,在机器大生产时代,资本剥削的对象是活劳动,人的活劳动与储存在机器中的死劳动呈现出二元对立。而在智能化程度越来越高的后福特制生产条件之下,活劳动在某一生产过程中逐渐减少,但又不断进入到各个领域和环节中,活劳动不仅处于和死劳动所代表的资本关系的张力中,同时也被置于由公共性产品或服务所体现的社会关系当中。当智能机器通过公共平台获取大数据并加以分析利用时,其本身便打破了传统工厂形式下机器与工人、死劳动与活劳动之间的单一有限关系,而是在社会层面上建立起了机器与工人、死劳动与活劳动之间的复杂无限关系。这样一来,劳动形式的非物质转向就为这一问题的解答提供了新的思路。事实上,现代企业(尤其是科技型企业)获利的方式越来越不直接依赖于物质产品的生产和交换,而是依赖于投入资本总量的高低。剩余价值获取所锚定的对象不一定指向的是单一劳动过程的直接完成者,还包括了在生产全领域中各个环节的参与者,这与生产边界不

---

1 《马克思恩格斯全集》第44卷,北京:人民出版社,2001年,第287页。

断扩张后资本对情感、智力等非物质领域的吸纳不谋而合。另一方面，资本的社会化趋势也更加隐蔽地推动了资本在物质生产之外的获利进程，这其中最典型的就是劳动者收入的金融化等。在这种现实性的情境之下，活劳动的内涵就到了需要重新被定义的时候。当劳动生产主要的范式和形态发生变化，生产不再断面式地呈现为直接生产过程（特定工作时间和场所），生产的全过程被延长至其他社会生产生活环节。当生产分工和专业化过程扩展到包含整个社会再生产过程的时候，活劳动也需要以一种新的视角来审视，因为它所联结起来的合作的广度是前所未有的，而这正是超量生产的价值。它由公共性作为连接和保证，为智能性生产提供社会化服务。因为当代社会的关键生产形态之一正在于，共同品的生产正成为每一种社会生产形式的核心，也成为各种支配性劳动形式的首要特征。资本逻辑发展的核心方式之一就是不断地对社会原有的共同性进行私有化和商品化。对此活劳动当然不能拱手相让，这就是为什么活劳动的内涵必须扩展到将智能化成果和以数字系统为代表的共同品包括在内，这也同时是劳动社会化的现实处境。

　　之所以将建立在大数据基础上的智能化设施和数字系统纳入活劳动的范畴，而并非简单地将它们作为过去劳动的积累而同其他设备一样归为死劳动，其原因在于它们的创生性特征。今天，无线网络的全面覆盖、智能手机和其他设备的普及使得任何民用或商业终端乃至每个个体成为一个数据发送的基站。只要一进入连接，所有的数据都会源源不断地被发送出去，形成电子符码化的表征。和传统机器及设备在生产过程中的价值衰减不同，智能设施和数字系统（包括支持它们的数据库）本身在参与生产环节时并不只是单纯地实现价值转移，同时也是对自身的不断增值的过程。对于数字系统和平台而言，数据控制的强中心化和互联网的去中心化形成张力，孤立的、零散的、杂乱无章的数据意义有限。数据量越大，其间的联系越多维，能够产生的用途也就越大。因此，这种公共性服务表层成了数字系统和平台捕获数据、发展自身的最佳路径。从这个意义上而言，它们不但是作为活劳动的劳动力发挥作用的有机组成部分，同时也在生产过程中实现了自我的发展，并参与到共同品的生成，是劳动过程的创造性因素。

唐正东教授在批评哈特和奈格里在片面强调活劳动的政治主体内涵时指出，"对活劳动概念的不同解读的背后，隐藏着的是对社会关系概念的两种完全不同的解读。哈特和奈格里在考察非物质条件下的劳动关系时，只关注劳动者与劳动者之间的关系，而无视资本家与劳动者之间关系的重要性"[1]，这毋庸置疑。但事实上，在智能化生产因素越来越高的今天，参与生产过程的并不只有这两重关系，劳动过程本身是社会形式和技术形式的辩证统一。因此，当生产从特定工厂化模式走向社会化模式时，对活劳动的当代解读必须同时关注它与资本的对立关系以及与社会共同性的合作关系两个维度。这是历史唯物主义方法论的要求和体现。

马克思在阐述从工场手工业到机器大工业的历史性转变过程时，曾发出感叹："只是在大工业中，人才学会让自己过去的、已经物化的劳动的产品大规模地、像自然力那样无偿地发生作用。"[2] 而在今天面临这样一个新的社会历史分期的时候，对那些"像自然力那样无偿地发生作用"的劳动的本质进行重新分析，正是恢复马克思主义政治经济学对现实的解释力的一个重要方面。

1　唐正东：《当代资本主义新变化的批判性解读》，北京：经济科学出版社，2016 年，第 13 页。

2　《马克思恩格斯全集》第 44 卷，北京：人民出版社，2001 年，第 445 页。

第五章　平台经济中的劳动及价值生成新特征

马克·波斯特在其 1990 年面世的著作《信息方式》中提出了一个在互联网新兴时期看来无比具有前瞻性的问题："当物体已变成非物质或数字化的时候，对商品进行资本主义式的构型是否还有可能?"[1] 尽管波斯特本人的研究更关注的是电子媒介和技术的发展对整体社会结构变迁所依赖的文化预设的转移，但他无疑走到了一个非常具有时代跨越性的关节点上：数字化技术以及非物质化特性对社会政治经济文化的影响从这里初露端倪，开始了一路的狂飙突进。虽然波斯特问题的提出在现在看来似乎缺乏更深刻的探究，没有实现从商品表面向劳动的转移，但考虑到三十多年前数字化技术自身所处的发展阶段，就不难理解在《信息方式》一书写作的时段里，商品（或物体）的非物质属性远比劳动的非物质特性更显性、更直观。毕竟，毛里齐奥·拉扎拉托也是在六年后才第一次提出了"非物质劳动"的概念。从学术研究的历史来看，奈格里和哈特在后来的《帝国》三部曲中关于"非物质商品"和"非物质劳动"的理论算是对波斯特所提问题的一个时空延宕的回应（尽管放到波斯特写作的时间里，这个回应的证据未必显得充足），当然这里决不能忽略互联网连接的广度和深度在这十年里的增强。"非物质劳动"概念

1　［美］马克·波斯特：《信息方式——后结构主义与社会语境》，范静哗译，北京：商务印书馆，2000 年，第 3 页。

对后来所谓"数字劳动"的性质认定产生了重要影响，但反过来，"数字劳动"的出现却反驳了奈格里和哈特关于"非物质劳动"与资本之间关联减弱的论断。值得注意的是，作为奈格里和哈特论证基础的互联网生产对于传统工业生产的去中心化现象在平台时代已经遭遇深度改写。这也就决定了在此语境中对劳动的考察必须从结构性的结合处入手。定位在"非物质劳动"维度上的"数字劳动"这样含糊而笼统的概念已经不再适宜用来考察今天现实劳动的多重样态以及其与数字技术的不同连接方式。对这个问题的研究，必须切实地从抽象概念的表面进入问题的解析中。

第一节　算法吸纳视域下数字时代劳动新探

在以福特制为代表的现代产业结构中，价值创造过程表现为线性分布特征，物质生产是关键性的核心环节。以泰勒制为代表的科学管理体系与同样呈线性的供应链，共同保证实现了线性价值生产过程的高效运转。这一点既体现在生产劳动的组织和完成上，也体现在将完成的商品或服务向市场进行转移的过程中。然而，当互联网空前的纵深连接打破了生产的阶段性功能组织边界后，传统产业模式中以生产为轴心、以产品为目的的线性价值创造过程也就不得不被置于整个去中心化的网络中。生产的部分环节或全过程都具备了向社会打开的条件。但是，基于网络的这种去中心化将古老的效率问题重新带入人们的视野：网络时代的"科斯地板"（Coasean floor）问题[1]将会使组织化面临怎样的挑战。因为网络促成的环节的分布化必然要求作为首要节点的某个组织实现大规模的协调。很显然，这一次"新的工具为我们提供了组织群体行动的

---

[1]　"科斯地板"回答了在自由市场环境中企业及经济机构存在的理由。在某些情况下，它们的中心化运作方式更有效降低交易成本（不仅是经济上的）。

方法，而无需诉诸层级结构"[1]。而这正是以平台为核心座架的新兴互联网生态的建构。

数字平台经济的发展，不但给商业本身带来了深远影响，还引发了涉及劳动形式、资本形态、剥削方式、分配方式甚或权力话语等多维度的讨论。这意味着，随着数字技术在所有生活维度的进入，社会生产的构型正在发生全面改变。这种改变，体现为一种新的关系被强加到公共性与私人之间、个人与特定社群之间、科学与权力之间、超级节点与散在终端之间。这也正是数字平台通过算法成功建立自己生态系统的方式。当然，更不能忽视的还有资本在其中所起到的作用。[2] 从今天互联网世界几乎全部由超级平台主导的事实就可以看出，资本通过平台及其算法凌驾的不只有剩余价值，而是整体社会关系，并且是对社会关系的实质吸纳。在平台经济模式中，关系的耦合性表现为 APP 应用软件的连接。智能监测装置的在场使得对社会关系的实质吸纳显形。甚而有之，由于生产环节与非生产环节的界限模糊，资本对关系的霸凌和吸纳不仅体现在对劳动不同环节的结合利益的占有上，更体现在对生产时间与非生产时间、工作与休闲、劳动与消费的所有环节的耦合上。唐正东指出，"谈劳动过程的社会形式，不能假设劳动过程只存在单一维度的技术形式，实际上劳动过程的所有形式都是社会形式和技术形式的辩证统一"[3]。要理解这一点，依然要从马克思主义政治经济学的核心概念——劳动入手。

一　概念使用的几个勘误

随着数字经济相关问题的发酵，劳动范式和劳动组织形式的变化引

1　[美]克莱·舍基：《人人时代：无组织的组织力量》，胡泳、沈满琳译，北京：中国人民大学出版社，2012 年，第 18 页。

2　论述参见：吴静：《总体吸纳：平台资本主义剥削的新特征》，《国外理论动态》2022 年第 1期。

3　王广禄：《当代资本主义的四大变化——访南京大学哲学系唐正东》，《中国社会科学报》2016 年 12 月 13 日，第 1 版。

起了理论界的关注。在关于这一主题的讨论中，有两个概念得到了较多的讨论："数字劳动"（digital labour）和"零工劳动"（gig labour）。作为互联网纵深进入个体生活和重塑社会构型的不同方面，这两种现象进入研究视野的事实说明，人们对于"数字化生存"的理解正在从表象层面的技术乐观主义进入内在批判的高度。社会理论本身已经不满足于生产方式这个理论制高点上的总体性，躬身进入到对生产手段、生产关系、劳动形式等诸因素的讨论中。这正是理论发展对于作为复杂性系统的社会结构的正视。可是，从另一方面来说，对于这两个新兴、耀眼的概念投注的理论热情在一定程度上使得对数字时代劳动的讨论进入了简单化的局面，其他劳动形式以及传统生产劳动在数字技术应用下发生的改变反而不那么引人注意。但必须指出的是，要全面理解互联网及数字技术对社会重构的广度及深度，必须尽可能地对现有条件下的劳动进行考察。因此，首要任务是澄清两种错误的认识。

第一种是认为数字时代的劳动等于"数字劳动"。意大利学者特拉诺瓦首先提出了"数字劳动"的概念，并指出，作为"免费劳动"的"数字劳动"对资本主义数字经济的发展起到了比人们预想更大的作用。在她的带动下，国内外关于所谓"数字劳动"的研究层出不穷。但值得注意的是，这种研究思路实际上仍是将"数字劳动"定位在数字形式的"非物质劳动"上，和奈格里、哈特相比，其理论上的推进有限。这个局限性实际上在它的首创者特拉诺瓦那里就已经被决定了，她将"数字劳动"视作"免费劳动"的提法显然指涉的是社会个体在使用互联网时无形中成为数据提供者（data provider）和生产者的事实。因此，如果更准确描述的话，这里的"数字劳动"应当被称为"数据劳动（data labour）"，它并非指的是以数字形式发生的生产劳动，而是指互联网用户的在线活动痕迹，可以作为有用数据进入到网络公司的价值创造活动中。它体现了互联网时代的生产逻辑向非生产领域弥散的历史情形。"劳动"在此与传统政治经济学意义上生产劳动并不是一回事，它是原先不被视为生产劳动的行为产生了生产性的价值。然而，这种研究主题的蓬勃发展带来了一种概念上的遮蔽，即只要言及数字时代的劳动范式转变，马上就会单义地指向数字劳动。仿佛劳动的时代性变化只在于从线下转到线上，从物质性转向非物质性。至于围绕它进行的其他讨论（权利、价值、剥削），虽然在此特定形式的"劳动"上有其意义，但却在对数字时代劳动的讨论和研究中显得有些局限。

数字时代的劳动绝不只有上述的"数字劳动"形式（笔者更愿意将其称为"数据劳动"，因为正是"数字劳动"这种命名形式引起了后续讨论的混淆）。互联网作为媒介对于社会经济生活的切入是多层面、多形式、多渠道的，这就决定了它所引起的社会劳动范式及组织方式变迁必然是一个复杂的系统，不能以简单的线性对应或取代的方式来定义。社会劳动的组成结构本身也是相当复杂的，并非单独的劳动形式的叠加。劳动方式的转换过程也处于动态发展的过程（譬如互联网平台和外卖骑手之间的关系在短短十五年间就经历了从直接雇佣模式到众包模式、外包模式、个体工商户模式的变化）。因此，将所谓的"数字劳动"结构置于独立的层次上讨论，与其说是对"事件"的研究，不如说是一种过度普遍化的讨论。"数字劳动"这种总体化概念的使用及其理论上的布展所导致的不利后果在于，"它将敌对观点排挤出局，并声称它已经将整个社会领域的意义研究透彻；或者没这么极端，它只是声称已经将作为其理论上的研究对象的那部分社会领域研究透彻"[1]。更何况，当定位在"免费劳动"意义上数据"生产"的"数字劳动"当作数字形式的全部劳动时，就很难再找到更合适的方式来定义真正的数字工作者的劳动，即有偿的数字劳动了。而后一种劳动从某种意义上说更为重要，它建构起了数字生态所赖以生存的全部软硬件基础。当然也有研究者已经对"数字劳动"所涵盖的外延做了非常细致的划分[2]，但其划分的标

---

[1]   ［美］马克·波斯特：《信息方式——后结构主义与社会语境》，范静哗译，北京：商务印书馆，2000年，第34页。

[2]   具体划分内容见：余斌：《"数字劳动"与"数字资本"的政治经济学分析》，《马克思主义研究》2021年第5期。

准存在一定的模糊性，因此在分类之外并无益于推进更深层次的政治经济学或社会学讨论。

第二种是认为数字时代的劳动等于"零工劳动"。从职业变迁来看，"零工劳动"并不是数字经济或平台模式下才出现的新生事物，它的历史甚至超过工厂雇佣劳动力的历史，是自由劳动力市场不断发展的表现。但在前平台时期，这种特殊的用工形式呈散在分布样态，在生产劳动的整体结构中占辅助性的地位。数字经济的到来，更准确地说数字平台商业模式的发展，零工劳动从局部的、补偿性的劳动方式一跃成为重要的社会现象。数字时代的零工劳动是指可以提供空余时间和相应技能的自由职业者平台。利用互联网平台和移动通信技术快速匹配供需方，主要包括通过中间方"众包"和个体经应用程序接单的按需工作两种形式，这是当代经济结构中不可小觑的一部分。2020 年 11 月，由清华大学社会科学学院经济学研究所和北京字节跳动公共政策研究院合作撰写的《互联网时代零工经济的发展现状、社会影响及其政策建议》报告显示，2019 年零工经济对 GDP 总增量的贡献率为 10.43%，对 GDP 增长率的拉动为 0.64%，预计到 2035 年，零工经济占 GDP 比重将达到 6.82%，对 GDP 增量的贡献将达到 13.26%。这一增长，一方面是因为新冠肺炎疫情期间总体经济形势的变化以及行业结构的调整，另一方面则源自于互联网平台企业的发展所带来的必然效应。这一点从近年来快递员、外卖小哥和网约司机几乎占据了零工劳动者的半壁江山的事实就可以看出。《中国灵活用工发展报告（2021）》蓝皮书显示，我国截至 2020 年底，灵活就业人口已达 2 亿。《零工经济》一书的作者甚至宣称："全职工作正在消失；许多公司不到万不得已，不会选择雇佣全职员工。"[1]

这组惊人的数字为零工劳动勾勒出的轮廓使它很快成为数字经济劳

---

1 ［美］戴安娜·马尔卡希：《零工经济：推动社会变革的引擎》，陈桂芳译，北京：中信出版集团，2017 年，第Ⅶ页。

动组织新形态中最令人瞩目的那部分。平台用工者对其的趋之若鹜使零工劳动形态在短时间内发生了很大改变。这种飞速发展的社会实践所引起的众多隐患陆续出现，也引起了社会事务工作者和研究者的关注。然而，仍然需要看到，零工劳动的飞速发展以及它在数字商业平台运行中的作用并不意味着它已经取代传统用工模式，成为劳动组织的最主要形式；相反，零工经济发生在特定的劳动密集型服务行业以及新经济领域内，包括互联网/电商、新制造、信息科技、新零售等，它是电商发展和新的社会构型的一种体现。然而，这种用工模式并未对在更大范围内的劳动组织形式发生替代作用，如传统制造业、生产型企业以及高专业需求的行业（如互联网大厂）。尽管其也在数字技术的介入下发生了一定的变化，但并未被零工经济所代替。依赖于硬件（工厂、机器）生产和高精尖专业技术人才的行业未来不可能为零工劳动所代替。即使根据较为乐观的估计，截至 2025 年 1 月，全国灵活用工人数突破 2.3 亿，其自身的增速远高于其他行业，但其在社会整体用工结构中所占比重仍有限。因此，"零工经济"确实是平台经济模式下的一个值得重视的新现象，但并不能涵盖数字时代的劳动总体。

　　与上述两个问题相关联，"数字资本"的提法也应当被谨慎对待。和"产业资本""金融资本"这样的概念不同，"数字资本"在日常的使用中带有极大的模糊性，它没有界定清楚"数字"这样的前缀定语是用于形容资本的存在形态，还是资本的投资对象，抑或是资本的某种运行方式。在常见的讨论和论文写作中，三种状态混用的情况并不少见。有人认为，"数字资本"和"产业资本""金融资本"一样，是以行业领域来进行划分的。其实不然，后两者实际上是以不同理念和法则运行的资本的不同形态。从这个意义上说，所谓的"数字资本"既不是以数字形式存在的资本样态，也并未形成自己独特的循环方式和路径，无法从结构区分上形成一个边界明确、内涵清晰的概念。即便是从投资领域来说，"马克思在《资本论》中并没有以资本的物质形态来定义资本的种类，没有机器资本、工具资本、棉花资本这样的说法。在马克思看来，资本是自行增殖的价值，因此，他只是根据资本在价值生产和流通中的不同职能来定义资本的种类"[1]。而且，在现实的数字生态系统的布局中，线上与线下、物质与非物质、产品与服务、实物价值与符号价值往往紧密地联系在一起，即便是数字巨头所掌控的资本，也并不完全是单一样态，除此之外，同样是以互联网技术为基础的投资，在不同的项目上采取的是不同的资本形态。例如，和硬件相关的生产投资基本上仍然按照产业资本的方式运行，而加密货币项目更多的是币圈炒作的风投。它们背后的资本并不会因为所投资的对象都和数字有关就具有了某种形态上的共同性。其实，关于这一点，马克思在《资本论》中早已透彻地揭露了其真相："资本家知道，一切商品，不管它们多么难看，多么难闻，在信仰和事实上都是货币，是行过内部割礼的犹太人，并且是把货币变成更多货币的奇妙手段。"由此可见，从资本的本质来说，它并不会因为数字技术具有的强大能力就对其青眼相加并保持忠诚，数字产业的魅力只不过在于它是目前相对高利润回报的行业，从而成为资本暂时的寄身之所。这也就使得"数字资本"的概念既缺少理论上的支撑，也缺乏独特的运行逻辑。"数字资本"这样过于泛化的概念既不符合学术规范，也体现在对数字社会现实和经济现实的复杂性理解缺乏。"数字经济—数字资本—数字劳动"这样线性的总体性理论恰恰是我们在面对不断发展、分化、发酵的数字现实时的最大的理论障碍。

二、　数字时代劳动的组织形式与特征

随着信息高速公路和廉价高容量存储的普及，以大数据为基础的技术加速革命性地改变了社会的组织构型、生产方式和价值创造及其实现方式。当生产模式不断地从福特制和泰勒制的现代性刚性模式转向后福特制的界限消弭时，包括人与人、人与社会、人与机器在内的社会诸要

---

[1]　余斌：《"数字劳动"与"数字资本"的政治经济学分析》，《马克思主义研究》2021年第5期，第80页。

素之间的关系也发生了变化。与之前所有的科技浪潮和技术飞跃相比，数字化技术对整个人类社会的改写，无论在广度、速度、深度还是在复杂程度上，都是其他技术难以企及的。它不仅从根本上改变了人类和世界以及现实之间的关系，同时也重构了世界和现实本身，重构了人类的生存方式以及与之相关的认知途径。当下的互联网经济是典型的平台经济模式。平台是以数字硬件作为基础设施的中介节点，依赖数据资产和算法规则对市场和生产劳动进行引领和控制。平台模式使得传统经济模式的诸环节都遭遇了挑战。在当代语境中，要以马克思主义政治经济学的方法论来分析数字化技术在生产方面带来的新问题，劳动组织形式的研究是一个合格的入口，它在一定意义上反映了社会重塑的各个维度。

在互联网催生的众多社会变革中，就业形态和劳动组织形式无疑是一个基础性的方面，它不但在微观层面改变了普通人的日常生活和工作形态，更在宏观层面上使生产方式中各种关系发生根本性颠覆。一些新的工作出现，另一些工作消亡；一些工作在数字技术的介入下重塑筋骨，另一些工作则干脆"人机共舞"。单纯从行业种类对它们进行分项研究是一个巨大的工程（社会学、人类学、法学都已经在开始分类推进这项工作），而哲学角度的透视则应从具体、特殊的现象层面推进到更为关键性的一般本质上：这就是劳动的结合力及其实现方式。当马克思把人的存在定义为其"全部社会关系的总和"时，无疑准确地击中了人的关联性的社会定义功能。奈格里尽管反对将"社会化工人"作为一个代替"工人阶级"的集体性名词，但也不得不承认技术发展所带来的劳动的社会化分布，使得劳资关系的传统议题本身也必须在社会领域内进行研究，因为它们所赖以存在的"工厂中心"模式发生了变化，新的关系对问题及提问方式都进行了重新定义。[1]

牛津大学社会人类学教授项飙在 2021 年 10 月 9 日 "智能传播与数

1　［意］安东尼奥·奈格里、盛国荣：《再次从马克思出发》，《国外理论动态》2019 年第 10 期。

字平台"主题会议上做了题为《平台经济中的"逆向劳动过程"》的大会发言,他以"逆向劳动过程"概念作为平台模式与传统商业模式的一个本质性区别:在以工厂为中心的传统价值创造过程中,资本面临的问题是把可变资本所购买的"劳动力"转化为实际"劳动",劳动过程是其关注的核心;而在平台模式中,劳动者直接出卖劳动本身,劳动隶属关系被悬置,资本面临的挑战则是在不必维持劳动力隶属关系的前提下维持劳动的稳定性供给。

由上可以看到,这种"逆向劳动过程"的实质是劳资关系的改变,从"资本—劳动力"变成了"资本—劳动",传统中需要维持的人的因素变成可以通过最大范围的社会化替换的因素,这从一个侧面反映了平台所建立的新的联结法则对社会发生的影响,劳动的社会化程度进一步提高。从这个角度出发,为了有效地讨论资本是如何通过数字技术对劳动结合力进行吸纳的,笔者按照受数字技术影响程度的高低将传统的工作形态分成四类(前文中的无偿的"数据劳动"并不包含在讨论范围内,对它价值的免费占有是传播政治经济学考察的对象,因为它不属于"雇佣劳动"的范畴而需要单独讨论)。

第一种是基于零工劳动平台的"零工劳动"。在成本和效率的双重需求下,企业通过裁员、精简、重组来逐步减少全职岗位,甚至把之前的全职工作分解成小项目或小任务,然后用自动化、外包或承包的方式去完成。经常被大家用作例子来讨论的外卖小哥和网约车司机只是这其中的一部分。事实上零工经济的应用范围要更为广阔。该用工机制依赖于由互联网技术形成的社会化网络。平台所搭建的零工劳动模式使得传统的劳动价值理论受到了挑战,因为它是以传统企业组织者所承担的责任的"拆卸"来实现的。当劳动者转变为零工劳动平台的用户时,不但劳动范式和劳动组织形式发生变化,同时改变的还有劳动关系隶属。这种改变使传统被组织和被管理的劳动变为面向特定客户的分散劳动,并将劳动者置于去组织化的境地,导致其边缘化趋势加剧,成为社会的孤岛。无所不在的算法陷阱和信息不对称更进一步加剧了用户的选择困境。如果说这还只不过是使劳动过程变得更为孤立和艰难，那么劳动隶属关系的变更则造成了劳动者权利和福利的更大损失。根据劳动法的相关规定，因为涉及社保基金缴纳等问题，劳动者只能和一家公司确认劳动关系。在快速扩张过程中，平台采用"众包模式"的方式，通过众包服务公司间接地与劳动者签订众包协议，切断平台与劳动者之间直接雇佣的劳动关系。同时还采用"外包模式"的方式，引入第三方外包及进一步分包或转包，形成复杂的外包关系网络，而这种模式的最终形态就是诱导劳动者注册为个体工商户，与外包公司之间形成合作关系，从而消解平台与劳动者之间的劳动关系。这一系列方式使法律意义上的劳动关系难以认定，劳动者成为自担风险、自负盈亏的平台合作者。一旦发生事故，平台不但可以推卸对受害者的责任，也可以推卸对工人的责任，维权难以进行。并且，由于缺乏传统企业中的工会组织，劳动者也无法获得内部组织力量的帮助和应有的待遇，社会风险和沉没成本异常之高。

第二种是高度依赖网络平台的"灵活劳动"（flexible labour）。克里斯·本纳指出，"那种长期稳定的就业制度在 20 世纪 70 年代初开始崩溃。"[1] "灵活性"（flexibility）概念是理解数字技术影响下劳动组织结构重组的关键。"零工劳动"与"灵活劳动"的区别在于，前者指的是"劳动关系的灵活性"（flexibility in employment relations），平台与劳动者之间没有严格的法律意义上的劳动雇佣关系，更多变现为劳务派遣、众包、外包等关系，而劳动者在平台上寻找的大多是临时的、零散的工作；后者指的是"劳动工作本身的灵活性"（flexibility in work），这一类工作与传统的全日制工作相比没有严格的上下班时间，劳动时间、劳动地点、劳动模式更为灵活，平台和劳动者之间会签订严格的法律劳动合同，但是平台不会对劳动者的具体劳动过程进行严格的管理和组织。

1　Chris Benner, *Work in the new economy: flexible labor markets in Silicon Valley*, Malden: Blackwell Publishing, 2002, p. 20.

本纳认为，区分这两种不同的灵活性才能更好地理解这个时代劳动结构的"灵活性"，"劳动在其所有维度上变得更加不稳定和不可预测。劳动的灵活性有三个基本组成部分：快速变动的工作量、快速变化的技能要求和对工作任务不断的自我检查"[1]。进行"灵活劳动"的劳动者由于拥有弹性的劳动时间和地点，会高度依赖数字技术实时跟进自己的劳动成果。常见的如平台主播——"网络直播平台打破了传统社会空间的边界秩序，颠覆了地域和时间概念，主播与用户通过视频直播交流的方式，再现现实生活中的人与人、人与群体的交往与实践"[2]。平台主播的劳动高度依赖于平台，平台成为其劳动的重要中介，这不但架构起了主播的劳动模式，甚至进一步影响着主播的生活模式。弹性的劳动时间和空间使得主播工作和生活的界限逐渐消弭，生活即是在工作，工作即是在生活。因为高度依赖于网络平台，主播的工作和日常生活都受到平台的渗透性影响，尽管平台不会严格地管理主播的工作及生活，但是主播却会不断根据平台的数据反馈自我检查和改进劳动过程。"灵活劳动"看似具有劳动者自我意志的高度灵活性，但实际上劳动者在劳动过程中会根据平台的需求自我规训劳动方式，甚至是生活方式。

多边平台追求核心交易完成率和资产轻量化的策略使得它们对于上述两种劳动不再采取劳动雇佣的形式（即雇佣劳动提供者作为平台员工），而是采取合作方式，即劳动提供者同样作为平台的用户，借助其所搭建的沟通渠道为其他用户提供劳动。齐泽克正是在这个意义上将其称为"用户无产阶级"。零散用户与强中心的平台之间处于绝对的非对称地位。这种劳动关系的变化体现了社会生产关系的变革，成为数字经济之下劳动组织形式多样性的原因之一，它所带来的积极效应和社会挑战兼而有之，在此难以全面展开。

1　Chris Benner, *Work in the new economy: flexible labor markets in Silicon Valley*, Malden: Blackwell Publishing, 2002, pp. 24 - 25.

2　吴静、俞梦：《网络直播平台中主体的建构与消解》，《广西师范大学学报》（哲学社会科学版），2019 年第 3 期。

第三种是传统的办公室劳动转变为线上劳动。这里主要指的是在新冠肺炎疫情出现之后很多企业所采取的"居家办公"模式或"线上办公"模式。它显而易见的优点在于克服了因物理距离而造成的工作联结的断裂，甚至对于劳动者似乎也不乏益处：他们不仅保住了工作，保住了安全，而且因为居家工作，省下了通勤的时间和费用，更重要的是，他们因此而获得了更多与家人相处的时间。但事实真的如此吗？一个令人深思的事实是，在社会面基本恢复正常的时段内，依然有为数不少的互联网公司试图继续推行阶段性的"居家办公"模式，其原因当然不是公司管理层的大发慈悲，而是资本从中看到了比传统的办公室办公更为有利的价值空间。用马克思的政治经济学来考察的话，这是以技术实现的绝对剩余价值的又一次挖掘。如果说"996"工时制以其直白的贪婪把一百多年来劳动者为争取休息权的斗争抛诸脑后的话，那么"居家办公"则是从时间、空间和隐私三方面对劳动者加深了控制。"随时待命"的在线状态导致工作时间和休息时间的边界模糊，也使得绝大多数居家工作的人比平常工作更长的时间。英国国家统计局 2020 年的统计数据是每人每周有 6 小时的延长工作时间。不少程序员抱怨，为了提高效率，即使在非工作时间里，他们的电脑也必须保持在代码运行状态，以保证工作开始时能第一时间提供结果，而这些在平时都是在办公时间之内完成的。物理空间上的消耗也是该模式的另一个问题。在那些无法拥有独立工作房间的劳动者那里，居家办公意味着对其他家庭成员活动空间和自由的剥夺，更不要说在视频摄像头之下的隐私泄露。但这些方面恰恰为资本提供了获得更大利润率的可能。如果居家办公成为一种常态，不但意味着对劳动者劳动的超量占有，同时可以节省办公用地等不变资本的支出，降低资本的有机构成。不仅如此，如果在更大范围内实施，企业完全可以充分利用全球范围内不同地区在税收、政策和人力成本等方面的各项优势，最大限度地提高利润率。

第四种是数字技术高度发展产生的被算法监控和规训的传统劳动。表面上看起来，这类行业受数字技术的宰制远低于前三种劳动类型（零工劳动、灵活劳动和居家办公），但其实不然。2021 年 12 月，《南方周末》报道了一家名为"便利蜂"的连锁经营便利店使用算法和视频监控技术对员工的日常行为进行严格控制，不仅包含了对选址、订货、物流等一系列行为的决策，甚至连货架陈列和打扫卫生等细节也被纳入刚性管理。事实上，使用监控技术对劳动过程进行管理甚至规制并不是什么新鲜的话题，不管是外卖平台通过定位系统实时监控劳动者的劳动轨迹和劳动时间，还是智能手环监测清洁人员的静止时间、超时报警，技术内嵌于劳动过程已经是不争的事实。但"便利蜂"事件之所以引起震惊，不仅在于其将自己定位在"数据科技公司"而非零售业的便利蜂使用算法对从策划到销售以及店铺经营的全环节进行自动化控制，以达到在任何一个琐碎细节（如柜面陈列、补货、地面清洁程度等）上的标准化，还在于它所预示的企业经营者对数据和算法使用极致的警示。算法系统会通过平板电脑和广播向店员们推送任务，每一项任务几乎都需要拍照进行比对，不能按时进行比对或比对失败都会报警并进入系统，以作为薪酬考核的标准。该品牌的智能决策部门负责人在全球软件开发大会上分享这套算法的逻辑时提出，其目的就是使利润最大化以及最大限度地用算法替代人。为此，便利蜂对于涉及公共生活和私人领域的数据采集是海量的。可以预测，这一趋势非但不会减弱，甚至有可能愈演愈烈。这种以算法系统的刚性标准填补原有的社会连接方式的做法不但是对人类体力劳动和智力劳动的双重替代（它逐渐将劳动者驱逐出劳动过程），而且是对社会法则的构型的改写，它所制造的"机器控制主义"从本质上成为以机器学习的算法逻辑来布展的生命政治治理术。

三、 总体吸纳：对社会关系和公共性的吞噬

上述四种类型自然不足以囊括数字时代劳动的全部形态，但它从劳动与互联网和数字技术的不同结合方式展现了当代条件下资本通过算法同时对劳动过程和社会关系连接方式的吸纳。马克思认为，资本对于劳动过程从形式吸纳到实质吸纳的过程是随着技术在生产中的应用而完成

的，资本"最初只是在形式上使它从属于自己，丝毫也不改变它在工艺上的规定性"，但是随着资本主义的发展，"不仅在形式上使劳动过程从属于自己，而且改变了这个过程，赋予生产方式本身以新的形式，从而第一次创造出它所特有的生产方式"[1]。"科学技术成为与劳动相对立、服务于资本的独立力量，一般说来属于生产条件成为与劳动相对立的独立力量这一范畴"[2]。奈格里和哈特肯定了马克思提出的这对范畴在历史性地揭露资本统治的多样性方面具有非同一般的创造性，但他们同时也提出，由于资本作用方式在当代科学技术条件下对社会领域发生作用的方式更加多元化，并且由于公共性的加深，生产本身被更大范围地社会化，非资本性的因素也进入社会生产中。这就使得原先单一呈现为工人的社会生产力结合的关系形成多层结构，这种关系耦合也就为资本和非资本共同占有。因此，在当代政治经济学研究中，"首先需要做的是从马克思所分析的资本统治下的劳动的实质吸纳扩展到对资本统治下的社会的实质吸纳"[3]。因为从根本上而言，公共性的生产本身正是在社会整体领域中完成的，它在很大程度上决定了政治主体生成的合法性。奈格里和哈特因此提出对于资本吸纳的理解必须扩展到社会层面，在此领域内考察资本对于价值形成所发生的影响。这显然是一个具有建设性的建议。因为从广义上讲，资本在社会层面的职能确实属于它对社会的实质吸纳，但一方面，这种过于宽泛的说法没有体现出今天现实的历史特殊性，它不能准确描述数字经济所带来的结构性重构和嵌入的总体化趋势，也不能体现不同的资本形态内部形成的等级链收割关系，从而使"资本对社会的实质吸纳"成为笼统的、流于表面的泛指。另一方面，在当下的经济现实中，资本对社会的吸纳和传统工厂生产模式的直接作用形式不同，它在更多的时候通过算法实现以"科技"的外表向日常生

1　《马克思恩格斯全集》第 32 卷，北京：人民出版社，1998 年，第 105 页。

2　《马克思恩格斯文集》第 8 卷，北京：人民出版社，2009 年，第 366 页。

3　[美] 迈克尔·哈特、[意] 安东尼奥·奈格里、张永红：《资本主义统治的多样性与斗争的联合》，《国外理论动态》2018 年第 11 期。

活世界的每一个角落布展其权力触角。算法的迭代和优化在很多时候出现了技术脱嵌社会的消极后果。对此的批判性分析必须强调算法与之前其他因素特异性的功能。从这里入手，才是把握问题时代性的逻辑基础。

当代社会的一个重要特征在于，公共性的生产不但成为社会生产形式的主要内容，同时也成为其他支配性劳动形式的首要特征。在数字化技术对生存方式的全局性架构之下，通常使用的数字系统和应用软件大部分往往是作为免费或少量收费的共享性产品或服务提供给公众的（它的营利方式是另一个问题，但显然不属于直接的、一次性的价值完成）。这种分布式、共享性的服务既加深了社会（数据采集）或平台因素（数据挖掘和分析）对企业劳动过程的参与，同时也意味着资本的有机构成和生产资料的纯粹私人占有被重写、改写。因此，不但劳动过程本身必须置于整个社会范围内的协作劳动的意义上予以考量，数字算法对其中社会关系的形塑影响也必须加以重视，它在目的导向上是向资本倾斜的。所以，实际上公共性生产本身是作为一种连接性的理论（theory of articulation），既使社会关系得以构成的机理在动态和历史维度上显现出来，也使个体和世界的相对位置得以确定。一旦这种连接的方式和机理被控制并加以利用，它所产生的影响远比对单纯劳动过程的影响要大得多。

在前面的分析中，由于数字技术的出现改变了劳动的在场方式以及劳资关系的社会间距，使得劳动者和使用算法的资本持有者之间的博弈日益倒向后者。资本的价值超量获得转向更为专业的成本控制：或者利用强中心化的平台与零散的劳动者的不对称关系，通过弥合间距的技术在策略上制造出更大的间离效果，从而改变劳动关系从属（或使其难以认定或发生形式上的无效认定），将原本应当由资本承担的风险成本转嫁给劳动者并剥夺其部分权益；或者劳动者的劳动依附于平台，劳动者生活与工作领域相互融通，平台利用劳动本身的灵活性，实际不仅架构了劳动者的劳动过程，而且架构了其生活过程；或者通过在时间和空间

方面的剩余获取，将工作时间和场所转入私人性的领域；或者最大限度
地使劳动过程的密集度向机器标准看齐。这些方式无疑都改变了劳动的
结合途径和手段，使劳动异化进一步加深。

　　如果说算法对社会关系和公共性吸纳在有形的方面体现在上述四种
劳动形态下资本利用数字技术对劳动组织形式的直接改写的话，那么其
在无形的方面则是改变了传统社会连接方式施加在个体之上的承载意义
以及规训与抑制的性质，从而使主体在被构建的过程中遭遇"质询"的
方式发生了改变。这种社会关系对技术控制的从属不完全兑现为算法对
劳动者的人身监控，更表现在通过一种社会性规训取代了前算法时代的
机器控制。德勒兹和加塔利将其指认为资本有机构成发生变化的必然结
果。"全自动控制机和信息处理……重建了一种普遍化的役使机制：可
逆的和循环性的'人—机'系统取代了二者之间的不可逆和非循环的古
老的征服关系；任何机器之间的关联是通过内在的互通（而不再是使用
或效用）而实现的。在资本的有机构成之中，可变资本规定了一种对于
劳动者进行征服的体制（人的剩余价值），其主要范围则是企业或工厂；
然而，当不变资本的比例随着自动化的过程而不断增长之时，我们发现
了一种新的役使，与此同时，劳动制度也发生了变化，剩余价值变为机
器性的，而范围则扩张到整个社会"。[1] 正是在这个维度上，德勒兹和加
塔利建构的所谓"马克思主义"社会批判立场和阿尔都塞式的"马克思
主义"几乎正好相反。同样是通过连接而形成的生产方式，在他们二人
那里更多的是生成的结果而非原因。于是，生产和产品成了同一，生产
成了社会生产，这当然也包括关系的再生产，即公共性的形成。

　　资本借助平台算法对公共性所进行的吸纳不仅重塑了人类自身的存
在方式以及与世界的关系，而且愈发通过这种关系的结合力不断增强自
己的先发优势。除了之前谈到的逐渐优化的算法加深了对劳动者的控制

1　[法]吉尔·德勒兹、费利克斯·加塔利：《资本主义与精神分裂（卷2）：千高原》，姜宇辉
　　译，上海：上海书店出版社，2010年，第661页。

之外，随着市场竞争的白热化，互联网平台企业利用所掌握的数据对用户的行为进行分析和预测几乎是必备的行业手段。哈佛大学心理学教授肖莎娜·祖博夫在《监控资本主义时代》一书中提到，大数据时代所具有的实时、无缝全数据记录技术让人类进入了"监控资本主义时代"。平台操控者（她称之为监控资本家）的第一步是在行为预测的基础上通过投其所好和量身定做让用户对平台产生依赖心理，接下来他们希望实现让目标人群顺应算法产生惯性自动化，成为"机器控制主义"（instrumentarianism）的合格制品。这种强加于大众的实践和态度之上的规范，是一种无处不在的、无人格特征的事实权威。它不以权威的形式显现，因而也无法反抗：要么算法，要么乌有。事实上，这样一种情形，利奥塔早在《后现代状况》中就已经预见性地提出警告：全面的数字有可能将社会语言简化到效率层面。现实则被最大限度地构建为由工具性宰制的封闭系统。其目标是要保证意义对噪声的最大比率。在笔者看来，这同时也是效率对人性的最大比率和利润率对劳动者权利的最大比率。

　　数字化技术的突飞猛进及其对社会政治经济文化的影响，更深层次是对劳动本身的重新建构。在对劳动进行整体性考察的同时，既要避免对诸多概念的过度宽泛使用，又要把握劳动形态及组织形式的多层次结构和动态转变过程。在数字化技术从广度、速度、深度和复杂程度上重构劳动方式乃至社会模式时，也要警惕资本逻辑对技术的统摄，尤其是在平台模式快速扩张其生态系统的过程中，资本能够通过平台这一中介在时间和空间上扩展其对社会的总体性吸纳。平台通过分布式、共享性的服务，不仅将劳动而且将一部分社会功能囊括进其生态系统中，数字算法在其中的导向是否由资本控制是不容小觑的问题。当基于社会功能生产出的公共性和基于平台生态系统所产生的社会关系被资本吞噬，那么带来的是比前算法时代更为严苛也更为无形的社会规训。如何通过立法和监管将资本和平台规制在合理的范围之内，将是数字经济时代的一个重要目标。

第二节　以数据劳动解析平台资本主义的价值生成

　　数字化时代，平台成为人们日常工作、生活中不可或缺的一部分，在劳动、社交、娱乐等方面发挥着重要作用。假如在社会生活中脱离了平台，人们将变得无所适从。对于平台中涉及的数字劳动（digital labor），国内外诸多学者都进行了探索与争论。有学者认为数字劳动与任何其他形式劳动具有一致性，这些劳动同样具有雇佣关系和生产过程，因此无论是数字劳动还是免费劳动，抑或是非物质劳动，劳动本身的性质并没有发生改变[1]；另有学者则指出，这样定义数字劳动，即仅仅局限于进入价值创造环节并且被雇主剥削的劳动，会让很多自我雇佣（self-employment）和自我剥削（self-exploitation）的数字劳工们的活动不被认为是一种数字劳动[2]。对于"数字劳动"这一范畴，有学者将其视为一个"空能指"（empty signifier）[3]，原因在于这一范畴涉及了多种劳动形式，其中包含了有酬劳动和无酬劳动[4]；另有学者则反对将"数字劳动"指认为一个"空能指"，而将其看作是一个可以容纳不同劳动结构、不同劳动群体之间关系讨论的"框架"[5]。针对这些争论，有学者总结认为"数字劳动"概念存在泛化的问题，而对其的定义需更加细致地考察不同具体劳动形式及劳动产品[6]；另有学者则进一步指出，"数字劳动"（digital labor）这一概念是被模糊、泛化使用的，当数字劳动在

1　Diane van den Broek, "From Terranova to Terra Firma: A Critique of the rRole of Free Labor and the Digital Economy", *Economic and Labor Relations Review*, vol. 20, no. 2, 2010.

2　Kylie Jarrett, *Digital Labor*, Cambridge: Polity Press, 2022.

3　"能指"是语言学上的概念，与"所指"相对应，指的是语言或符号所试图表达出的内容。"空能指"指的是其无法表达出任何内容和含义，是一种空洞的、空无的能指。——作者注

4　Alessandro Gandini, "Digital Labor: An Empty Signifier?" *Media, Culture and Society*, vol. 43, no. 2, 2021.

5　Robert Dorschel, "Reconsidering Digital Labor: Bringing Tech Workers into the Debate", *New Technology, Work and Employment*, vol. 37, no. 2, 2022.

6　Kylie Jarrett, *Digital Labor*, Cambridge: Polity Press, 2022.

免费劳动的维度上讨论时，其实际上指涉的是"数据劳动（data labor）"[1]。面对这些有关"数字劳动"概念的争论，我们需要的不仅仅是在理论上对其概念本身进行厘清，同时还必须深入到具体劳动背后的生产关系维度，通过对数字时代劳动关系的透视，才能把握劳动形式的转变和生产关系的内在矛盾。

一、从数字劳动到数据劳动

数字时代的劳动是近年来学界研究的热点话题，围绕数字技术的发展对劳动工具的改变、劳动产品的转型、劳动过程的变革，国内外学者都进行了有益的探索。但是可以看到一个明显的趋势，数字劳动从一开始在免费劳动的意义上被定义，到目前作为一种研究数字时代劳动的理论框架——其中包含了有酬劳动和无酬劳动、雇佣劳动和非雇佣劳动，其外延是在不断扩展的。蒂奇亚纳·特拉诺瓦（Tiziana Terranova）最早在《免费劳动：为数字经济生产文化》（Free Labor: Producing Culture for the Digital Economy）一书中，借用意大利自治主义马克思主义的"非物质劳动"概念研究了互联网中的"免费劳动"，并通过界定数字经济中互联网用户的"免费劳动"对"数字劳动"进行了初步的定义。"免费劳动"作为一种文化知识性消费转化为生产性行为，其生产的互联网用户信息被作为商品售卖。达拉斯·史迈兹（Dallas Smythe）在《消费者在广播电视中的利益》（"The Consumer's Stake in Radio and Television"）一文中，从传播政治经济学的视角研究了受众劳动和受众商品，并首次提出了"受众是广告商劳动的'盲点'"，大众媒体生产的受众商品是卖给广告公司的，广告的观看/阅读既再现了观众/读者的劳动力，也促进了受众商品的生产。克里斯蒂安·福克斯（Christian Fuchs）延续了前两位学者的理论逻辑，在其著作《数字劳动与卡尔·

1　吴静：《算法吸纳视域下数字时代劳动新探》，《华中科技大学学报》（社会科学版）2022年第4期。

马克思》（Digital Labor and Karl Marx）中，继续探究信息通信技术（ICT）发达的当代数字劳动的全球布展，并且从国际分工的视野考察广义的数字劳动。"数字劳动"概念提出的最初理论目的是研究互联网中新兴的一种无酬劳动形式，当代学者在立足于劳动的国际分工视域和整体的价值创造链时，尽管将劳动的各个环节更加清晰地呈现了出来，但是却将互联网中的无酬劳动和高度依赖于互联网平台的有酬劳动混杂在同一个理论范畴中。这种混杂既没有对当今劳动的复杂结构进行清晰的解剖，也偏离了最初试图揭露免费劳动中存在新型剥削的理论目的。在其背后，缺失的更是对无酬劳动和有酬劳动背后的劳动关系更加细致的区分和考察。单单一个"数字劳动"概念，在面对现实中复杂的、多种劳动形式相互嵌套的劳动结构时显露出了其理论的单薄性。因此，需要更加细致的理论和概念深入到对数字时代劳动复杂结构的精确考察中，加强对其背后的劳动关系的透视与呈现。

尼克·斯尔尼塞克（Nick Srnicek）分析了平台经济的兴起。他认为伴随着处理大量数据需求的增长，传统的经济模式不能有效地提取和使用数据，而经过精心设计的平台经济模式不但满足了处理海量数据的需求，并且对数据的处理日益精准、高效[1]。"数据"对于平台来说是一种基础性资源。在独占数据的基础上，平台才能进一步筛选、提取、分析数据，并进一步建构起有效的信息进行使用。在平台整体的价值创造链中，包括了对数据的独占、筛选、提取、分析、建构、销售等等一系列过程，而在这一系列链条中，既包括了平台没有直接雇佣的用户创造数据的劳动，也包括了平台直接雇佣的员工对数据进行加工生产的劳动。"数字劳动"概念不足以透视其中包含的非雇佣劳动和雇佣劳动的区别。因此"数据劳动"概念的提出就是指涉了对于平台最基础的、高度依赖的数据是如何产生的，以及平台是如何独占用户生产的数据为自

1　参见：［加］尼克·斯尔尼塞克：《平台资本主义》，程水英译，广州：广东人民出版社，2018年，第50页。

身价值生产所服务的，在这背后平台和用户之间的非传统雇佣关系又该如何被定义。

　　数据劳动是指互联网用户进入平台进行在线活动时，为平台无偿生产出数据的劳动形式。这个概念的提出是为了消解数字劳动概念面临的争议和泛化使用，进而指向数字时代复杂的劳动结构中互联网用户的免费劳动。凯里·杰瑞特（Kylie Jarret）认为："每一次链接的点击，每一次投入在特定主题阅读上的时间，每一次对好友帖子的反应，用户都在自我生产出有关自身兴趣爱好的数据。而这些数据可以用来投放个性化广告，可以聚合进营销的数据库中，或者可以用来训练算法和人工智能……用户正在创造一个社交媒体经济模式的核心产品：用户数据（user data）。"[1] 但是用户创造的这种原初数据并不都会被平台加以利用，平台只会对具有潜在交换价值的数据进行筛选和提取[2]。换句话说，每个互联网用户进入互联网进行在线活动时，都会留下活动痕迹，然而这些活动痕迹所产生的数据并不是都会进入价值的生产体系中，并不是所有的原初数据都蕴含价值、信息和意义。对于平台商业模式来说，只有从这些孤立、零散、无意义的原初数据中，通过算法的最基本功能——"数据结构是构造计算机算法的基础"[3]，从中筛选出有效数据并构成数组、链表、树、散列、图等基本数据结构，进而利用这些数据结构经由算法的分析处理得出信息和意义，才能为平台的价值生产作出贡献。也就是说，每个互联网用户所产生的大量数据，只有在对平台具有潜在的交换价值的意义上，才会被平台筛选出来并进一步加工和生产，剩余的大量无法为平台带来潜在收益的数据则成为数据冗余而被排除掉。从数据到信息再到意义并不是自然化和自动化的过程，原初数据不是一个可读、蕴含信息、有意义的存在，但是算法使得数据结构不再呈

1　Kylie Jarrett, *Digital Labor*, Cambridge: Polity Press, 2022, pp. 12 - 13.
2　关于原初数据是如何被平台加以利用的，笔者另有文章详细讨论。参见吴静、邓玉龙《数字化视域下的数据主体与主体际重构》，《阅江学刊》2021 年第 6 期。——作者注
3　[美]乌迪·曼博：《算法引论——一种创造性方法》，黄林鹏等译，北京：电子工业出版社，2010 年，第 44 页。

现出随机、无关联、任意的特征，而是成为一种可以被分析、可以得出信息的存在。平台基于自身目的设计的算法，预设了被提取出来的有效数据的可使用目的，数据中所生成的信息和意义，从根本上取决于算法设计的初衷和目的，平台的算法从一开始就决定了具有潜在交换价值的数据才可能成为有效数据。由此可见，数据生产的全过程中嵌套了多重劳动，从原初数据的产生，到数据被筛选出有效数据结合成数据结构，再到算法对数据结构的分析处理形成有效信息，最终到对这些有效信息的进一步分析和商业化应用等等。在此，"数据劳动"并不指称数据生产的全过程，而仅仅是指社会个体在使用互联网时成为数据提供者和生产者，即指原初数据的生产过程。对于"数据劳动"概念的定义之所以细化到数据生产中的一个环节，一方面在于当代资本主义的发展不再依赖于一种或多种劳动形态，而是形成了多种劳动形态相互嵌套的复杂性结构，对数字劳动的泛化认知可能会导致研究的不严谨；另一方面在于数据生产中的其余环节仅仅是传统的物质劳动演变为数字化形式，而原初数据的生产环节却展现出了平台经济模式独特性的一面。原初数据是数据生产的最基础环节，而平台商业模式的兴起和发展，也正是从小数据到大数据的时代发展的产物，"能独占、提取、分析和使用记录下来的日益增加的数据量"[1]。

那么，为何在平台经济时代，要特别强调数据生产环节的"数据劳动"这一数字时代的劳动中特殊的具体劳动？

一方面是从具体的"数据劳动"中抽象出不同于传统产业劳动的新特征。马克思考察的 19 世纪资本主义生产过程中，各种繁杂的具体劳动都具有同样的价值生产（增殖）过程，即资本家与劳动力市场中的自由劳动力形成雇佣劳动关系，从而工人出卖自己的劳动力，在雇佣劳动的条件下进行劳动过程，同时也是价值增殖过程。因此，马克思可以从

---

1 [加] 尼克·斯尔尼塞克：《平台资本主义》，程水英译，广州：广东人民出版社，2018 年，第 49 页。

各种具体的劳动过程中抽象出一般性的价值增殖过程。但是，在数字时代的"数据劳动"却展现出平台经济中完全不同于产业经济的特殊性的一面，即"数据劳动"既不是由平台资本在劳动力市场签订雇佣劳动合同的劳动力生产的，也不是劳动力出卖自身为平台资本进行劳动、完成价值增殖的。所以，"数据劳动"这一具体劳动突破了 19 世纪产业劳动的特点，是在资本主义发展历史中演变出的一种全新的劳动形态，需要对其进行特别的考察。

　　另一方面是对"数据劳动"背后生产关系的透视。对"数据劳动"的考察，不能仅仅停留在对这一特殊的劳动形态的技术分析上，而要深入到劳动形态演变的背后所隐藏的资本主义生产关系的演变，历史地、具体地从生产关系的维度反思生产过程的性质。"数据劳动"中平台与用户并没有形成任何的雇佣劳动关系，但是却能从任何一个平台的用户协议和隐私政策中看到，平台具有收集、使用用户个人信息、数据的权利，也都能看到"如您不同意本协议，这将导致公司无法为您提供完整的产品和服务，您也可以选择停止使用"的话语，只有当用户授权平台收集、使用用户个人信息、数据时，个体才被允许进入平台网络。也就是说，尽管平台与用户是非雇佣劳动关系，但是用户生产出的数据却真实地在为平台进行生产。"数据劳动"反映出"原先不被视为生产劳动的行为产生了生产性的价值"[1]，反映出在平台经济时代劳动社会化迁移——对劳动关系的改变、对社会生活方式的重构、对生产关系再生产（公共性）的吸纳。可以说，平台经济推动着社会中的个体源源不断地为其免费生产着原初数据，推动着社会生活的方式围绕着平台的生产模式展开，推动着社会性的生产关系的再生产完全被平台吸纳，也正是在这个意义上，我们需要进一步考察"数据劳动"背后的生产关系。

1　吴静：《算法吸纳视域下数字时代劳动新探》，《华中科技大学学报》（社会科学版）2022 年第 4 期。

二、 平台"八爪鱼效应"[1] 对数据生产者的辖制

在分析完"数据劳动"所凸显的平台经济中劳动特征的新变化之后，需要进一步阐述的是这些新变化背后劳动过程的改造，以及平台和数据生产者之间关系的重构，只有这样才能透视平台经济中的资本主义生产关系。平台经济生产模式采用的劳动是：雇佣少量的固定员工提供的劳动，和利用上亿用户"自愿"或不知情贡献的劳动。尼克·迪尔-维斯福特（Nick Dyer-Witheford）认为用户/数据生产者在数字公地（digital commons）中形成了新的"赛博无产阶级"（cyber-proletariat/cy-bertariant）[2]。"Web2.0 资本的特点是平台可以动员无报酬的'用户生成内容'，无论是被搜索引擎爬虫所处理的被动提供的原材料，还是对各种形式的社交媒体的积极贡献。"[3] 相较于 Web1.0 需要雇用专门技术人员提供网络信息不同，Web2.0 的信息很大一部分由用户自己生成，而用户产生的内容和数据被资本无偿占有，也就是说资本不需要雇佣关系就能占有用户的无偿劳动。并且反过来平台对用户数据的占有，被卖给广告商用以投放定向广告。基于此，维斯福特认为这种免费网络数字劳动模式带来了以下六个方面的影响：传统雇佣劳动关系下工人数量的有限性；传统工作日界限在自由化、数字化的劳动特征下逐渐消弭；对传统产业固定稳定工作结构的颠覆；刺激了在线广告市场的繁荣；强化了生产、流通之间的联系沟通，促进了产业生产和商业流通交互的饱和；网络数字劳动经验成为就业求职的条件。用户成为网络劳工，在数

1　"八爪鱼效应"指的是平台模式以作为超强中枢节点的平台核心系统凌驾于整个去中心化的网络之上，无须诉诸泰勒制传统的层级结构，它可以实现对群体活动的直接管理并降低信息强度损耗。参见：吴静：《平台模式下零工劳动的政治经济学解读》，《苏州大学学报》（哲学社会科学版）2022 年第 3 期。——作者注

2　"赛博无产阶级"不仅指从事数字生产的用户，还包括数字生态链中的劳动者。参见［加］尼克·迪尔-维斯福特：《赛博无产阶级：数字旋风中的全球劳动》，燕连福、赵莹等译，南京：江苏人民出版社，2020 年。——作者注

3　［加］尼克·迪尔-维斯福特：《赛博无产阶级：数字旋风中的全球劳动》，燕连福、赵莹等译，南京：江苏人民出版社，2020 年，第 83 页。

字公地为平台提供了无酬劳动，于是形成了网络平台中的"赛博无产阶级"。平台通过"八爪鱼效应"形成了对数据生产者的辖制，呈现出离散化和中心化并存的特征。

第一，劳动组织形式和扩张形式的离散化。与产业经济不同，平台经济具有边际效应递增的特性。平台覆盖的社会面越广，拥有的用户数量越大，收集使用的数据越多，其具有的潜在使用价值越高。这也是从小数据时代转变到大数据时代的一个时代特性。在小数据时代，可以通过对小数据的详细分析得到信息和价值，但是在大数据时代，其基本要求是通过尽可能多的数据来分析信息和价值，这也造就了平台模式的产生——其产生本身就是为了应对商业中出现的大数据处理问题。而平台经济进一步也要求其必须占有大量的数据资源，于是就带来了劳动的社会化扩散，大量的平台用户为其进行"数据劳动"。实现劳动的离散化需要满足两个条件：一是信息通信技术成本的低廉，信息通信技术的发达让资本可以把劳动向社会场域内无限广度和深度扩展，"数据信息靠电缆或卫星传输，成本越来越低，因此终端与总机之间的地理距离就不再是一个重要考虑因素"[1]；二是差异化数据的大量生产，数据的粒度[2]越低，个体化、差异化程度就越高，社会个体为平台所生产的差异化数据就越多，在"微粒社会"中，"数据越多，我们的特征就越清晰可见；数据越丰富，单体就越多；网络化程度越高，个体化程度就越高"[3]。劳动的离散化给数据生产者带来了三个后果：一是劳动资料的自备，用户通过不同的终端（手机、iPad、电脑等）都可以接入平台实现在线的劳动，这种终端被认作是"一种新的全球资本主义包容的范式技术"[4]，利

---

1 [英]乌苏拉·胡斯：《高科技无产阶级的形成：真实世界里的虚拟工作》，任海龙译，北京：北京大学出版社，2011年，第20页。

2 计算机领域中的"粒度"是指数据解析的程度。数据细化程度越高，粒度就越低；数据细化程度越低，粒度就越高。"粒度"是数据库研究中的常用术语。——作者注

3 [德]克里斯多夫·库克里克：《微粒社会》，黄昆、夏柯译，北京：中信出版社，2018年，第10页。

4 [加]尼克·迪尔-维尔斯福特：《赛博无产阶级：数字旋风中的全球劳动》，燕连福、赵莹等译，南京：江苏人民出版社，2020年，第94页。

用大量离散化的劳动场所和劳动时间容纳剩余人口；二是劳动力生产与再生产的自我负责，平台不再承担劳动力成本，用户生产与再生产自身价值的过程转变为用户自我的责任，依靠自我学习和提升以符合互联网时代的技术门槛；三是劳动责任和劳动风险的转移，劳动的离散使劳动全过程的责任和风险由用户自我承担，但是责任和风险的转移，不意味着价值的转移，平台仍掌握了劳动力使用价值发挥的过程——劳动过程。

第二，核心基础建设与控制的中心化。尽管平台将劳动向社会场域内无限扩张，但对于平台而言，最重要的仍是用户在为平台进行的"数据劳动"。从宏观层面上来说，用户是在为平台生产而不是为自己生产；从微观层面上来说，用户是为某一平台生产而不是为其他平台生产。所以，不同的平台都尽可能将用户固定在其平台生态系统中，这意味着独占数据资源。维斯福特所认为的"数字公地"其实并没有成为一个公共性空间，它是一个依赖于平台经济所建立的、为平台资本所服务的、能够进行潜在剩余劳动生产的私有化空间。互联网的乐观主义者会认为其是一个消除了中心化和层级化的空间，但实际上资本通过对"数字公地"的私有化，完成了对平台总体价值的吸纳。这可以理解为控制论的一种实际应用，通过平台这一中心，资本实现了对全社会各种差异化"数据劳动"的整体控制，将必要劳动时间最小化直至趋向于零，而将剩余劳动时间最大化，无限延展用户的劳动时间。在这种"新媒体拜物教"[1] 的趋向中，用户高度依赖于平台提供的操作生态系统，这种生态系统从某种意义上架构了用户的社会生活。用户持续性地在平台中通过认知、交流、合作创造数字信息产品，但是用户对这些产品并没有所有权，产品由平台所有者控制，而用户一旦离开了这些垄断性质的平台，就会受到交往联系贫困的威胁。于是，用户开始自我生产及优化，以适应平台的需要。这是在产业时代所无法达到的效果。产业时代的扩大再

1　Melissa Gregg, *Work's Intimacy*, Cambridge: Polity Press, 2011, p. 23.

生产，始终面临着物理空间成本和劳动力成本的界限：一方面，工厂的扩张意味着不变资本（厂房、机器）的进一步投入，而不变资本是无法为资本带来增殖的部分；另一方面，雇佣劳动力的增长意味着资本要承担更多的责任和风险，这时资本需要考虑投入与产出比。但是这些界限被平台模式打破：一方面，平台不再受物理空间的限制，而是把劳动的空间扩展至更为广阔的赛博空间中，同时由于劳动资料的自备，平台也不用担心机器的折旧与更新；另一方面，劳动力成本这一概念逐渐被平台模式所消解，劳动力生产与再生产的自我负责、劳动责任和劳动风险的转移，在不用维系雇佣劳动关系和责任的基础上，用户的无酬劳动依旧隶属于资本。在平台经济模式中，无论劳动实现何种程度的社会化离散，最终都能借助平台这一中介收束，使得平台能以最小的成本实现最大的资本增殖[1]。

　　总体来说，离散化与中心化的并存为平台资本的增殖服务。一方面，离散化使资本可以在全球、全社会的范围内，吸纳无酬的劳动力为其生产；另一方面，中心化使资本即使面对广阔、差异化的用户市场，依旧可以将其固定在为平台的生产劳动中。数据生产者的离散化是平台经济的必然结果，又促进着平台经济的进一步发展，而数据生产者的中心化保证了剩余劳动对平台资本的稳定供给。平台带来了许多社会新现象，但是平台资本主义并不是一个全新的社会历史阶段，它不过是资本利用平台这一技术完成自身的增殖，平台资本主义仍然具有资本主义的一般特征——对剩余价值的贪欲。平台经济的生产模式，仍然依赖于对平台中所产生的数据的价值进一步生产，而原材料——数据则是平台通过不对称的权利进行收集和使用的。

　　平台的"八爪鱼效应"对数据生产者的辖制是发生在非雇佣劳动的生产关系中的，这一点也饱受批评，有学者认为在非雇佣劳动关系中不

---

[1]　关于平台中剩余价值生成的弥散过程的详细论述，参见：吴静：《平台资本主义的劳动协作与剩余价值形成的政治经济学解读》，《马克思主义与现实》2022 年第 5 期。——作者注

存在对剩余价值的剥削。传统产业劳动的发展带来了一种误解，剩余价值只有在雇佣关系的条件下才得以生产。其实剩余劳动并不是资本主义社会的独特产物，在前资本主义社会的各种经济形态中，都有剩余劳动的身影。马克思有如下一段阐述：

> 资本并没有发明剩余劳动。凡是社会上一部分人享有生产资料垄断权的地方……不论这些所有者是雅典的贵族，伊特鲁里亚的神权政治首领，罗马的市民，诺曼的男爵，美国的奴隶主，瓦拉几亚的领主，现代的地主，还是资本家。[1]

马克思阐明了剩余劳动并不仅仅存在于资本主义生产关系中，在封建贵族垄断生产资料的历史条件下，就已经存在着劳动者为生产资料占有者劳动、生产资料的占有者可以自己不用劳动而获得生活资料的现象。但仍然要区别前资本主义的剩余劳动与资本主义的剩余劳动，前者剩余劳动的存在仅仅是生产资料的占有者们为了获得更多的使用价值，以满足自身生活的需要，这里的剩余劳动存在着生理需求的限制；后者资本家对剩余劳动的贪欲本质上是对交换价值的追求，而交换价值不会遭遇生理界限的限制，因此也就带来资本的无序扩张。"资本只有一种生活本能，这就是增殖自身，创造剩余价值，用自己的不变部分即生产资料吮吸尽可能多的剩余劳动。"[2] 也就是说，对于资本而言，剩余劳动只是为了更多地和生产资料相结合从而产生出剩余价值，进而为资本增殖服务。马克思想要揭露的资本主义生产关系的实质是，在雇佣劳动条件下资本要求工人在完成必要劳动后，继续进行剩余劳动，这个秘密是被掩盖在工资所表征的雇佣关系下的，但是平台资本把必要劳动进行削减，转移劳动力生产与再生产的过程与责任，完成了纯粹剩余劳动的剥削。

1　《马克思恩格斯全集》第 44 卷，北京：人民出版社，2001 年，第 272 页。
2　《马克思恩格斯全集》第 44 卷，北京：人民出版社，2001 年，第 269 页。

在平台模式的运行下，上亿的数据生产者被捆绑进平台的生态系统，这是平台所带来的劳动社会化迁移、外溢和扩散的后果，这一社会化过程使得资本在全部社会生活中得以布展，一方面生产与生活的界限消弭，生活即是在生产，生产即是在生活；另一方面生产的速度不断提升，以跟上机器运转的速度。

三、 总体吸纳：对数据生产者劳动结合力[1]的占有

资本附身于平台，通过榨取社会性用户的剩余价值而完成自身的原始积累，在这里资本的一般属性并没有发生改变，但是资本吸纳剩余价值的方式却展现出新的特征。德勒兹和加塔利在批判资本主义时就谈道："剩余劳动，全部的资本主义组织形式，都越来越少地通过（与劳动的物理—社会的概念相对应的）时空的纹理化而运作。毋宁说，就好像人在剩余劳动之中的异化被一种普遍化了的'机器性的役使'所取代，而这就使得一个人可以在不进行任何劳动的情况下提供剩余价值（儿童，退休者，失业者，电视观众，等等）。"[2] 平台经济的发展，也正使用一种普遍化了的机器——平台，资本家攫取剩余价值的模式不再局限于占有传统的工厂中工人的剩余劳动，而是转向更大范围的剩余劳动主体。这不仅表现为体力劳动中制造业自动化系统取代了传统雇佣工人劳动，也表现在脑力劳动中自动化办公以及 Web2.0 免费网络数字劳动。

马克思对绝对剩余价值生产和相对剩余价值生产的阐述是联系资本对劳动的形式吸纳（formal subsumption）和实质吸纳（real subsumption）而展开的。资本对劳动吸纳的两种形式和绝对剩余价值

1　马克思在《1861—1863 年经济学手稿》中提到："结合劳动……创造了一种生产力，这种生产力本身必然是集体力。"（参见：《马克思恩格斯全集》第 44 卷，北京：人民出版社，2001 年，第 378 页。）笔者在此强调的是劳动结合的方式和力量，故而使用"劳动结合力"概念。——作者注

2　[法] 吉尔·德勒兹、费利克斯·加塔利：《资本主义与精神分裂（卷 2）：千高原》，姜宇辉译，上海：上海书店出版社，2010 年，第 709 页。

生产、相对剩余价值生产具有同等意义：以绝对剩余价值生产为基础的是资本对劳动的形式吸纳；以相对剩余价值生产为基础的是资本对劳动的实质吸纳。"起初，资本家在市场上找到什么样的劳动力就得使用什么样的劳动力……由劳动从属于资本而引起的生产方式本身的变化，以后才能发生"[1]。早期资本主要通过形式吸纳的方式向全球布展资本主义生产方式，但是形式吸纳会遭遇到人体生理和社会法律道德的限制，而通过实质吸纳，资本将生产过程进一步"优化"为适应资本增殖目的的结构，即可以在有限的范围内更大程度地为资本提供剩余劳动。资本对剩余劳动的形式吸纳只是量上的关系，资本把雇佣劳动的关系扩展到各个生产部门，并通过剩余劳动的绝对延长实现对剩余劳动的吸纳。与此相比，资本对剩余劳动的实质吸纳则扩展到质上的改变，资本不只满足于在量上吸纳剩余劳动，而是进一步改变生产过程以更符合资本增殖的目的。相比于绝对剩余价值的生产受到自然条件的限制，相对剩余价值的生产则更依赖于技术的进步，这成为资本吸纳的主要形式。

到了平台经济时代，当资本对剩余价值吸纳的作用方式远远超越了工厂的围墙和写字楼的玻璃幕墙而蔓延到整个社会领域时，必须要把资本的形式吸纳和实质吸纳结合起来看待资本主义统治的多样性，即总体吸纳（total subsumption）[2]。在产业经济时代，资本是通过扩大经营规模来获取更多剩余价值；但是在平台经济时代，资本不再依赖于规模经济模式，而是采用少量雇佣员工＋大量非雇佣用户的模式，实现劳动的社会化迁移、外溢和扩散，让平台用户可以无偿地为平台提供剩余价值。也就是说，平台资本的这种"总体吸纳"模式完全不同于传统的形式吸纳或实质吸纳，呈现出以下特征：第一，不仅发生在物理空间内，而且扩展到虚拟空间中，"对劳动力的剥削程度标志着产业资本主义和信息资本主义之间的显著差异。对劳动力的剥削又增加了一个特征，即

1　《马克思恩格斯全集》第 44 卷，北京：人民出版社，2001 年，第 216 页。

2　参见：吴静：《总体吸纳：平台资本主义剥削的新特征》，《国外理论动态》2022 年第 1 期。

资本家攫取虚拟世界中的剩余劳动力，这加剧了剥削和异化程度"[1]。第二，向全球范围内的物理和虚拟空间布展着资本吸纳的逻辑，这种吸纳关系"发生在物理空间和数字空间内，以便在全球范围内从直接生产者那里剥削剩余劳动"[2]。第三，从生产时间向生产和生活时间融合的各个方面和层次渗透，使得对剩余劳动的吸纳不再被生产工作日所限制。因此，"总体吸纳"是与形式吸纳、实质吸纳性质完全不同的资本吸纳方式，"随着积累基础的扩大，有酬劳动和非直接劳动不再是获取剩余价值的唯一途径。因此，我们面临着吸纳进程的异质性和人类生活的剥削……这创造了一种新性质的吸纳过程，这种吸纳过程不局限于工作日的长度（形式吸纳），也不局限于对生产过程的技术增强（实质吸纳）"[3]。

大数据时代相较于小数据时代的一个突出特征就是发掘了全数据联结的价值，小数据时代依靠的是发掘抽样样本数据之间的因果关系联结的价值，而大数据的模式则是从全部海量数据的相关关系中发掘价值。因此，除了上述劳动社会化带来的"总体吸纳"一般特征外，为处理大数据应运而生的平台对"数据劳动"的"总体吸纳"，更深层的是对劳动结合力的占有和吸纳。一方面，劳动社会化和平台的广泛应用带来的是对社会化劳动结合力的吸纳；另一方面，对社会化劳动结合力的吸纳，在大数据时代的全新特征是对其中隐形结合力的吸纳。

第一，对社会化劳动结合力的吸纳。在产业经济时代，资本要想扩大对劳动结合力的吸纳，就只能通过扩大经济规模的方式，完成对更多劳动力的容纳。但正如前文所述，这遭遇着物理空间成本和劳动力成本

1　Jaime F. Cárdenas-García, Bruno Soria De Mesa, Diego Romero Castro, "Understanding Globalized Digital Labor in the Information Age", *Perspectives on Global Development and Technology*, vol. 18, no. 3, 2019.

2　Shahram Azhar, "Consumption, Capital, and Class in Digital Space: The Political Economy of Pay-per-Click Business Models", *Rethinking Marxism*, vol. 33, no. 2, 2021.

3　Andrea Fumagalli, Cristina Morini, "Anthropomorphic Capital and Commonwealth Value", *Frontiers in Sociology*, vol. 5, no. 4, 2020.

的限制，也就是说，存在着边际递减效应。在其他条件不变的情况下，对厂房、机器和工人的投入持续增加，达到一定边界之后，所产出产品的增量就会下降，剩余价值也会下降。所以，资本始终无法完成对全社会的劳动结合力的吸纳，总是遇到成本边界。而这一边界在平台经济时代不复存在，原因在于平台模式是完全不同于传统产业模式的生产逻辑，边际递减效应在此转变为边际递增效应。与此同时，在产业经济时代的吸纳"数据劳动"采用的是小数据生产逻辑，统计学家往往抽样选择样本数据，原因在于一方面数据的收集技术难以满足在全社会范围内收集海量数据，另一方面数据的存储技术难以满足海量数据存储的要求。抽取样本数据成为唯一可行的方式，如果持续在数据收集上投入成本，边际递减效应会使资本陷入泥潭。而在平台经济时代吸纳"数据劳动"采用的则是大数据生产逻辑，海量数据的收集、存储和分析技术的发展，使得资本可以在全球、全社会内完成对海量"数据劳动"的吸纳。这也是一种全数据模式，可以不局限于样本数据，全社会范围内的全部数据都可以被平台发掘其中的使用价值，边际递增效应在此表现为：数据越多，全数据之间联结的使用价值越大。因此，海量数据之间联结产生的信息便成为平台资本吸纳的新对象，也就是平台资本完成了对这背后全部"数据劳动"之间的劳动结合力的吸纳。

马克思在《资本论》中谈到了"结合劳动"能够创造出个人劳动所不可能发挥出的、更为强大的生产力，而这种生产力不仅仅来自协作对个人生产力的提高，或是个人生产力单纯数量上的叠加，更是"创造了一种生产力，这种生产力本身必然是集体力"[1]。因为协作本身即是一种力——"协力"（concourse de forces），个体生产者之间相互结合、共同劳动形成的那种社会关系所创造的生产力，是在独立生产的条件下所无法发挥出来的力。这种生产力的发挥与个人生产力单纯数量上的叠加有着本质性的区别，其不是一种力的机械总和，而是由"劳动结合力"所

---

[1]　《马克思恩格斯全集》第 44 卷，北京：人民出版社，2001 年，第 378 页。

发挥出的力量。可以说,"劳动结合力"(combined labor power)是社会劳动生产力,是劳动者在进入到社会化的生产关系中创造的力。当劳动没有扩展为社会性协作劳动时,劳动者与劳动者之间并没有形成生产劳动关系,劳动者只能作为相对孤立的生产者进行劳动,这时尽管可以从社会整体层面将劳动总体相加,但并没有发挥出作为协作的劳动相结合的力量,结合劳动的共同性、总体性在此是缺失的。而当劳动扩展为社会性协作的"数据劳动"时,则意味着海量数据之间联结的价值、全数据的总体性价值被社会化劳动结合力发挥出来。

第二,对隐形劳动结合力的吸纳。如前所述,尽管资本实现了在更广的空间和时间范围内对劳动结合力的吸纳,但是空间和时间毕竟仍存在着物理界限,"总体吸纳"还存在着更深层的逻辑。除了由小数据转向大数据、样本数据转向全数据,资本对劳动结合力的吸纳在可行范围内的扩张,更深层的逻辑是对劳动之间结合关系的再发掘,这就是对以往不可见的隐形劳动结合力的吸纳。在小数据模式中,劳动之间的结合关系依赖的是因果关系联结,这就决定了是对已知的、固定的劳动联结进行吸纳,舍恩伯格等称之为"建立在人的偏见基础上"[1] 考虑数据之间联结的价值。但是当一种全数据的大数据模式降临时,以往建立在因果联系基础上分析数据之间联结价值的方式不再适用,因为其面对的不再是少量的样本数据,而是海量的全数据。这就带来了由因果关系转向相关关系,在此"数据劳动"的结合力呈指数级爆发。可以说,资本对数据之间联结潜在价值的发掘,是着眼于一种隐形相关性,劳动结合力不再依赖于因果关系基础上的固定联结,而是扩展到非固定联结,不再受时空界限的限制,人类任何已有的因果逻辑判断也不再适用,而是可以在任何非因果逻辑、无因果逻辑之处由平台发掘出价值并完成"总体吸纳"。在大数据时代,相关关系和非线性关系的发掘,使得"看到了

1　[英] 维克托·迈尔-舍恩伯格、肯尼思·库克耶:《大数据时代》,盛杨燕、周涛译,杭州:浙江人民出版社,2013 年,第 74 页。

很多以前不曾注意到的联系，还掌握了以前无法理解的复杂技术和社会动态"[1]。但是资本对隐形劳动结合力的吸纳，由于其隐形的相关性和潜在的价值性，在表象中呈现为平台资本自身的生产性。张一兵将这种资本的伪生产性假象归纳为："资本的生产性假象更深地来自它是社会劳动生产力和一般社会生产力的吸收和占有者。"[2] 也就是说，资本抑或机器本身不具有任何创造价值的生产性，平台资本展现出来的伪生产性，根源于其借助机器（平台）吮吸的社会性劳动生产力，即劳动结合力。"只要把工人置于一定的条件下，劳动的社会生产力就无须支付报酬而发挥出来，而资本正是把工人置于这样的条件之下的。"[3] 因此，对于平台资本来说，正是要把社会整体范围内的数据生产者置于这种劳动关系的条件下，这种社会劳动的生产力创造的公共性、共享性、总体性才能被资本所吸纳。在劳动力与资本进行交换之后，劳动力就隶属于资本而不是其自身，劳动力使用价值的发挥也就隶属于资本，而劳动力在其使用价值发挥过程中因为与其他劳动力相结合产生的劳动力也就隶属于资本。"因为工人在他的劳动本身属于资本以前不能发挥这种生产力，所以劳动的社会生产力好像是资本天然具有的生产力，是资本内在的生产力。"[4] 到了平台经济时代，资本甚至不用与劳动力进行任何交换，就可以免费得到用户的"数据劳动"。也就是说，平台资本不用付出劳动力再生产的价值，就可以将劳动力吸纳进自身的劳动关系和劳动条件中。当社会性范围内的劳动力被吸纳进劳动关系和劳动条件时，其相互协作产生的劳动结合力也就天然地为资本吸纳。在此，必须要转换的视角是，不能将平台视为具有独立性的第三方，而要将其视为资本增殖的一种模式，"平台几乎不控制数字文化的生产，而是控制数字文化的消费，

1　[英]维克托·迈尔-舍恩伯格、肯尼思·库克耶：《大数据时代》，盛杨燕、周涛译，杭州：浙江人民出版社，2013年，第83页。

2　张一兵：《资本的伪生产性与生产性的劳动——马克思〈1861—1863年经济学手稿〉研究》，《社会科学》2022年第4期。

3　《马克思恩格斯全集》第44卷，北京：人民出版社，2001年，第387页。

4　《马克思恩格斯全集》第44卷，北京：人民出版社，2001年，第387页。

即剥削数字受众的劳动……在数字时代，传播过程也是资本积累的过程，具体原因在于传播资本家控制着受众的文化消费活动，直接或间接地剥削着受众劳动者"。[1] 平台作为一种机器性的死劳动，只能在生产中转移自身的价值而无法创造新的价值，必须吮吸活劳动才能在生产环节中创造出新的价值。尽管平台在不断更新迭代，在占有更多大数据和用户的过程中价值不断增进，但其增进的价值，源于"数据劳动"不断为其注入的新价值，而非其自身运转所能创造新价值。

正如德勒兹和加塔利所分析："资本主义的运作更少依赖于一种劳动的量，而更多地依赖于一种复杂的质化的程序，此种程序动用了运输的模式，城市的模型、媒体、娱乐工业、感知和体验的方式——各种各样的符号系统。"[2] 因此，在数字时代对于"数据劳动"的考察，除了对"数据劳动"单独的分析，还需将其置于更为广阔的劳动社会化视野和各种劳动相互嵌套的复杂社会体系中加以研究。资本不再依赖于单一劳动形式为其完成资本增殖，而是将社会总体性都吸纳进资本增殖的逻辑中。资本的总体吸纳是对社会各种层级、复杂性系统的总体性吸纳，而不是对不同劳动形式吸纳的简单机械叠加，这是一种"互补的剥削"[3]，每一种剥削促进着另外一种剥削，由此产生"叠瓦式效应"，而这些都有待进一步分析。

第三节　平台模式下零工劳动的政治经济学解读

互联网自诞生以来，以其日新月异的发展不断创造和重构着人类的

1　Brice Nixon, "The Old Media Business in the New: 'the Googlization of Everything' as the Capitalization of Digital Consumption", *Media, Culture and Society*, vol. 38, no. 2, 2016.

2　[法] 吉尔·德勒兹、费利克斯·加塔利：《资本主义与精神分裂（卷2）：千高原》，姜宇辉译，上海：上海书店出版社，2010年，第709—710页。

3　[加] 尼克·迪尔-维斯福特：《赛博无产阶级：数字旋风中的全球劳动》，燕连福、赵莹等译，南京：江苏人民出版社，2020年，第85页。

新历史。在德勒兹的"块茎"思想和奈格里的"诸众"理论中，互联网早期阶段的发展作为"去中心化"的关系生产典范，成为他们用来凸显异质性和反等级结构的理想性建构。然而，互联网在商业领域的全面纵深布展、大数据技术和云计算的推广，以及平台模式在商业运营、社交媒体等方面的全线扩张，使得原本的块茎式"去中心化"网络转变为以超级中心节点为"强中心"的八爪鱼式布局，全面控制正在通过每一个端口、每一次链接成为现实。平台不但成了新时代互联网的宠儿，甚至成为资本主义更加集约化的垄断形式，它通过连接和多边匹配的结构建立起无所不包的中心化权力生态体系。另外一方面，这种带有垄断性质的生态体系并未铸就起寡头垄断的高壁垒，准入机制依旧开放，市场竞争也在新老平台之间存在。竞争的因素也从传统的价格、质量向生活的全方位扩展。在这种新的市场结构之下，数字平台经济的发展不仅改写了人类生存与社会联系的几乎所有维度，也创造了新的劳动分层，重构了劳动竞争与组织形式的关系。因此，对于数字经济体系内劳动问题的探讨也必须在把握理论普遍性的前提下深入到对特殊形式的分析当中。这是以唯物史观为方法论研究具体现象的需要，也是立足于当代现实的问题意识的理论实现。

零工劳动（gig labour）就是平台模式所造成的劳动分层现象当中最显著的一种。从劳动力市场的发展历史来看，"零工劳动"其实并不是电商经济或数字平台模式下才出现的新生事物，它的历史甚至超过了工厂模式下雇佣劳动力的历史，是自由劳动力市场始终存在的一种用工现象。但在前平台时期，这种个体责任制或小规模外包的特殊用工形式呈零散分布样态，在社会劳动力组成的整体结构中占次要的、辅助性的地位。然而，当平台一方面追求资产轻量化（目的是压缩成本，实现短周期、高周转），一方面致力于核心交易效率最大化的时候，零工劳动就成为他们实现扩张时所大量倚重的用工方式。数字平台模式以移动通信技术和智能监控手段为基础所搭建的零工劳动模式在短时间内经历了几次迭代，使得传统的劳动价值生成方式和劳动者的组织方式都遭受到了挑战。它和传统马克思主义政治经济学理论所聚焦的工厂模式下的生产劳动有了很大的异质性，原有的价值链生产中劳动对资本的隶属关系转变成了一种由劳动关系"拆卸"和社会化造成的新的权力关系网络，从而产生了数字平台模式下特有的社会逻辑和意识形态。这就要求在对平台模式下的零工劳动进行政治经济学分析的时候，必须将资本—算法—劳动者三者之间的关系置于市场结构乃至于整个社会范围内来进行思考。

一、零工：网络外部性导致劳动的社会化

数字平台企业具有前平台时期的网络产业企业的所有特征，如规模经济生存法则、排他性与兼容性并存、高固定资产对应高沉没成本及低扩张速度等。然而，它在更多方面也展现出了基于自身结构特点的不同价值生产样态，其中最明显的特质莫过于网络经济边际收益递增和网络的外部性。对于网络经济不同于传统经济呈现出边际收益递增现象的原因，在经济学领域多有讨论，大多从边际成本递减、数据信息的积累效应以及系统产品的网络效应等方面进行剖析。其实更值得关注的是平台模式的网络外部性所带来的改变。

网络外部性简单来说就是指连接到一个网络的价值取决于已经连接到该网络的其他人的数量，它分为直接外部性和间接外部性。直接外部性指的是一种产品的价值与使用相同产品或与之兼容产品的消费者的数量相关。这一点很好理解。因为由于同类用户数量的增加，他们彼此之间可以兼容或联络，于是在网络外部性的作用下，原有的用户免费得到了产品中所含有的新增价值而无须为这一部分附加价值付出成本。以购买办公软件为例，随着使用同一软件的用户增多，该产品对原有用户的价值也随之增大，因为用户可以与更多的使用同一产品的用户实现信息兼容甚至在线共同编辑，从而简化了流程，达到了降低时间成本和提高效率的目的。单边平台仅仅具有直接网络外部性。间接外部性指的是一种产品的一类用户数量影响该产品对于另一类用户的价值。以外卖平台

为例，对于外卖购买者来说，该平台的价值取决于入驻商户的数量和快递员的数量（这两者同时也都属于该平台的用户），他们中任何一类数量减少，都会影响到其他两类用户的使用体验。

由此可见，作为多边平台的数字平台企业是一个具有典型的网络外部性的系统。它们绝大多数是消费者市场平台，致力于将两个或多个相互独立的经济单元连接起来以实现他们之间的互动和共赢。对于这些平台而言，间接网络外部性决定了终端用户可以利用平台做什么。这既是平台对他们的吸引力所在，同时也是平台的生存根基。"一个平台的命运和存在关键取决于其下游生态系统的多样性与活力。平台能否赢得统治和生存的进化战争主要在于下游，在这里可以创造出屏障竞争对手的强大竞争力。"[1] 这里的平台价值链下游部分包括平台的终端用户、平台上应用服务的开发者、平台零售商户和物流等。

可以想像，在固定资产沉没性和价值链下游生长性的共同作用之下，数字平台企业必然向着资产轻量化和扩大下游网络系统的极致目标努力。而物联网、应用软件嵌入和业务分包模式则在客观上为实现上述目标提供了可能性。它们实际上在提高技术应用的同时完成了劳动的社会化迁移。这种迁移的趋势随着平台逐渐倾向于打造以核心业务为中轴的商业生态系统变得越来越专业化。"大型平台企业往往不满足于只扮演一个中介的作用，而是致力于利用自己的平台构造相对完整的商业网络体系，……通过并购和入股小型创新创业企业等方式，……构建自己的商业帝国。"[2] 平台对业务的融合将线上线下联结在一起，成为一个世界，深刻影响了数字化时代的劳动组织形式和社会结构。它是市场中握有话语权的生态系统的建造者，是去中心化的散在节点之上的中枢。然而，对于一个日趋庞大的构架来说，传统应对线性价值链生产的协调机

1　[美] 阿姆瑞特·蒂瓦纳：《平台生态系统》，侯赟慧、赵驰译，北京：北京大学出版社，2018年，第9页。

2　荆文君：《互联网平台企业的"垄断"现象与福利效应》，北京：中国财政经济出版社，2020年，第19页。

制和层次结构都不能有效弥合在生态系统中的不同合作伙伴之间的关系。那么，降低沟通管理成本就显得至关重要。于是，在这种以业务融合为基础的扩张势头之下，无论是为了实现网络规模经济增长还是为了有效协调平台内部的一致性以达到顺利完成核心价值生成的目的，减少内部资源投入、降低生产的边际成本都使得平台企业无一例外地选择了将大部分劳动关系从自身"拆卸"出去的途径。

当然，这种"拆卸"以及作为其后果的劳动社会化所带来的劳动组织关系的变化不但是多样的，而且也一直处于动态迭代的过程（譬如平台和骑手之间的关系在短短十五年间就经历了从直接雇佣模式到众包模式、到外包模式、到个体工商户模式的变化）之中。牛津大学社会人类学教授项飙在 2021 年 10 月 9 日 "智能传播与数字平台"主题会议上做了题为《平台经济中的"逆向劳动过程"》的大会发言。他把"逆向劳动过程"概念视为平台模式与传统商业模式的一个本质性区别：在以工厂为中心的传统价值创造过程中，资本用可变资本部分购买"劳动力"从而获得实际"劳动"，劳动过程是资本关注的核心；而在平台模式中，劳动者直接出卖劳动本身，劳动隶属关系被悬置，资本面临的挑战则是在不必维持劳动力隶属的前提下维持劳动的稳定性供给。这一点得以实现的前提在于劳动的社会化使原本具有一致性专业要求的劳动过程本身被分解为大量简单劳动并以分包的形式和市场发生关系。而这种劳动拆分和大规模的社会化降低了劳动技能的专业性要求和从业人员的准入门槛，使得面向劳动者的现有的反向就业保护壁垒不再有效。劳动不再和具体的、专业性的劳动者相关，而是被普遍化为抽象劳动。

这种"逆向劳动过程"的实质是劳动的社会化所导致的劳动隶属关系的改变，从"资本—劳动力"的单向关系变成了"资本—劳动"的单向关系，传统中需要维持的人的因素变成了可以通过最大范围的社会化替换的因素。这从一个侧面反映了平台模式下新的连接法则对于社会结构产生的影响，劳动本身被匀质化。当企业通过裁员、精简、重组来逐步减少全职岗位，甚至把之前的全职工作分解成小项目或小任务，然后用自动化、外包或承包的零工劳动方式去完成时，平台所有者就不再需要关注和维持劳动力的再生产及其条件。这里已经不能按照经典马克思主义政治经济学对劳动力价格的论述来衡量。因为当劳动本身被抽象化和普遍化之后，劳动力从企业的拆卸实际上是劳动者福利的丧失，它是以传统企业组织者所承担的责任从现行法律制度中"脱嵌"来实现的。零工劳动的提供者本身也是平台生态系统的用户，因此，不但其劳动范式和劳动组织形式发生转换，它和平台的权责义务也发生变化。这种改变使传统高度组织化的劳动变为 B2B（business to business）的分散劳动，零散劳动者的边缘化加剧，难以与平台形成抗衡。并且，作为用户存在的劳动力再生产的条件和机会成本也转而由劳动力在社会范围内自行负责，甚至连生产过程也在劳动匀质化和最优化的情况下被纳入算法控制的范围。德勒兹和加塔利认为这是资本有机构成发生变化的必然结果。"全自动控制机和信息处理机……重建了一种普遍化的役使机制：可逆的和循环性的'人—机'系统取代了二者之间的不可逆和非循环的古老的征服关系；任何机器之间的关联都是通过内在的互通（而不再是使用或效用）而实现的。在资本的有机构成之中，可变资本规定了一种对于劳动者进行征服的体制（人的剩余价值），其主要范围则是企业或工厂；然而，当不变资本的比例随着自动化的过程而不断增长之时，我们发现了一种新的役使，与此同时，劳动制度也发生了变化，剩余价值变为机器性的，而范围则扩张到整个社会。"[1]

值得注意的是，"逆向劳动过程"的出现并不意味着马克思关于"剩余价值"的理论遭到了挑战，相反，它是剩余价值的当代表现形态。平台模式特有的劳动组织形式对劳动力在劳动过程中被连接和评价的方式的改变，事实上是生产社会化程度不断提高的结果。"在智能化程度越来越高的后福特制生产条件之下，活劳动在某一生产过程中逐渐减

1　［法］吉尔·德勒兹、费利克斯·加塔利：《资本主义与精神分裂（卷2）：千高原》，姜宇辉译，上海：上海书店出版社，2010年，第661页。

少，但又不断进入各个领域和环节中，活劳动不仅处于和死劳动所代表的资本关系的张力中，同时也被置于由公共性产品或服务所体现的社会关系当中。"[1] 按照马克思的批判理路，这实际上意味着当生产劳动整体性地向社会领域，尤其是原先的非生产领域（或时间）弥漫的时候，剩余价值的完成就已经不再仅仅局限于企业内部和劳动时间内部。这不但意味着马克思针对机器大工业时代工厂生产所做的剩余价值论述依旧成立，更证明了剩余价值的形成随着劳动的整个社会化外溢过程不但依旧存在，反而在广度和强度上都有所增加。特别是当劳动被拆卸为"零工劳动"，劳动过程不再取决于工厂条件，而是依赖于社会条件的时候，资本就实现了对社会条件的总体吸纳。同时，马克思用"雇佣工人工资"所标注出的劳动力购买过程，并非意味着对劳动者的所有权，而是对劳动发生成本的考量，即维持劳动力生产和再生产的价格。而在平台模式之下，劳动过程呈现出社会化散射时，部分劳动成本也由劳动者和社会所分担。这时平台所有者为碎片化的雇佣劳动所付出的价格已不足以体现劳动发生的总成本。在这种情形下，如果还把其误解为"劳动力价格"，反而是掩盖了更深的剥削的存在。另一方面，零工劳动竞争的特点是进入时的壁垒低，职业技能需求在碎片化的同时被摊薄，用户劳动者进入与退出都相对容易，劳动力市场形成了近乎于完全竞争的格局，这也影响了劳动提供者在和平台进行福利博弈时的地位。劳动形式的这种转型在社会心理层面上也迎合了新自由主义心理学所鼓吹的个体自我治理的立场，在加速群体多元化的同时对社会结构产生了根本性影响。对于这种形式上的颠覆性变化不但不应该进行简单的判断，反而应当深入到结构内部的张力中予以分析。对此的解读，必须借助于马克思《资本论》的理论资源。

1　吴静：《智能化生产条件下对"活劳动"范畴之反思》，《南京社会科学》2020 年第 10 期，第 47 页。

二、 算法最优劳动时间与匀质化的劳动价值

以外卖行业的零工劳动者为例，如果说"困在算法里的外卖小哥"所刻画的是个体零工劳动者和算法理性之间的不平衡关系，那么统计学意义上的数据则从宏观角度展现了算法理性对于社会劳动的影响。根据统计数据显示，外卖行业派送速度每年都在不断提高。平台将之归功为算法"优化"和服务提升的表现之一。然而，深入地分析发现，这一速度的逐年提高既不来源于配送难度的降低，也不来源于城市交通的改善，而是算法像挤海绵一样不断优化出来的效率。劳动过程不再被视为整体性的创造，它将福特制和泰勒制以来的专业化分工推向极致，形成了劳动细节的碎片化和匀质化。这是算法本身的工作理性，它使劳动过程像巨大的乐高组合一样，由无数标准化的碎片耦合连接而成。对于外卖骑手，算法不仅可以做到估算骑手从接单到取货到送货的一系列时间，还可以根据骑手的年龄和身高，测算出骑手相应的步长和速度，以尽量缩减其中步行部分所花费的时间，可将其称之为"算法最优劳动时间"。这一概念对劳动过程的统摄和马克思以"社会必要劳动时间"来定义商品价值的过程形成鲜明对照，是平台特有的经济模式之下劳动过程社会化和匀质化的真实凝练。

在《资本论》第一卷进入到商品的二重性时，马克思为了讨论商品的价值及商品交换得以进行的可能，做出了两个规定。第一个规定是从生产使用价值的各种不同的具体劳动中凝练出抽象劳动，即无差别的人类劳动。"它们（劳动产品）剩下的只是同一的幽灵般的对象性，只是无差别的人类劳动的单纯凝结。……这些物，作为它们共有的这个社会实体的结晶，就是价值——商品价值。"[1] 在这里，马克思准确地透视了商品价值的形成根本，使用抽象化的方式避免了对形式内容不同的具体劳动的个别认定，以劳动一般的本质对价值概念进行界划，同时也为商

1　《马克思恩格斯全集》第44卷，北京：人民出版社，2001年，第51页。

品交换的可能性和交换价值的质性基础奠定了基石。在此基础之上，马克思提出了社会必要劳动时间的概念。它指的是"在现有的社会正常下，在社会平均的劳动熟练程度和劳动强度下制造某种使用价值所需要的劳动时间"[1]，是用来对形成价值实体的社会平均劳动进行量化衡量的概念。对这两个概念进行研究的学术文章和专著汗牛充栋、巨细靡遗，所以在这里不需要再去展开。但有一点需要再次强调的是，尽管从理论上而言，社会必要劳动时间是一个旨在进行量化可能的概念，但在现实操作中却是一个难以被定量分析的概念。究其原因，是这个概念本身依旧是一个抽象的概念，而不是一个算术上的平均量。如果试图对它进行界定，其涉及的几乎所有条件本身都是必须由更多的、需要精确量化的条件所规定。以"现有的社会正常生产条件"为例，它至少需要但不限于以下几个方面的数据：所考察的地域范围及企业范围、时间范围、生产条件所涉及的诸如设备、人机比等。何况，"正常生产条件""社会平均的劳动熟练程度和劳动强度"这些描述本身就是一种模糊的定性表达，无法被定量分析。但从形式概念表达的意义上，读者却可以很明确地看到，社会必要劳动时间获得了对抽象劳动的量进行规定的可能，而抽象劳动本身的比较则表达为其所耗费的社会劳动时间的差别。这种同质基础上的量的差别，所蕴含的是关系性的存在。需要指出的是，这种不能实证化的量的规定性概念不但不是马克思理论的疏漏，反而是他的政治经济学研究刻意追求的结果。

马克思在 1873 年为《资本论》第二版写的跋中批判了当时流行的对他的这本著作所使用的方法的各种自相矛盾的批评。他指出自己的工作是在充分占有资料的前提下，"分析它的各种发展形式，探寻这些形式的内在联系。只有这项工作完成后，现实的工作才能适当地叙述出来"[2]。从这里看出，马克思为自己的政治经济学研究所设定的任务不是

1　《马克思恩格斯全集》第 44 卷，北京：人民出版社，2001 年，第 52 页。
2　《马克思恩格斯全集》第 44 卷，北京：人民出版社，2001 年，第 51—52 页。

如流行的庸俗经济学一般通过定量的方法对经济现象做出总结和解释，而是"探寻这些形式的内在联系"，以求揭示出现象发展和变化的规律。这也就决定了《资本论》这本政治经济学著作，必然有着经济学和哲学两重话语。这也在很多学者的研究中被关注到了。而社会必要劳动时间正是这样一个从哲学方法论的高度去把握现象背后之关系的概念。它反驳了将商品价值形成的依据定位在个别具体劳动时间之中的错误主张。同时，它作为一个标准尺度，也反映着社会一般劳动生产率的高低以及不同生产者在市场上的地位及其生产效益的高低。社会必要劳动时间概念的存在，不但不是一个量化企图失败的产物，反而是从纷繁复杂的具体商品表面向社会生产层面透视的中介，作为关系性范畴，它反射出在以市场结构为中轴的社会生产关系分布中的一般和特殊的关系。

马克思将这一哲学概念嵌入自己政治经济学理论体系的用意被哈维敏锐地察觉：通过从具体劳动活动中抽象出一般的人类劳动，马克思确定了具体的资本主义生产关系。也正是在资本主义特定的雇佣劳动关系下，抽象劳动才得以成为价值尺度。哈维准确地把握住了马克思对于各范畴之间关系维度的强调，但他在《资本的限度》一书中却展现出一条与马克思不同的理论进路：哈维从经验性层面推演至抽象性层面，将流通领域中的矛盾转移到生产领域中的矛盾；而马克思的逻辑则是从哲学抽象层面推导关系性范畴中存在的根本矛盾，并通过质性抽象统摄、反观现实。这种建基于现实而又超越现实的对抽象本质的把握，既可以看出马克思对黑格尔形而上的分析理路的承袭，又反映出马克思强烈的现实批判指向，这正是理解社会必要劳动时间这一哲学范畴时应该秉持的立场。

这种批判方法上的创举在对数字平台模式下零工劳动进行分析时同样适用，因为它被平台征召的过程恰恰经历了一个由抽象化到被量化的过程。尽管这一过程有了很大的异质性，但马克思的辩证分析的方法依然可以帮助我们直抵问题的核心。这一次，哲学方法论与量化的可实现性正面遭遇。大数据及算法将社会生产带入了一个不但可以数据化甚至可以最优化（这个暧昧的词语在一定程度上反映出它亲效率、亲资本的属性）的境地。以外卖平台的快递服务为例，这类劳动的特点在于以数字平台为核心形成 O2O（online to offline）衔接的物质劳动过程。线上部分指的是劳动者需要在应用程序上签订平台协议，即接受平台的管理和任务派遣以及遵守平台规则等，线下部分指的是劳动者所进行的大多是面向特定客户提供服务的劳动，即劳动者的实际性的物理在场。通过数字平台，劳动者可以接收劳动任务，完成的任务越多，其薪酬越高，"计件工资作为最适合资本主义生产方式的工资形式在数字时代以零工经济形式再现了"[1]。这种表面上的"按劳取酬"在算法"优化"的工作路线和时间范围内使零工劳动者处于一种权责不对称、沉没成本极高的状态。由于零工劳动本身具有空间上的流动性和时间上的弥散性特点，时空维度也被纳入了计算理性的范畴。不但劳动时间与非劳动时间的边缘破裂，劳动时间内部的环节被细分到精准化，连劳动转移过程也被严格限定在最佳效率的选择中。从"被困在算法里的外卖小哥"到为节约时间不按导航选择路线行驶的货拉拉司机，尽管劳动过程已经向整个社会范围扩散，但借助智能监控设备，其每一个环节都被严格控制以符合经过算法精确计算的标准尺度。而当零工劳动者试图脱嵌于算法的控制，或是社会性环节发生意外导致超出标准时间时，劳动者所遭遇的风险和付出的代价将远远高于他在遵从算法时获得的利益。这也正是马克思所说的"科学技术成为与劳动相对立、服务于资本的独立力量，一般说来属于生产条件成为与劳动相对立的独立力量这一范畴"[2]。甚至算法每"优化"一次，对零工劳动者的劳动强度的精准控制就增加一分。

　　表面上看来，算法最优劳动时间和社会必要劳动时间不同的地方在于前者借助数字技术实现了量化。但事实上，它们之间的差异远不限于此，两者反映出了完全不同的逻辑路径。社会必要劳动时间虽然是一个

1　谢富胜、吴越、王生升：《平台经济全球化的政治经济学分析》，《中国社会科学》2019 年第12 期，第 75 页。
2　《马克思恩格斯文集》第 8 卷，北京：人民出版社，2009 年，第 366 页。

哲学概念而非实证经济学概念，但它依旧遵循了从经验上升到抽象（即从具体到一般）的归纳路径，是对社会现实层面的总结凝练，是现实生产力和生产关系的一个侧面反映，同时也是以哲学高度对现象的本质层面所进行的思考。而"算法最优劳动时间"则完全不同。它并非对业已发生的劳动过程的总结，而是借助大数据采集和数据挖掘技术通过其他相关数据（如路面里程、建筑物高度、成年男性的身高与步伐长度、步行速度、交通工具速度等）自行制定出来的标准。它是经验数据综合的效率要求。这一标准本身不是对真实劳动经验的描述，而是需要劳动者去努力达到的效率要求，换言之是对劳动者进行控制的量化标准。从这个意义上说，它不可避免地带有了技术决定论甚至是"机器控制主义"的色彩。这种控制旨在从形塑劳动者的行为模式开始，进而改变社会关系的构成和规则，以达到算法所追求的最佳效率。它甚至可以反向影响劳动力市场的规则，使技术理性获得最大优势。所谓"最优"正是在这个意义上而言的。然而，消除劳动过程耦合障碍以达到"最优"的全部重任是由劳动者自身来承担的。

"算法最优劳动时间"和"社会必要劳动时间"之间的差别准确地勾画出平台模式下的零工劳动和传统工厂模式劳动的本质性差别。同时，"算法最优劳动时间"不但体现了算法理性对匀质化劳动的规制，而且也是技术理性对社会生活的全面控制。它是马克思政治经济学批判方法对数字经济时代的现实观照，也是马克思主义哲学的穿透力所在，它准确地反映了劳动过程的社会性展开方式以及劳动关系张力的改变。

三、 嵌套层级构架期待社会关系重组

通过社会必要劳动时间这个概念，马克思不但把价值概念转化为一种社会关系，同时标注出个别生产企业与整个行业平均生产该商品所需要的社会必要劳动时间之间的差距值。这个偏差体现了社会生产力水平得以不断提高的原因。而"算法最优劳动时间"则通过数据技术在经验

层面上揭露出技术对劳动者的管控，它所体现的不是人与人的关系，而是经由平台架构技术对人的凝视，这也正是马克思所谈到的技术的"自治性"。从社会必要劳动时间到"算法最优劳动时间"的转变，是资本对劳动者的直接控制关系向被技术中介后的间接控制关系的转变。与这一转变形成对应的是，零工劳动者与平台的关系也由直接雇佣关系转为间接外包或协约合作。这个变化中特别值得注意的是，平台所形成的技术基底逐渐成为不断建立自身规则的独立架构体系，是中介作用主体化的极致发展，它放大了零工劳动者与（平台）资本所有者之间的不对称关系。这种从资本、劳动和劳动组织形式（技术）之间辩证关系入手来反观生产方式的方法正是马克思主义理论传统所强调的。

此外，对零工劳动进行分析，有两条必要的历史线索是不能忽视的：一是马克斯·韦伯的"合理化"理论在社会生活各个领域的渗透和贯彻；二是建立在互联网基础之上的经济组织网络化所带来的弹性劳动的异军突起。这两者之间的奇异张力使得它们既有冲突又形成结合，塑造了数字平台企业模式下零工劳动的新局面。因此对这一新的劳动关系所反映出来的生产关系以及社会关系变革的思考，也需要从这两个不同的方面去进行。

美国著名社会学家乔治·里茨尔在 1996 年提出了"社会的麦当劳化"概念，用以描述麦当劳快餐的连锁经营方式所体现出的现代社会的合理化进程。他认为这种方式的实质正是马克斯·韦伯所谓的以效率为根本目标的"规则化"过程。"麦当劳化"的精髓在于它成功地为劳动者、管理者和消费者提供了高效率、可计算性、可预测性和可控制性（不仅包括机器和工具，也包括材料、知识、技能、规则、程序、方法等对人的控制）的原则。这些原则在细节上的实施不但使得管理成本被压缩，还可以模块复制的方式实现快速扩张，以消除或减少不确定性和危险性带来的风险成本。"麦当劳的工人们也倾向于强调他们工作的量而非质的方面，由于这种工作的质的差异很小，工人们最关心的是如何尽快地完成他们的工作。这种情况与消费者的情形十分类似，这就是要求工作人员多做、快做而只需付很少的钱。"[1] 这样的描述看起来和平台模式下的基础性零工劳动非常相似，后者通常涉及日常生活的快递、外卖、驾乘、保洁等劳动密集型领域的服务业，表现出明显的劳动去技能化和劳动过程标准化特征。

由此可以看出，尽管"麦当劳化"的劳动组织形式和平台控制的零工劳动有着根本的异质性，但是其形成的内在机理在本质上是一致的。以大数据作为基础的平台结构和算法控制正是马克斯·韦伯的合理化原则的极致：数字时代可以在全维度、全过程无缝精准地实施高效率、可计算性、可预测性和可控制性。因此，里茨尔对劳动的"麦当劳化"所做的批评在这里看起来毫不违和。"与所有其他理性系统一样，科学管理同样存在诸多的非理性。首先，它是一种非人道的系统，在其中工人被视为消耗品，并被当作一种消耗品来对待。而且，由于工人在其中只能从事一种或少数几种任务，他们的大部分技能与能力都无法发挥，也得不到利用。"[2] 然而，斯蒂格勒走得更远："世界的技术性是使它'首先并最常见地'呈现于它的实际性中。实际性使确定非确定（逃避最终极的可能性）成为可能，它是一切计算的生存性根本。实际性为计算的生存性起源烙下了技术的本质印记，所以计算就是生存的沉落。"[3] 他认为这种通过可计算的数学算法来运行的自动化的社会控制形式会消解一切创造和反思的可能；换言之，如果没有社会外驱力的介入，表面上看来拥有自由选择权的零工劳动的劳动者一旦进入实际劳动过程，将比以往任何时候都更容易处在弱势的地位。

另外一条线索却提供了一种表面相似但结果却大为不同的情形。20世纪80年代中期，美国旧金山湾区建成了一个全球电子链接（WELL）

1　[美]乔治·里茨尔：《社会的麦当劳化》，顾建光译，上海：上海译文出版社，1999年，第18页。

2　[美]乔治·里茨尔：《社会的麦当劳化》，顾建光译，上海：上海译文出版社，1999年，第57页。

3　[法]贝尔纳·斯蒂格勒：《技术与时间：爱比米修斯的过失》，裴程译，南京：译林出版社，2019年，第8页。

的数字社区，它实际上是一个远程会议系统，可以实现实时或非同步发送或分享信息。在湾区的数字技术从业人员看来，WELL 不仅是一个可以交换信息、建立社交网络的虚拟社区，更是一个可以让市场需求和职业技能直接对接，寻找自由职业或灵活工作的平台。"这种以技术为中心的管理形式，将新公社主义者对非等级制社会组织的偏爱和管理的控制论思想结合在一起。"[1] 它通过协调系统内部各部分的行为进行调节，"机器和人将为各自利益及系统整体利益而共同进化。这种共同进化将同时发生在人际领域、电子领域和经济领域。在社会和电子层面，系统自身也将成为回路的一部分"[2]。当然，这种早期的公告牌系统（BBS）和今天的数字平台相去甚远，但它所勾画出的零工劳动的理想状态，是当下很多不加前提地鼓吹发展零工劳动甚至将之视为未来用工主流形态的声音所乐于使用的依据。

　　但必须看到 WELL 系统以及为数不少致力于通过虚拟市场匹配人类的智识劳动和体力劳动的平台与本书所谈及的数字平台企业的共同点及关键性区别：它们的共同点在于通过平台的技术支撑和数据资产所进行的匹配可以为任何一方降低搜索和交易成本，实现有效的人力资源交换；不同点在于平台是否介入劳动过程并对其实现控制。劳动过程是劳动的核心，它的组织方式从根基上决定了劳动的性质，甚至也决定了以劳动为中轴的社会关系的结构。从"算法最优劳动时间"这个概念可以看出，数字平台企业模式下的零工劳动的突出特点在于数字算法有效地实现了对劳动者的技术管理和干预。这一点在平台构架中是通过嵌套层级下的模块化来实现的，而平台与劳动者的关系变更正是强化模块化运作的一个重要途径。

　　平台经济中用工关系的性质呈现出多样化。但总体上看，与前文谈

1　[美] 弗雷德·特纳：《数字乌托邦——从反主流文化到赛博文化》，张行舟等译，北京：电子工业出版社，2013年，第152页。

2　[美] 弗雷德·特纳：《数字乌托邦——从反主流文化到赛博文化》，张行舟等译，北京：电子工业出版社，2013年，第153页。

到的"逆向劳动过程"相对应的是，劳动关系由平台雇佣转为第三方雇佣（众包）或个体商户的合作关系，前者平台主动与零工人员建立劳动关系，承担劳动法下的用人单位职责，而在后两者中，平台则不负有此项责任。作为众包劳动者或个体商户的零工劳动者，是平台的用户一方，与平台形成了合作关系。其劳动发生过程实质上已不再是平台内部结构的一部分，而是以移动片段的模块方式接入平台。"强化模块化将这些属性（简单、有弹性、可维护、可演化）赋予构架。通过将协调者的工作与其互补者的工作分离，然后在它们之间使用稳定且明确记录的界面来实现模块化。"[1]

然而，这种模块化所形成的接口关系实际上已经演变成平台企业将劳动的外部性成本向社会和劳动者转嫁的局面。由于外卖平台市场优势地位明显，掌握着对下游配送商市场的绝对定价权，零工劳动者或众包公司难以形成与之抗衡的力量。这种局面不仅侵害了这些劳动者的权益，也破坏了中国的劳动用工法律制度。[2] 很多法律方面的实务工作者和学者都已经注意到这一点，并且在零工劳动关系认定和权益保护方面也都提出了有建设性的建议。韩国甚至承认了快递工会的合法地位，这使得原本松散的零工劳动者能够以组织化的方式争取行业权益。

但事实上，零工劳动成本向社会转移的问题并不仅仅局限于此，它实际上涉及平台体系的负外部性问题。负外部性指的是因为法人单位没有承担其决策和行为的全部成本或负面后果，从而造成其中一部分向社会外溢的现象。污染是负外部性的一个典型例子。以外卖平台的零工劳动为例，快递骑手为了赶上"算法最优劳动时间"所带来的交通事故增加、道路风险加大的问题，由于劳动者个人行为所导致的消费者受损害问题，疫情条件下的交叉感染等更多方面的问题都不是平台经济模式可

---

1   [美]阿姆瑞特·蒂瓦纳：《平台生态系统》，侯赟慧、赵驰译，北京：北京大学出版社，2018年，第279页。

2   北京致诚农民工法律援助与研究中心在2021年9月完成的《外卖平台用工模式法律研究报告》，在考查了大量实际案例的基础上，详尽地梳理了当前外卖平台复杂用工模式带来的问题与挑战，从法律方面给出了对策与建议。

以自发规避和解决的。除此之外，还有平台对公共性的吸纳问题，它使得公共资源和通用社会法则不断遭遇改写。[1] 这就使得新型的平台规制和社会治理需求被日益提到日程上来。它从根本上反映了平台经济所形成的嵌套层级构架对社会关系重组的要求。

四、结语

数字经济以及平台模式在今天经济生活中的重要性日益凸显，对于传统劳动关系和社会关系的冲击也越来越大，我国相关行业的劳动力就业形态也因此发生了重大变化。零工劳动的出现和发展适应了新的市场结构的变化，满足了多层次的发展需求和用工需要，同时促进了劳动者灵活就业以及再就业，对社会经济的积极作用有目共睹。零工经济的劳动过程出现的社会化外溢现象，必须置入马克思所论述的社会化大生产趋势来进行审视，它是一般性的社会分工与工厂内部分工相互作用的结果，是生产从机器体系所实现的规模化集约向数字平台连接实现的全社会范围内的集约型分工协作的转变。表面上看，这对经典马克思主义政治经济学的研究对象（包括劳资关系、劳动过程、资本有机构成和剩余价值形成等）都形成了挑战，但事实上却是前者逻辑不断发展和推进的新阶段。"算法最优劳动时间"概念显示了数字技术平台对劳动的极致模塑作用，有助于透视这一阶段零工劳动的本质。另外一方面，平台经济模式下的零工劳动也使整个社会的治理和保障体系正在面对前所未有的挑战。社会关系的变革不仅体现在生产关系的中轴结构中，同时弥散到生活关系以及其他所有维度的关系再生产模式中。如何在维护平台经济健康增长和促进就业的积极作用的同时，也保证这一市场具有长期的可持续性和社会效益性，是我国新阶段发展数字经济必须面对的问题。

1　吴静：《总体吸纳：平台资本主义剥削的新特征》，《国外理论动态》2022 年第 1 期。

第四节　平台资本主义的劳动协作与剩余价值 形成的政治经济学解读

与前平台时期互联网企业的特征相比，数字平台企业在很多方面展现出了由自身结构特点所决定的不同价值生产样态和组织形式，其中最明显的特质莫过于网络经济的边际收益递增和网络外部性所带来的劳动社会化外溢。从经济学视角来看，这种变化显然是颠覆性的，但它的出现却不能简单地被归结为"数字经济"的规模化发展所带来的必然结果。这种"似自然性"的指认不但将"数字经济"这一概念先验化为固有模型，更掩盖了其自身的不断发展变化及其在社会所有维度上造成的不同影响。[1] 忽视对变化之具体原因的分析本质上是一种基于线性因果联系的总体性指涉，这恰恰是我们在认识不断变化、更新和发酵的数字现实时面临的最大理论障碍。因此，只有始终坚持马克思的政治经济学批判方法，躬身进入对现象的分析，才能由此上升到对现象背后的生产方式和社会关系的把握，从而真正实现唯物史观的具体化，即经过科学抽象，从具体的现象进入对具体发展规律的研究。

为解决网络时代的"科斯地板"问题（即通过组织化降低自由市场中的交易成本）应运而生的多边数字平台，一直致力于在排斥高沉没性的固定资产的同时，增进价值链下游的生长性。这带来的必然结果是，数字平台企业一方面向着资产轻量化、另一方面向着最大范围地扩大和拓展下游网络系统（包括平台的终端用户、平台应用服务的开发者、平台零售商户和物流等）的极致目标努力。由于边际递增效应，后一种趋势不但不会因为规模的扩大而使企业受到掣肘，反而使得其收益呈现出指数级增长。物联网、应用软件嵌入和模块化业务分包模式则在客观上

---

[1]　正是在这个意义上，笔者反对数字经济—数字劳动—数字资本的一体化指认，提出应当具体分析其中发生的变化，对不同情况予以区别对待。参见：吴静：《算法吸纳视域下数字时代劳动新探》，《华中科技大学学报》2022 年第 3 期。

为实现上述目标提供了可能性。它们在提高数字技术应用程度的同时，完成了劳动的社会化迁移，使得劳动协作和劳动过程的组织方式都发生了巨大的变化。劳动的新构型和多样化是其中最关键的部分。这种迁移趋势随着数字平台企业青睐于打造以核心业务为中轴的商业生态系统而变得越来越专业化。数字平台企业成为市场中握有话语权的生态系统建造者，同时也是对劳动过程享有规约权和监管权的第三方。正因如此，平台资本同时实现了对劳动本身和社会公共性的双重吸纳，笔者将之指认为"总体吸纳"[1]。这与传统的马克思主义政治经济学所研究的劳资关系、劳动过程以及资本有机构成的布展方式存在显著不同。相应的，剩余价值的生产也必须被置于整体性结构中来进行考虑。尽管有学者认为，作为一种新的社会经济形态，数字经济是马克思本人的政治经济学研究难以想象的。事实上，马克思的理论资源依然有助于我们在不简单套用其理论的前提下，进一步推进数字时代的政治经济学研究。

一、从"块茎"到"八爪鱼"：平台生态系统的劳动外溢

在互联网产生之初，尼古拉·尼葛洛庞帝在《数字化生存》中高度赞扬数字化生存方式使人得以打破时空限制，获得更大范围的自由。尽管类似的将民用化之后的互联网视作自由的"应许之地"的技术乐观主义观点很快遭到了质疑和批评，但这种态度恰恰反映了当时的人们在面对互联网和数字技术应用导致社会存在形态发生巨大改变时的眩晕与欣然。

无独有偶，与尼葛洛庞帝同时代的美国批判理论学者马克·波斯特在《第二媒介时代》中以互联网的出现为分界点，将大众媒介时代分成两个阶段。前互联网时期是播放型传播模式盛行的"第一媒介时代"，其特点是由少数文化精英和专业人士主导着自上而下、由一对多的单向传播。而以互联网为代表的新媒介时代则被称为"第二媒介时代"，这

1　吴静：《总体吸纳：平台资本主义剥削的新特征》，《国外理论动态》2022 年第 1 期。

是一种去传播中心化的、人人都可以参与的、多散点之间的自发性双向交流。

　　这一超文本链接结构的特点让人们很容易理解为什么吉尔·德勒兹和菲利克斯·加塔利曾经将互联网视为"块茎"理论的理想实现模型：块茎的逃逸线可以渗透至所有维度，穿越一切边界。"块茎"的比喻贴切至极。这是德勒兹和加塔利在他们合著的《千高原》一书中提出的概念，用来比喻一种无限蔓延的、去等级化的关系模型。与根—树模式或须根模式的二元逻辑相反，块茎作为一种开放的系统，强调了生产的生成性和游牧性。这样一个形象化的比喻所揭示的是关系性生产中反对组织建构的总体化和等级制的倾向。根据德勒兹和加塔利在《反俄狄浦斯》中提出的欲望机器政治学，块茎是一个无器官的完全身体：它是生产性的，但却不会在其组织中被僵化，因为指向域外的新的逃逸线始终以潜存的方式真实存在。欲望机器的最终指向是欲望生产。这种生产并不局限在物质财富的创造上，它更大的功能是形成新的关系（社会性条件链接）。如果说产生于19世纪的马克思的生产理论还停留在大工业时代的物质生产层面是因为其时代局限的话，那么德勒兹显然已经超越了这个阶段。他的欲望生产理论所暗含的生产的丰富性以及对关系的重视更具有一般性指向。不受制于任何等级架构、通过网络互联所形成的"无组织的组织力量"使得机构和组织成本趋零，共享和协同在最大范围内成为可能。当时人们关于前平台时期互联网的愿景在一定程度上寄托在这一意象上。

　　在算法问题不断围剿日常生活的平台时代，这种对互联网过于乐观的理论主张看起来有些匪夷所思，但它却真实地再现了互联网发展早期在按需工作连接方面取得的令人惊异的成就。20世纪80年代中期，美国旧金山湾区建成了一个全球电子链接（WELL，即 Whole Earth' Lectronic Link）的拨号数字虚拟社区。它实际上是一个远程虚拟会话系统，可以满足用户同步或非同步地发送和分享信息的需求，从而自由地形成社群。在湾区的数字技术从业人员看来，WELL 不仅是一个可以共享信息、建立社交网络的虚拟社区，更是一个可以让市场需求和职业技能直接对接、寻找自由职业或灵活工作的平台。它在软件系统内部通过协调各部分的行为进行非组织化的调节。WELL 在当时的湾区成功地构建起了一种以自愿和协商为主要原则的按需用工网络，推动了很多项目的创生和发展。"这种以技术为中心的管理形式，将新公社主义者对非等级制社会组织的偏爱和管理的控制论思想结合在一起。"[1] 当然，这种早期的电子公告板系统（BBS）和今天高度互联、即时互动的数字平台存在极大的异质性，但它所构建出的按需劳动匹配的理想状态，是当下很多不加前提地鼓吹发展零工经济，甚至将之视为未来用工主流形态的人所乐于描绘的愿景。

　　然而，如果因为它们同是针对劳动需求的匹配中介，就想当然地将今天出现的按需用工平台企业视作 WELL 模式在大数据时代的延伸，则大错特错了。如果说德勒兹和安东尼奥·内格里对互联网抱以期许，是因为它能够实现突破层级化的高度互联和非组织化的链接（内格里一度认为，去组织化的"黄马甲"运动正是它的现实化），那么他们显然没有预见到这种链接一旦被收编进非树状的层级结构，会发生怎样翻天覆地的变化。虚拟社区中偶然发生的自发型零工劳动和数字平台时代的规模化零工经济之间的差别，既存在市场规模上的差异，也存在中介者角色和功能方面的差异，还存在劳动过程本身及其性质上的差异。而早期互联网的链接原则与平台主导的网络连接之间的巨大异质性是造成这些差异的最根本的技术基底。对照德勒兹和加塔利的"块茎"比喻，我们可以将去中心化的互联网平台形容为一只硕大无比的"八爪鱼"，它以作为超强中枢节点的平台核心系统凌驾于整个去中心化的网络之上，而无须诉诸泰勒制传统的层级结构，就可以实现对群体活动的直接管理并降低信息强度损耗。这种管理通过制定游戏规则（不仅包括劳动制

1　[美]弗雷德·特纳：《数字乌托邦——从反主流文化到赛博文化》，张行舟等译，北京：电子工业出版社，2013年，第152页。

度，还包括市场法则）和布展智能监控建立起中心化的生态系统，使得"劳动过程，从而劳动和工人本身，在所有这些方面都受到资本的监督和支配"[1]，并最终演变出资本主义更加集约化的垄断形式。"八爪鱼"的触手再多，触及的范围再大，也依旧受到中心身体对所有自主序列的规约。它所形成的效应类似于德勒兹在谈论现代社会的环状结构时所描述的情况："节段性变得僵化，以至于所有的中心都共振于、所有的黑洞都落入到一个聚积点之中，这个点就像是一个位于眼睛后面某处的交叉点……后者的中心是遍在的，而它的边界却无处可寻……只有一只作为中心计算机的眼睛，它进行着全范围的扫视。"[2] 然而，与这种环状结构不同的是，"八爪鱼"的控制方式不是通过场域共振形成装置，而是以更经验化和量化的算法设计进行直接监管和评价。这样的方式既降低了传统科层制的沟通成本和信息损耗，又使管理和回馈形成直接回路。算法控制成为平台操控的结构性核心，是新的"看不见的手"，是所有社会性连接得以形成的规范。

以按需用工平台为例，它们不再像传统的企业那样形成内部经济单元和维持所需要的全部劳动者，而是成为多方需求与供给之间的中介，承担连接匹配和评价监管的责任。这种新型的劳动结合方式并不是始于数字时代，却在数字技术的加持下极大地改变了劳动过程及其社会构型。无论是为了实现网络规模经济的增长，还是为了有效协调平台内部的一致性以达到顺利完成核心价值生成的目的，减少内部资源投入、降低生产的边际成本使得平台企业无一例外地选择了将大部分劳动关系从自身"拆卸"出去的途径。越来越多的企业倾向于将一部分工作外包给独立劳动者，而不是正式雇员。即使是网约车平台或外卖平台这样提供专职服务的平台，也并不直接雇用自己的司机或骑手，它们将平台的核心交易定义为劳动匹配和最终产品判定。于是，无论是工作机会的提供

1　《马克思恩格斯全集》第32卷，北京：人民出版社，1998年，第104页。
2　[法]吉尔·德勒兹、费利克斯·加塔利：《资本主义与精神分裂（卷2）：千高原》，姜宇辉译，上海：上海书店出版社，2010年，第295页。

者（或企业），还是零工劳动的提供者，都成了平台的用户。所谓的"八爪鱼"结构，正是这个不断收缩的系统中枢和逐渐扩张的商业覆盖结构的真实写照。

　　这对平台的业务发展提出了新的挑战，即必须做到在不维持劳动力隶属关系的前提下保证从市场获得劳动的稳定供给。劳动的社会化和劳动过程的碎片化为做到这一点提供了前提。它使原本具有整体性和连续性专业要求的劳动过程被拆分为大量的简单劳动，并以各种分包形式在劳动力市场寻找对应关系。"这种劳动拆分和大规模的社会化降低了劳动技能的专业性要求和从业人员的准入门槛，使得面向劳动者的反向就业保护壁垒不再有效。劳动不再和具体的、专业性的劳动者相关，而是被普遍化为抽象劳动。"[1] 事实上，这也正是马克思在《资本论》中所论证的"局部工人"现象的当代版本和极致表现。"局部工人作为总体工人的一个肢体，他的片面性甚至缺陷就成了他的优点。从事片面职能的习惯，使他转化为本能地准确地起作用的器官，而总机构的联系迫使他以机器部件的规则性发生作用。"[2] 然而，具体劳动的类似性质并不意味着数字平台企业连接的按需劳动和零工劳动与马克思时代的劳动本质上是相同的，因为作为整个劳动生产环节中最基础的劳动关系认定和最核心的劳动过程都发生了颠覆性改变。零工劳动提供者既不与平台形成劳动法意义上的劳动隶属关系，与需求方的关系也处于一种暧昧状态中。其中最关键的问题就在于，与传统的工厂模式不同，按需用工平台的出现使得劳动过程发生了社会化外溢，劳动产品的所有权发生了转移。这种劳动外溢既是生产社会化程度进一步提高的表现，也是作为"总机构的联系"的规则在数字时代发生变化的结果。正是在这个维度上，WELL 虚拟社区与当今数字平台之间最显著的异质性在于是否介入劳动过程并对其实施监管和控制。作为劳动环节核心的劳动过程，其组织方

1　吴静：《平台模式下零工劳动的政治经济学解读》，《苏州大学学报》2022 年第 3 期。

2　《马克思恩格斯全集》第 44 卷，北京：人民出版社，2001 年，第 404—405 页。

式和实现方式决定了劳动的性质，甚至也决定了以劳动为中轴的整个社会关系构架。总体吸纳所标注出的正是资本对发生在社会范围内的整个劳动过程及其环节的总体性统摄。

二、 平台劳动分工与协作的新形式：人—机双向互连

马克思在《1861—1863 年经济学手稿》中细致分析和论证了资本主义如何通过协作、分工和科技应用三种形式来提高劳动生产力，并最终实现资本对相对剩余价值的占有。这里存在一个明确的前提，即资本主义条件下社会化大生产的展开，它体现了资本主义生产从工场手工业向机器大工业发展的趋势以及劳动过程随之发生的相应变化。这也就意味着，这三种形式并非彼此独立、互不关联，而是统一在以机器应用为手段的规模化的工厂生产模式当中。为此，马克思对两种类型的分工进行了区分：社会分工和同一个工厂的内部分工。他特别指出，工厂内部的分工以一般性的社会分工为前提，又反作用于前者，最终使整个社会范围内的分工进一步扩大，甚至形成独立行业。"结果是同一个使用价值的各个组成部分现在可以被当作彼此互相独立的不同商品来生产，或者也可以说，同一个使用价值的不同种类，过去属于同一个生产领域，现在由于个别生产领域的分解而属于不同的生产领域。"[1] 很显然，在马克思看来，一般性的社会分工本身是一个动态历史发展的过程，但只有到了资本主义条件下才在"相对发达的商品流通"的刺激之下促成并不断加速着工厂内部的分工。也正是在这个意义上，马克思批评亚当·斯密没有能够看到第二类分工是"特殊的、别具一格的、标志着资本主义生产方式的特征的形式"[2]，而误将其指认为一般性的社会分工。这一误判发生的原因在于，斯密时代的工业企业规模还相对较小，"工人在资本指挥下的密集"[3]，即某一特定产品的资本主义生产内部的劳动协作发生

1　《马克思恩格斯全集》第 32 卷，北京：人民出版社，1998 年，第 305 页。
2　《马克思恩格斯全集》第 32 卷，北京：人民出版社，1998 年，第 306 页。
3　《马克思恩格斯全集》第 32 卷，北京：人民出版社，1998 年，第 307 页。

得还比较少，没有形成可观的内部结构。当然，即使在马克思的时代，社会分工还远没有达到从工厂内部向社会布展的程度，但根据马克思的逻辑，这一趋势是可以预见的。

马克思接下来的分析进一步指向了一个极具历史唯物主义色彩的结论：剩余价值的绝对量与同一资本在同一时间内所雇用的工人数量成比例关系。这正是社会化大生产对资本主义生产形成推动的内在原因。它同时也是马克思对19世纪资本主义经济发展的实际情形和历史趋势的把握，即通过技术的应用（主要表现为机器），生产不断向（"机器大工业"的）集中化和规模化方向发展。在这一体量日益增大的规模化发展趋势中，劳动过程中工人之间的劳动联系的频率和密度也随之增加。这一方面体现了以分工为基础的劳动协作，另一方面也使个体工人的劳动丧失了整体性和独立性。这种特质同前资本主义时期的传统手工业的劳作方式形成了鲜明对照，并呈现出独特的生产方式属性。也正基于此，不但每个工人的劳动从属于资本，他们之间的劳动联系也只能存在于资本之中，成为"资本的存在方式"。

这种理论进路展现出来的关键点在于，技术应用所带来的分工和协作方式的变化以及它们之间结合形式的更迭正是解读生产关系发展的一个重要理论入口。基于这个结论，我们也获得了探究今天平台模式下（按需）零工劳动所造成的全新社会构型的审视视角。当下，数字技术正在重塑世界以及包括劳动在内的一切人类行为，各种传统意义上的边界被不断打破甚至消解，生产向生活的所有环节和缝隙渗透，以至于许多曾经的非生产性环节（如休闲、娱乐、自我成长等）也具有了生产属性。这一方面是因为基于互联网技术而形成的数据生产和交换在今天的社会联系与生产过程中起着基础性的作用，数据生产和收集无时无刻不成为公共性生产的一部分；另一方面也是因为不同范式的劳动之间出现了交融和连接，物质商品的生产在很多时候与非物质劳动连为一体，以共享性（或有条件共享性）的公共平台的服务形式出现。资本对于社会关系和公共性的总体吸纳也就顺理成章地成为以数字技术为基底的平台时代的特征之一。这就使得我们不能（也不应该）将生产性的劳动从使其可能的社会联系及协作方式中剥离开来，从而也意味着对于劳动性质的考察必须进入使劳动过程成为可能的结合和连接中。

如前所述，平台模式下的（按需）零工劳动是通过将部分或全部的劳动环节从整体中"拆卸"，再以应用程序接口为耦合接口将其外包出去来实现的。这是一种全新的分工、协作和技术运用，是生产社会化和科技发展到新阶段的产物。大卫·哈维认为，对相对剩余价值的追求促进了资本主义条件下的组织变革和技术变革。在《资本的限度》一书中，尽管他无法预见到颠覆性的组织形式——数字平台企业——的出现，但仍富有洞见地指出，竞争会强化对协作和分工的控制，但这种集中性控制会达到一个不可超越的峰值，即"直到规模经济完全走到尽头为止"[1]。这种客观极限的存在正是马克思所强调的生产关系内在矛盾的表现，因而也理应成为对数字平台模式下的劳动进行政治经济学分析的着眼点。

因此，要理解劳动发生了怎样的本质性变化，首先要进入劳动过程，考察劳动结合方式的变更。这也正是德勒兹和加塔利为什么强调并不是技术工具本身决定了关系的改变，而是社会性的连接配置决定了某个时刻技术要素的广延和内涵，决定了劳动在此时的实现方式。"实现着劳动模型的，也不是工具，而是作为工具的形式因的'劳动机器'的配置。"[2] 这也在一定意义上解释了为什么早期的 WELL 社区模式在很长时间内并没有能取代固定雇员制度（稳定的雇佣劳动力），因为当时的生产关系结构（这当然包括了企业内部的机制和结构）完全能够容纳资本对利润率的追求。换言之，当走到尽头的规模经济再也难以通过对分工与协作的有效管理来提高相对剩余价值，甚至曾经能够调节劳动者能动性和生产率的机器应用也不再有效的时候，劳动的组织化（分工、

---

1   [美] 大卫·哈维：《资本的限度》，张寅译，北京：中信出版集团，2017 年，第 85 页。
2   [法] 吉尔·德勒兹、费利克斯·加塔利：《资本主义与精神分裂（卷 2）：千高原》，姜宇辉译，上海：上海书店出版社，2010 年，第 574 页。

协作及连接的工具性中介）就必然发生变化。这正是数字平台所实现的按需劳动的外包分配越来越普遍的原因之一。这也符合马克思在第 V 笔记本中得出的结论："机器的使用扩大了社会内部的分工，增加了特殊生产部门和独立生产领域的数量。"[1] 超越规模经济的方式不是更大的集体规模，而是在更大范围内（全球劳动力市场）通过平滑连接（数字平台）保证高效低价的劳动社会化。在这个过程中发生了劳动的"去技能化"和"去资格化"，这与马克思在谈到机器体系的运用时所描述的情形相类似。这种碎片劳动降低了职业技能的专业性要求和意向就业人员的门槛，使得社会化的范围进一步扩大，同时也使"产业后备军"的储备资源进一步扩大。

然而，在这种相似的表面之下，劳动的结合方式和方向却发生了极大的变化。只有从这个意义上来理解零工劳动的组织形式，才能掌握进入内在关系的入口，而不至于将本质性的变化解读为征候。哈维敏锐地指出，只有超越对抽象"技术"的迷恋，进入马克思真正意指的实际劳动过程所采用的具体技术应用中，才"可以揭示内嵌在资本主义生产方式当中的生产力和社会关系的本质"[2]。因为劳动过程本身正是社会形式与技术形式的辩证统一，其连接方式不但决定了生产的实现，也在一定程度上决定了社会共同品的属性。反过来，共同品分有（或共享）形式的不同也从另一个维度（资源分配）体现了社会结合的效应。

过去对按需用工平台的理解一般认为，对碎片化劳动起到结合作用的是算法和智能监控设备。平台通过嵌入的应用程序和劳动者的移动通信设备及其他智能监控设备来布展规则约束和过程管理。这种以数字方式形成的流水线合作把分散的劳动连接起来，形成终端成品。如果说，马克思的"总体工人"概念是在抽象的意义上体现出劳动的社会共同效果，那么零工数字平台则是经验意义上"总体工人"的具象版。这一点

1　《马克思恩格斯全集》第 32 卷，北京：人民出版社，1998 年，第 366 页。
2　[美] 大卫·哈维：《资本的限度》，张寅译，北京：中信出版集团，2017 年，第 100 页。

无须赘述。事实上，另外一类反向连接也在同时发生，即通过人类劳动有效维护和保证软件的顺利运行。他们并不是一般意义上的软件工程师，而主要是指对算法系统以及人工智能所依赖的数据库进行数据标注和纠偏（如对网站上涉及暴力的图片进行过滤和对社交媒体的言论进行审查）的人类劳动者。他们的劳动并不直接可见，而是隐藏在数字系统的背后，成为看似自动化的服务的隐匿部分。这一部分"影子工作"或"幽灵工作"实际上恰恰是数字应用系统能够平滑运行的关键。基于成本原因的考虑，这种海量的工作大多也由按需用工平台来发布，以匿名性的，甚至去人化的方式完成。因此，这种不透明的雇佣劳动不但是零工劳动的一个组成部分，同时也维护着使得零工劳动得以可能的技术基底，因而成为不可见的公共性连接的一部分。这些被隐匿的劳动恰恰是人类知识和创造性的真正体现，因为它们以人类特有的抽象思维和识别能力弥补了由机器学习和人工智能系统驱动的软件的不足。这种协作方式的突出意义在于，它不但实现了机器内部的连接，甚至有可能赋予这种连接以人类学影响，从而改变社会关系的构成。但是，这依然无法改变他们不断被按需劳动平台边缘化和弱势化的事实。

　　由此可见，劳动过程的改变是彻底而富于细节性的，其本质是资本与劳动关系之间的张力正在不断改变。数字技术及其带来的新现象是研究当代政治经济学命题的入口和起点，而非结论和终点。只有坚持这一立场，才能体现马克思主义政治经济学批判所具有的历史唯物主义维度。

三、 活劳动范畴的重思与剩余价值生成过程的弥散

　　"幽灵工作"在具体劳动中的特殊性和重要性及其在劳动结合中的晦暗地位，让读者很难不想起马克思在《1857—1858年经济学手稿》中对于"孤立劳动"与"结合劳动"之间差异的论述："正像劳动的产品一样，劳动本身作为特殊的孤立的劳动者的劳动被否定了。被否定的孤立劳动，实际上是被肯定的共同劳动或结合劳动。但是，这样建立起来的共同劳动或结合劳动，不论是作为活动还是转化为客体的静止形式，

同时直接表现为某种与实际存在的单个劳动不同的东西……所以，资本是社会劳动的存在，是劳动既作为主体又作为客体的结合，但这一存在是同劳动的现实要素相对立的独立存在，因而它本身作为特殊的存在而与这些要素并存。"[1] 从这一段论证可以明显看出，劳动的连接（结合力）使得个体劳动者的"孤立劳动"和作为整体劳动过程以及最终产品的共同劳动无论在形态还是性质上都发生了根本变化。后者并不是前者的简单堆积和叠加，而是经由关系连接所发生的聚合作用的产物。这就意味着，作为社会劳动存在的资本，不仅占有了单个、具体的孤立劳动，而且占有了使劳动聚合反应成为可能和现实的关系连接。这种关系连接是和劳动的其他要素同样发挥功能的特殊客观存在。

我们可以清楚地看到资本的吸纳范围和强度的变化。在《资本论》及其手稿时代，实现共同劳动的直接的关系连接方式主要是生产单位内部的人力资源结合和机器运用，而数字技术在后福特时代的无缝覆盖则早已将这种结合推到了史无前例的广度和深度。劳动结合的范围扩展到整个社会，生产性自然也在不同劳动范式的结合的意义上得到拓宽。这就使得资本作为"社会劳动的存在"这一论述有了维度上的提升，同时也将某些表面上非生产性的社会关系吸收为资本主义"总体性经济"的一部分，最终导致了资本总体吸纳的发生。

这一点也可以在《资本论》的"相对剩余价值的生产"篇中找到呼应。工具与机器体系之间的差别在于，前者基于手工业生产的自然秩序被后者的工具理性切割、重组，形成了新的社会分工及社会联系，资本对劳动过程的占有方式才从形式吸纳上升到实质吸纳。它是生产关系发生变化的具体表现，因为受其影响的不仅是劳动生产本身，还包括劳动力的再生产过程。克里斯蒂安·福克斯也是从这一立场称赞了"总体工人"概念所体现的社会性："总体工人的概念允许对马克思有这样一个解读：总体工人的劳动不是以雇佣劳动为核心，因为总体工人作为结合劳动

1　《马克思恩格斯全集》第30卷，北京：人民出版社，1995年，第464页。

力包含所有那些活动——无酬但是直接或间接地服务于资本需求的活动。"[1]

　　传播政治经济学的背景让福克斯更容易发现社会结构中的"黏性"特质，即那些在传统上被认为是不具有生产（或劳动）性质的、处于雇佣体系之外的活动所构成的关系。从"受众劳动"到"数字劳动"（笔者更愿意称之为"数据生产"或"数据劳动"），传播政治经济学在很长一段时间里将各种基于媒介和信息传播过程的新概念带入人们的视野。但遗憾的是，与马克思以劳动过程为中轴的分析方法不同，这样一种以劳动者为中心的视角固然能看到个体在价值创造过程中被隐匿的部分以及劳资之间的博弈，但却不能以整体性的高度在完整的经济过程中透视劳动发生的社会条件。

　　马克思劳动价值学说的一个基本前提是承认只有活劳动才创造价值，并且在新价值的创造过程中对旧价值予以保存，劳动者则是活劳动的唯一提供者。机器作为过去的劳动的物质载体（死劳动），在劳动过程中起到了价值转移的作用。这种二元对立的关系在数字化和人工智能技术日益发展的今天却遭遇了挑战。以按需用工数字平台为例，它们的运作方式是通过平台所能使用的数据资产和接口接入的应用程序来进行人力资源匹配，达到降低劳动双方的搜索和交易成本的目的。与机器大工业时代令工人自危的"机器替代人"的情况不同，在这种劳动发生过程中起连接作用的是个体普遍拥有的硬件（手机、电脑等）以及起支撑作用的数字系统和应用软件。从资本构成来看，体现为不变资本的这一部分支撑体系大多不是资本所有者自己研发和生产的，而是作为共享性产品或服务被投入公共使用中来（尽管有些应用程序也采取付费制，但对于企业而言，这种费用支出与过去用于购买固定资产和生产资料的不变资本相比，简直微不足道）。这种连接方式的改变打破了生产环节的封闭性，平台企业与社会之间建立起多重联系，单一的经济线索被改

1　[英]克里斯蒂安·福克斯：《数字劳动与卡尔·马克思》，周延云译，北京：人民出版社，2020年，第51页。

写,同时也改变了资本的有机构成和生产资料的资本家私人占有。并且,平台作为可见的宏观经济体,其法定义务与劳动过程相脱离,仅在劳动过程中起到引发和维护的作用。这也就意味着,如果要保持以劳动为中轴的社会结构分析,仅仅着眼于平台本身或终端用户(无论是劳动提供者还是需求方),不但是不够的,而且会失之偏颇。沃勒斯坦就强调,只有沿着"劳动的轴心分工"才能理解整个资本主义的世界体系。用类似的逻辑来透视劳动生产的内部结构,依然可行。

现实情况是,一方面,应用程序通过公共或营利平台获取海量数据供挖掘利用,另一方面,碎片化的人类劳动借助这些应用程序形成连贯性。该过程打破了传统工厂生产模式下死劳动与活劳动、机器与工人之间的单一对立关系,在更大的维度上建立起双方之间的多重复杂关系。活劳动在某些环节可能会减少,却又更多地进入其他领域和环节。活劳动不仅处于与不变资本的张力关系中,同时也被置于由公共性产品或服务所体现的社会连接中。它使劳动力的再生产样态也发生了变化。因此,剩余价值的完成也不再是在单一劳动过程中由某个环节的劳动者独立承担,它理所当然地涉及生产全环节中各个维度的参与者。与劳动过程的社会化外溢和"总体工人"相呼应,剩余价值的创造也出现了弥散化发展。这与后福特主义社会生产的边界不断消弭后资本对社会风险、亲密关系建构等非物质领域的吸纳不谋而合。

项飚认为,平台经济的劳动组织过程实际上是一个"逆向劳动过程",即资本由过去的购买劳动力转而变成购买劳动。有学者对这种观点提出异议,认为这与马克思将雇佣工人的工资定义为劳动力的价格而非劳动的价格恰恰相反。毕竟,马克思的这一理论洞察正是其创立剩余价值理论的条件之一。项飚的上述观点正确与否是一个可以暂时悬置的问题,但他的这种提法却提醒我们关注到另外一个事实:各类企业和平台的劳动"拆卸"过程所造成的劳动过程的社会化其实是"去员工化",即去人化的过程,是抽象化为单一技能的劳动者进一步被抛入市场的过程。劳动隶属关系的改变同时改变了平台的权责义务,使其不必再关注和维持劳动力的再生产及其条件。1891 年，恩格斯在为《雇佣劳动与资本》单行本所写的导言中特别强调，他之所以根据马克思 1859 年之后的政治经济学观点将工人"出卖劳动"修改为"出卖劳动力"，是因为在这里工人的工资实际上是劳动力的生产费用。而零工平台所支付的劳动报酬完全不足以维持劳动力的再生产，劳动者不但与之前制度下的员工福利脱嵌，而且当其作为平台用户存在的时候，就意味着劳动条件（包括部分生产资料）的创造也变成了其自身的义务，更不要说劳动力再生产的条件和机会成本也转而由个人和社会共同负责。这显然是剩余价值生成过程发生弥散的另一个证明，也是绝对剩余价值生产和相对剩余价值生产中同时发生的过程。

其实，如果从资本的空间扩张和地理方面的不平衡发展来看劳动过程的社会化外溢导致剩余价值形成过程延长这一效果，我们就不难理解，它实际上是以虚拟空间维度上的扩张代替了原本物理空间维度上的扩张。借助平台所搭建起来的全球劳务"外包"体系不仅使空间转移克服了地理和政治上的一切障碍，降低了扩张的成本，更使得其可以充分利用人力资源价格和税收制度上的差异来提高利润率。更多的国家和地区被纳入全球产业链的生产过程中，使得新自由主义经济政策能够获得更多廉价劳动力。伴随着资本主义生产的剩余价值的形成发生在"不依赖地理"的情形之中。

但是，这种虚拟空间上的扩张依旧与地理空间的扩张模式存在极大的差异，其中之一就是稳定性的消除。当离不开地理依赖和固定职员的统一工业社会体系被互联网的数字链接打破和取代后，原本基于组织认同和地点固着的劳动者联合也不复存在。它同时具有两方面的趋势：一方面，在已然建立的劳资关系中，资本愈加强势，劳动者的不稳定性增强，"要接受新的约束和物质上的不安感"[1]；另一方面，不发达国家的

---

1   [德] 乌尔里希·贝克：《风险社会：新的现代性之路》，张文杰、何博闻译，南京：译林出版社，2022 年，第 143 页。

贫困人群受益于零工平台劳动的低门槛，得以进入全球体系中，使个人生存境遇的改变得以实现。

　　对平台经济时代的劳动的考察，既要深入资本主义生产关系的演变及其引起的分工、协作和劳动结合形式的更迭中，又要关注劳动连接方式的变化所推动的活劳动的社会性弥散，以及剩余价值创造过程的社会性弥散。这就要求我们始终贯彻马克思主义的方法论，既不能仅仅停留在资本主义经济现象中，又不能仅仅停留在抽象的理论建构中，不能停留在一般抽象性的结论中而不具体分析现实事物的矛盾运动。对平台经济时代的劳动的考察，要深入当代资本主义生产关系的变化中进行内在性批判，这正是唯物史观对当前研究提出的要求。

第五节　平台零工与数字游民：平台逆向
劳动的政治经济学解读

　　"数字游民"是独立于固定地点的现代工作者，在具备随时随地工作的硬性条件下，保持移动生活方式和迁移模式。数字游民有三种类型，一是远程办公的企业或机构的长期雇员，二是线上自主创业的独立从业者，三是通过互联网按需分配平台领取发派工作的专业人员。这些工作类别反映出数字技术及其软硬件基础设施在全球范围内的普及，虚拟协作、网络会议、远程办公、直播学习和在线服务等线上办公模式的崛起及其在全行业的"嵌入"所带来社会分工、协作方式的变化和就业结构的变更。在数字游民的三种类型中，最值得关注的是通过互联网按需分配平台领取发派工作的专业人员。互联网按需分配平台搭建的一套利用算法系统作为虚拟"管理层"的运作机制，以更直接的规范化控制来代替现代企业制度中的层级化人工管理体制。这是一种在新的数字技术连接基础上的全新的分工、协作和组织化。它是生产的社会化外溢的表现，是更大范围内的社会化大生产。这种建立在数字新技术基础上的全新雇佣关系逻辑和劳动组织方式隐藏在科技创新的宏大叙事之下，不但重新改写了部分行业的组织构架和规范，甚至也改变了劳动本身和价值生成及衡量方式，还改变了现代企业制度确立以来资本和劳动者之间的直接关系，从而对社会结构和保障体系提出了更高的要求。这种新的社会结构和"福利国家"（Welfare state）制度形成鲜明对比，甚至在根本原则和具体政策两方面都成为后者的对立面。它所奉行的"技术例外主义"（technology-exceptionalism）通过重新定义劳动者与平台的关系，将自己从传统企业的责任义务中"脱嵌"出来，不但改变了工作的性质（及法律权利）并使劳动者去福利化，也有效降低了平台企业自身成本、提高了利润，并开启了平台时代的社会工作法则。

一、 平台化之下的"游牧"工作：劳动力再商品化的悖论

安德鲁·罗斯在《有工作就是好工作：不确定时代的生活与工作》中曾纠正了那些认为"零工劳动"（gig labour）只会发生在技术要求较低的劳动密集型产业的刻板印象，指出即使是要求复杂技能和高度专业知识的工作也完全可以通过外包和众包的方式、借助按需分配的劳动平台进行发派。[1]《零工经济》的作者黛安娜·马尔卡希则将零工工作视作失业和传统企业中的职业阶梯两端之间的广阔空间，它存在于不同行业领域，也有各种合作方式。而在数字时代最为显著的特征则是从简单劳动者扩展到中产阶级的工作中，并逐渐融入到了高价值、高度透明的科技初创企业的商业模式里。[2] 在这一结构转换的过程中，平台企业发挥了举足轻重的作用：它是马克思所阐述的一般性社会分工与工厂内部分工相互作用的过程的极大值——即价值创造链条中的分工趋于细化和碎片化，并通过平台规则和算法规约全部向社会范围迁移；也是生产从大

1　See Andrew Ross, *Nice Work if You Can Get It: Life and Labor in Precarious Times*, New York: New York University Press, 2009.

2　[美] 戴安娜·马尔卡希：《零工经济——推动社会变革的引擎》，陈桂芳、邱墨楠译，北京：中信出版集团，2017 年，"引言"第 IV 页。

机器工业所实现的集约化规模发展转向数字平台生态系统的建立。鼓吹零工劳动是塑造创业机会和新经济可能的马尔卡希将零工描述为提高主体选择机会和灵活性的新工作模式，她策略性地将这种新状态所蕴含的风险与机遇捆绑在一起，以个体寻找商业化替代的方式简单回应了去福利化的后果。但这既不能说明绝大多数被困在"游牧"中的零工劳动者的真实状况，也难以缓解和解决去组织化的零工在全方位维度上对于资方市场的更高依赖。

其实，马尔卡希关于零工经济的乐观立场在她本人所从事的经济学和管理学领域内并不少见，其在本质上所奉行的劳动者"原子化"原则与新自由主义心理学和现代工作伦理不谋而合。齐格蒙特·鲍曼曾经论证过"福利国家"尤其是"公共福利"理念和工作伦理的核心原则之间难以调和的关系。其中最关键的背离在于："公共福利的理念宣称，应该在任何时候都保证国家的所有公民'有权'过上体面的、有尊严的生活，即使他们对公共财富没有贡献。因此，公共福利允许（明示或暗示）把公民生活与'对社会的贡献'分离开来，生产贡献只应在职业范畴中讨论，由此削弱了工作伦理最神圣的、最不容置疑的前提。"[1] 此种削弱和背离使得对于劳动者生活质量的要求并不单纯成为一种工作绩效的结果，而上升到了政治权利的层面。这也就解释了为什么纯粹从工作弹性和"多劳多得"的个体经济学角度来唱高和助推零工经济的论调，总难以引起绝大多数人的认同感。从这个意义上说，零工经济作为推动社会变革引擎的意义，不应当仅仅存在于经济学维度，而应该被置于更为宏观的政治经济学领域中来审视。

其实，不论是可以自主选择居住地的数字游民，还是逡巡在我们日常生活里的快递员或网约车司机等平台零工人员，都属于在数字技术（尤其是数字平台和 API 接口）加持之下劳动的社会化迁移。这种迁移

1　[英]齐格蒙特·鲍曼：《工作、消费主义与新穷人》，郭楠译，上海：上海社会科学院出版社，2021 年，第 58 页。

的大规模实现随着平台企业专注于建设以核心业务为中轴、辐射相关行业的经济生态系统而越来越趋向于碎片化和专业化。劳动协作完全通过基于互联网的智能连接系统实现，与之相伴随的则是高度的可控性。劳动者的工作状态则出现两极分化的状况：一方面，劳动者个体享有与企业工作相比更高的自主性，这体现在工作时间、任务选择、在职状态（全职/兼职/多重职业）等层面，部分线上劳动者还可以自由选择居住地和工作环境；另一方面，平台系统通过奖励与惩罚的措施调节劳动者的工作频率与工作状态，使对薪资收入关注度高的劳动者成为高活跃人群。由工作状态监控和顾客反馈所建立起来的评分系统成为对劳动者长期工作表现的评估依据，这当中包括却不限于：接单频率、拒单频率和倾向、工作时长、工作时段、顾客评分和投诉以及以上这些数据的标准差。这些数据当中的任何一项都有可能影响到劳动者的工作绩效。而且，获得奖励的条件往往和被惩罚的条件并不对称。例如，劳动者只有完成数项标准的考核设置才能获得奖励，而只要有一项标准不合规就可能被处以罚款，甚至失去工作权利。美国最大网约车平台优步公司就曾规定，注册司机如果评分达到某个数值或接单率低于80％或拒单率高于5％，就有可能被冻结账号。"虽然优步将司机称为独立合约人和创业者，但是他们还是必须向乘客提供统一标准的服务，不然就会面临封号、暂停服务或扣钱的风险。评分系统同时扮演着'胡萝卜和大棒'的角色。"[1] 这种情形也发生在提供线上服务的数字劳动群体中。不仅如此，与这种被消解的劳动"灵活性"和"自由"形成鲜明对照的是劳动者在福利保障方面的损失。出于减少实体物质和人力资源投入、降低边际成本的目的，数字平台大都选择了将终端劳动关系"拆卸"出去的方法。他们减少长期正式雇员的数量，将部分工作甚至全部工作拆分为若干环节外包给独立劳动者。

1　[美] 亚历克斯·罗森布拉特：《优步：算法重新定义工作》，郭丹杰译，北京：中信出版集团，2019年，第175页。

即使是专职提供特定服务的平台，如外卖平台和网约车平台，也多采用此类方法。它们将自身定义为科技公司或提供软件服务的第三方中介机构，将核心交易定义为科技信息服务和劳动产品匹配。于是，劳动需求和劳动供给的提供者，都成为平台的用户，且处于分散、孤立的状态中。这种关系的改变不但在很大程度上使平台免除了过去法人单位所要承担的种种责任和义务，还使平台在权力关系中处于绝对的强势地位，得以借助算法将绩效考核落实到每一个环节和数据中，拥有对劳动者和劳动产品进行判定的全部话语权，并且可以不事先通知而随时变更。

从"福利国家"制度到平台零工"绩效为王"的转变，表面上看是由于数字技术的应用实现了对零工劳动进行集约管理的可能，使得公共（国家或社会）权利理想越来越让步于效率/绩效的过程，同时新自由主义和保守主义的政策也确实起到了助推的作用。但事实上，技术和意识形态或许可以成为对劳动构型进行解读的入口和条件，却并非根本原因。如鲍曼就认为，这些惯常用来解释"福利国家"式微的经济政策和政治意识形态本身也有待解释，它们充其量是历史性的结果而非原因。即便从技术层面而言，无论是零工劳动现象，还是以互联网为基础的劳动按需匹配机制，都不是新现象。前者的历史远远长于雇佣劳动，而后者早在 20 世纪 80 年代美国湾区的局域网虚拟社区中就已风靡一时。那么，它们为什么没有在那个时代成为雇佣劳动更为主流的形态呢？对这个问题的分析，需要再一次回到历史唯物主义的角度，从社会生产发展的内在动力机制层面寻找原因。从根本上而言，主张"公共福利"和强调"效率为王"，这两种倾向截然相反的立场本身都适应了不同历史阶段劳动力商品化的需求，这同时也是社会生产发展要求的体现。正如马克思所指出的，资本对于劳动，"最初只是在形式上使它从属于自己，丝毫也不改变它在工艺上的规定性"，但随着生产力和生产方式的互动不断推进，资本"不仅在形式上使劳动过程从属于自己，而且改变了这个过程，赋予生产方式本身以新的形式，从而第一次创造出它所特有的生产方式"[1]。这也就意味着，从"技术决定论"的角度解释劳动过程乃至劳动组织形式的改变，实际上是对真实社会生产过程的误读。

由此可见，劳动力商品再生产的现实条件的变化，才是解读从"公共福利"的社会覆盖到零工劳动者去福利化的真正入口。资本主义发展离不开对自由资本和劳动力的依赖。劳动力供给的稳定有效性保证了资本增殖的实现。因此，从某种意义上可以说，劳动力再生产的方式和组织形式是不同阶段资本主义生产的结构性特征之一。很多经济政策的调整都是着力于资本的充分投入和劳动力的稳定供给二者之间的博弈与平衡。而从科尔·曼恩在1955年提出"公共福利"作为"福利国家"政策元素开始之后的数十年中，资本主义正经历着第二次世界大战之后的高速发展时期。尽管中间也不乏因石油等因素而引起短暂的经济危机，但这并没有改变科技技术应用所推动的各行业发展对受过大量教育的劳动者的需求。而当个体、家庭和单独的企业并不能有效地承担劳动力再生产的成本时，福利国家所提供的公共福利资源在客观上很好地解决了这一问题。它保证了资本主义生产发展所必需的劳动力的稳定供给，为资本的价值增殖提供了条件。这也就解释了为什么福利国家时期的税收制度并没有遭遇来自资本力量的强力抵抗，反而得以在相当一段时间内得以持续。

然而，随着垄断资本主义的发展在全球范围内经历瓶颈，企业规模的扩张受限于边际效益递减的魔咒而放缓。大卫·哈维就曾预见性地提出，现代企业对于协作和分工的集中性控制，会有一个无法逾越的峰值，它使规模经济必然走向崩溃。[2] 这种极限的存在从本质上而言是马克思所强调的生产关系内在矛盾的体现，它使得劳动的组织变革和技术变革成为必需。而在客观上，20世纪70年代末以来新自由主义经济政

1 《马克思恩格斯全集》第32卷，北京：人民出版社，1998年，第103页。
2 ［美］大卫·哈维：《资本的限度》，张寅译，北京：中信出版集团，2017年，第85页。

策在世界多数经济体成为主导性政策，教育、医疗资源实现了市场化改革，社会所储备的大量具有高职业资质的劳动力后备军已不再依赖国家福利供给。另一方面，以智能终端设备为基础的数字技术的发展也为打破规模经济框架，完成劳动的社会化迁移提供了技术基底。并且，从领军行业的头部公司到体量最微小的新创业企业，他们可以通过按需用工平台共享发展所需的人力资源储备。这在一定程度上打破了传统的"竞业"限制（当然不是全部，核心技术部门也不会在此列）。于是，在这两者的共同作用之下，数字平台时代的劳动力商品的再生产已出现了不同于20世纪后半叶的格局，它以数字"游牧"的方式实现了劳动力在全球范围内更为彻底的流动自由与供给，即劳动力的再商品化。

二、 零工的逆向劳动：过度竞争下的劳动定价

项飙将按需用工平台所连接的零工劳动描述为"逆向劳动过程"，即资本由过去的购买劳动力转而变成购买劳动，以便在不需要维持劳动力隶属关系所负担的高成本的前提下保持劳动供给的稳定性。[1] 而这正是原先完整的劳动过程被分解为大量单一的劳动环节，并以分包的形式和人力资源市场直接发生关系的劳动的社会化迁移。这种劳动的"拆解"和大规模的外溢，使得劳动需求的提供者由现代企业制度时期同时关注劳动力的整体素质和综合劳动完成质量，转向单纯关注劳动环节的完成度，也就是"关键绩效指标"（Key Performance Indicator, KPI）的考核。劳动不再和具体的劳动者以及劳动过程相关，而是被通约化为由各种 KPI 表征的碎片化劳动。很显然，这里的劳资关系已经从"资本—劳动力"转变为"资本—劳动（环节）"。所谓的"逆向劳动过程"，实际上正是在全社会范围内的劳动分工前提下劳动隶属关系的变更，它反映了平台化条件下劳动组织结构以至于社会结构发生的变化。表面上看

---

[1]　参见：项飙：《平台经济中的"逆向劳动过程"》，"2021 中国智能媒体传播论坛·智能传播与数字平台"。

起来，这仿佛是马克思在《资本论》中所谈及的被功能化的"局部工人"现象的极致版。"局部工人作为总体工人的一个肢体，他的片面性甚至缺陷就成了他的优点。从事片面职能的习惯，使他转化为本能地准确起作用的器官，而总机构的联系迫使他以机器部件的规则性发生作用。"[1] 然而，关键的问题在于，通过数字平台而实现的劳动流程自动化和去对象化，不但使劳动者被原子化和"去人化"，而且劳动本身也被匀质化和原子化，劳动产品的判定标准和薪资水平跨越了个别企业或机构，趋向于全行业内的标准化——从某种意义上说，是标准最高化、薪资最低化。如果说现代企业制度时期的绩效考核所标注出的是某个特定劳动者的个人能力和薪资收入乃至升值空间的话，数字平台时期的绩效考核则只是孤立的、标准化的"组件"原子，它消除了一切景深，只具有单纯的功能意义（当然，它可以被作为再次发派订单的评估依据，但依然是以去个体化、原子化的方式）。因此，与其说"绩效为王"的考评机制是数字理性和算法所预设的效率原则的投射，还不如说它是"逆向劳动过程"的结果。

有研究者认为，马克思将雇佣劳动工人的工资定义为劳动力价格的规定，所揭露的正是古典政治经济学通过所谓"劳动价格"的概念，掩盖了资本家在平等交换表面之下对于雇佣劳动工人的剥削；而所谓"逆向劳动过程"的提法明显反对马克思的这一理论观点，是对于剥削的维护。然而，这种误读不但是对马克思工资理论的僵化理解，也未能具体地分析古典政治经济学的工资理论、马克思的工资理论与数字平台时代的根本性差异。

对劳动工资的考量最早可以回溯到以威廉·配第为代表的早期古典政治经济学家。配第不但提出了劳动创造价值的主张，还明确表达了工资其实是劳动商品的价值表现的观点。值得注意的是，配第提出了以"食物"作为理解生活资料与劳动工资之间对应关系的抽象化衡量尺度，

---

[1]　《马克思恩格斯全集》第 44 卷，北京：人民出版社，2001 年，第 404—405 页。

提出劳动工资应等于劳动者的劳动成本及其家庭的生产及其再生产所需的生活资料。[1] 可见，配第是将劳动工资看成弥补劳动出让的报酬和为了维护劳动者再生产的价值量。亚当·斯密则在配第的基础上，讨论了劳动商品的市场行为对工资的影响。他认为在雇主与工人的博弈中，应当有一个基本的衡量标准，这就是最低劳动工资的标准："需要靠劳动过活的人，其工资至少须足够维持其生活。在大多数场合，工资还得稍稍超过足够维持生活的程度，否则劳动者就不能赡养家室而传宗接代了。"[2] 不过，斯密这里对最低劳动工资的定义仍是带有抽象性质的。因为对于工资所超过劳动者维持自身生活所需费用的量，他表示难以确定，且也会因不同的宏观情况而有所差异。同时，仿照商品的真实价格与名义价格的模式，斯密还提出了最低劳动工资在停滞的富裕国家的劳动市场交换中应最接近于自然价格的地位，并由此将最低劳动工资称为"符合一般人道标准的最低工资"[3]。显而易见，这里的"人道标准"是以具体情境下的劳动力存续条件为基础的，但斯密却将其泛道德化了。李嘉图的工资理论则更具有系统性和科学性。相对于斯密还在经验实证层面分析劳动、商品及其工资之间的关联，李嘉图则坚持劳动商品的价值来源于劳动量本身，即"商品的价值或其所能交换的任何另一种商品的量，取决于其生产所必需的相对劳动量，而不取决于付给这种劳动的报酬的多少"[4]。他不但根据劳动的自然价格讨论了其影响因素，还分析了劳动作为商品的市场价格及其相关影响因素。这一讨论对工资的构成性因素显然挖掘得更为深刻。

马克思关于雇佣工人工资的理论并非一种应然性的讨论。他所针对的正是古典政治经济学关于工资是劳动价格的提法。马克思之所以认为资本家支付给雇佣劳动工人的工资不是购买劳动的价格而是劳动力价

1　[英] 威廉·配第：《爱尔兰的政治解剖》，《配第经济著作选集》，北京：商务印书馆，2017年，第54页。
2　[英] 亚当·斯密：《亚当·斯密全集》第2卷，北京：商务印书馆，2014年，第66页。
3　[英] 亚当·斯密：《亚当·斯密全集》第2卷，北京：商务印书馆，2014年，第69页。
4　[英] 大卫·李嘉图：《政治经济学及赋税原理》，北京：商务印书馆，2013年，第11页。

格，原因正在于自配第以降，经济学家们用工资所标注出的交换，并非以实际发生的劳动量为依据，而是对劳动力发生成本的考量，即维持劳动力生产和再生产的价格。在这个名为"平等"的交换中，资本只付出了劳动力成本的价格，却收获了劳动力的全部支配权。他所针对的理论标靶其实更接近于最低劳动工资的设定。只不过在马克思那里，这种设定不是所谓的抽象的劳动力的"自然价格"，而是以等价物衡量的活的劳动能力的生产费用。这就是为什么马克思在《1857—1858 年经济学手稿》中写道："资本家通过同工人的交换过程，——由于资本家事实上为包含在工人劳动能力中的生产费用向工人支付了等价物，也就是说，给了工人维持他的劳动能力的资料，——资本家就占有了活劳动，他无偿地得到了双重的东西：第一，得到了增加他的资本价值的剩余劳动，第二，同时得到了活劳动的质。"[1] 在《1861—1863 年经济学手稿》中，马克思则更为直接地写道："劳动能力的价值，如同其他任何使用价值的价值一样，也等于耗费在劳动能力上的劳动量，生产劳动能力所必需的劳动时间（在既定的一般生产条件下）。劳动能力只作为劳动者活的机体中的能力而存在。……因此，劳动能力的价值首先归结为维持劳动能力，也就是说，维持工人作为工人的生活所必需的生活资料的价值。"[2] 很明显，所谓的"劳动力价格"并不是劳动能力所能实现的劳动量，而是劳动力得以维持的成本。也正因为如此，当资本通过购买劳动力并将它投入生产，所占有的除了资本家所给付的工资所对应的劳动量外，还有额外的剩余价值。对这一秘密的揭露，正是马克思工资理论的目的所在。因此，马克思关于工资的讨论是建立在政治经济学批判的角度上，而非设置一种工资的给付标准。

由此可以看出，将马克思工资理论的结论直接平移到平台条件下的零工劳动上，并不具有任何现实性，更不应该由此限制对真实问题的思

---

1   《马克思恩格斯全集》第 30 卷，北京：人民出版社，1995 年，第 333 页。

2   《马克思恩格斯全集》第 32 卷，北京：人民出版社，1998 年，第 47 页。

考。那么，接下来的问题是，在何种意义上，平台零工的劳动报酬应当被视为"劳动价格"呢？它所体现出的是"按劳取酬"的分配原则还是更深的剥削？要回答这两个问题，必须以历史唯物主义方法进入对具体现实的科学分析中。

首先，资本的总体吸纳在使平台去责化的同时，增加了劳动者的成本负担。必须看到，平台所采用的碎片劳动分包的组织方式，是生产过程愈加社会化的结果。而当生产劳动的全部环节向原先的非生产领域（或时间）弥漫的时候，劳动本身就已经不再是纯粹的封闭环节，出现了和非生产性乃至公共性交融的情形。生产行为本身无法从其所依赖的协作方式及社会连接中剥离。[1] 同样地，剩余价值的完成也就不再局限于生产单元和工作时间内部，也发生了社会化外溢，并且在广度、深度和强度上都有所增加。而当"零工劳动"的劳动过程越来越依赖于自身和社会公共条件的时候，资本就实现了对社会的总体吸纳。在这种劳动组织方式之下，平台所有者为碎片化的雇佣劳动所付出的价格既不足以体现劳动发生的总成本，也不再以劳动力再生产的成本为依据，它所体现的是纯市场条件下对于劳动环节的定价机制。与之相对照，劳动发生以及劳动力再生产的部分成本转而由劳动者和社会所分担。在这种情形下，如果还把其误解为"劳动力价格"，反而是掩盖了更深的剥削的存在。

其次，动态定价体系的投机本质加重了对零工劳动者的盘剥。在大部分零工经济劳动中，工资的激励作用被放大到一种赌注式的诱惑地位：工资不再基于固定的权重因素和计算公式。平台通常会采用定价算法的方式，以基于所谓关键指标考核和市场实时动态的变化，对劳动报酬进行调整。这也就意味，相同的劳动不一定能获得相同的报酬，它依赖于不断变化的费率标准、新的实验规则和激励政策。平台在这一方面

1　吴静：《平台模式下零工劳动的政治经济学解读》，《苏州大学学报》（哲学社会科学版）2022 年第 3 期。

享有无可辩驳的话语权，因而它的调整在很多时候都是亲资本的。优步公司在这一点上非常为人诟病，它以"重视用户体验"的名义增加了劳动者的不稳定状况和不安全感。这样一种失重化的动态定价体系从本质上而言是投机性的，它使劳动者为工作所付出的机会成本变成一个不可捉摸的"超级因变量"[1]。在这种情形下，劳动报酬早已离开了古典政治经济学的理论设定，变成了数字时代的全新问题。

再次，过度竞争的就业市场使零工劳动者在薪资博弈中变得弱势。与经济学家对零工经济的不吝赞美相对应，越来越多的劳动者以全职或兼职的身份投入到零工劳动之中，这当中的原因自然也不尽相同，然而，"并不存在与劳动者快速增长相匹配的劳动需求，因此，劳动力供应过剩和就业不充分问题在零工经济中表现得异常明显"[2]。"斜杠青年"群体的兴起既体现出数字时代多元选择的可及性，也从一个侧面反映了就业市场中结构的多元化。兼职工作者的薪资要求显然对全职工作者发起了挑战。平台模式的定价算法使自身投入最多的劳动者需要和投入最少的劳动者形成竞争关系。这种利益诉求上割裂的最大后果就是零工劳动报酬的失重化——在各种博弈中，工资/报酬日益脱离稳固的依据而取决于正在飞转的赌盘。冷眼哂笑的当然是资本及其代理人。

于是，以下结论得出便顺理成章："逆向劳动过程"不但不是向古典主义政治经济学命题的倒退，反而更深地揭示了按需用工平台在数据权利和权力不对称基础上所形成的因特网政治现象——用户无产者及其所面对的风险。

三、 刺穿技术例外主义的纸牌屋

斯拉沃热·齐泽克曾批评以亚历山大·巴德和简·索德维斯特为代表的研究者，因为他们将"因特网政治"定义为一种全新的生产方式，

1　Niels Van Doorn, "From A Wage to A Wager: Dynamic Pricing in Gig Economy", *Platform Equality*. https://platformlabor.net/output/wage-to-wagerautonomy.

2　姚建华：《数字劳动：理论前沿与在地经验》，南京：江苏人民出版社，2021年，第73页。

认为它是线性历史进化论意义上的作为替代性的社会形态，以强调信息管理为特征和工业资本主义时期的工业转移形成对比。齐泽克认为，这种指认的问题在于，研究者把由数字技术所带来的改变视作为具有连续性的本体基础，因此误指它足以对工业资本主义形成全面替代。但事实上，"人们应该抗拒这种诱惑，坚持'信息社会'根本不是与'封建制'和'资本主义'在同一个层面的概念"[1]。原因在于两个方面：第一，所谓的"因特网政治"是一种不连续的合成物，不具有全面替代的能力；第二，今天所谓的"因特网政治"在很多方面依赖于资本主义体制才能生存，因而并未形成新的生产方式。

这样一种批评其实不仅仅适用于建立在数字化网络基础上的意识形态话语，而且对所谓的作为新兴经济形态的"数字经济"或"平台经济"同样适用。事实上，无论是由电商巨无霸发展而来的平台生态系统，还是更为宏观的数字经济，都不具备一种可以全面取代前序状态的连续性总体。它们是各种不同程度、不同规则的领域和环节的合成物。从某种更为普遍的意义上而言，合成的复杂性本身正是"数字时代"最显著的特性。这也使得在谈论数字时代、数字经济的一系列相关问题的时候，不仅要面对技术与人、技术与社会、技术自身的伦理维度，更要面对技术本身作为边界的合法性以及复杂性问题。

在数字技术越来越多地应用到商业运行，甚至催生了新的行业时，"技术例外主义"正是通过割裂技术与其依存的社会关系前提、制造独立王国及其运行法则的方式将自己定义为具有某种豁免权的神话存在，他们或是利用新技术的"共享"性质，将自身定位为中立的匹配机构，或是强调科技应用和中性算法的革命性地位，以新科技公司的身份进行包装和宣传，其目的都是淡化和模糊出于经济目的而对劳动者进行控制的市场动机。例如，面对传统的出租车行业的准入许可和监管法规，优

1 ［斯洛文尼亚］斯拉沃热·齐泽克：《无身体的器官：论德勒兹及其推论》，吴静译，南京：南京大学出版社，2019年，第353页。

步公司坚称自己是科技创新公司，主营业务不是客运而是使用数字技术手段为司机提供"开源"机遇的信息服务。爱彼迎也坚定地主张自己和传统酒店行业之间的差异，认为自己只是为供需双方提供连接服务的技术性平台。"强化模块化将这些属性（简单、有弹性、可维护、可演化）赋予构架。通过将协调者的工作与其互补者的工作分离，然后在它们之间使用稳定且明确记录的界面来实现模块化。"[1] 这种对传统身份认定进行模糊化的处理不仅发生在企业的自我指认，同时也发生在他们对劳动者的引导上。平台通过"卸载"劳动关系、以合约的方式将原本的雇员改写为独立合约人或个体创业者，使之成为平台的用户和消费者。另一方面，平台刻意淡化其在所提供的服务中的专属劳动成分（更不要谈被算法钳制住的等待劳动就绪的时间成本），转而强调其作为"分享"或"共享"的社会连接角色。"它们将这些工作描绘成某种形式的社会互惠行为：用户只是在平台上与其他用户按时分享他们的房子、汽车、工具、技能。这一逻辑总体上来说源于技术文化。"[2] 从这个意义上而言，"产消者"（prosumers/producers）正是在某种程度上迎合了这种技术例外主义的论调。因为对劳动和劳动者的去商品化正是新技术神话的策略之一。它似乎制造了一种截然不同的生产方式，使得"产"与"消"之间的连接完全可以通过分享或共享实现，而非市场性的交换。而事实上，数字平台的扩张、分散和自由劳动关系的不同发展形式，其本质上都直接与资本主义条件下工作强度的增加、工作时长的延伸、工作报酬的降低、劳动权利的缺乏以及资本对劳动过程的控制程度的加深相关——一言以蔽之，平台资本主义及其前提下的零工劳动不但不是对现代企业制度的解放性替代，反而是其自反性现代化的结果，也是资本主义的阶段性发展特征。它对经典工业社会模式的颠覆，无法从某个细节

1　[美]阿姆瑞特·蒂瓦纳：《平台生态系统》，侯赟慧、赵驰译，北京：北京大学出版社，2018年，第279页。
2　[美]亚历克斯·罗森布拉特：《优步：算法重新定义工作》，郭丹杰译，北京：中信出版集团，2019年，第16页。

的普遍化出发进行性质指认，因为表征本身是富有变化和张力的，甚至有可能在某些方面呈现出背反的趋势。只有借助关联性的视角，贯穿从个体到组织化、从悖论到底层逻辑、从断裂到连续的全程，才能系统性地从科学的抽象回归到科学的具体。

自反性反映了现代性内部的连续性与断裂性之间的矛盾与平衡：在由工具理性及其相关的劳动方式和组织形式界定的经典工业社会的发展逻辑之下，却形成了一种重塑整体的社会结构。这一新的结构表面上看起来已经改变了原有的社会特征，但依然是现代性的延伸，它始终遵循着其最核心的理性和原理。这种连续性和断裂性同样发生在平台条件下的零工劳动中。"一方面，工业社会是以（雇佣）劳动社会的范畴构想的。另一方面，当前的理性化措施却将目标直接对准与此相系的秩序图式的根基——工作时间与工作场所的弹性化模糊了工作与非工作之间的界限。"[1] 鉴于这种暧昧性，更多的悖论出现了：生产与消费一体，工作与生活难分，甚至失业及其过渡本身也可以被整合进就业体系，变成灵活就业的形式之一。在劳动本身问题上，弹性用工制度的普遍化使得"自由的雇佣劳动"同时走向了两个极端：去稳定化的"自由"用工和劳动过程及强度的重度控制。技术例外主义为这种从连续性到非连续性的转变提供了一种合理的解释，它使得技术本身获得了免于被一切现有规范界定的特殊权利——当然，其背后所反映出的预设是，新技术的应用被界定为一种具有总体性意义的本体。

这无疑是对技术决定论和科学神话的一种改写。它不仅仅出现在标榜新科技创业的商业领域中，也出现在对数字时代现象进行研究的论调中。戴维-维特福德在《网络无产阶级：数字漩涡中的全球劳动力》一书中提出了"网络无产阶级"的概念。这和亚历山大·巴德和简·索德维斯特在《因特网政治：新权力精英和资本主义之后的生活》一书中使

1　[德]乌尔里希·贝克：《风险社会：新的现代性之路》，张文杰、何博闻译，南京：译林出版社，2022年，第7页。

用的"用户无产阶级"的概念有异曲同工之妙。这种"阶级"的指认忽视了现象背后一切的理论根基和资本辖制形式的多样性，将基于技术座架的分散劳动者平滑地、无媒介、无差别地统一化为某种中心化的存在：阶级。它对于数字时代由身份政治所造成的多元主义的关注甚至不如奈格里和哈特的"多众"概念，因为在后者那里，当劳动范式本身发生非物质化转向时，内在具有差异，却被某种共同的社会条件所连接起来的去组织化的群体性主体，已经难以适用传统意义上的"阶级"概念。哈特和内格里认为必须通过对现有社会条件的共同性的挖掘，才能"确定集体生命政治体的新形象"，才能"将之在正在出现的条件基础上变为存在"[1]。不过，对于"多众"的诟病也正在于此。作为其构成元素的独异体之间的合作如何以去组织化的方式实现，并形成对抗资本的总体力量？这个问题充满了未知。

由此可见，"互联网无产阶级"和"用户无产阶级"概念的问题在于，它不但将被应用的技术（互联网或数字平台）作为整合阶级和实现阶级连接的中介（奈格里和哈特在法国"黄马甲"运动鼎盛时也曾抱有这种乐观幻想，但现实利益和诉求的差异最终使之化为泡影），更将技术本身置于问题的核心，无法真正认识技术—资本、技术—社会之间的真实联系。他们要么和卢德分子一样，视当下数字化的狂飙突进为引起冲突的根本原因，主张限制企业平台化的发展，要么仍然试图将其纳入旧有的社会结构版图，无视其变化而强行给予规定，反而没有关注资本在新的发展阶段上的变化。而且，这种命名方式也忽略了数字社会本身并非一个无缝的结构，它充满了不同经济样态、生产方式和劳动形态的叠加。数字网络及其相关应用在不同地区、不同行业、不同人群中分布的程度并不一致。即使是在同一行业中，技术连接发生的深度和广度也不完全相同。"互联网无产阶级"或"用户无产阶级"的提法不但使问题简单化、不能覆盖当下社会中劳资关系的复杂性，而且无视分散劳动

1　Michael Hardt and Antonio Negri, *Multitude*, London: the Penguin Press, 2004, p. 221.

者在对抗资本力量时更加弱势的地位，制造了一种虚假的社会共同性的连接。

　　不可否认，建立于大数据技术基础上的数字公共服务越来越多地成为公共性的一部分，它在一定的程度上成为一种关系性生产。但是，资本自身发展的路径从根本上而言就是不断侵蚀社会的共同性并将其商品化的过程，并通过这种被资本化的共同性更深、更广地渗入到个体及社会的一切维度。当生产分工愈加碎片化、单一化和专业化之后，劳动的生产性就扩展到社会再生产的全部环节中，社会协作、人机协作意义上的活劳动在社会范围内实现了超量生产的价值，并无法形成任何和资本脱嵌的"逃逸线"。零工平台通过劳动的社会化外溢所布展出的对于公共性的总体吸纳正是资本在这一阶段最显著的特征，也是平台资本主义条件下劳动剥削更加深化的体现。平台化所搭建起来的"游牧"工作图谱是一个全球实时同步的世界，它跨越了地域和时区的差异，以形式上的时间公平和效率公平构筑起了新的评价体系，实现了更为平滑和公理化的资本运转。

四、结语

　　其实，无论是如优步司机一般被平台中介的线下零工劳动，还是离岸化的非物质劳动，都是现代市场理性前提下劳动力在全球范围内以效率为原则进行"优化"配置的实现。这种弹性用工制度在结构上的亲资本性，加剧了劳动力与资本之间权力上的不对等关系。"逆向劳动过程"作为一种概念化的尝试，试图串联起马克思政治经济学批判的工资与剩余价值议题与当下数字形式之间的关联性。它也意味着，对平台零工劳动的考察表明，数字时代的政治经济学研究，既要刺破现象世界中"技术例外主义"的意识形态神话外衣，深入到对平台零工劳动过程、劳动关系的组织形式、劳动的社会化迁移等具体现实的分析之中；也要回归到马克思政治经济学批判的立场，在资本关系中剖析现象背后的本质性问题，即平台资本借零工劳动所增强的对劳动剩余价值的占有，以及平台资本借助"连接"服务所实现的对社会总体吸纳的强化。唯有如此，才能在立足唯物史观的基础上，在捍卫马克思政治经济学批判根本观点的同时，对数字时代的劳资问题及资本生产关系作出批判性说明。

第六章　垄断之后：平台生态系统的新叙事

平台化的社交媒体正在谋划和搭建我们的日常生活。在成为一切个体存在和社会存在的基础之后，互联网造就了一种"数字的普遍理性"。这种数字时代的"天启论"，将过渡性的数据投射到算法模型的幕布之上，局部性的再现于是变成了形式上的马赛克式生成。这种疏离的观照将事物引向最大概率，被调用的数据及其重组的再现由于获得了全部的存在合法性而具有了普遍意义。它们甚至被认为是剔除了"无关紧要的因素"后的事实凝练，得以取代真实存在，甚至愈发将特定情境下的事件定格和凝聚为普遍性本身，把视差理解为全域，条件和历史则被抹除。"数码物没有明显的规划或决策，却将自身呈现为令人安逸但又无可置疑的新规范。"[1] 这突出地体现在数字社交媒体对个体行为以及社会运作方式的改变与重塑上。

第一节　社交媒体平台的政治学：技术、场域和社交传播化

2022年世界杯期间，一个名为"里森堡（Listenbourg）"的欧洲国

1　[荷]让基尔特·洛文克：《社交媒体深渊：批判的互联网文化与否定之力》，苏子滢译，重庆：重庆大学出版社，2020年版，第15页。

家在互联网上突然大热。比赛期间，"里森堡"在推特上连续多日维持在热搜榜前五名。相关数据显示，有关"里森堡"的推特帖子几天之内超过 10 万条。麦当劳、亚马逊官方纷纷表示有计划在里森堡开辟市场，"巴黎 2024 奥运"官方账号也宣布："随着里森堡的加入，巴黎 2024 的奥运会代表团数量从 206 个增加到 207 个"。然而，这并不是一个新建立的国家，而是一个由众多网友凭空创造出来的虚拟"国家"。起源是一位法国网友用这个虚构出来的国家和相应的欧洲地图来嘲笑美国人不了解欧洲地理。[1] 没想到，这个网上司空见惯的吐槽式玩笑开启了一场世界范围内网民的创作接龙。他们在评论区以坚定的语气肯定了里森堡这个国家的存在，接下来的操作更是"放飞"到"疯起"。通过疯狂脑补，网友们在推特上创作出了里森堡这个国家建国所需的各种历史资料，甚至还有了国旗和国徽。更为夸张的是，在里森堡帖子出现的第二天，"里森堡内政部""里森堡外交部""里森堡家乐福"等"官方账号"也突然官宣。瞬间，这样一个纯虚拟的国家在社交媒体上似乎拥有了全部的存在合法性，其形式之完整、资料之齐备，甚至可能超过很多不发达国家。越来越多的机构、组织和个人纷纷下场，乐此不疲地加入这场游戏，以各种方式进行确证，并回击那些对此进行质疑和否定的网友。

　　这个魔幻现实主义的游戏不禁让人想起鲍德里亚所说的"祛魅的拟真"：比真实还真实的拟真物的顶峰——当然，是数字化赋形的真实。"它们是若干纯粹的形象，是对现实的过分嘲笑。……在逼真的假象中，问题不在于要与现实混为一谈，而是要在完全意识到是游戏和人为行为的情况下生产一个拟像。"[2] 显而易见，数字技术正在重新建构一个全新

1　推特法国用户"加斯帕多"（@gaspardooo）在 2022 年 10 月 31 日发了一条推文："我敢肯定，美国人甚至不知道这个国家的名字（Listenbourg）。"贴文附上了一个类似欧洲地图的图片。不过只要对比一下真实的欧洲地图，就会发现图片里箭头所指的位置，即临近葡萄牙和西班牙的一大片土地，是不存在的。参见：https://twitter. com/gaspardoo/status/1586787428837280513?Cxt = HHwWgoCxxcSws4UsAAAA。
2　[法] 让·波德里亚：《论诱惑》，张新木译，南京：南京大学出版社，2011 年，第 93、96 页。

的数码环境，并借助其排他性的权力布展方式和便捷的传播方式创造着全新的秩序和话语体系。它将关于"元宇宙"的虚拟现实和具身性的问题，以一种非个体化的方式重新提了出来。这里所谓的"真实"与"拟像"的冲突，其实拷问了数字条件下形式的合法性及社交媒体在其中扮演的角色。在去中心化和集体无意识的张力中，宣称"技术改善核心人类体验"并旨在构建"共同空间感知"的数字社交媒体是否有可能超越局部认识和亚文化圈层，建构起与之相匹配的集体意识平台？此外，注意力经济所实现的"弱连接"是不是社交媒体实现其政治经济学意义的唯一途径？对这两个问题的回答，既关系到对数字社会内在构型和关系的理解，同时也指向了对数字资本主义危机的思考。

一、　新数字常规与场域

　　始于 20 世纪 80 年代、在 90 年代达到顶峰的互联网反文化传统在今天的数字世界已经势微，互联网从阿帕网中脱胎出来时充满雄心所希望开拓的广阔天地日益被社交媒体平台收编，个人终端的重心从个人计算机向更加多样的智能化终端设备转移。数个八爪鱼式的社交媒体几乎覆盖了网络话语的生成，连原本定位为按需匹配中介的平台甚至也开始呈现出一定意义上的社交媒体化。社交媒体作为一种常见的平台类型，通过创造无限的"连接"来构成其基本的运作逻辑，并将不断挖掘和拓宽用户连接的方式作为创造价值的核心途径。这样在深度和广度上都呈现出扩张态势的连接，有赖于无线通信技术和基建设施的快速更迭及广泛普及。算法也通过数据挖掘和分析，不断熟悉用户的行为习惯和选择模式，以实现持续的自我迭代和优化，从而进一步推动媒体内容和选项对人类生活世界的无缝覆盖。这样的社交媒体平台实际上是一个多对多的系统，每个分散的用户使用者都向自己的外部敞开，等待与其他节点在各种意义上的相遇。社会关系生产及再生产的方式在这种相遇即连接中实现，其目的是建成一种包罗万象的"生态系统"，并提供一个不断挖掘新的社会关系的空间，以满足人们在功利化目标和非功利化目标之间联系的需要。这种架构形成了社交媒体在功能和收益上的基本模型基础，它们不再限于呈现单一的社交属性，而是将社会关系连接所产生的势能转化为交易和价值创造的动能。这种数字化的媒介和麦克卢汉所勾勒出来的单向、权威性媒介不同，它以多向互动的技术方式影射了中立和主体参与的意味。塔尔顿·吉莱斯皮甚至剖析了"平台"一词所内含的意识形态策略："凭借这个词，在线服务矛盾重重的活动能够被呈现为 DIY 用户和各大媒体生产者的中立的基础，同时，隐私与监视的企图、社群与广告投资间的冲突也在此上演。"[1]

随着全方位生活的网络化和数字化进程的狂飙突进，数字校准现实、社交媒体校准真实社会关系成为一种认识论上的常态，其结果则是技术控制的进一步强化甚至固化。尽管自 20 世纪 70 年代以来，控制论一度丧失其高光，但随着数字技术的颠覆性加速，科技无意识对技术—社会关系的影响又一次进入人们的思考视域。新技术在很大程度上成为思考宏观社会关系生产和再生产的一种政治哲学入口，它的意识形态作用无法小觑。比起冷战时期基于运筹学、语言学、系统论和自动化理论形成的以高算力为追求的计算机技术，今天基于互联网的数字平台所宣扬的开放、互动、自组织和去中心化的政治隐喻无疑迎合了后冷战时代反"零和"的文化要求。

社交媒体网络正是这样一种自组织网络。它所倚赖的"连接"同时具有抽象和具象、实存和潜存的双重意义，既可以是一种真实发生的联系，也可以是对联系的质量和可能性进行的量化描述。而社交媒体的数字化留痕和推送则让原先传统社会关系模式中的不可见成为可见。越来越多的研究者和非学者型社会工作者对社交媒体交往形式的肤浅性予以批评，认为其有可能造成信息过载和注意力减退等新的问题。事实上，智能手机在设计、销售、宣传上所营造的风格，正如社交媒体平台的信

---

1   ［荷］让基尔特·洛文克：《社交媒体深渊：批判的互联网文化与否定之力》，苏子滢译，重庆：重庆大学出版社，2020 年，第 5 页。

息表达、交换、生产一样，成为社会的现实形态，也在更大程度上冲击
着那些被认为过时的社会规范。在这个意义上形成的"社交"，其日常
的经验性基础日益虚化，表演和筹划表演的因素及时间增加，对技术支
配的表达体系的屈从和对预期效果的期待令人欲罢不能。《黑镜》系列
单元剧《急转直下》中一个饶有趣味的镜头是：女主人公在拿到咖啡和
曲奇后，颇费心思地构图拍照、设计文案，然后上传至自己的社交账
号。在等待点赞和评论的时间里，她漫不经心地尝了一口食物，发现它
们并不合胃口，就皱了皱眉头将食物推到一边。但很快，她就开心起
来，露出了满足的笑容，因为刚刚发的这条精心构图的推文收获了不少
点赞。真实的食物与其被表达的形式形成了反差，或者更准确地说，在
这种反差中，食物的使用价值并没有得到充分实现，真正实现的是它的
表达形式所带来的社交价值及与之相伴随的情绪价值。在这里，真实的
生活体验退居成为社交媒体的表演性之下的附属物，而这种表演强调了
视觉（本质上是景观）的优先地位。这种消除了景深的景观本身甚至是
反叙事的，它所表现的是一种纯粹的符码拟像。"它们之间的关系不再
是原型与仿造的关系，既不再是类比，也不再是反映，而是等价关系，
是无差异关系。"[1]

　　然而，这里所要追求的等价和中立并非传统物质商品交换领域的问
题，也不是炫耀性消费的心理欲望的满足，而是使女主人公真正笑出来
的点赞：它是社会关系生产的现实化。这种现实化是在参与者之间实现
的一种情感回应的流通，它不是商品交换般的事件性行为，而是基于长
期关系生成和当下表达形式之间的馈赠与反馈赠的流通，是一种情感象
征的社会交换。在这一互动模式的建构过程中，条件要素则以布尔迪厄
所说的"场域"（field）的方式发生作用。

　　作为法国继涂尔干之后最重要、最有建构力的社会学家，布尔迪厄

---

[1]　[法]让·波德里亚：《象征交换与死亡》，车槿山译，南京：译林出版社，2012年，第70
页。

致力于用社会学去揭示构成不同社会世界的那些深层结构，同时揭示那些确保这些结构得以再生产或转化的机制。要以超越相对主义的科学方式完成这个任务，就必须找到合适的中介和途径以弥合结构和能动性（即客观主义和主观主义）之间的鸿沟。因为一种能够准确描述社会总体性的科学阐述本身，既需要避免那种无视能动者的机械决定主义，也必须杜绝个人决定论。"场域"是位置之间的客观关系的网络或构型，这些位置被界定的方式正是它们施之于能动者的决定条件的方式。一个场域的形成与资本密切相关，社会总体性在对资本和权力的分配结构中占有的位置以及由此形成的一系列客观关系构成了场域。社交媒体是不是"场域"？要解释这一点，可以先提出这样一个问题：社交媒体平台所形成的虚拟空间的可能性前提是什么？答案就在场域理论的分类中：一是数字媒体网络所形成的物理空间，它不仅包括了一切软硬件基础及规则，也包括活跃在上面的所有用户，它们共同形成一种相互依存的作用场。二是运行于其中的价值、法则和意义，每一个媒体用户通过占据一定的（社会）位置而进行以资本、话语、权力为背景色的信息交换，从而形成一种客观的关系存在。在"里森堡"事件中，场域分类的第二个方面突出体现为法国网友对美国人的刻板印象、戏谑的反传统言谈方式、商业运作的标准模式、国家形式，甚至欧洲国家的典型交际方式等众多方面。这种实在论的立场同时意味着，社交媒体上的实践活动本身应该被视为特定的范式之下的客观存在，其关系性的生产虽然并不全部直接由宏观社会中的外在因素决定，但经由场域特殊形式的中介而实现身体化。

当然，用场域理论解读社交媒体的一个有趣的地方在于，不能忽视与布尔迪厄持不同观点的拉图尔的"行动者网络理论"（actor-network theory）。拉图尔主张从经验性的维度来考察关系的生产性——其基本内涵在于将整个世界视为一个处于不断生成之中的网络，其中行动者是节点，网络是关系，它们处在一种动态的连接之中，这看起来和德勒兹的"内在性平面（plane of immanence）"像是同一原则在两个平行世界的

共时存在，只不过德勒兹更强调形而上学的前哲学和前个体维度，而具
有社会学背景的拉图尔则力图聚焦于具体生活世界的经验层面。社交媒
介实践的结果本身正是各类要素共同构成的一个网络，对媒介的研究既
要关注在其平台之上发生的一切，也需要去理解它所产生的构型对个体
和社会形成的结构性影响。比如，微信和微博即使为其他平台所取代，
其决定的阅读方式、语言方式以及交往方式依旧会存在，甚至会影响面
对面的线下交流。这也就意味着，比起刺穿了一切结构的行动者网络，
社交媒体平台更是一个带有半独立性质的统摄性场域，或者说它是一个
行动者穿梭于其中的特殊场域。

二、 主动凝视与象征的贫困

社交媒体平台之所以成为一个特殊的场域，其原因在于架构平台的
原则和机制并不像众包平台那样和独立的个体形成显性的对峙，或者
说，众包平台中个体感受到的是权力直接且具象化的凝视。相反，在社
交平台上，规则和结构隐身于幕后，作用于其上的行动者之间形成相互
凝视。表面上看，这种社交界面所承载的互动方式的本质与物理现实的
社交并无二致，但这种相互凝视所形成的"媒介等于现实"的自然性指
认不但极易让人忽视在这其中扮演了决定性角色的技术构架，而且容易
导向一种唯我论式的论证方式：将所有的阅读和互动的意义及价值认可
指向自身。当这样一种被技术架构的个体间相互凝视越来越成为数字时
代的社交主流方式时，过去基于社会关系和群体的身份认同机制就发生
了变化。

1963 年，福柯出版了在哲学史上并不引人注目的《临床医学的诞
生》一书。它着重讲述了凝视在身体之上的视觉如何被去个人化成为医
学性的权威话语，进而被塑造成一种"科学"权力的过程。"病痛的各
种形象并没有被一组中立的知识所驱逐，而是在身体与目光交汇的空间
里被重新分布。实际上发生变化的是那个给语言提供后盾的沉默的构

型：即在'什么在说话'和'说的是什么'之间的情景和态度关系。"[1]
这里的"凝视"（regard）不是个体视觉的观照和延伸，它重构了话语
（词）与对象（物）之间的关系，是权力关系的敛形。身体既是凝视的
对象，也以视线为中介参与到医学话语作为"科学"权威体系的建构之
中。促成科学"凝视"的是客体以客观性为布景板的展示行为，权威性
一方面在展示的过程中以去私人化的方式发挥作用，另一方面成为展示
的理性效果。凝视理论促进了对景观和视觉文化的研究，它以一种具象
化的方式将传统的主客体二元关系深化为意识形态的作用场。

　　疫情时期的社会情形让人们对社会中医学凝视的空前强化极有感
触：不但健康与疾病、预防与诊疗、标准与手段正常与否的界线完全由
其决定，甚至个体交往方式、社会管理方式和政策法规都必须与之匹
配。"健康手段不只是医院设施和药物治疗，而是社会在特定时刻为了
实现那些在技术上可能的健康改善和健康调节所能动用的一切事物。这
些健康手段定义了一条移动的边界，这个边界来自医疗的技术能力，来
自集体的经济能力，来自社会希望将其作为健康资源和健康手段贡献出
来的一切。"[2]"凝视"建立起来的是一种以视觉经验为中心的双边关系，
它不仅是对图像的关注，而且产生对视觉经验进行理解的场域的结构性
作用。"凝视"不仅仅是经验性的"看"，更是主体被形塑和自我体验为
现代主体的过程。

　　其实，这种作用和社交媒体极为相似。美国批判理论学者马克·波
斯特在其多年前的著作《第二媒介时代》中以互联网的出现为分界点，
将大众媒介时代分成两个阶段。前互联网时期是播放形式占主导地位的
"第一媒介时代"，这时候信息制作者少而信息消费者众，信息由少数专
业人士和文化精英主导，流向是自上而下、由一对多单向传播的，其所

1   ［法］米歇尔·福柯：《临床医学的诞生》，刘北成译，南京：译林出版社，2011年，第3
　　页。
2   ［法］米歇尔·福柯：《福柯文选 III》，汪民安译，北京：北京大学出版社，2016年，第208
　　页。

涵盖的人数和权重都处于不对称状态。而以互联网为核心的"第二媒介时代"，则盛行一种去中心化的传播方式，即人人都可以参与的、多散点之间的自发性双向交流。对于前者，阿多诺的批判很具有代表性。他认为，从收音机到电视机都制造了一种虚假的民主平等的形式：每个人都是听众/观众，他们被一种权威释放的方式投喂以同样的内容。此时，人们的反应其实是下意识的和群体化的，它削弱了理性个体的反思能力。在阿多诺看来，无孔不入、以同样方式言说这件事情在形式上的意义甚至超过了言说的内容。这种表面上的主体自由观看的形式，实际上仍旧是被权威话语"凝视"的体现。鲍德里亚也批评此时的媒介在日常生活的中心处植入了一种新型的文化，它制造了一种普遍的错觉：让所有人认为真实和普遍性触手可及。同时，这种媒介的引入破坏了现代政治的实践和观念基础，割裂了表征与本质、拟像与意义的关系。电视媒介的传播形式虽然建立了视觉可见与知觉理解之间的连接，是叙事张力的一种构架，但从根本上来说则是社会结构的情境性重构。

　　然而，当代的数字社交媒体和大众传媒时代的单向生产有着显著的异质性。社交媒体不再是用千篇一律的同质化内容引起用户自动化的反应，而是通过数据分析实现精准定位，巧妙地引导参与者主动地选择"凝视"，并在与他人的互动连接中实现满足。每一次发帖、点赞、关注和取关都成了自我意识的表达，而社会则被视为众多信息流的总体性表现。"个性化、去中心化、互动和开放"这样的价值标签仿佛确立了孤立小叙事的盛行，消解了经典工业社会的元叙事立场。"主动凝视"的姿态是如此重要，它预设自我的展示或沉默都具有解放性。而这种主动立场同时也要求回馈性地被观看，它以一种"空场之无"制造了想象中的视线交互，使每个用户都难以逃避存在的媒体化。

　　当然，新数字媒体不可避免地再一次引发了人—技术、技术—社会的构型问题。德勒兹和加塔利认为由纯粹连接构成的配置（assemblage）得以形成具有内在差异的观点表述的平原。这同时要求以复杂性系统的要求来解析主动凝视的机制，因为"场域"作为半独立的结构并不会臣服于线性的技术决定论。当人们沉浸在社交媒体上的观看、打榜、话题参与和投票的时候，"会产生日常生活经验和新自由主义经济视野的一致性——每个单独的个体都独自经营一个世界，不依赖他人，每个人都处于自我掌控的状态之中"[1]。

新时代的互联网以"用户生成内容"（user generated content）为口号。它颠覆了传统媒介话语所塑造的真理性和权威性，将暗示着理性的"数字化"与强调弹性的"用户化"结合在一起，形成了一种令人期待的召唤。就这个意义而言，社交媒体体验构筑了一种类似于个人主义冒险的心理状态。2006年《时代周刊》将年度人物确定为"你"，而不是"我们"，这是一种对"独异体"（singularity）没有距离感的指认，它标志着对互联网的新自由主义政治经济学的确认。不是无关紧要的"他/她"，不是集体主义的"我们"，而是彼此对视的亲近的"你"，是"我"所了解的"你"。另一方面，这种指认同时也意味着私人领域的丧失。因为关于"你"的一切，"我"都有兴趣且了若指掌，"我"可以向"你"呈上最好的选择。而"用户生成内容"的方式是将内容生产这一媒体制造的核心环节放置于结构的组织化之外，使得平台不需要建立驱动机制就可以调动用户生产的积极性并对内容进行调整。它避免了传统媒体在内容决策上所承担的风险和僵化的机制。

社交媒体构建了凝视和期待的回馈机制，其无所不在的连接所造成的距离的缺失不仅导致了公共性和私人性混为一谈，而且它所催生的日常社交活动中的交流更促进了对隐私和私人空间的表演式展示。一个在社交媒体上受人欢迎的账号，在私人领域开放方面必须具有积极的生产性。它将信息的生产由公众空间转移到私人空间，从而完成了交流的私人化，并在深层上使交流丧失了私人性。在前面提到的《急转直下》中，影片将强光与大量的近景镜头结合，旨在营造一个舞台的氛围，这

1　[美]托马斯·斯特里特：《网络效应：浪漫主义、资本主义与互联网》，王星、裴莤迪等译，上海：华东师范大学出版社，2020年，第133页。

种表达形式暗喻了每个人都沉浸在自我的世界里的视觉艺术。另一个在全片内大范围使用这种光影手段的影片是《楚门的世界》。今天看起来，这种真人秀的综艺生产令人无比熟悉，片中女主角不断练习的那句发言（"我们都太关注自己的小世界"）更是对社交媒体时代的准确总结。讽刺的是，这个小世界只有被以符合期待的方式向公众展示，才能实现价值增殖。表面上看，收获的每一个点赞和评论都形成了一种交流的回路；事实上，这种数字化的交际推动着一种自恋式的交际，它并不针对任何对象，却又面向所有对象，它所期待的是所传达的符号价值的虚假交换。在这里，社会学意义上的"互动仪式"并不存在，因为后者作为一种表达意义性的程序化活动，必须以对参与者的强关注制造融入感，从而创造一种共同的象征性现实。但在社交媒体平台上，个体的表达并不以这种共同性为目的，它只是自我建立起来的想象。由此便产生了一个视觉空间上的舒适区，它同时是一个数字化的回音室。主体间性的丰富性在"点赞"与否的选择中消失殆尽，这也正是斯蒂格勒所谓的"象征的贫困"：它是"个体化的丧失，这种丧失源自象征物生产中参与的丧失……只能导致一种象征的崩塌，也就是说欲望的崩塌"[1]。

三、　社交媒体工业：超越注意力经济

随着互联网基础设施的普及和移动智能终端成本不断降低而导致的数据保有量上升，社交媒体的平台化和应用平台的社交化的双重作用，使得人们的私人时间和社会存在方式都日益被社交媒体裹挟。个体的时间和注意力不断被社交媒体攫取，它甚至取代了其他社会联系方式而成为排他性的组织运行选择机制。当下，很难想象一个不使用微信的人在中国大陆的城市如何生活，无论他/她是否工作。在这个意义上，说社交媒体成为社会运行的基础设施一点都不为过。这也就意味着对于社交

1　[法] 贝尔纳·斯蒂格勒：《象征的贫困 1：超工业时代》，张新木译，南京：南京大学出版社，2021 年，第 17 页。

媒体的政治经济学影响的考察应当不仅仅关注所谓"注意力经济"和无偿的产销劳动，而应该考察更具广度且复杂的全新价值交换关系和价值网络。借助于平台的扩张逻辑，社交媒体的传播性也得以彰显。这种类生态系统的存在既是其经济学意义得以被挖掘的前提，也构筑了社会生活和社会关系的开展方式，更是理解数字社会的入口。

《急转直下》中通过社交媒体所实现的评分体系及其运行的规则体现了社交平台社会的控制所依赖的两个基本准则：一个是个体负责的心理学形式，它是形塑新自由主义主体的指导原则；另一个则是在前者的基础上通过数字技术对生命个体进行心理治理和行为管理的外层技术形式。它们共同构成了以数字智能设备为中介的生命政治治理术的当代展示途径，同时也是福柯所论证的生命治理术在数字技术形式下的新赋形。埃斯波西托将前数字的现代工业社会共同体描述为以肯定性方式建立起来的生命政治的免疫共同体，其核心原则之一就是个体的权利预先被整合进整体的义务之中[1]。但是在数字资本主义条件下，线上生活逐渐融入线下世界，传统的企业、工厂等以地点和行业、政治为基础的组织模式已经不再具有作为认同形成的场所的重要意义，社会关系和冲突的生成条件和原因日益多样化。个体在新自由主义心理学和智能媒介的共同塑造下，其私人生活的方方面面都发生分化并可以相对容易地形成线上的松散圈层。这种松散的多样化圈层和埃斯波西托意义上的共同体是有着本质区别的，这体现在成员身份与权责界定的脱嵌及自由的出入制度方面。这种个体的连接更像是被如同细胞膜质地的通透墙体维系和区隔的生命集合，社交媒体则是维系这种"薄墙"的最合适的介质。但这和大众传媒时代的主体化最为不同的一点在于：由于数字社交媒介所具有的传播优势，对个体的所有形塑作用可以通过传播链条形成相互叠

1　埃斯波西托以"补偿性免疫"这一术语来形容现代西方社会中个人通过让渡自身特殊权利而实现社会共同体基于"普遍理性"原则整合产生的免疫范式，这一政治哲学传统肇始于霍布斯。参见：姚云帆：《免疫政治的结构性困境——对埃斯波西多免疫概念的一种诠释》，《马克思主义与现实》2019 年第 4 期。

加和引证，使得数字内容流动扩散的方向更易沿着个体的社交关系形成"回声室"和"同温层"效应。当然，基于算法的定位和推荐刺穿同时也丰富了这一结构，从而使得社交内容的分发可以达到"共创式"的社会覆盖，继而产生多种传播效应。本章开始时提到的"里森堡网络建国事件"正是这样一个典型例子，它后来的发展是发起者始料未及的。

这让人想起比尔·盖茨对互联网的描述：它不是传统意义上的信息高速公路，而是无数条乡间小路，是一个多对多的系统。这样的"网络"概念其实是一种另类的拓扑学系统，其强调的是各组成部分由于各自在一系列关联中的位置而保持着它们的空间完整性。这里的"空间完整性"当然不是指闭合的物理空间体系，也不是指固定的元素配置，而是指位于"网络"中的各元素之间的相互参与和协调的不可分割性，这是一种基于关系而非几何结构的拓扑学认定，是新的技术条件下资本增殖关系的系统性重组。它借助于网络的正外部性效应，超越了软硬件限制和边际效应递减的桎梏，在更为深刻的意义上实现了生产社会化和全球化。

这种在空间维度和社会深度上都具有空前深远影响的生产社会化和全球化，使得传统产业界也日益依赖平台型的社交媒体，进而促进了社会关系的全方位融合，实现了以社交媒体平台（也包括社交化的交易平台）为枢纽的一体化产业融合。和过去的产业重组方式不同，这种融合所吸纳的对象之间的关系呈现出相对松散甚至非排他性的结构，从而增强抵御风险的韧性，因为它们总是同时连向多条产业链相互交织的复杂生态系统。这也就意味着，即便某个巨无霸式的社交媒体平台猝然关闭，也并不会改变社会经济的这种一体化结构，社交媒体的运行法则和客户端会继续保留，只是变换了平台而已。而且，比起工业资本主义时期产业资本之间的零和博弈，数字资本更倾向于采用收购等"温和"的方式来实现和强化这种"稳定"过渡。

大众传媒时代，传媒资本盈利主要依赖于广告和收费内容两大支柱，这二者都取决于受众的密集程度（收听率/收视率），是典型的注意力经济。早期数字时代的社交媒体除了吸纳风险投资，日常收入依然倚重注意力经济的这两个方面。这当中自然不可避免地延伸出对"数字劳动"的探讨。意大利学者泰拉诺瓦首先提出这一概念，并将其定位为"免费劳动"（free labor），用以形容用户作为数据的无意识生产者的地位[1]。事实上，无论是"数字劳动"还是"免费劳动"，都可以追溯至传播政治经济学奠基人达拉斯·斯麦兹的"受众商品"和"受众劳动"（audience labor）理论，从中可以发现其关注的重点和分析逻辑。斯麦兹的这一理论试图从马克思政治经济学批判的角度，去分析垄断资本主义社会下的大众传媒、受众和广告商三者之间的关系，从而实现对"自由选择"表象之下蕴藏的无偿剥削的批判[2]。而随着互联网不断向网络平台和社交媒体应用程序发展，"数字劳动"的主体逐渐由互联网中的用户转变为社会关系建构中的每一个人。英国传播政治经济学学者克里斯蒂安·福克斯以类似的思路建立起"数字劳动"的批判构架，将政治经济学批判延伸至社交媒体平台中，探讨了资本主义经济体制下社交媒体平台、用户和广告商三者之间的关系，并提出了"产消者劳动"（prosumer labor）[3] 概念，进而又形成了系统化、理论化的"数字劳动"概念。他特别指出，社交平台向用户提供的交往手段并不是简单的生存手段，而是为了创造价值和利润而提供的生产手段[4]。

　　这样的批判路径实际上从一个侧面印证了互联网时代关于"免费"的观点：如果你不需要为商品付费，那么你就是商品。但是，且不说付费是不是免除数据剥削的可靠保证，就个体社交的传播化途径而言，"数字劳动"理论其实忽略了当下社交媒体早已将线上世界延伸融合进

1　参见：[意] 蒂齐亚纳·泰拉诺瓦：《免费劳动：为数字经济生产文化》，杨嵘均、曹秀娟译，《国外社会科学前沿》2023 年第 1 期。

2　参见：[加] 达拉斯·W. 斯麦兹：《大众传播系统：西方马克思主义研究的盲点》，杨嵘均、操远芃译，《国外社会科学前沿》2021 年第 9 期。

3　参见：Christian Fuchs, *Digital and Karl Marx*, New York: Routledge Press, 2014, p. 132.

4　参见：[英] 克里斯蒂安·福克斯：《受众商品、数字劳动之争、马克思主义政治经济学与批判理论》，汪金汉、潘璟玲译，《国外社会科学前沿》2021 年第 4 期。

线下世界的日常，并成为当今生活的连接组织这一现实。因此，"虚拟"和"现实"的二元对立早已变成虚假的问题，因为"虚拟"早已不"虚"，它构成了真真切切的社会关系，并渗透进线下的生活当中。不存在独立于社交媒体之外的另一套完全不同的社交法则。而且，对于绝大多数人而言，当他们作为社交媒体用户的社会关系已经被框定在由微信、QQ、Twitter 和 Instagram 构成的世界中的时候，线上关系的复杂度其实从属于其"透明度"，它既是聊天室时代各种群名单中个体之间的相互赋权，也是一种扁平的交互性关系。当社交本身越发传播化的时候，所有内容的"分享"和"交换"就不再仅仅是一种自我展示，它甚至改变了数字内容扩散的底层逻辑，将大众传媒时代的信源的可靠程度替换为对人际因素的衡量。宾夕法尼亚大学营销学教授乔纳·伯杰将这种人际因素的现实化作用形容为"社交货币"（social currency），用其来形容在个体媒介化的过程中对由共创所达到的数字认知的普遍性作用。[1]尽管这一概念的严谨性和政治经济学意义还有待考量，但它所提出的关于社交媒体平台的另一种价值创造方式无疑提供了带社交媒体突破线上包围圈的一条思考路径。越来越多的学者注意到，经由社交媒体互动再带入线下的社会交往常常比单纯线上或线下的关系更为稳固。

在讨论社交媒体平台这个问题的时候，其实有另一个维度值得思考：如果没有社交媒体平台，在今天的数字社会中，还能想象一种与之完全不同的社交方式吗？答案不是所谓"离线浪漫"式的回撤，而是关于自我表达、反对暴力和资本统治以及改变世界的超链接。苹果公司的原创视频服务 Apple TV＋于 2022 年推出的新剧《人生切割术》尝试以另外一种方式讨论这个话题。然而，社群主义的纯粹性是否真的可以成为反对实用主义的武器？又或是，其纯粹性该如何得到保证？对这些问题的回答在乌托邦想象以外更需要市场和历史的实践来检验。

1　参见：［美］乔纳·伯杰：《疯传》，刘生敏、廖建桥译，北京：电子工业出版社，2014 年，第 40 页。

第二节　数字化视域下的数据主体与主体际重构

一、引言

面对生活的全面数字化，不管是单纯的乐观，还是恐惑参半，都无法否认从个体存在形式到社会行为以及社会交往等诸方面都发生了根本性改变，社会治理模式也在向着数字化方向发展。大卫·哈维对这种变化给予了极高的历史评价，认为在疫情防控下非接触性的网络交往逐渐取代部分接触性的社会交往，将会导致社会文化的整体转型。[1] 而与此相反，阿甘本则极度不认可"保持社交距离"的新型交往方式，对前疫情时代的"邻人"状态倾注了无限留恋，他只认可"当前的紧急卫生事态可以被视作一间实验室，用以研究施加于人类的新型政治与社会规划模式。"[2] 当数字化成为时代发展的主要推手，全面渗透进生活领域，人们在一夜之间被迫突然面对数字化时代的几乎所有问题和利好。狂飙突进的数字化大潮中，算法建构起主体的数字化存在方式，掌握算法技术的平台和普通用户之间存在着巨大的主体际落差。如何看待数字化世界中出场的数据主体？如何分析信息（技术）鸿沟带来的主体际落差？必须要从数据及其建构谈起。

二、朝向单向度的数据生活建构

数据生活并不是由数据简单地堆砌而成，数据不会自然地产生信息。从零散、无意义的数据到建构起高效、便利的数据生活之间，存在着对数据进行筛选、提取、分析、建构等环节。"数据结构是构造计算

1　［英］大卫·哈维：《新冠时代的反资本主义政治》，2020 年 3 月 20 日，https://mp. weixin. qq. com/s/byeZnMxXjNFt＿5HNffN1zw，2021 年 6 月 3 日。

2　［意］乔吉奥·阿甘本：《论社交距离》，2020 年 4 月 6 日，https://mp. weixin. qq. com/s/0w6ZAjIZh2ehhpqRbeCYDw，2021 年 6 月 3 日。

机算法的基础。"[1] 算法依赖于数组、链表、树、散列、图等基本数据结构，数据结构可以是静态的也可以是动态的，可以是一维的也可以是多维的，但建构数据结构的过程不是自然化或自动化的过程，大量数据冗余需要被清理，有效数据被组织成算法可用的标准化数据，才可以被进一步分析。从存在论意义上而言，数据是（拉康理论中的）"真实之物"（das Ding），它存在于实在界之中，但不是实在界本身。拉康指认"真实之物"存在于意识、语言之外，既不可被想象，也不可被象征，但同时又是想象界和象征界的动力之源，处于实在界之中的"真实之物"本身就是一个悖论性存在。拉康把"真实之物"形容为："在表象的层面说，物并不是什么也没有，它事实上只是不在。它的特征就是它的不在场、它的陌生性"。[2] 数据恰恰就是这样悖论性存在的"真实之物"，"数据真正的意义不取决于它的来源方式或本身，而取决于将它与其他数据联系起来的意义承载模型。"[3] 数据所能表达的信息和意义必须借由算法来实现。未经算法处理的数据本质上构成了一种悖论：它是一个有的无，一个存在的非存在，一个不可能的可能。当主体体验到它的时候，它仅以表象的方式出场却不在场；当它在场的时候，脱离了任何表象的方式，主体无法认识到它，仅能通过结果回溯的方式来把握它。

作为"真实之物"的数据无法直接认识，依赖于一个庞大的基础设施——算法[4]——来进行筛选、提取、分析、建构。算法处理过的数据已不是孤立、零散、无意义的原初数据，而是可认识的数据，这种可被认识是象征、建构的结果。算法不是中立的，它总是基于某种使用目的被创造，算法设计者预设了数据可被使用的目的。信息和意义没有小法

---

1 [美]乌迪·曼博：《算法引论——一种创造性方法》，黄林鹏等译，北京：电子工业出版社，2010年，第44页。

2 Jacques Lacan, *The Seminar of Jacques Lacan*, Book Ⅶ, The Ethics of Psychoanalysis 1959—1960, New York: W.W. Norton & Company, 1992, p. 63.

3 吴静：《算法为王：大数据时代"看不见的手"》，《华中科技大学学报》（社会科学版）2020年第2期，第7—12页。

4 算法实际上是数据使用的问题式，它决定了数据在何种意义上可以成为信息。具体可参见拙作《算法为王：大数据时代"看不见的手"》。

从不具有直接可读性的原初数据中读取，必须经由被设计出来的算法进行解读。换言之，数据意义的生成取决于算法，因而从根本上取决于算法设计的初衷和算法设计者对问题的理解。算法设计者决定了数据之间的关联性，决定了哪些是数据冗余、哪些是有效数据，并最终决定了所呈现出来的信息。拉康用象征界的各种象征符号的组织来指称对实在界不可认识之物的缝合功能，算法也是作为象征界的一种语言符号系统，对实在界孤立、零散、无意义的数据进行了缝合，建构出了最终的意义，它使得数据不再是随机、无关联、任意的彼在，而是一种可以被分析、可以得出信息的此在。实在界的彼在作为不可达到的彼岸而存在，它映射在象征界中可被描述的此在，拉康如此形容这种映射的作用："这些象征符号是从能指与所指的分节连接——即语言结构本身的对等者——出发来起作用的。"[1] 此处拉康借用了语言学中的"能指"与"所指"概念，因为实在界是一个绝对不可到达和绝对的裂缝，所以必须要借由象征系统（语言符号）来描述和缝合，才得以作为客观世界的一部分被经验所把握。算法语言中的所指是基于能指筛选的有效数据，并且由于算法预设了能指所表达的方向，有效数据与数据冗余之间的对立就由预设目的而决定，数据之间的关联性也由预设目的而决定。但是，算法这一特殊的语言符号却颠倒了能指与所指的关系。与传统的语言符号不同，算法语言缝合的目的并不是来自所指，而是来自预设的目的，它的功能源于创造者想要得到哪一方面的信息。尽管拉康指出了象征界的象征符号最终要向实在界返回，任何象征系统对"真实之物"的描述都会留下剩余，是回到实在界再进行一次象征化的动力之源。算法显然已经溢出了拉康这一表述，算法的动力之源不再来自实在界，而是来自创造者的预设目的，是否再次象征化、如何进行象征化都取决于预设目的。这种向实在界返回的断裂，决定了算法不再有绝对的大外部——实在界不再构成它绝对的、无法描述的大外部，而被算法排除在外的是数

1　［法］雅克·拉康：《父亲的姓名》，黄作译，北京：商务印书馆，2018年，第20页。

据冗余、无效关联，有效数据和数据冗余之间的界限是刚性的、绝对的，符合算法目的的数据关联性和不符合算法目的的无效关联性之间的界限也是刚性的、绝对的，但数据冗余、无效关联性不再像实在界一样会溢出算法语言的描述，被排除的绝对性构成了那道"叹息之墙"。

算法的人为特征使得数据本身意味着有被无限建构的可能性空间，数据生活本身也指向一个无限可能性的生活解读——算法赋予数据不同的目的造就了形式各异的数据生活。然而，算法的解读本身并不意味着对真实的准确再现，其反映的只是数据之间的相关程度，其建构的数据生活本身是一个概率。当算法掌握了数据提取和解释的权力，本身就形成了一种权力对真实的凝视。福柯认为，现代医学体系是将人体作为权力的对象和目标来操纵、塑造、规训的。"在任何一个社会里，人体都受到极其严厉的权力的控制。"[1] 现代医学体系对人体形成了一种具体的、精细的干预模式，树立了一种理想的、正常的人体标准（例如士兵的身体），使用一整套技术方法将人体塑造成为符合这种标准的产物，而无法接受或符合这种标准的个体（例如麻风病人、疯癫病人）就被排除在社会之外。"这种严格区分的重大方式既是一种社会排斥，又是一种精神上的重新整合。"[2] 这种严格的区分，是现代医学体系对肉体和灵魂的一种新的审判权力，个体的生命必须要接受这种权力的规训才能成为社会意义上的主体。而这与数字化的权力几乎是同构关系，算法作为数据的外在暴力，使数字化成为单一的标准模式，数字化存在代替了人的真实存在。

马尔库塞对工业社会意识形态和现代性现象的诊断并不是什么新鲜话语。但是，大数据时代基于算法建构起来的数据生活，使得马尔库塞笔下的"单向度"在数字化时代进一步加强。疫情防控常态化下非接触

1　[法]米歇尔·福柯：《规训与惩罚》，刘北成、杨远婴译，北京：生活·读书·新知三联书店，2012年，第155页。

2　[法]米歇尔·福柯：《疯癫与文明》，刘北成、杨远婴译，北京：生活·读书·新知三联书店，2019年，第10页。

性网络交往对接触性社会交往的逐渐取代，更是加速了社会生活的"单向度"趋向。不符合算法目的的数据冗余、无效关联性被排除在数据生活之外，数据生活的界限也变得刚性而绝对。促使数据生活发展的原因在于它所带来的高效和便利，然而这种单向度正如马尔库塞批判的那样不合理："它那在广阔范围内促进了效率和进步的合理性，其自身就是不合理的。"[1] 这种单向度"暴力性"地强迫着人们进入一个算法法则规定的生活方式，因其本身排他性的单向度而体现着暴力——不允许人们采取（甚至想象）另一种生活方式。其本质因"利用技术而不是恐怖去压服那些离心的社会力量"[2] 而被掩盖，并导致了"一种新型的顺从主义"。当人们享受数据生活所带来便利的同时，忽视了被算法排除在外的部分，从而因其技术进步、生产效益的幌子而顺从了这一单向化的过程。技术对生活领域的扩散和渗透，使得技术合理性成为经济合理性、政治合理性、文化合理性的根基，从此算法技术建构了符合自身需求的意识形态。算法成为具有决定权的力量，非数字化的生活被排除在外，算法有效地窒息了任何对非数字化的要求。经由算法这一刚性结构中介的存在方式，成为人们唯一的"自由"选择。

在疫情防控常态化下，有码走遍天下，无码寸步难行。有两个案例值得反思：杭州市卫健委在一次会议上提出了"一码知健"的渐变色健康码设计思路，主要是综合个人的病历、体检等数据，甚至包含了生活方式的数据，建立健康数据排行榜，通过大数据对个人和群体的健康状况进行评价；苏州市推出全国首创的"文明码"，文明积分等级高的市民将会优先享受工作、生活、就业、学习、娱乐的便利，而文明指数低于下限的人员将会受到警示和惩戒。尽管这两个案例皆因遭到广泛的抗议而胎死腹中，但是这种潜藏在合理性中的不合理，正是对数据生活加

---

1   [美] 赫伯特·马尔库塞：《单向度的人：发达工业社会意识形态研究》，刘继译，上海：上海译文出版社，2006年，第5页。

2   [美] 赫伯特·马尔库塞：《单向度的人：发达工业社会意识形态研究》，刘继译，上海：上海译文出版社，2006年，第2页。

以批判性反思的立足之点。一个值得被继续追问的问题产生了：算法提供的模型是否足以拥有对真实生活全方位的评价能力？

社会生活数字化带来的利好是毋庸置疑的，但数字化是否意味着纯粹客观和科学却是一个值得思量的问题。在数字化狂飙突进的进程中保持清醒，批判性地反思高效便利表象下的内在矛盾，是极为重要的。马尔库塞用"潜化"一词来形容发达工业社会如何通过意识形态影响个人的行为选择。在数据生活中，"潜化"的作用方式完成了向数字化的演进，最关键的环节就在于算法。算法逻辑"潜化"为人内心的自我逻辑，单向度的社会生活"潜化"为内心的自由选择。算法中介、数字化本是符合算法技术逻辑成立生效的假设，在与技术相适应的意识形态影响下，这一假设不断重复以至于形成定义和命令。算法所垄断的社会秩序，拒斥了任何反对其"意识形态把个人询唤为主体"[1] 的行为，主体必须以数字化的存在方式出场。也就是说，算法的力量也在"潜化"地影响着对数字化的抗拒，算法拒斥了一切不被数字化的可能。在算法建构的"自由世界"里运转的机制是自由的，超越这一模式的自由选择都是不被允许的。这是以算法为中心的极权主义逻辑，主体的自由被迫让位于算法的自由，主体的存在方式必须符合算法这一单向度。算法所建构的数据生活的内在矛盾在此显现：其不合理成分存在于合理性之中。技术进步带来的利好超出了其自身合理性的领域，限制自身的合理性，其带来的社会生活的单向度反而抑制了主体的自由发展。那么，算法建构的数据生活合理性究竟何在？

三、　生命政治维度下的数字符号秩序

算法创造的数据之间的关联性，使得本不连贯的数据构成对连贯性的经验现实的表征甚至替代。算法的规则构成了数据生活的规则，也建

1　[法] 路易·阿尔都塞：《论再生产》，吴子枫译，西安：西北大学出版社，2019 年，第 364 页。

构了数据生活中的主体。在数据生活中，真实的主体是匿名的，而以数据主体的形象出场。根据算法调取的数据不同，不同的数据主体形象显现在数据生活中。数据主体是功能性的，它伴随着不同功能的算法而被建构，同时又具有多重可能性，它依据不同算法建立不同关联性而具有被建构的开放性空间。同一个体可以同时具有多重数据主体，这全部依赖于建构数据主体的算法的功能作用，算法控制了具有连贯性的主体自我建构过程。

生活在数据生活中的主体，实现的是算法建立的象征符号秩序。如果主体排斥、违反这一象征秩序，也就是拉康所形容的"主体由于无法以一种活生生的方式实现象征符号的秩序，他就实现各种无序之像"，[1]那么实现"无序之像"的主体必然会被排除在"有序"的数据生活之外。算法语言之所以具有"排除"的权力，在于"这一中介性言语在这一基本方面并不是不折不扣的中介性的……它不但构成这种中介，而且构成现实本身"[2]。算法并不仅仅是一种象征符号秩序，它直接架构了社会生活以及社会生活中的人，构成了数据生活的门槛。社会生活的门槛和"排除"的权力，构成了生命政治学的理论焦点。阿甘本从词源学的意义上区分了两个希腊语单词"zoē"和"bios"，前者指称赤裸生命的存在，后者指称人作为有独立自我意识的群体的生存方式，即社会生活的存在。生命政治的话语指认出，原初的赤裸生命被纳入政治领域才有了作为群体生活的存在方式，即一种"纳入性地排除"[3]，这意味着赤裸生命从诞生的那一刻起就被动地或主动地对自我进行建构，政治性身体建构的完成才意味着进入社会生活。生命政治学对"纳入性地排除"的研究，让人们惊觉：在数据生活中算法正是这一过程的具象化形式，正是数据主体的建立才意味着个体真正获得主体身份进入社会生活领域，

1　[法]雅克·拉康：《父亲的姓名》，黄作译，北京：商务印书馆，2018 年，第 25 页。
2　[法]雅克·拉康：《父亲的姓名》，黄作译，北京：商务印书馆，2018 年，第 29 页。
3　[意]吉奥乔·阿甘本：《神圣人：至高权力与赤裸生命》，吴冠军译，北京：中央编译出版社，2016 年，第 11 页。

不符合数据生活秩序的部分则成为"纳入性地排除"中被排除的部分。拉康也同样指认出一个具有连贯性的统一自我并不是先在的，而是发展生成的。算法在连贯性的自我形成中，通过建构的数据主体完成了对原初主体的俘获，完成了对主体建构过程的控制。拉康如此描述象征界对主体建构的影响："一种现实中介的可能性主要借助于如下角色就开启了，这一角色通过与主体的关系体现一种超越的角色，换言之，体现一种控制之像；而借助于这种控制之像，主体的欲望及其实现能够象征地得到实现。"[1] 换而言之，算法"控制"了主体的纳入或是排除，"控制"了主体社会身份的建构过程，"控制"了数据生活的秩序和门槛。

　　生命政治学强调了外在的社会结构对建构主体的要求，精神分析则侧重于一个连贯性的主体的自我建构是对社会结构和秩序的反映，两者同样指认出数据主体和真实主体之间的距离。算法所造成的这种疏离并不是无立场的，而是伴随着对算法预设的目的的。

　　一方面，算法需要的不是真实的身体，而是符号化的身体，一种去情境化、去复杂性、抽象的身体。真实主体的缺席意味着代替其出场的是数据主体，而数据主体并不来自对真实主体的映射，而是来自被分析、可提取信息的要求。前文说到算法颠倒了能指与所指的关系，能指的目的不再来自对所指的描述，描述变为符合能指预设目的的一种行为，同样当数据主体并不以映射真实主体而出场时，其目的则是为了符合数据生活的要求。可以看到这种抽象性的符号身体对真实身体的湮没，例如健康码的使用。健康码所筛选的条件并不依照于个体具象的生活经历——是否真实地接触过感染者，而是依照于一个抽象的区域——某一城市或者某一区县是否为感染的高风险地区。于是，可以看到一个悖论：尽管一个人不是感染者，但 TA 的健康码可能是红色的；尽管一个人的健康码是绿色的，但 TA 不一定是未感染者。健康码和健康之间并不是等同的关系，不是对个体真实健康状况的映射，只是为了防控疫

1　［法］雅克·拉康：《父亲的姓名》，黄作译，北京：商务印书馆，2018 年，第 32 页。

情和社会运行的需要所采用的一种概率管理方式。借此可以看出，数据身体的建构来自作为悬设目的的需要，并不来自真实身体，而算法对抽象性符号的要求，决定了其必然对主体的经验生活进行去情境化。

另一方面，算法的模型优先法也同样决定了数据化主体形象无法完成对真实主体的完整映射，其抽象化的相关性确定排除了属人的柔性属性和经验现象的不同文化内涵。属人的柔性属性是与工具理性相对的一个范畴，包含了人类在各种情境下具有的人性的厚度。克里斯蒂安·马兹比尔格将算法所运用的数据定义为"薄数据"（thin data）——"剔除了情景的数字"，[1] 而像包含了情绪等经验性内容的"厚数据"（thick data）才能展现文化所具有的厚度。算法的运行规则来自形式逻辑，输入的数据按照形式逻辑的分析、计算得出最终的信息，但是社会生活并不单纯只有形式逻辑的一面，主体也并不会时时刻刻按照理性逻辑行事，理性逻辑不是主体的全部，也不可能满足社会生活的全部需要。然而，算法刚性的边界会把数据冗余和无效联系排除在数据身体的建构之外，被排除的既包含了人性中超出理性之外的抉择——主体不可预知的创造性、偶然性、意外性，也包含了无法符合、适应算法运行要求的弱势群体——无法操作数字化产品而获得数据身份的主体。在算法追求的理性、高效之外的，是使得社会生活更具人性化的部分；在算法追求的抽象化、精确化的数据生活之外的，是更具人文关怀的社会生活。

算法建构的数据世界实际是一个独立的封闭空间，它打破了以往象征界社会生活向实在界的真实返回的惯性，真实生活不再溢出数据生活，完全被涵盖其中。算法设计的目的指向计算机能够理解运行的程序，算法分析中"重要的一步就是确定该算法将需要多少诸如时间或空间等资源量的问题"[2]，本质上是一种机器或者工具理性的逻辑。算法预

1　Christian Madsbjerg, *Sensemaking: The Power of the Humanities in the Age of the Algorithm*, New York: Hachette Books, 2017, p. 63.

2　［美］马克·艾伦·维斯：《数据结构与算法分析：C 语言描述》，冯舜玺译，北京：机械工业出版社，2004 年，第 11 页。

设了不再向真实生活的返回，数据生活完成了一套符合"机器控制主义"（instrumentarianism）[1] 逻辑的自治系统，拒斥了任何被排斥在数据生活之外的"事件"的刺破。可以说，算法构成了一种与齐泽克的"事件"（event）相悖的"逆事件"（anti-event）。齐泽克强调，"事件"是对既有稳定结构的破坏，即真实之物对象征结构的破坏，当真实界溢出并摧毁了现实生活之后，它造成的分裂和创伤会促使现实生活再次建构。"事件"的出现既毫无起因也毫无征兆，没有稳定的事物作为基础，是对因果逻辑链条的打破，是"超出了原因的结果"。[2] 齐泽克对"事件"的阐发遵循着拉康精神分析的传统，是实在界对象征界的溢出，只能在事后通过结果来认识"事件"，并通过结果回溯的方式为"事件"设立原因。然而，原初数据尽管作为真实界的"真实之物"出场，但是算法颠倒了能指和所指的作用方式，禁止了实在界的溢出作用，算法所降下的铁幕阻隔了任何对其结构破坏的可能，预设目的作为算法的原因不再需要从结果回溯原因，而是原因预设了结果，算法的作用方式恰恰和"事件"相悖。因此，数据生活丧失了外部性和边界性，他者在这里缺位了。尽管数据冗余和无效关联构成了算法的他者，但是算法在有效数据和数据冗余、有效关联和无效关联之间设立的"叹息之墙"，使得数据冗余和无效关联对数据生活无法造成任何溢出的威胁，数据生活由此成为有外部的无外部、有边界的无边界。数据生活更需要的是为算法创造一种"事件"，为数据生活确立外部和边界，能够对数据生活进行更多的反思，让数据生活不再成为主体唯一的、不可选择的生活方式，使社会生活更加多样化和人性化。于是，可以看到经过改进的健康码越来越向个体具象化生活靠近，从一开始以省、市范围划定健康码颜色，到以街道、小区范围划定健康码颜色；在火车站、医院除了设有刷健康

1　[美]肖莎娜·祖博夫：《监控资本主义时代（下卷）：机器控制力量》，温泽元等译，台北：时报文化出版公司，2020年，第605页。
2　[斯洛文尼亚]斯拉沃热·齐泽克：《事件》，王师译，上海：上海文艺出版社，2016年，第4页。

码通过的闸机，也有为无法使用智能手机的群体提供的人工通道；在疫情反复的冬天，上海采取更加人性化的防控措施，不仅更关注个体差异化的需求，而且还为不会熟练操作智能手机的老年人推出了"长者专版"APP。对数据生活反思的目的，不是排斥和反对数据生活，而是在追求高效的数据生活之外，为数据生活确立边界，给主体更多样化的选择空间，对弱势群体更显温暖和包容。

四、 数据权力重构主体际落差

必须承认，个体获得数字信息和使用数字技术的能力不同，因此在数据生活中不同个体之间存在运用数字化产品能力的主体际落差。数据生活是高度数字化和智能化的，依赖于不断加速发展的技术层面的支撑。由于存在着一定的技术门槛，对数字化技术的掌握有一定的要求，所以能够熟练操作数字化产品的群体与不能熟练操作的群体之间存在着巨大的"数字鸿沟"。数据生活的社会生态系统只针对能够熟悉这种生活的群体开放，不能够熟练掌握数字化软硬件设施的群体被拒斥在了数据生活之外。由数字技术社会化塑造的数据生活门槛，塑造了一种社会标准，其本身构成了一种权力，在这种权力的重构下，所有个体要么选择被迫适应数字化的生存方式，要么就被社会生活排斥在外。在全面数字化的社会中，技术掌握上的差距演变为社会权利上的差距，部分群体能够享受到数字化带来的各种利好和社会权利，无法适应数据生活的群体只能处处碰壁，丧失各种社会权利。数据生活中权利的落差，是数据权力重构主体际落差的结果，个体之间的数字鸿沟演化成为权利的不对称。但是，不同群体之间存在的主体际落差，不是不同群体之间的对立，而仍然是福柯意义上的设立社会标准的话语权问题的又一次上演。数据权力设立的社会标准造就了符合标准的群体和不符合标准的群体之间主体际的落差，然而这一社会标准的设立是以技术进步为唯一逻辑的，其设立的合理性是对数据生活种种现象反思的立足之处。

在平台和普通用户之间，存在着信息（技术）不对称和权力不对称。普通用户大多不懂得产品背后处理海量数据的算法逻辑，只有平台才具有处理数据的能力，其中间环节存在着"算法黑箱"现象。由于社会的技术分工和技术本身存在的门槛，普通用户既不清楚算法的目的和意图，也无法对算法设计进行评判和监督，算法设计和使用的权力完全由平台掌控。权力不对称看似只是技术分工的结果，但正如阿尔都塞分析的那样："劳动的纯'技术'分工，只不过是另一种完全不同的分工——即作为阶级分工结果的社会分工——的伪装"，[1] 技术本身就掌握了强大的话语权力。阿尔都塞在这里想指认的是，纯粹技术性的分工掩盖了其背后的"权威上的等级关系"。在数据生活中，"等级关系"体现为数据使用者对数据贡献者的技术垄断和支配关系。平台正是形成技术垄断和支配关系的关键，平台加大了对普通用户的宰制。[2] 数据作为一种特殊的生产资料，资本主义原有的生产模式并不能有效地提取和使用这一生产资料进行生产。在网络技术的发展下，大量潜在的数据被发掘出来，尤其是后福特制的生产指向了满足个性化需求的精益化生产，迫切需要全新的商业模式提取、处理这些数据，平台模式就应运而生。斯尔尼塞克在《平台资本主义》中指出，进入 20 世纪后平台成为新的商业生产模式，资本主义发展的重心转移到能够提取和控制大量数据的平台上，并由此形成新的垄断。"平台通常由处理数据的内部需求而产生，并成为一种有效的途径，能独占、提取、分析和使用记录下来的日益增加的数据量。"[3] 平台模式的快速发展，使得大量公司融入平台的生产模式，资本主义经济体系完成了数字化转型。那么值得追问的是：平台是资本主义经济变革的产物，那么平台盛行的背后资本是如何利用平台这

1　[法]路易·阿尔都塞：《论再生产》，吴子枫译，西安：西北大学出版社，2019 年，第 109 页。
2　平台资本主义作为"总体资本主义经济"不可分割的一部分，把互联网媒介社会推向垄断，不断扩展蚕食原先非资本化的领域。具体可参见拙作《总体吸纳：数字平台模式下的新特征》。
3　[加]尼克·斯尔尼塞克：《平台资本主义》，程水英译，广州：广东人民出版社，2018 年，第 49 页。

一权力的呢？

　　数字化带来快速发展和提高生活水平的另一面是平台对数据资源的垄断。数据是平台进行生产的原材料，用户在平台上的活动是这一原材料的天然来源，平台根据自身的需要，通过算法对数据原材料进行提取、分析并以各种方式使用之。用户作为数据原材料的贡献者，既不占有自身活动所产生的数据，也不掌握可以建构数据各种使用方式的算法技术。无论是原材料（数据）抑或是生产技术（算法）都为平台所独占、垄断。平台具有的特性是共享性：使用平台的用户越多，平台的价值就越大；平台能够提取的数据量越大，其产生的使用途径就越多。这意味着平台谋求将越来越多的用户捆绑进其生态系统，以便攫取更大量的数据。表象上，去中心化和开放性是平台的主要特征，但实际上，平台作为社会资源整合的基础，成为剥削的新型数字化技术手段。在数字化的进程中，平台资本主义的生产逻辑成为新型的价值增殖模式，以数据为原材料，以算法为技术手段，以平台为基础设施，通过用户无偿的数字劳动，将数据的价值占为己有。平台资本主义的蓬勃发展深刻影响着数字化时代的劳动结构和社会结构。平台不再扮演开放性中介的角色，而是市场中具有决定性的力量，不仅通过数据库和服务器实现对数据的垄断，并且控制着生产与市场的游戏规则。

　　各类"大数据杀熟"案例就是其生动的体现：复旦大学孙金云副教授在调研报告中验证了"苹果税"的存在，苹果手机的用户被价格更高的舒适型车辆接单的比例是非苹果手机用户的三倍，在打车优惠上苹果手机用户获得的优惠明显低于非苹果手机用户；《人民日报》也曝光了在线旅游平台存在"机票价格越搜越贵、酒店起价越看越高"现象……相比早期的"大数据杀熟"依靠算法判断熟客卖高价，现在的"大数据杀熟"由于算法快速迭代和对消费者个人数据的全方位收集，转向基于个人信息的差异化定价。各类平台利用自身的优势，通过采集大数据、分析消费者使用习惯、改进平台算法，对用户进行画像分析，从而达成"大数据杀熟"的目的。买卖双方拥有数据量的差异和利用算法能力的差异，造就了信息（技术）不对称，而正是信息（技术）不对称让用户处于明显的劣势地位，资本利用自身优势地位进行牟利。

资本比任何主体都更敏锐地察觉到权力不对称的存在，权力的等级关系更能保障资本的利益。肖莎娜·祖博夫在《监控资本主义时代》中指认了这种新型的主体际权力落差实质上构成了一种"大他者"的权力体系，"具有觉知、拥有计算能力、相互连结的傀儡，能够转换、监控、计算、修正人类行为；大他者结合了这些探知与执行的功能，实现了遍布各处、前所未闻的行为修正手段。"[1] 当资本掌握了权力，架构起主体际关系，前资本主义式的主体际关系就被资本所摧毁，并建立起剥削与被剥削的主体际关系。并且伴随着资本的发展，这种剥削与被剥削的关系越来越隐蔽，大工业时代是通过利润掩盖了剩余价值的事实，大数据时代则是通过个性化、私人订制、用户利益等名词来掩盖权力不对称的事实。在资本通过平台侵蚀的全部数据生活中，数据使用者和数据贡献者之间存在算法黑箱，使得用户所享受的数据生活的便利性掩盖了事实上数据的无偿占有、数据价值的随意攫取。与公权力所能保障的数据所有权的公有和最终利益的共享不同，资本甚至无须经过数据贡献者的许可就可以将数据私有化，并作用于用户，独享最终的利益。央视"3·15"晚会曝光了科勒卫浴、宝马、MaxMara 商店安装人脸识别摄像头采集客户信息，从而实施精准互动营销，针对新老顾客的不同需求采取不同的营销策略。其关键就在于采集顾客的数据无须告知顾客、无须获得顾客授权，商家可以将顾客的数据和个人信息占为己有，并通过对这些数据的处理为自身的牟利行为服务。如果不明晰资本的边界，不规制数据的使用，那么权力不对称在资本逐利性的助推下，会使得主体间的裂缝更加扩张，数据贡献者受数据使用者权力更全面的宰制，数据生活中主体际的落差也就越大。

1　[美] 肖莎娜·祖博夫：《监控资本主义时代（下卷）：机器控制力量》，温泽元等译，台北：时报文化出版公司，2020 年，第 636 页。

　　平台背后是资本的驱动，而资本架构主体际关系的影响还涉及时间性的因素——持存。拉康指认主体一旦参与到人类关系的领域中，人类关系的时间性构成问题就必须得到重视。"当对象不在那里时，这就是处于其时间之中、与其自身相分离的、具体化了的对象，而且，由于这一对象与其自身相分离，它对你们来说总是能够以某种方式在场。"[1] 换句话说，在数据生活中，资本并不是时时刻刻以本真的面貌出场，它的在场借助于各种具象化的方式，通过具象化的方式完成资本的牟利，更重要的是通过这种分离，资本得以在时间中持存，它不出场但又时时在场。尽管拉康接下来想得出的结论是一切像人类一样的东西在某种永恒性中持存，即人类自身在某种永恒性中持存。但是当资本操控了算法的趋向时，象征符号成为资本的象征符号时，取代人类的特性在永恒性中持存的是资本的逻辑。也正是在这个意义上斯蒂格勒抵触"第三持存"（rétention stertiaires）的概念，第三持存是对"滞留有限性的超越"，[2]是以记忆外部的技术作为载体对记忆持存的物质性记录。也就是说，资本成为主宰记忆的力量，成为永恒持存的存在。斯蒂格勒借此批判了资本主义通过自身在时间性上宰制的力量征服主体，让主体潜移默化地接受资本主义"意识形态唤问"，成为资本所希望形塑而成的客体。也正是因为资本的持存，使得这种宰制无孔不入、随心所欲。斯蒂格勒最终非常悲观地认为，当资本掌控了时间的力量，主体就被剥夺了一切知识，剥削本质是对全部知识（技能）的剥夺，造成了知识的绝对贫乏。[3]当资本得以通过技术手段掌控数字记忆时，那么谁在讲述事实？

五、结语

　　全面数字化为人类社会带来便利的同时也带来了挑战。算法对数据

1　[法]雅克·拉康：《父亲的姓名》，黄作译，北京：商务印书馆，2018年，第34页。

2　[法]贝尔纳·斯蒂格勒：《技术与时间：3. 电影的时间与存在之痛的问题》，方尔平译，南京：译林出版社，2012年，第116页。

3　[法]贝尔纳·斯蒂格勒：《技术与时间：2. 迷失方向》，赵和平、印螺译，南京：译林出版社，2010年，第49页。

的建构过程把不符合算法目的的数据冗余和数据关联性都排除在外，算法对情境化的漠视和对属人的柔性属性的排除是刚性的、绝对的，在算法构建的数据生活中主体被裹挟着接受了这种单向度的生活。如何更人性化地包容数据生活和数据主体之外的剩余，在数字化和非数字化之间保持平衡？如何限制资本通过平台利用主体际的落差对普通用户的剥削和宰制？当数字化生存意味着算法逻辑和资本逻辑对人本逻辑的消弭时，如何迎向数字化的未来是必须要被进一步反思的问题。

第三节　数字传播前景下传统媒体的转型思考

麦克卢汉在《媒介即信息》（也译作《媒介即按摩》）一书中，从媒介技术发展史的角度考察了传播媒介在整个人类社会历史发展中的功能和影响。他独创性地聚焦于传播媒介的技术工具本身的特性及其所带来的可能性空间对人类文化发展及社会关系的改变。他认为真正对历史有决定性影响的是这种技术革新所带来的人与人、人与世界的关系重构，而并非传统传媒理论所认为的具有时代特征的传播内容[1]。这一观点在麦克卢汉的整个理论建构中得到了强调和贯彻。在更早出版的《理解媒介：论人的延伸》中，他在第一版序言里就以电力时代的速度内爆对机械时代的时空模式以及社会交流方式的冲击为例，讨论了伴随着媒介技术改变而至的从整个社会到个体表达的全部网络[2]。

这一理论在数字媒体高度发达的今天依旧有其不可忽视的意义。随着智能移动设备和5G技术的普及，以及带宽的提升，短视频平台在智能手机中的应用使得短视频时代仿佛在一夜之间到来。一方面，抖音、快手等平台所提供的海量内容使观看短视频成为很多人日常生活的重要

1　[加] 马歇尔·麦克卢汉著、[英] 昆廷·菲奥里、杰罗姆·阿吉尔马歇尔·麦克卢汉编：《媒介即按摩》，何道宽译，北京：机械工业出版社，2016年。
2　[加] 马歇尔·麦克卢汉：《理解媒介》，何道宽译，南京：译林出版社，2011年，第4页。

消闲方式，直播带货方式的推广大大挑战了实体经济和以交易平台为基础的电商经济。另一方面，"自媒体"对短视频的青睐也越来越改变了人们获得知识和信息的方式，而可即时获得受众反馈的互动方式也在不断改变和调整信息制作的方式和内容。短视频的内容丰富度也越来越高，成为继文字、图片之后的新型阅读素材。不仅如此，在 2021 年国庆长假期间创造了高票房的电影《我和我的父辈》，也在整体叙事风格上呈现出明显的短视频风格。那么，短视频时代屏幕叙事的特点到底有哪些呢？短视频以何种方式重塑了属于这个时代的屏幕叙事特征并对传统媒体产生了挑战？宣称以"短平快"的视频生产方式改善用户观看体验的数字传播平台，是否真能如其"记录美好生活"的愿景一样突破电视传媒中心化叙事的权威模式，提供个性化自由表达的空间？在数字传播平台成为人们主要信息获取渠道的当下，传统媒体的转型出路何在？要对这些问题作出回答，就必须借助批判性视角，既剖析数字传播平台视频生产背后的运作逻辑和社会根源，也反思传统媒体如何应对新时期的受众及社会需要。

一、 数字传播平台的场域构建

当下，以短视频为代表的数字传媒正在重新塑造人们的日常生活。随着互联网通信的普及和信息传播载体的多样化发展态势，以短视频为主要生产内容的数字传播平台逐渐成为中介人类数字化生存的技术基底。抖音发布的《2022 抖音热点数据报告》显示，仅在抖音平台，月均热点视频数量就已超过 100 余万，累计播放量超过 4000 亿 [1]。庞大的用户体量和视频流量无不彰显着数字传播平台的强大影响力。在"流量至上"逐渐成为社会普遍共识之时，本应由数据所反映的具体社会生活和特殊现实状态，反而因为与资本生产无关，成为可以被选择性讨论甚至

---

[1]　抖音，巨量算数。2022 抖音热点数据报告 ［EB/OL］. https://www.douyin.com/video/7181748191908334885.

是忽略的要素，人类的生存本身因此被遗忘。正如斯蒂格勒对"存在之痛"的分析一般，在以数字媒介为代表的"第三持存"借助遍在的技术客体（数字平台、大数据、数字设备）成为人类意识存储介质的时代，"'我'和'我们'在相互混合中消失了"[1]。取代个体存在的是数字传播平台通过技术装置所建构的普遍性配置，这种配置固然消弭了前数字时代电视传媒的单一化和集中化趋势，但也在更隐蔽的层面上以资本生产的普遍范式重塑了个体行为乃至社会运作方式。批判理论学者马洛·波斯特曾以互联网的出现为分界点，将大众传媒划分为前数字时代以电视媒介为代表的第一媒介时代，以及互联网时代电子媒介占据传播主导地位的第二媒介时代。在第一媒介时代，广播电视等传统大众传媒具有自上而下、由一到多的信息单向发布特点，信息的发布者和受众处于一种权力不对等状态。阿多诺等人就曾延续文化工业批判的思路，认为广大观众易于不加深思地接受电视所传达的权威信息，理性的反思能力在此过程中被弱化，由此产生出一种面对大众传媒时"万民齐喑的麻木"[2]。在第二媒介时代，互联网以去中心化的传播方式消解了权威对信息的垄断权，传播过程中人人皆可参与、事事皆可分享，由此形成一种类似于德勒兹提出的"块茎"（rhizome）式多元散射的开放传播网络。然而，体现互联网"强连接"原则的数字传播平台，在颠覆传统电视媒介叙事话语的同时，其所蕴含的传播"去中心化"和"再中心化"并存的运作机制，某种程度上正契合斯麦兹对"受众商品"的分析：将刺激物持续地输送给受众，以获取潜在的受众成员并维持其忠诚度[3]。只不过斯麦兹所讲的刺激物仍聚焦在电视广告等第一媒介形式之中，而数字传播平台则通过产消结合的短视频及作为其运行载体的数字媒介，将这种刺激

1　[法]贝尔纳·斯蒂格勒：《技术与时间：3. 电影的时间与存在之痛的问题》，方尔平译，南京：译林出版社，2012年，第137页。
2　[美]马克·波斯特：《第二媒介时代》，范静晔译，南京：南京大学出版社，2001年，第8页。
3　[加]达拉斯·斯麦兹：《大众传播系统：西方马克思主义研究的盲点》，杨嵘均等译，《国外社会科学前沿》，2021年第9期。

深远持久地固化在人们日常生活的各个方面。某种意义上，数字媒介对日常生活的支配正是数字资本通过数字传播平台构建新社会场域的集中体现。

在数字媒介的生产模式下，第一媒介所青睐的大叙事逐渐隐退，取而代之的是个体孤立式"小叙事"的盛行。阿多诺笔下受大众媒介操纵的消费者尽管有关掉电视或转换节目的选择自由，但单向发布的传播模式决定了这种个体消极抗争并不能改变电视媒介的主流叙事框架，用户的体验仍然被置于服务新闻宣传、商业推销的次要位序。而短视频等新兴视频模式从一开始就暗含着某种对于权威的"反抗"姿态：视频生产者同时也是消费者，这种近距离的接触体验意味着制作者往往比"权威"更了解受众的浏览偏好和观看旨趣；各大数字传播平台的用户构成多以年轻群体为主，他们推崇自我个性的张扬和个体表达的自由。在此背景下，一些电视节目甚至成为被"恶搞"乃至"鬼畜"的素材，主题各异的、非专业的视频博主则能凭借其"接地气"的表演姿态和紧密围绕个人体验的叙事模式赢得流量。曾诞生于快手平台，并在 B 站上火爆的"东北往事"系列短视频就是例证。视频制作者们通过噱头式的夸张演技、紧扣个人现实生活的情节拥有了大批平台粉丝，而粉丝则借助事后"玩梗""二创"等不仅解构了原视频所试图呈现的叙事结构，而且创造出以众多"黑话""狠活""经典复刻"为代表的衍生性质的圈层文化。这种平台亚文化集体创作的动力根源一方面是出于用户对权威媒介话语的不满，因为第一媒介强中心化且缺少纵向互动的傲慢传播方式，并不能满足后现代文化对多元价值以及由此产生的自我表达的要求；另一方面，平台用户越来越倾向于接受封闭圈层内非主流、独异乃至猎奇的视频，也从侧面反映了媒介元叙事的消解所带来的意义感缺失这一个体"深度无聊"的现实状况。

从传播方式的层面来说，数字传播平台利用"碎片化"的视频传播机制和观看体验，迎合了数字时代人类的碎片式生存状态。韩炳哲认为现代社会是以扩大资本生产为圭臬的功绩社会，这一社会以对经济绩效的积极性可认为运作核心，然而"过度的积极性还可以呈现为过度的刺激、信息和资讯，它从根本上改变了注意力的结构和运作方式。感知因此变得分散、碎片化"[1]。感知的碎片化同样是数字时代生产范式转型的必然产物，数字技术的发展使得劳动者与劳动资料呈现出表面上的分离趋势，劳动不再被限定在固定时空场域，而是被分散在社会生活各领域和环节之中。数字劳动的弥散特性打破了生产和非生产之间原本泾渭分明的界限，生产与闲暇高度重叠，完整的生活节奏被打破，这就造成了人们的生活中充斥着大量"碎片化"的非连续性时间。对碎片时间的消磨瓦解了人们感知的整体性和连贯性，这在数字传播平台的视频传播方式中表现得尤为明显。一方面，抖音等短视频平台通过持续且高频刺激的影像输出，攫取了用户的大量注意力，使用户沉浸在瞬时的个性化需求被满足的层面而不能自拔；另一方面，这种影像的高频刺激必须通过不间断的"吸睛"方式来实现，这就要求短视频放弃传统媒体的完整叙事结构，以快节奏的"短快直入"而非"平铺直叙"的方式来展现，这实际上是海量信息的随机堆砌和无差别拣选。感知由此在充斥着即时性感官刺激的数字屏幕面前变得支离破碎。无疑，相较于电视媒介所遵循的固定叙事步骤和整体性传播内容，短视频所彰显的碎片化信息呈现样态，更容易适应数字时代人们的碎片化感知模式和由此形成的碎片式生存状态。现实中短视频所产生的巨大影响力，也从侧面证明了这种信息传播方式能够借助用户偏好推送等算法技术的加持，在繁冗的工作生活之余为人们带来一丝精神慰藉和打发无聊时间的可能。

正是借助迥异于传统电视媒介的内容生产和传播机制，数字传播平台搭建起一套以强调多元连接为内核的全新社会场域，这种连接兼具实存与虚拟、现实与潜能的双重维度，并塑造着人们的社会关系和行为认知模式。一个典型的例子是当下数字传播平台的社交化趋势，出于与电视媒介乃至同行竞争的策略考虑，抖音、小红书等平台往往兼具强社交

---

[1] [韩]韩炳哲：《倦怠社会》，王一力译，北京：中信出版集团，2019年，第21页。

属性。算法推送机制下的大数据会根据用户的定位和观看偏好为其精准匹配潜在好友，而平台所依赖的用户即时反馈模式也很容易突破线上与线下的藩篱，将这种社交模式带入日常生活与交往活动中。在短视频盛行的当下，"热点梗""同人""鬼畜"等文化现象早已超出数字传播平台的媒介限制，渗入更为广阔的社会场域，并在群体无意识层面支配着个体的行为。这种场域虽然凭借复杂的传播网络和多样媒介形式建构，在传播深度和广度上达到了电视媒介所不具有的高度，但也带来了新的问题。在数字时代，虚拟早已不"虚"，而现实的"实"却遭遇挑战：当数字传播平台成为主导乃至支配人们信息接受的唯一渠道之时，传播的客观真实性该如何保障？为此需要考虑资本在数字媒介场域建构中的作用。"一个场域的形成与资本密切相关，社会总体性在对资本和权力的分配结构中占有的位置以及由此形成的一系列客观关系构成了场域。"[1] 虽然数字传播平台并未给传播内容和传播方式设立明确的规定，但以播放和点赞为代表的用户互动模式在无形之中起到了偏好引导和价值重塑的作用，其背后显然蕴含着商业逻辑和资本生产的推动因素。不可否认，在数字传播所主导的社会场域中，个人的信息获取具有了前所未有的便捷性，但这种便捷性同时也会为资本攫取用户注意力和时间，最终实现对社会公共性的"总体吸纳"大开方便之门。

二、 后真相时代的文化生产与数字媒介的可供性

随着网络基础设施建设提速降费，短视频分发渠道开始多元化，2014年开启"短视频元年"。面对这一趋势，字节跳动重磅推出短视频应用，集中发力，依靠智能算法迅速抓取大批用户，抢占风口；各大互联网巨头全面布局，短视频应用爆发式增长，用户基础迅速累积，掀起短视频全民化风潮。与传统的视频观看方式相比，短视频凭借着无广

1　吴静：《社交媒体平台的政治学：技术、场域和社交传播化》，《山东社会科学》，2023年第6期。

告、时间短、内容丰富且有趣的特性迅速吸引了众多用户参与其中。抖音和快手作为短视频平台已经形成了超级 App 现象，二者都是以短视频为主要媒介的互联网内容社区，从目前的内容来看，主要满足用户记录生活、休闲娱乐、消磨时间、社交、信息获取的需求。从用户角度看，用户接收信息内容的方式发生了变化。在短视频出现之前，用户对视频的消费多来自爱奇艺、优酷等应用软件中的长视频，观看方式多为主动性的检索，并以图文的方式展现。但短视频平台的出现颠覆了用户获取信息的方式。以抖音、快手等为代表的短视频平台的首页为推荐页，这些页面的视频是平台根据用户个人的信息、兴趣以及以往的点赞、评论、收藏甚至在短视频停留的时间长短推荐而来。长视频的特点在于内容本身需要长时间的铺垫，慢慢推进达到高潮的情节，如无法在一定的时间内达到一定的期望值，用户就会有一种强大的心理落差，这在长视频中经常表现为"弃剧"。而短视频是追求直接性的高频性的刺激，这如同相声和小品中的"包袱"（笑点、泪点等），但比相声和小品中"包袱"的密度更大，极高的"包袱"密度使得用户能够始终沉浸在短视频内容中。同时，短视频的页面设置即上下滑动的视频切换方式决定了短视频本身应该在极短的时间内吸引住用户，因此需要在几秒钟的时间内具有一定的"刺激点"向用户输出。

这种文化生产和表达的特点正是媒介可供性的集中体现。它既是数字技术在传播领域对于主体的自主性和交互需要的满足，也是数字"自媒体"直接或间接消解以传统媒体的话语叙事为核心的社会生活的过程。它同时影响了"后真相"时代的传播形式与内容。

从传播内容的角度看，数字传播平台通过"用户生产内容"的方式为数字视频的生产提供了不竭的内容驱动力。有别于传统媒介"专家生产内容"的权威发布模式，短视频等新兴视频生产不再配套以高高在上的权威式、独白式叙事话语，平台中每一用户均可以自由参与视频的制作和"二创"等再生产环节，用户的即时反馈也会对视频的创作产生关键影响。鼓励乃至将用户的多元参与放在首位，是平台得以持续运营的关键。如果说传统媒介的节目生产呈现出一种"单一发布者—多元观众"的"点对面"式传播特征，那么数字传播平台凭借数字媒介对日常生活各领域的微观渗透，搭建起了一套"多元用户生产者—多元用户群"的"面对面"式传播结构。数字传播平台本身并不制定视频生产的固定标准，却通过看似去组织化的"创作激励""新人补贴"等商业运作途径，将目标用户及潜在受众群体纳入以市场覆盖为目的的架构之中。较低的准入门槛、较高的预期收益也在激励着用户主动生产视频，与其他平台用户形成连接。同时，平台的点赞、分享等互动机制虽然在无形中塑造着视频生产的"规范"，但这种规范往往具有很强的独异性，一款"爆火"的视频可能是因为在某个时间节点切中了某一群体的集体记忆或共鸣，而即使是同样风格的模仿者也往往难以将这些瞬时性要素全部复制。数字传播平台所搭建的视频生产模式借助开放、强互动、自组织化、去中心化的特征，改写了传统媒体独白意味浓厚的大他者式传播话语，迎合了后现代社会反"元叙事"的文化要求，并以短视频为代表消解了深度思考的空间。

　　数字传播平台凭借过溢、碎片式的信息输入，逐渐将个人认知变得狭窄化和孤立化，这点在和电视媒介的对比中尤为突出。法语中的"vision"一词兼具"观看"与"视域/观点"含义，在电视时代，二者在受众的认知构成中均起着关键作用：电视节目的长视频制作以及广告插入模式能够给予部分观众短暂脱离电视屏幕、进行遐想与思考的时间；收看重大事件和社会热点节目时，观众往往具有鲜明的与他人共同在场的观感，这就意味着观众有一定脱离传播话语诱导，对事实本身进行审慎思考，进而在面对传媒信息输入时保持自身观点和遵循社会共识的能力。相较于电视媒介，数字传播平台将信息传播推入更为"飞速"的频率之中。尽管数字传播平台提供给了社会各阶层、各群体以自由表达的可能，过去在电视媒介中长期"失语"的边缘化群体开始有了展示自我与发声的渠道，但是这种自我表达在数字传播平台商业逻辑运作之下缺乏坚实的共识性基础。出于"流量至上"的商业效益最大化考虑，一些带有强烈矛盾冲突的社会热点、噱头意味十足的猎奇视频容易获得大数据算法的捕捉和推荐，这些短视频往往会引发本就具有不同情感立场和价值偏好的受众群体的分化和"站队"。由于短视频制作的即时性和短视频作者本身认知偏好所带来的碎片化叙事，相关事实本身往往难以被完整反映，寻求情感共鸣的重要性大于客观呈现事实。于是在充满"反转""包袱"的数字传播模式下，受众常常难以依靠碎片化的信息作出判断。因此，用户或选择完全置身事外的"看乐子"姿态对事件的发生视若无睹；或积极坚持自己的情感信念，与持不同观点的人激烈"开喷"甚至"互怼"。而本应成为关注重点的事实本身，在这种碎片化的认知呈现模式中烟消云散。

数字传播平台下叙事意义的深度匮乏也改变了受众的知识获取目标，人们不再探求传统媒体叙事所试图表达的深层含义，转而在短视频泛娱乐化的狂欢中满足于一种停留于事物表象的浅显认知。这种认知之"浅"一方面体现在受众的浏览习惯和阅读内容之中，因为短视频的呈现模式本身即反深度的：简短的时长和零散的主题决定了单个视频信息量的有限，数十秒时间内简洁的文本呈现使用户只能获得浮光掠影式的即时观看快感，而缺乏深度的阅览体验和对问题的深入思考；另一方面，短视频的叙事风格追求简单直白，以期涵盖用户群的最大基数，因而呈现为对热点的瞬时性追逐和对事件的表面性解读。这种叙事模式因缺乏实质内涵而迎合了广大用户群的碎片化生活节奏和认知碎片化发展趋势。面对热点话题，每个人都能在翻动手机屏幕的瞬间参与其中，发表自己的看法。但这种流于表面的参与和表达也是一种对知识或真理的倒退式获取，知识形成的基础，即审慎思考和处理复杂信息的能力，在此过程中，上述能力弱化乃至消解。在数字传播平台的叙事模式中，对事件的深度理解和整全洞察退隐于人们接受当下信息的前反思式认知态度之中，全然忽略了事件的意义往往出于对现存事物的审慎甚至是否定性反思之中。短视频的生产模式，在看似开放的场域之中制造着一种去差异化的封闭空间，每个人皆停留于表层的自我诉说和知识接受，对更深层的他者性、差异性要素置若罔闻。这点在数字传播平台的用户互动区（评论区）中体现得尤为明显。评论区是受众主体性和主观性表达的集中场所，在其中每一个体都可以忽略他人的想法与意见，甚至无视短视频所要传达的主题，相对自由地进行自我表达。于是，人们的关注焦点仅停留于主体性的表面观感，较少注意事物的内在维度和差异性存在样态，由此在泛娱乐化的游戏态度中消解了对传播叙事深层意义和内涵的探寻。话语与含义、知识和事物的关系因此变得疏离。

从深层上看，数字传媒时代人类认知的主观化和碎片化趋势，某种程度上源于数字资本在传播领域对个体认知结构和认知心理的形塑。一方面，出于对公共性的追逐，数字传播平台将传播触角伸入社会各领域之中，电视传媒时代媒体与大众、镜头表演与真实生活之间的区别被打破，传播已呈现出中介人们各项日常生活的扩散化趋势。评价传播成功与否的标准是数据，其中能够被算法分析的数据才具有推广并获利的价值，数字传播平台通过"点赞经济""直播带货"等"流量变现"方式对用户视频制作的引导就体现了"唯数据论"的特点。另一方面，出于商业获利因素的考虑，数字传播平台多数时候只对具有公共性生产潜力的信息抱有关注兴趣，这就是热点视频层出不穷却又在"热度"消失后转瞬即逝的原因。而那些相对没那么博人眼球、制造奇观的视频则会被平台有意识地忽略，例如减少推送。数字传播平台不仅将这种体现资本生产偏好的纯粹效率原则嵌入平台运作的具体机制之中，而且通过源源不断的短视频传播，将之带入对个人认知的形塑之中。受众只有在接受并认同平台所提供（尽管并不直接）的一整套传播规范、内容、方式等架构的前提下，才能以迎合数据生产的方式实现个体化表达。而这套规范因为其非主体性和匿名性等特征，往往很难被觉察。也就是说，平台受众所默认并肯定的，正是"数字理性"及其背后的资本生产逻辑的运作内容和思维方式。

三、 重建可供性与权威性：数字时代传统媒体的转型可能

随着互联网平台搭建技术的普及和以移动端为代表的数字媒介的传播成本不断降低，当代传播领域展现出明显的传播数字化和传播平台化的双重递进趋势，这使得人们的认知乃至存在状态无不受到数字传播平台的裹挟。在现实社会中，个体的认知和思维模式不断被短视频碎片化的呈现方式和浅显化的内容表达所塑造，甚至对一些在前数字时代未接受过系统性教育的群体而言，短视频在娱乐之余成为他们与外界沟通并获取有效生存信息的主要渠道。在短视频凭借数字化的"东风"狂飙突进的当下，传统媒体并不能独善其身，否则难免丧失传媒业面向现实的自我更新能力，沦为夕阳产业。同样，那些认为仅凭消极地排斥数字媒介就可以解决当下种种问题的看法，也只不过是卢德主义的当代翻版。因此，如今以电视为代表的第一媒介产业要获得长足的发展，就必须考察数字媒介更具广度和复杂性的生态结构，以及由此产生的新型社会关系。这种考察能够成为传统媒体更好地理解数字社会，进而找到自身转型的有效入口。

数字传播平台在构建新型社会关系的同时，也隐含着数字资本的意识形态诉求，即将个体变为自我负责、自我激励的新自由主义式个人，以及凭借数字技术将个体生命外化为统计数据的生命政治治理术。格雷厄姆·默多克曾分析过 BBC 在 2010 年举办的一场鼓励用户上传自身收藏品的互联网展览活动，这一活动虽然在实践上具有反消费主义文化、鼓励公众民主参与的特征，但它所形成的结果是"以普遍性作为价值判断的标准，以及将信息和经验凌驾于知识之上"[1]。当某种浮于现象的经验陈述变为知识生产的前设性准则之时，传播学所标榜的传播开放性和信息公开性就有沦为资本普遍生产话语的风险。结果是经验式的繁杂现

1　参见：[英]格雷厄姆·默多克：《作为道德经济的政治经济：商品、礼物与公共物品》，姚建华译，姚建华编：《传播政治经济学经典文献选读》，北京：商务印书馆，2019年，第103页。

象背后，新自由主义意识形态被悄悄塞入传播结构之中，变成受众所趋之若鹜的价值实现原则。数字传播平台以"每一个用户被看见"为口号，殊不知经验性的观看本身即具有视域和视差之区分，这种观看凭借算法以点赞数和个人偏好为准绳的推荐机制，将商品经济下的个体自由呈现原则，通过匿名"大他者"的方式强加于每一用户。用户在接受平台隐性强制的新自由主义原则的同时，也在通过浏览、评论、点赞乃至参与短视频生产的方式，成为平台数据的一部分，个人的丰富性生存状态也在单一的数据量化呈现中消失殆尽。不过，有赖于数字传播媒介的便捷性，对经验的追逐很多时候也能为数字传播平台赋予传统媒体所不具备的热点爆料力度，率先引领一定的传播舆论并产生规模化社会效应。在诸如"山河大学"等热点事件中，传统媒体的姗姗来迟和照本宣科式报道与数字传播平台对创作的即时追踪和"包容性"姿态形成了鲜明的对比。面对数字传播平台机遇与挑战并存的新发展态势，传统媒体一方面需要勇于走出单向发布、缺少反馈的传播舒适圈，通过电视媒介和数字媒介并行报道的方式，打破线上与线下、平台与电视的隔阂；另一方面，在利用数字传播平台和社交网络进行宣传报道的同时，传统媒体应警惕唯经验或唯数据论的陷阱，在保持自身长视频生产模式优势的同时，有选择性和借鉴性地吸收短视频制作模式的长处。例如短视频对注意力的持续吸引所造成的用户强沉浸感，以及"短平快"的叙事风格适合数字时代人们碎片化信息获取的特点。由此，在不消减传播深度的同时，要兼顾传播的受众体验。

　　传统媒体因为具有数字传播平台所不具备的政策扶持优势，因而更容易摆脱市场机制及资本主义生产逻辑的干预，祛除数字传播中的"流量神话"，重建"后真相"时代的真相观。当数字资本借助公共性实现对社会"总体吸纳"之时，那些不能被纳入公共性范畴的事件就会被排斥在资本逻辑之外，从而缺少平台关注度。在数字时代，数字媒介的过低准入门槛和碎片内容呈现固然迎合了大众的注意力偏好，却也将个体认知逐渐变得主观化。内容千篇一律、意义呈现匮乏的短视频无法带给受众以真实的信息接受体验和反馈，个体自由表达与群体认知撕裂并存的奇观在数字传播领域愈演愈烈。这在一定程度上反映了传播学中的经典悖论，即受众的广度与传播内容的深度之间存在着反比关系。短视频正是通过反深度的内容制造机制获得了广泛的受众，进而在数据的单一量化标准中重塑了大众的认知结构。对于传统媒体而言，关注受众需求是必要的，但这种关注并不意味着放弃长视频叙事的多重意义呈现和针对特殊问题的深度聚焦。传统媒体需要利用自己的信源优势，在"事实"的"真相"的权威性上提供不可替代的选择。一方面，可以利用数字传播平台精准匹配用户需求的算法机制和大数据分析、提炼方式，理解不同层次用户的差异化信息需求，并为之制作相匹配的传播内容；另一方面，这种差异化匹配原则需要诉诸健全的个人表达和社会性共识，并辅以自由准入/准出机制，通过社会与舆论共同监管，破解"算法黑箱"所衍生出的算法歧视和信息茧房等问题。传统媒体还可以发挥传播相对"滞后"但制作精良的优势，对于社会热点问题提供跟进和反思的空间和平台，引导受众进行深度思考。

当然，传统媒体也需要充分利用数字技术的便利，建立起不同的传播渠道，扩大受众范围。首先是合理利用数字媒介和短视频生产"短平快"特征以及受众基数大的相对优势，改变传播的单一媒介形式。现实中，随着数字传播平台的流行，一些主流媒体也开始加入短视频生产的浪潮之中，例如央视网、人民日报在B站、抖音等平台的入驻。在接受短视频生产模式之余，这些主流媒体往往可以利用第一媒介时代所积累的庞大受众和政策扶持所带来的信用口碑，将传统新闻报道通过节奏明快、内容简明的形式传播出去。无疑，这种报道模式在贴近数字时代人们的信息获取方式和认知形成偏好之余，能够较好地规避数字传播碎片化所带来的认知碎片化和再中心化风险。近年来，各大媒体借助数字平台和短视频对热点事件的辟谣和舆论正向引导就体现了这一点。其次是在接受数字传播多元生态构建的同时，改变权威发布模式的单向信息传播弊端，营造透明化、公开化、交互化、受众参与度高的传播环境。短视频生产要求受众广泛参与到内容制作之中，这体现了数字时代传播公开化的公众参与趋势。近年来，一些传统媒体例如央视所发布的短视频，既保持着权威发布的精确性、严肃性等特征，也注意与受众特别是年轻网络群体的互动，逐渐改变着其报道风格和用语表述。这就意味着传统媒体在利用数字媒介的同时，也在逐渐改变着自上而下、强制灌输式的单向传播模式，在满足受众需求的同时彰显出传统媒体的深度性，带给受众更多的思考空间。

总而言之，发挥权威性优势、加强可供性渠道是传统媒体转型必须同时重视的两个方面。这既是传媒自身发展的根本基础，也是在新的历史和技术条件下对于主体能动性和关系交互性的要求。这就要求传统媒体在保持本身主要特征和优势的同时，精准把握数字时代的传播特征和用户心理，在多元并进的传播实践中开辟建设性出路。

第四节　构建"韧性关节"：平台资本主义吸纳形式的复杂性反思

数字技术对传统时空统一性的超越，加剧了后福特时代各类生产边界的弥散趋势。工业资本主义时期生产与非生产之间的明显沟壑也在不断淡化，同时，资本对非生产领域的渗入逐渐强化：一方面，平台承担起架构人们日常生活的技术基底。由平台生态系统架构起的生产和消费模式，模糊了线上与线下之间的存在隔阂，将社会生产和再生产的全过程全部容纳其中。另一方面，数字平台本身虽不一定直接改变具体劳动的过程形式，但却借助于所构建的"技术中立"的地位，独立于经济生产之外的全新场域，以一种"客观化"算法机制代替传统的科层式管理，将金融资本对生产的辖制和对剩余价值的剥削加深到更为极致的地步。通过生产过程的社会化外溢，数字平台不但实现了在更大的社会范围内对劳动协作的组织工作，同时通过对社会共同品和公共性的总体吸纳，实现了更大范围的商品化和资本化，这使得资本的内部性在平台经济中随时有翻转为外部性的可能。并且，由于网络的正外部性效应，平台经济打破了传统经济形势边际效益递减和一般利润率下降的魔咒，这对资本生产整体过程和其中所蕴含的结构性危机起到了遮蔽作用。

而由平台架构起的新型劳动者，不论是可以自主选择居住地的数字游民，还是诸如快递员或网约车司机等平台零工人员，都属于在数字技术（尤其是数字平台和 API 接口）加持之下劳动的社会化迁移。这种迁移的大规模实现随着平台企业专注于建设以核心业务为中轴、辐射相关行业的经济生态系统而越来越趋向于碎片化和专业化。劳动协作完全通过基于互联网的智能连接系统实现，与之相伴随的则是高度的可控性。劳动者的工作状态则出现两极分化的状况：一方面，劳动者个体享有与企业工作相比更高的自主性，这体现在工作时间、任务选择、在职状态（全职/兼职/多重职业）等层面，部分线上劳动者还可以自由选择居住地和工作环境；另一方面，平台系统通过奖励与惩罚的措施调节劳动者的工作频率与工作状态，使对薪资收入关注度高的劳动者成为高活跃人群。由工作状态监控和顾客反馈所建立起来的评分系统成为对劳动者长期工作表现的评估依据，并且，获得奖励的条件往往和被惩罚的条件并不对称。

鉴于平台生态系统对生产与生活领域的贯穿，这种劳动组织形式上的拓扑学网络[1]使得生产活动突破了经济单边主义的效应，在非生产和非经济领域发生对称性反应。这也就意味着，对平台资本主义所构建的生态系统的理解，不能仅限于经济现象本身，而必须反思资本边界的扩展方式，分析适配并维持平台资本结构的社会性稳定变量，从系统性的角度切入平台资本主义。

---

[1]　吴静：《数字资本主义神话解构：幽灵劳工、叙事困境与系统不稳定性》，《求索》2023 年第 2 期。

一、 平台资本的饕餮：对社会再生产的吞噬

从马克·波斯特教授在 1995 年出版的《信息方式》中将信息界定为一种生产方式，到泰拉诺瓦在五年后首次提出"数字劳动"概念用以讨论互联网空间中文化生产的经济维度，再到斯尔尼塞克在 2017 年推出"平台资本主义"概念对新出现的数字平台商业帝国进行解读，建基于互联网的数字技术与资本的捆绑以日益金融化的方式不断推进，以至于平台资本主义被描述为资本主义迄今为止最集约、最垄断的方式。原因在于它打破了传统线性商业的价值链生成方式和管理模式，使得资本运营的核心任务不再是公司内部的供应链，而在于建造整个网络的生态系统，从而创造出全新的经济和社会行为网络。

这种扩张模式上的新特点固然有着对数字技术的路径依赖，但同时更为极致化地展现了资本不断克服自身界限的运行方式。尽管马克·波斯特曾将以互联网为核心的"第二媒介时代"界定为与以大众传媒体系为主的"第一媒介时代"截然对立的新阶段，但传播政治经济学研究者却成功地从无酬的"受众劳动"概念平移到了互联网世界中无偿的数据生产现象，即"数字劳动"。虽然随着数字经济和数字时代劳动形式的多样化，后一概念本身也面临众多争议和拓展，但泰拉诺瓦所描述的经济文化现实正是资本主义的生产空间从工厂延伸至社会，并在互联网生产平台中创造出作为免费劳动的数字劳动形式的事实。从某种程度上而言，这种事实也是早期赛博乌托邦主义者和致力于开源运动的新互联网社群主义者对现实中数字发展的共同疑问：为何基于热情、善意、兴趣甚至献身精神的无偿（志愿）劳动被收编进了当代资本主义的总体结构中？平台时代的劳动方式到底是如零工经济倡导者所宣扬那样是"对个体的解放"还是将其抛入了更深的新自由主义的市场？那么，拒绝平台或商品化是否有可能构成现实的逃逸线？

托马斯·斯特里特将著名的开源系统 Linux 的成功与女性主义科技作家宝琳娜·博苏克（Paulina Borsook）提出的"尿布谬误"联系在一

起，认为正是无酬劳动所构筑的社会关系条件，构成了价值生产的基础性前提，而它们却因为存在于市场交易系统之外而得不到价值补偿。[1]他用这一立场解释了开源话语的繁荣与软件商业化以及之后形成的产业组织结构之间存在的张力。他不无讽刺地说："软件工程师们并没有通过互联网发现一种全新的工作方式；程序员们知识偶然发现了一些大部分其他世界都存在的惯例，只不过它们之前被主导意识形态长期遮蔽。"[2]

南希·弗雷泽将这种起到遮蔽作用的"主导意识形态"形容为金融资本主义的"食人性"。他以衔尾蛇自噬其尾的"食人"隐喻来阐述金融资本发展所必然导致的社会系统性危机，这种危机体现在将具有经济属性的"生产"活动和隐藏在经济领域之外的"社会再生产"分离并区隔开来，不断地通过剥削和无偿占有体量巨大的"社会再生产"活动以维护和滋养自身。"资本深深地依赖这些社会再生产活动，但却没有赋予它们任何（货币化的）价值，将它们视为免费的和无限的，并且很少或没有努力去维持它们。因此，如果任由它自己发展，并且鉴于它对资本无限积累的驱动，它总是有可能破坏它所依赖的社会再生产过程的稳定。"[3]弗雷泽以无偿的家务劳动、自然资源、殖民历史为例展现了资本主义的这种习惯性吞噬历史，提出它作为劳资剥削的补充甚至支撑部分，与传统政治经济学视域共同构成了资本主义的历史。

随着垄断资本主义的高速发展在全球范围内放缓，而依赖于规模扩张的增长模式也逐渐难以达到预期效果。高昂的资产负债与人力资源成本使企业运营的每一个环节都不容有误。成本与效益之间的剪刀差逐渐拉大。大卫·哈维在讨论资本发展的限度存在于其自身逻辑内部时就曾

1　[美] 托马斯·斯特里特：《网络效应：浪漫主义、资本主义与互联网》，王星、裴苒迪等译，上海：华东师范大学出版社，2021年，第265页。

2　[美] 托马斯·斯特里特：《网络效应：浪漫主义、资本主义与互联网》，王星、裴苒迪等译，上海：华东师范大学出版社，2021年，第266—267页。

3　[美] 南希·弗雷泽：《食人资本主义》，蓝江译，上海：上海人民出版社，2023年，第197页。

指出，工业资本主义时期的现代企业制度对于劳动分工与协作的集中性控制，会有一个无法逾越的峰值，它使规模经济必然走向崩溃。[1] 原因在于，当竞争迫使劳动所需的集中程度与组织管理无法协调的时候，劳动活动的集中程度就会使效率出现内耗，并出现难以承受的成本支出。这种极限的存在从本质上而言是马克思所强调的生产关系内在矛盾的体现，它使得劳动的组织变革和技术变革成为必需。事实上，在平台资本主义的发展过程中，这种生产向社会再生产的蚕食过程是伴随着劳动的大规模社会化外溢进行的。在客观上，从 20 世纪 70 年代末以来世界多数经济体开始不同程度地实行新自由主义经济政策，教育、医疗等社会再生产资源实现了市场化改革，不再依赖国家福利供给，劳动力蓄水池储备了大量具有高职业资质的劳动力后备军，人力资源市场日臻成熟。另一方面，以智能终端设备为基础的数字技术的发展也为打破规模经济框架、完成劳动的社会化迁移提供了技术基底。并且，从领军行业的头部公司到体量最微小的新创业企业，他们可以通过按需用工平台共享发展所需的人力资源储备。这在一定程度上打破了传统的"竞业"限制（当然不是全部，核心技术部门也不会在此列）。于是，在这两者的共同作用之下，数字平台时代的劳动力商品的再生产已出现了不同于 20 世纪后半叶的格局，它以数字"零工"或"游牧"的方式实现了劳动力在全球范围内更为彻底的流动自由与供给，即劳动力的再商品化。

这种劳动迁移的趋势随着数字平台本身不断专注于打造以劳动匹配为核心业务的商业生态系统而变得越来越专业化。"大型平台企业往往不满足于只扮演一个中介的作用，而是致力于利用自己的平台构造相对完整的商业网络体系，……通过并购和入股小型创新创业企业等方式，……构建自己的商业帝国。"这种劳动匹配方式使线上线下相互渗透，它所制定的规则和使用者的使用习惯，深刻影响了数字化时代的劳

1　［英］大卫·哈维：《资本的限度》，张寅译，北京：中信出版集团，2017 年，第 85 页。

动行为和社会结构。[1] 于是，平台企业以数字平台的外部性效应为基础，以总体吸纳为手段，实现了将作为资本生产"他者"的社会共同品和公共性甚至私人领域资本化的效果。而资本逻辑发展的核心方式之一就是不断地对社会原有的共同性进行私有化和商品化。新自由主义市场的繁荣和由数字-智能技术实现的个体自由更强化了这种商品化的深度和广度。一方面，当原本在工厂的生产单元内存在的总体性的劳动被碎片化为可通过 API 接口耦合的众多环节时，不但一切环节和耦合本身成为商品，而且形成和支撑它们的全部物质和非物质条件都成为劳动商品本身的内在属性。另一方面，资本通过数字算法的内在机理和平台的规制不断对主体性的再生产进行形塑，它不但在耗费较小成本的前提下完成了主体的自我规制（祖博夫的"机器控制主义/instrumentarianism"），同时在"数字的普遍理性"之下维护并保存这种规制的结果。这也就解释了为什么平台时代新型劳动范式的出现正是使得生命政治成为当下政治经济领域最热点问题的原因。

　　这种以个体而非人口为对象的生命政治转型所对应的并非福柯所刻画出的现代国家的生命治理术，而是对劳动过程的直接介入。这一点本身也反映出具有金融资本属性的平台资本是如何处理数字时代劳动组织从等级式的科层制向扁平化辐射式的平台转变时，对生产过程本身的驾驭成为一种必需。这一转变实质上是资本对社会总体吸纳的深化体现。德勒兹和加塔利曾以"超编码化"（overcoding）来形容资本的发展历程：资本在对前资本主义社会要素进行解码，促使欲望流摆脱固定意义和目的辖制，进行自由流动和配置的同时，又以公理化的编码方式将欲望流限制在资本生产的固定场域内，从而抑制新社会要素的产生。数字时代平台资本不断将社会非生产领域吸纳进其生产环节之中，取消了社会生活的一切纵深，将社会系统纳入"生产、消费"的资本单向维度

1　荆文君：《互联网平台企业的"垄断"现象与福利效应》，北京：中国财政经济出版社，2020 年，第 19 页。

之中。

这也就意味着，从本质上而言，资本不仅是一种与劳动生产的关系，也是一种与主体再生产的社会性非生产因素之间的关系。德勒兹曾指出"机器并不说明任何问题，必须分析那些机器仅是其构成部分的集合装置"[1]。在去稳定雇员制度、去福利化的平台用工政策下，劳动者不得不通过将原本作为福利供给的非生产要素商品化，全方位地进入市场体系之中来避免劳动的沉没成本。于是金融资本开始向非经济领域渗透，生产的社会边界不断延展，个人生存呈现出全方位的金融化趋势，主体成为分散在各种商业保险、市场和平台等金融流中的波动存在。这种全面金融化是平台资本主义的基本前提，它们不是平台的外部或补充，而是整个平台资本体系的整体性要素。因此，平台资本主义"不仅仅是一种组织经济生产和交换的方式，也是一种组织生产和交换与非经济可能性条件的关系的方式"[2]。它将现代企业制度中涉及社会再生产的部分外部化之后，再以市场的方式对之进行重新定义和形塑。于是，不仅劳动生产的过程本身呈现出对资本的实际从属（Real Subsumption），原本应当非商品化的社会关系和私人生活（语言、情感、交往甚至风险控制）也实际从属于资本。资本扩张的深度被极大地加深，使得总体吸纳成为平台资本主义经济总体性的一个显著特征。

二、 平台时代的工作：劳动力商品化还是劳动商品化？

马克思指出，"生产资料的集中"和"劳动的社会化"是资本主义社会化大生产的重要标识。而这两大标识在数字时代表现得更为突出。"生产资料的集中"意味着在数字化时代呈现出典型特征的今天，现代化全球网络信息技术和各种移动终端的发展，使得生产体系逐渐向全球

1　[法]吉尔·德勒兹：《在哲学和艺术之间：德勒兹访谈录》，刘汉全译，上海：上海人民出版社，2020年，第238页。

2　[美]南希·弗雷泽：《食人资本主义》，蓝江译，上海：上海人民出版社，2023年，第135—136页。

一体化、集中化和规模化的方向发展。"劳动社会化"则意味着生产资料的集中和远程协作使得社会化的范围更广、程度更深、分工更加碎片化，同时也意味着数字时代借助于数字媒介所带来的"结合劳动"范围更广、程度更深。数字媒介对传统的劳动方式的介入在形式上表现为出现了许多新的劳动形式如按需劳动、零工劳动、众包劳动等，在具体的内容上则表现为社会化的结合劳动不断代替了传统的工业生产劳动。如果说零工劳动是平台时代工作制度的一个典型特征，那么它的确开启了一个与现代企业模式中稳定雇员制度截然不同的劳动范式。这一范式，不仅关乎劳动本身，也关乎它赖以形成的社会条件，即劳动力生产与再生产的可能性空间。尽管零工劳动本身在人类工作历史中出现的时期要远早于稳定的雇佣劳动，但平台时代的技术架构以及在其之上所形成的社会规范却已经对这一古老的工作形式赋予了全新的历史内涵，并使职业劳动愈加去整体化，也使得现代工业发展和劳动力之间的张力以一种更加全球化的姿态表现出来。人力资源市场进而转变为劳动资源市场，社会体系被重新结构化。

围绕着就业问题，最近有两个表面上看起来迥然相异的现象吸引了人们的注意：一边是以湖州的安吉、温州的泰顺，泰国的清迈、葡萄牙的里斯本为代表的数字游牧社区的兴起，其背后是在一定硬件条件支持下，选择通过移动生活方式和迁移模式、独立于固定工作地点之外的工作人群。另一边则是全国多地发布了网约车市场饱和预警。根据滴滴财报：截至 2023 年 3 月 31 日止的 12 个月中，滴滴在全球有 2300 万名年活跃司机。其中，中国出行业务有 1900 万名年活跃司机。这个数字较 2021 年 3 月增长 46%。[1] 这两种工作表面上看起来具有截然不同的性质，前者的数字"游民"类型更为复杂，既有选择远程办公的企业或机构的长期雇员，也有选择线上自主创业的独立从业者，还包括通过各种

1　程新星：《滴滴出行（DIDI）：全球最大的共享出行平台——美股新股纵览》，上海：光大证券，2021 年，DiDi. Annual Business and Social Responsibility Report（2022），https://ir.didiglobal.com/financials/annual-reports/default.aspx.

按需分配平台领取发派工作的专业人员。

　　对于这一新型劳动范式，争议之声从未停止。鼓吹零工劳动的学者充满热情和乐观地指出："对于技术性工作者来说，零工经济为他们提供了把不错的工作变为接触工作的机会。对于从事传统意义上'糟糕的工作'的低技能工人来说，零工经济则提供了把糟糕的工作转变为比较好的工作的可能性。通过将工作从固定模式中分离出来，工作者可以获得不同程度的独立性、灵活性和掌控权，而在传统意义上这些都是无法实现的。"[1] 为了与这种工作观相适应，作者还提出要转变对于"成功"的定义，要从追求固定工作转而打造平衡生活。和这种具有浪漫主义情怀的主张形成鲜明对比的是左翼理论家对于"不稳定的劳工"的研究。例如，英国政治经济学家盖伊·斯坦丁就认为"不稳定的无产者"一方面由于在生产关系层面难以拥有稳定的雇佣关系和发展目标，不易获得安全感和认同感，另一方面在分配关系上也无法享受到充分的劳动保障和社会福利，生存的风险和沉没成本巨大。因此，"无保障性"成为这一群体的根本特征。[2]

　　事实上，由于数字平台外包体系所形成的劳动的碎片化、离岸化以及全球范围内的竞业，劳动竞争的激烈程度超出了传统的行业范围和地域范围，出现了过度竞争的态势。这种情形之下的就业市场使零工劳动者在薪资博弈中变得弱势，原先基于地域管辖的政策法规也遭遇规范和执行困难。必须看到，随着数字经济和平台模式的高速发展，越来越多的劳动者以全职或兼职的身份投入到零工劳动之中，当然他们做出这一选择的原因也不尽相同，然而，和劳动者快速增长的人力资源市场相比，有效的劳动需求并没有相应成比例地提高。因此，劳动力供应过剩和就业不充分问题在零工经济中表现得异常明显。某地网约车平台和外卖骑

1　[美] 戴安娜·马尔卡希：《零工经济——推动社会变革的引擎》，陈桂芳译，北京：中信出版集团，2017年，引言 XVII。

2　姚建华、苏熠慧编著：《回归劳动：全球经济中不稳定的劳工》，北京：社会科学文献出版社，2019年，第7页。

手不再有职位空缺的现象所反映的正是这一事实。曾经被媒体高度赞扬的"斜杠青年"群体的兴起，一方面体现出数字时代个体进行多元选择的可能性和期待内容的改变，另一方面也反映了就业市场中结构的多元化和竞业范围的扩大。兼职工作者的薪资要求显然对全职工作者发起了挑战。平台模式的定价算法使自身投入最多的劳动者需要和投入最少的劳动者形成竞争关系。这种利益诉求上割裂的最大后果就是零工劳动报酬的失重化——在各种博弈中，工资/报酬日益脱离稳固的依据而取决于正在飞转的赌盘。不仅如此，和稳定雇员薪资（哪怕是业绩化的）的可期待性相比，零工劳动还要服从于平台近乎黑箱的奖惩制度。同工不同酬的现象时有发生。一个有趣的例子是，美国最大网约车平台优步公司就曾规定，注册司机如果评分达到某个数值或接单率低于 80% 或拒单率高于5%，就有可能被冻结账号。"虽然优步将司机称为独立合约人和创业者，但是他们还是必须向乘客提供统一标准的服务，不然就会面临封号、暂停服务或扣钱的风险。评分系统同时扮演着'胡萝卜和大棒'的角色"。[1]

由上述事实可以看出，平台时代工作给付标准的基础是已经被碎片化的劳动及其结果。虽然有很多研究者认为这种作为"局部工人"的具体的劳动环节呈现出"去资质化"的属性，但这种趋势其实只出现在和体力高度相关，而和专业技术相关度不大的行业或领域中。一个为"数字游民"和第三世界国家的零工劳动者肯定的方面在于，平台按需分配的外包/众包劳动体系打破了固定职员制度下对于劳动者劳动可能性的整体性（包括学历、时间、地点甚至性别、年龄等个人情况）的考量，以非接触的方式撤离对劳动过程的介入，转而对结果进行评价。这也就使得劳动者的特定素质或特长可以凭借离岸化的方式进入劳动资源市场，且同时为不同的劳动需求的提供者工作。

毋庸置疑，数字平台加强了资本-劳动之间的雇佣关系的连接与维

1　[美]亚历克斯·罗森布拉特：《优步：算法重新定义工作》，郭丹杰译，北京：中信出版集团，2019 年，第 175 页。

系。它作为一种新型的劳动组织方式，取代了传统的雇佣关系的在场性机制。在大数据的协调和 API 的连接机制中，具体劳动本身更加直接的作为一种商品用于交换，而在数字平台中所展现出的一切社会关系如众包/外包、直接雇佣/独立合约人等都被传统的劳资之间的雇佣关系所统摄。从数字平台的角度而言，它将传统的雇佣关系中介化和数据化为平台中展现出的社会关系，而这些社会关系则是由资本所规定、支配并占有的生产关系。

一个更重要的事实在于，尽管平台劳动者在很多时候可以受惠于这种去在场性的离岸化所带来的弹性，但他们的自由却被严格限制在了以结果/业绩为基础的报酬标准中。不停变化的费率、奖惩措施、出勤频率/时间、新的试验规则和激励政策使得劳动的报酬总在不断改变着相同劳动获得的报酬。或者说，当劳动需求的提供方选择从具体劳动过程中撤出的时候，却更拉紧了劳动报酬给付的那根弦。"这样内容和政策反复变动的劳动关系会给作为劳动者而不仅仅是用户的司机带来不稳定的状况。科技公司创造的产品塑造了用户的服务体验，但当这些用户是一个劳动者的时候，这些试验性的工作就改变了工作和本质，并产生复杂的结果。"[1] 这种结果复杂性的一个重要方面是，由于平台的扩张性和其连接的超地域化，碎片化的劳动在全球行业范围内越发趋向于效率更高化而薪酬更低化。零工劳动者所获得的报酬不但不包含劳动力再生产的成本，甚至也不包含其自身的社会再生产成本。如果说基于地理发展不平衡的资本主义扩张模式是通过在整体结构内部制造层级的方式来形成中心对边缘的剥削，以迎合利润生产的需要；那么扁平化的平台扩张模式则在内部结构难以再被层级化的情境下通过向非生产部分进行吸纳以保持利润。从这个意义而言，平台工作的实质是劳动的商品化而非劳动力的商品化。

1　[美]亚历克斯·罗森布拉特：《优步：算法重新定义工作》，郭丹杰译，北京：中信出版集团，2019年，第239页。

　　值得注意的是，劳动的这种本质性改变实际上是资本剥削程度的加深，它和马克思关于"工资是劳动力价格"的主张并不相悖。事实上，马克思的这一论断是有前提条件的。在《1857—1858年经济学手稿》中马克思在关于"论工资"片段中对巴师夏的观点进行批判时曾说："在资本和雇佣劳动是占统治地位的生产关系的地方，只要存在着工人工资的固定性，就存在着雇佣劳动的平均连续性。"[1] 这也就意味着，作为劳动力价格的稳定工资制度是和劳动力市场的结构以及主流劳动组织形式密切相关的。当数字平台架构起的零工劳动已经以新型"计件制"或"项目制"的方式打破了"雇佣劳动的平均连续性"时，对劳动报酬的分析就必须深入到其形成的机制当中。到了《1861—1863年经济学手稿》中，马克思的表述更是超越了古典政治经济学的价值应然，直接点出了它的本质："劳动能力的价值，如同其他任何使用价值的价值一样，也等于耗费在劳动能力上的劳动量，生产劳动能力所必需的劳动时间（在既定的一般生产条件下）。劳动能力只作为劳动者活的机体中的能力而存在。……因此，劳动能力的价值首先归结为维持劳动能力，也就是说，维持工人作为工人的生活所必需的生活资料的价值。"[2] 很明显，所谓的"劳动力价格"并不是劳动能力所能实现的劳动量，而是劳动力得以维持的成本。而平台资本对劳动力再生产和社会再生产的吸纳正是将其从资本所支付的劳动报酬中剥离出去、推给劳动者本人，使其承担更大的风险。除此之外，在为获得有偿劳动进行准备和等待的时间里，劳动者也得不到任何补偿。一个侧面的例证是多家网络平台运营商和劳动者为关系定义而进行的法律诉讼。对此，《平台垄断》的作者总结道："很多平台企业在监管上其实是看涨期权：如果企业能在监管和法律挑战中幸存兵多的市场，那么对于投资者和用户而言将会产生巨大的经济

---

1 《马克思恩格斯全集》第三十卷，北京：人民出版社，1995年，第17页。
2 《马克思恩格斯全集》第三十二卷，北京：人民出版社，1998年，第47页。

优势。然而如果不能克服法律现状，平台将很快走向破产。"[1] 可见，以零工劳动为基调的平台工作模式正是平台资本狂飙突进的法宝之一，它既体现了价值生成与衡量方式的改变，也构筑了平台企业"科技例外论"的基础。

三、 重塑平台时代：诸众还是社会?

奈格里在讨论"二战"之后产业资本主义在西方取得巨大发展奇迹时提到了它在形式上的四个特征：知识体系所反映的社会分化以及脑力劳动和体力劳动的划分；不变资本里所包含的知识以及企业管理技术的重要角色；物质劳动的中心地位、泰勒主义模式及其抽取剩余价值的机制和作为技术进步和财产的主导形式的不变资本及其战略作用。[2] 他认为，随着诸众工人发起的抗议运动对作为劳动组织基本形式的泰勒制的质疑和冲击，福特制发生危机，动摇了上述四个特征的基石地位。同时，作为诸众反抗力量的成果，一种新的共同性的因素作为超越资本主义逻辑的新可能在资本主义体系内部被创造出来。基于这种判断，奈格里和哈特提出了"夺回固定资本"的主张，强调恢复主体自身对作为社会协作结果的总体性装置的重新挪用，认定生命政治劳动的生产蕴含着超越资本主义的可能。"今天，工人对知识的占有过程变成决定性的。它们不只是在生产过程中实现，而且在至关重要的流通和社会化的过程中通过生产性协作进一步加强和实施。工人可以在工作时占有固定资本，并且他们可以在与其他工人的社会性、协作性以及生命政治性的关系中发展这种占有。所有这一切决定了一个新的生产性本质，也就是作为新的'生产方式'基础的新的生活形式。"[3] 显然，这种理论立场过于

1　[美] 亚历克斯·莫塞德、尼古拉斯·约翰逊：《平台垄断：主导 21 世纪经济的力量》，杨菲译，北京：机械工业出版社，2018 年，第 243 页。

2　[意] 安东尼奥·奈格里：《作为后工业化工厂的大都市》，汪晖、王中忱、崔之元编，《区域》，北京：社会科学文献出版社，2016 年第 4 辑。

3　[意] 安东尼奥·奈格里：《固定资本的占有：一个隐喻》，《当代中国价值观研究》2020 年第 4 期。

乐观地强调了作为劳动主体的工人在面对机器（德勒兹意义上）时的人类学主动性，而忽视了以数字平台算法规制为代表的"数字的普遍理性"对活劳动和劳动主体的形塑。从某种意义而言，这代表了对数字技术的乐观主义态度。当然，这一论断本身和奈格里-哈特对于"认知资本主义"所作出的判断相匹配。然而，与之形成鲜明对比的是齐泽克对亚历山大·巴德和简·索德维斯特等学者提出的"因特网政治"的批判。巴德和索德维斯特认为，"因特网政治"是线性历史进化论意义上的替代资本主义的社会形态，它和工业资本主义时期基于地域扩张的产业迁移和移植模式不同，以强调信息管理为特征，通过数据分析和网络契约的规则来实现劳动组织和社会管理。对此，齐泽克批评道，这种指认的问题在于，所谓的"因特网政治"并不是一套独立的生产关系系统，它只是局部社会关系发生的改变。研究者把由数字技术所带来的新变化视作为具有连续性的本体基础，并进而将其扩大到全域范围（至少是占据统治地位），从而误指它足以对工业资本主义形成全面替代。这种理论上的误读显然带有技术决定论和数字中心主义的偏见。它用"因特网贵族"和"用户无产者"之间的对立代替了资本主义社会资本家与无产阶级的阶级对抗，其划分的依据是对于数字技术占有和使用的权力不同。在他们看来，这种新型的权力地位足以建构起阶级的共性基础。但事实上，"人们应该抗拒这种诱惑，坚持'信息社会'根本不是与'封建制'和'资本主义'在同一个层面的概念"[1]。原因在于三个方面：第一，所谓的"因特网政治"是一种不连续的合成物，不具有全面替代的能力；第二，今天所谓的"因特网政治"在很多方面依赖于资本主义体制才能生存，因而并未形成新的生产方式；第三点，对数字权力的居有本身是一个不断变动的状态，它既不具有广度上的连续性，也不具有历史性的持续性。不但"因特网贵族"和"用户无产者"之间不存在截

1　[斯洛文尼亚] 斯拉沃热·齐泽克：《无身体的器官：论德勒兹及其推论》，吴静译，南京：南京大学出版社，2019 年，第 353 页。

然的划分标准和长期稳定的等级，即便是在每一个群体内部，情况也会随时发生变化。而变化的依据在最乐观的情形下可以是个体的努力，而与社会条件无关。因此这种作为所谓"阶级"连接的共同性是虚假的。

借由这种具有洞见性的批判视角来反观奈格里关于"认知资本主义"（姑且承认它在奈格里论述范围内的适用性）时代共同性的建构可能，是极为有意义的。在奈格里那里，这个范畴包含了两个维度的内涵：首先是资本成就起来的共同性，它是生产和消费相互交织形成的整体集合，在这个总体性中，资本已经完全穿透了所有环节；其次是资本无法全部捕获的社会共同性，它是生产者和公民之间的全方位社会协作以及他们对政治经济力量的主张。两个维度之间相互依存、相互建立，又彼此对抗。这种二元性的共同性标志着资本主义在生产全面社会化时代的内在局限，是资本的边界。资本主义的不断发展会持续推进或迁移这种二元性之间的相互边界，同时也在继续扩大这个边界的再生产，加剧它们之间的拉扯。只有非传统阶级化的"诸众"可以在实践中将资本主义自身具有的这种"精神分裂（德勒兹语）"倾向推进到极致，发挥一般智力形成协作性的生命政治生产来推翻资本的霸权统治。在这个意义上，共同性连接的"诸众"不是多元化的文化现象，而是通过在帝国的区域内建立新的共同性来实现反抗性的力量。这也就意味着，个体可以通过发挥创造性和主动性，在新的连接协作的可能性中重新体验生活、生产和社会交往。

然而，这种对共同性的设想无疑忽略了对于共同性所赖以建构的社会性基础。奈格里和哈特在"非物质劳动"基础上对"一般智力"的重新诠释就超出了马克思语境中固定资本形成的社会条件，而单纯地将其指认为劳动主体所普遍共有的认知能力（如语言、情感及反思等）。而且，对于协作连接得以发生的技术性基础，奈格里的做法是将其剥离出共同性的第一个层面，作为纯粹中性的工具，使得第二层面的协作得以在其之上发生。但他们却忽略了数字技术尤其是平台生态系统基于技术上的连续性和暗含的工具理性在生产和生活的全过程中投射的"数字理性"，不仅重新将经典西方马克思主义关于"解放意识如何形成"的问题赋予了新的数字时代的内容，更对共同性生产本身提出了问题：谁在决定被认可的共同性？通过什么样的技术中介决定？在什么范围内决定和参与共同性生产？

表面上，平台资本主义提供了对共同性生产最经验化的实证，然而，数字技术赋予它的八爪鱼式的触角使得它比非结构化的个体或群体更能捕获对象的可利用性。诸众和数字权力之间始终处于不对称的地位。除了算法在生产劳动行为和生活习惯层面对人的规训外，包括知识生产和交往方式在内的认知层面的共同性也受到大数据技术和人工智能算力的影响，技术及其输出的结果被默许为普遍的自然性。这种自然性在形式上的整体性和连续性在一定的程度上支配着共同性的生产。而正如齐泽克对"因特网政治"的批评那样，当技术手段和被其施加了影响的社会条件都仍被资本化的时候，作为反抗性力量的"共同性"总体真的能够形成吗？

那么，这是否意味着平台资本的总体吸纳已经毫无逃逸可能了呢？答案当然是否定的。然而，主体解放的问题并不能仅仅向劳动者（或群体）自身回溯。正如哈维所言："马克思从来不会孤立地看待任何一个概念，不会以为概念就其自身便可以得到理解……马克思把每种关系都看作单独的'窗户'，我们从中可以看到资本主义的内在结构。"[1] 数字经济时代和工业经济时代不同，后者是一个简单的、线性的时代，它遵从着生产-交换-消费-分配的线性过程发展。而数字经济时代并非一个单一的时代，它呈现出复杂性和关系的多维性，当下的劳动过程、劳动组织形式以及生产过程相较于工业经济时代已经发生了革命性的变革。当"不稳定性"越来越成为平台时代劳动的基本特征之时，仅仅依靠如美国洛杉矶的司机自主成立联合组织以谋求替代网约车平台对劳动的主导权之类的反抗斗争虽然能在一定范围内争取有限的权益，但却难以从

1　[英]大卫·哈维：《资本的限度》，张寅译，北京：中信出版集团，2017年，第44—45页。

社会结构层面回应劳动者的保障以及真正实现解放的问题。因为过度竞争的劳动资源市场、不同的利益诉求和形塑新自由主义主体的心理学形式都使得劳动者的联合的深度和力度变得有限。这就需要将视角转向更为系统性和一致性的层面，即除了对平台的规制外，必须从平台外部寻求结构性变革的路径，因为平台的负外部性问题本身并不是平台经济模式可以自发规避和解决的。当平台企业将劳动的外部性成本向社会和劳动者转嫁的时候，就意味着原本基于生产完整性的连续性被打破，环节与环节之间的"衔接"被放置到了社会情境之中。不同性质的"无数个节点"和"无数个连接"构成了更具有复杂性的社会。在这种异质空间中，既缺乏纯粹性和单一性，也缺乏稳定性和客观性。不过，这种新形成的社会关系和网络重组固然增加了不稳定性（相对于稳定雇员制度），但它却也使得社会发挥作用的方式和途径变得更为多样化。

　　事实上，"接缝"的理念最早出现在计算机系统及应用的设计中。美国施乐帕洛阿尔托研究中心的首席科学家马克·韦瑟（Mark Weiser）最先提出了泛在运算中作为密封的总体闭环的"无缝"概念。泛在计算是一种嵌入了多种感知的计算设备，并能根据情景来识别人的身体姿态、生理状态、手势、语音等，进而判断人的意图，并作出相应反应的具有适应性的数字环境。它可以被看作是交互式人工智能的先驱。"无缝"的设计理念是基于中心化统一组织的平滑逻辑布展，它的结构原则与工业资本主义时代基于工厂内部分工的流水线体系非常类似。在韦瑟之后，马修·查尔莫斯（Matthew Chalmers）和伊恩·麦克考尔（Ian MacColl）2003 年在一篇题为《泛在计算中有缝设计和无缝设计》（Seamful and seamless design in ubiquitous computing）的论文中挑战了计算机系统组件的无缝集成是泛在计算的必需设计要求的假设，讨论了在系统的设计和使用中通过"有缝设计"形成的"接缝"来体现感知的不确定性和表征的模糊性，以此来凸显系统的复杂性。他们特别提到了将混合现实系统和数字媒介中那些通常被认为是消极或有问题的特征向用户敞开的方式，收集用户对于这些细节的建议来改善体验和完善系统。[1] 尽管这种"接缝"针对的是计算机应用系统设计，但对平台架构的社会系统非常有借鉴意义。它提醒政策设计者以对主体来说更具选择性和包容性的方式实现从原本的企业中拆卸出来的环节，让这些环节既能够以多种方式有效地保护劳动者的权益，降低其沉没成本，又能够从资源分配维度上体现社会结合的效应。

以敞开"接缝"打造"韧性关节"的方式实际上是将劳动结合的势能从资本的手中重新取回，是社会主义体制下的平台经济可以优于平台资本主义的着手点。这种从固定总体向弹性连接意义上的改变促使必须将平台条件下劳动的社会化外溢视为一个关键的关口，它可以驱动社会系统的连接体系建立"韧性关节"以保障平台劳动者的动力机制。模块化所形成的接口关系让劳动的所有维度向社会打开，当然也让更多的社会力量得以进入到"衔接"之中，寻找优化的可能性。社会生态系统的模块化有助于创造灵活性和韧性以应对难以预期的未来风险，并纠正平台生态系统与社会架构之间的个对称。

四、 结语

平台是数字经济时代催生出的新现象，以数字平台为技术中轴所形成的零工劳动、用户无酬劳动等议题也正在成为观照数字经济时代的重要入口。从技术的角度来看，平台的原初设计目标指向的是更加开放、平等、自由的交易空间，但是在实际过程中，资本逻辑的机制化运作促使平台自身的定位与价值发生了偏转。尤其是在平台资本主义不断壮大的背景之下，平台资本借助平台化架构建立起了囊括社会各子系统在内的生态系统，通过不断吞噬社会再生产过程而极致化地拓展了自身运行的边界，从而创造出全新的经济模式和社会行为网络。

1　Chalmers M, I MacColl. *Seamful and seamless design in ubiquitous computing*, Workshop at the crossroads: The interaction of HCI and systems issues in ubicomp, 2003.

　　分析平台资本如何实现对社会再生产的吞噬，是理解当今新的全球化布展逻辑之下平台资本主义发展前景的关键。在今天，平台资本主义不再简单表现为对各类以数字化生存、算法规训、零工劳动等经济现象的命名，而是代表着一种全新的资本边界拓展方式和社会结构的整体性变革。从整体上来看，数字平台已经演变成为一种区别于传统层级化的典型"八爪鱼式"架构，并伴随着全球化的不断深入而愈发呈现出高度复杂性特征。在数据、算法等数字技术的加持下，诸众与数字权力之间始终处于地位不对称之中，伴随着大语言模型的问世，这种存在于人与技术关系之中的不平等落差进一步影响到了包括知识生产和交往方式在内的认识层面。自此，平台资本完成了对共同性更加彻底化的总体吸纳。

　　面对平台架构下数字经济时代的生产模式的复杂性和社会关系的多维性，以及在平台资本主义条件下资本和平台合谋对劳动过程、劳动组织形式、个体生存方式等的冲击，除了对平台本身进行规制外，从平台外部寻求结构性变革的路径具有重要意义。当社会情境已经围绕着平台发生了异质性变化时，新的社会结构和社会关系就构成了理解平台时代诸多新问题的前置条件。尽管平台打破了传统社会结构的稳定性，但社会各要素间广泛存在的弹性连接则形成了更具有灵活性和韧性的风险应对机制，并由此为纠正平台生态系统与社会架构之间的不对称性提供了新的可能。

　　因此，从哲学方法论的角度来看，超越多变的平台经济现象而深入平台资本主义的运行机制进行分析是对历史唯物主义方法论的坚持，这一方面有助于深刻理解当代资本主义围绕着数字平台所发生的整体性变革，另一方面，当数字平台成为全球化背景下经济发展的主要方向时，对平台资本主义的批判性反思也有助于在社会主义条件下更加合理、高效且可持续地利用数字平台。

后记

从经典理论的文本研究转入现实问题的思考从来不是一个平滑的过程。从某种意义上，这意味着要从形而上学的舒适区越栏而出，将目光锚定于大地及其之上发生的一切，尤其当对象是日新月异、不断发酵变化的数字化事实的时候。然而，这恰恰是马克思的哲学和政治经济学批判真正滋养我的地方。因为批判方法，正是带着"于不疑处有疑"的态势，刺穿话语所划定的既成和结论，追问不休。不是所有的追问都能有效地形成德勒兹意义上的"逃逸线"。但只要真实的思考从未停止，既成本身就必须面临追问的震荡以及由它所可能形成的皱褶。

本书是我的国家社科基金"德勒兹资本批判视域下的西方平台资本主义研究"的结项成果。从拿到课题的 2020 年，到课题成果提交的 2024 年初，正是中国社会加速数字化进程的时段。新的技术、新的理念、新的范畴、新的事件以一种前所未有的加速度重塑了生活世界和传统哲学问题。必须承认，我对这一研究主题的关注得益于我"杂糅"的背景——数学、计算机、马克思主义哲学和政治经济学、批判理论、法国后结构主义——它们以一种奇异的相遇方式为我的思考勾勒出了一个边界开放的场域。在这个过程中，与学界和业界专业人士的每一次交流都让我受益良多。最终，课题以"优秀"等级结项。但我深知，无论是对于我还是对于问题，追问才刚刚开始。

要感谢的人太多。但请允许我利用写字者仅有的一点权利向一位给予了我无私帮助的人致以最真诚的谢意。这就是我的母亲——周玉兰女士。在我所有因研讨、伏案、出差不能履行母职的时间切面中，是她的奉献和"代偿"成全了我对于自己学术理想的追求。这是一个女性学者的日常，也是一个女性学者家人的日常。我很庆幸，作为"幸存者偏差"，我得以在母亲的帮助下选择在学术上不躺平。也因此，所有的时间我都无法停止思考，因为我很清楚，唯有连缀起这寥寥可数的属于我的碎片时间，那些如鲠在喉的理论冲动才能得到表达。这就是为什么在这本我近期的学术小结中，周玉兰女士的名字有足够的理由出现。

此外，要感谢我的研究生团队。金姿妏、王利利、俞梦、邓玉龙、王元钊、董屹泽参加了部分章节的讨论和撰写工作。感谢贾雪怡、王隽雅、赵潇睿协助我完成校对工作。从 2016 年我关注数字社会转型问题开始，这些同学陆续加入我的团队。他们比我更扎根于这个数字化和智能化的时代。和传统的哲学学习相比，我引导他们所走的是一条难行的路。这意味着，他们需要以敏锐的观察思考、扎实的理论积淀、对现实的关怀和永不停止的探索追随问题的变化。所有现成的答案都可能在明天不再是答案。这就是这个加速飞跃的时代为他们设置的任务栏和进度条。希望他们以此为起点，去实现他们自己的学术梦想。

本书的出版得到了国家社科基金、南京师范大学国家级一流本科专业建设点"哲学"、江苏省优势学科"哲学"以及南京师范大学数字与人文研究中心的资助。上海三联书店出版社的各位老师在出版过程中提供了专业的帮助，特此一并感谢。

是为记。

吴　静

2025 年 2 月

图书在版编目（CIP）数据

从块茎到八爪鱼：德勒兹批判视域下的平台资本主
义研究/吴静著. —上海：上海三联书店，2025. 4
ISBN 978 - 7 - 5426 - 8809 - 5

Ⅰ. F71

中国国家版本馆 CIP 数据核字第 2025JF9513 号

从块茎到八爪鱼：德勒兹批判视域下的平台资本主义研究

著　　者 / 吴　静

责任编辑 / 张大伟
装帧设计 / 徐　徐
监　　制 / 姚　军
责任校对 / 项行初

出版发行 / 上海三联书店
　　　　　　（200041）中国上海市静安区威海路 755 号 30 楼
邮　　箱 / sdxsanlian@sina. com
联系电话 / 编辑部：021 - 22895517
　　　　　　发行部：021 - 22895559
印　　刷 / 上海颛辉印刷厂有限公司

版　　次 / 2025 年 4 月第 1 版
印　　次 / 2025 年 4 月第 1 次印刷
开　　本 / 655mm×960mm　1/16
字　　数 / 350 千字
印　　张 / 25
书　　号 / ISBN 978 - 7 - 5426 - 8809 - 5/F·944
定　　价 / 85.00 元

敬启读者，如发现本书有印装质量问题，请与印刷厂联系 021 - 56152633